MICHAEL JUNGBLUT (HRSG.)

EIN RATGEBER
DER ZDF-
WIRTSCHAFTS-
REDAKTION

GELD–BUCH

UEBERREUTER

Die Deutsche Bibliothek – CIP-Einheitsaufnahme

WISO-Geld-Buch : ein Ratgeber der ZDF-Wirtschaftsredaktion
; Einkommen, Vermögensverwaltung, Kredite, Miete, Freizeit,
Versicherungen, Gewährleistungen, D-Mark contra Euro /
Michael Jungblut (Hrsg.) – 2., aktualisierte und erw. Aufl. –
Wien : Ueberreuter, 1997
ISBN 3-7064-0277-7
NE: Jungblut, Michael [Hrsg.]; Zweites Deutsches Fernsehen ‹Mainz›
/ Wirtschaftsredaktion

S 0273 3 4 / 2000 99 98 97

Umschlag: Kurt Rendl unter Verwendung eines Bildes der Bildagentur Image Bank

Druck: Ueberreuter Print

Inhalt

Soziale Sicherheit

Rente

Urlaub

Garantie und Reklamation

Einleitung

WISO möchte Ihnen helfen,
mit dem Einkommen
besser auszukommen.

Steuerfrei Geld verdienen? Es ist ziemlich einfach – und ganz legal!

Immer weitere Lebensbereiche sind heute so komplex und schwierig geworden, daß nur noch die jeweiligen Spezialisten sich auskennen. Das gilt nicht nur für Technik, Wissenschaft und Forschung. Es gilt auch für das Verwaltungsrecht, für die Steuergesetzgebung, den Verbraucherschutz, den Grundstückserwerb und Hausbau, für fast alle Versicherungsfragen und nicht zuletzt auch für den Umgang mit Geld als Sparer und Anleger. Wer sich da nicht auskennt und aufpaßt, gibt es leicht an der falschen Stelle aus, fällt auf raffinierte „Anlageberater" herein oder läßt Chancen ungenutzt verstreichen. Hinzu kommt: Die Zeiten der großen Einkommenszuwächse sind für die Mehrzahl der Berufstätigen fürs erste vorbei. Aber auch wenn Löhne und Gehälter einmal wieder kräftiger steigen sollten, gilt: Geld ausgeben oder es durch Unkenntnis zu verlieren, ist immer viel leichter, als Geld zu verdienen.

Um so wichtiger wird es, mit dem vorhandenen Einkommen besser auszukommen, es möglichst sinnvoll und nutzbringend einzusetzen oder sorgfältig anzulegen. Denn wer spart, will zwar einen möglichst hohen Ertrag, sollte aber dennoch sein Vermögen keinem unkalkulierbaren Verlustrisiko aussetzen. Hier den richtigen Mittelweg zu finden, ist nicht immer einfach. Wer sein Geld besser nutzt, hat mehr davon.

Sparen bringt mehr als arbeiten

Das gilt erst recht, wenn Sie Ihr verfügbares Einkommen nicht dadurch zu steigern versuchen, daß Sie länger und härter arbeiten. Viel gewinnbringender ist es, unnötige Ausgaben zu vermeiden. Deshalb sollte man sich eine Regel ganz fest einprägen, auch wenn sie zunächst nach einer Binsenweisheit klingt: Eine an der richtigen Stelle gesparte Mark ist mindestens ebensoviel wert wie eine oft durch mühselige Arbeit verdiente Mark. In den meisten Fällen ist sie sogar erheblich mehr wert als durch Arbeit verdientes Geld.

Das hört sich zunächst seltsam an, ist aber ganz einfach zu erklären: Von jeder verdienten Mark kassiert das Finanzamt seinen Anteil. Und da wir inzwischen in einem Hochsteuerland leben, wird dieser Anteil, den der Fiskus verlangt, immer größer. Außerdem werden von dem durch Arbeit verdienten Geld meist auch noch Beiträge zur Renten-, Kranken-, Pflege- und Arbeitslosenversicherung abgezogen.

Das führt dazu, daß von einer Lohn- oder Gehaltserhöhung oft nur ein enttäuschend geringer Teil aufs eigene Konto wandert. Das ist schon bei vielen ganz normal verdienenden Arbeitnehmern so. Wer mit seinem Einkommen über dem Durchschnitt liegt, den trifft es in der Regel noch härter. Im Jahr 1979 beanspruchte der Staat von jeder zusätzlich verdienten Mark im Durchschnitt 34 Prozent in Form von Steuern und Abgaben. 1994/95 waren es schon 46 Prozent. Tendenz: weiter steigend. Wer mit seinem Einkommen oberhalb des Durchschnitts liegt, für den ist jede zusätzlich verdiente Mark ganz schnell nur noch 50 Pfennig wert. Ähnliches gilt für Zins- oder Mieteinnahmen und alle anderen Einkünfte, von denen Vater Staat seinen Anteil fordert.

Wer dagegen sein Geld sinnvoller ausgibt als bisher und dadurch eine – oder besser noch: viele – Mark einspart, braucht diesen Ertrag weder mit dem Finanzamt noch mit der Sozialversicherung zu teilen. Die eingesparte Mark gehört Ihnen ganz allein. Sie können sie ohne jeden Abzug einsetzen, um sich an anderer Stelle etwas mehr zu leisten. Oder das gesparte Geld kann ertragbringend angelegt werden. Möglichkeiten dazu gibt es heute in schier unbegrenzter Zahl. Wer nicht nur selber arbeitet, sondern auch noch sein Geld für sich arbeiten läßt, wird bald feststellen, daß Zinsen oder Dividenden nach einer gewissen Zeit ganz schön zur Einkommenssteigerung beitragen können – von der größeren Sicherheit im Alter, bei Krankheit oder Arbeitslosigkeit gar nicht zu reden.

Vorsicht bei „todsicheren" Tips

Hier gilt es allerdings, ganz besonders scharf aufzupassen. Denn auf dem Gebiet der Geldanlage tummeln sich viele schillernde Figuren, die bei ihrer „Anlageberatung" mehr (oder ausschließlich) an den eigenen Gewinn als an Ihren Vorteil denken.

WISO rät: Deshalb sollten Sie sich eine sehr einfache, aber nützliche Regel einprägen und immer vor Augen halten, wenn Sie eine Entscheidung über die Anlage Ihrer Ersparnisse zu treffen haben: Je höher die in Aussicht gestellten Zinsen oder Kursgewinne sind, um so höher ist auch das Risiko – und zwar nicht nur das Risiko der vorgeschlagenen Geldanlage selber, sondern vor allem auch das Risiko, daß der Berater versucht, Sie gezielt hereinzulegen. Es klingt unglaublich, ist aber leider wahr: Rund 40 Milliarden Mark verlieren Bundesbürger Jahr für Jahr, die auf der Jagd nach schnellen Gewinnen und mühelosem Verdienst auf raffinierte Anlagebetrüger hereinfallen. WISO-Zuschauer sollten nicht dazu gehören. Deshalb wird in den Sendungen des ZDF-Wirtschaftsmagazins auch immer wieder auf die neuesten Tricks und Schliche dieser oft sehr raffiniert vorgehenden Betrüger hingewiesen.

Systematisch und Schritt für Schritt

Bleiben wir aber zunächst beim Einkommen und den vielen Möglichkeiten, damit besser auszukommen. Wer sich dieses Ziel setzt, muß schrittweise vorgehen und erst einmal prüfen, ob auch alles auf dem Gehaltskonto landet, was ihm zusteht. Denn viele

Berufstätige verschenken Geld, weil sie nicht sorgfältig genug prüfen, ob das Finanzamt nicht mehr vom Einkommen kassiert, als die Gesetze erlauben. Das kann daran liegen, daß der Arbeitgeber die Abzüge falsch berechnet. Es kann aber auch daran liegen, daß die Betroffenen noch längst nicht alle Möglichkeiten ausgeschöpft haben, um die ihnen zustehenden Lohnsteuerermäßigungen zu beantragen – oder zumindest am Jahresende zuviel gezahlte Steuern zurückzuholen. Die Beträge, die nachlässige oder vertrauensselige Arbeitnehmer dem Fiskus auf diese Art schenken, betragen Jahr für Jahr Hunderte von Millionen Mark.

Wer da nicht ganz sicher ist, sollte sorgfältig prüfen, was alles steuerlich berücksichtigt ist oder was für Sie als Steuerzahler besser gestaltet werden könnte: Berufskleidung und Fachliteratur, Kindergeld und Kinderbetreuungskosten, Fahrten zum Arbeitsplatz, doppelte Haushaltsführung, Aufwendungen für berufliche Fortbildung, das häusliche Arbeitszimmer.

WISO rät: Seit Anfang 1993 gibt es den Freistellungsauftrag an die Bank für Ihre Zinseinnahmen, soweit sie innerhalb der Sparerfreibeträge liegen. Wer diesen Auftrag vergißt, wird vom Fiskus gnadenlos für die Zinsabschlagsteuer zur Kasse gebeten. Im Kapitel „Sparen und Anlegen" erfahren Sie, wie Sie dies verhindern können.

Diese Beispiele zeigen bereits, was allein beim Steuerzahlen alles getan werden kann, um keine Mark mehr als unbedingt nötig zu verlieren. Und dies sind nur einige der vielen Möglichkeiten, unfreiwillige Geschenke an Vater Staat zu vermeiden. Aber sie werden von vielen Bundesbürgern nicht genutzt. Man sollte es nicht glauben: Im Durchschnitt zahlt jeder Arbeitnehmer in Deutschland einige 100 Mark im Jahr zuviel an das Finanzamt, weil von sehr vielen Steuerzahlern die legalen Möglichkeiten zur Reduzierung der Steuerpflicht aus Unkenntnis oder Bequemlichkeit nicht oder nur zu einem Teil genutzt werden. Damit dies zumindest WISO-Zuschauern nicht passiert, hat die Redaktion zur Ergänzung und Vertiefung der vielen WISO-Tips zu diesem Thema ein „Steuersparbuch" entwickelt, das allen, die über einen PC verfügen, dabei hilft, keine der für sie jeweils zutreffenden Möglichkeiten der Steuerersparnis zu übersehen. Dabei wird selbstverständlich die alljährliche Flut der Änderungen im Steuerrecht berücksichtigt, die nicht nur den einfachen Steuerbürger, sondern auch die Fachleute zur Verzweiflung bringt und für den normalen Steuerzahler kaum noch zu bewältigen ist. Das leicht zu bedienende PC-Programm sorgt zudem dafür, daß die jährliche Steuererklärung nicht immer wieder zu einem Alptraum wird. Den Lesern dieses Buches bieten wir dieses Programm zu einem Sonderpreis an (siehe Coupon am Schluß des Buches).

Noch viele unentdeckte „Goldadern"

Doch es gibt noch viele weitere Möglichkeiten, unnötige Ausgaben zu vermeiden und mehr aus dem verfügbaren Einkommen zu machen. Dieser WISO-Ratgeber will Ihnen dabei helfen. Dafür an dieser Stelle zunächst nur einige Beispiele: Wer seine bestehenden Versicherungsverträge – oder neue Angebote – genau daraufhin überprüft, ob sie auch wirklich notwendig sind, wird bei sorgfältiger Betrachtung in den meisten

Fällen ganz erhebliche Sparmöglichkeiten entdecken – und zwar ohne den Versicherungsschutz nachhaltig zu verschlechtern. Die meisten Deutschen sind nämlich „überversichert“, ohne es zu wissen, oder zahlen zuviel, weil sie keine ausreichende Möglichkeit haben, die oft sehr verschiedenen Tarife der Versicherer zu vergleichen. Die meisten wissen auch gar nicht, was ihre Versicherung im Ernstfall wirklich wert ist. Wie sollten Sie auch? Denn darüber werden sie meist nur unzureichend informiert. Oder sie glauben, sie seien deshalb gut versichert, weil sie beispielsweise mehrere Kranken-Reiseversicherungen oder Gepäckversicherungen gleichzeitig haben. Doch das ist meist ein – zudem teurer – Irrtum. Mehr dazu im Kapitel „Versicherung“.

Eine weitere große Verlustquelle sind oft die eigenen oder gemieteten vier Wände. Mieter, die ihre Rechte nicht kennen, verlieren oft schon viel Geld bei der Wohnungssuche. Und auch die „schönsten Tage des Jahres“ sind oft zugleich schön teuer – ohne es sein zu müssen. Denn in vielen Fällen könnte der Urlauber für weniger Geld die gleiche Leistung bekommen. Reisende, die keine Kostenvergleiche machen, vergeuden Geld, das an anderer Stelle dazu beitragen könnte, den Urlaub wirklich zu einem unvergeßlichen Erlebnis zu machen.

Wirklich schlimm aber kann es werden, wenn sich Urlauber aus der Ferienstimmung heraus zu unüberlegten Vertragsabschlüssen hinreißen lassen. Immer mehr unseriöse Anbieter machen sich nämlich die lockere Atmosphäre und gute Laune der Kunden zunutze, um sie zu übereilten Vertragsabschlüssen zu verleiten. „Time-Sharing“ ist dafür ein Stichwort. Wer nicht aufpaßt oder in Ferienstimmung seine Vorsicht und sein gesundes Mißtrauen an der Garderobe abgibt, muß anschließend dafür oft jahrelang teuer büßen.

Ein Faß mit vielen Löchern

Was im Urlaub durch einen großen Fehler verlorengehen kann, das kann Ihnen zu Hause durch viele kleine Unachtsamkeiten durch die Finger rinnen. Denn diese Verluste addieren sich oft zu ansehnlichen Summen. Kleinvieh macht bekanntlich auch Mist. Und das gilt hier sogar wörtlich: Wer nicht auf Fristen und Zahlungstermine achtet, gibt Geld aus, ohne den geringsten Nutzen davon zu haben. Wer Ersparnisse falsch anlegt, verzichtet darauf, auf bequeme Art wohlhabender zu werden. Wer nicht rechtzeitig reklamiert, muß den Schaden selber tragen.

Ein weiterer Punkt, der oft übersehen und vor allem in seinen Auswirkungen völlig unterschätzt wird: Viel Geld rinnt manchem Bundesbürger auch deshalb durch die Finger, weil er nicht warten kann – und noch nie genau nachgerechnet hat, was ihn seine Ungeduld kostet. Die Rede ist von den Teilzahlungsgeschäften nach dem Motto: Heute genießen, morgen zahlen.

Doch der Genuß ist oft kurz. Die finanziellen Folgen dagegen sind häufig sehr lange schmerzlich zu spüren. Denn auch wenn die Raten noch so klein erscheinen, so haben sie schon viele Familien ruiniert. Meist bleibt es nämlich nicht bei dem einen Ratenkauf. Wenn man dann irgendwann feststellen muß, daß die Schulden und damit verbundenen Verpflichtungen in ihrer Summe die eigenen finanziellen Möglichkeiten bei weitem übersteigen, ist es in der Regel schon zu spät.

WISO rät: Vorsicht! Wer seine Fehler dadurch krönt, daß er auf Versprechen wie „Sofortkredit ohne Sicherheiten" hereinfällt, hat endgültig die Chance verpaßt, mit seinem Einkommen gut auszukommen. Vielen bleibt dann nur noch der Weg zur Schuldnerberatung. Wunder sind da allerdings nicht zu erwarten. Denn auch sie kann in diesem späten Stadium nur noch wenig tun. Die Suppe, die sich der ungeduldige Konsument eingebrockt hat, muß er allein auslöffeln.

Selbst wenn es nicht soweit kommt: Der Kauf auf Raten ist immer viel teurer als Barzahlung. WISO will deshalb helfen, die echten Kosten zu ermitteln – unabhängig von den Einflüsterungen irgendwelcher Verkäufer. Interessenten können dann immer noch entscheiden, ob der schnelle Besitz den vielleicht doppelt so hohen Preis wirklich wert ist. Zumindest wissen sollte man, was Ratenkauf finanziell bedeutet.

Kreditaufnahme – aber richtig

Kein Zweifel: Es gibt immer Anschaffungen oder Investitionen, die ein Normalverdiener nicht ohne die Aufnahme eines Kredits bewältigen kann. Der Kauf eines Autos zum Beispiel läßt sich nicht einfach aus der Haushaltskasse finanzieren. Das gilt erst recht für den Erwerb oder Bau der eigenen vier Wände. Wer solange damit warten will, bis das Geld für eine Wohnung oder ein Haus auf dem Sparbuch ist, wird darüber alt und grau. Um so wichtiger aber ist es, bei der Baufinanzierung besonders genau zu rechnen, um kein Prozent zuviel zu zahlen – und vor allem auch keine Mark mehr, als man sich wirklich leisten kann. Denn beides geht später fürchterlich ins Geld. Weil eine gut überlegte Kreditaufnahme so wichtig ist, finden Sie in diesem Buch viele Hinweise und Tips zu diesem Thema.

WISO rät: Wenn Sie unbedingt einen Kredit brauchen, wenden Sie sich an Ihre Bank oder Sparkasse, lassen Sie sich nur von seriösen Kreditvermittlern beraten. Wenn Ihnen dagegen in Zeitungsanzeigen der scheinbar leichte Weg zum günstigen Kredit unter dem Motto „Bargeld lacht" offeriert wird, ist höchste Vorsicht angebracht. Denn den meisten, die auf diese „unbürokratische" Form der Kreditaufnahme hereinfallen, vergeht das Lachen sehr schnell, wenn sie feststellen müssen, was das wirklich kostet.

Als generelle Regel gilt: Wer sein Geld erst anlegt und größere Anschaffungen anspart, gewinnt dreifach: Er zahlt nur den Kaufpreis und nicht obendrein hohe Kreditzinsen; in vielen Fällen läßt sich beim Verkäufer ein Barzahlerrabatt heraushandeln; in der Ansparzeit kann man außerdem noch Zinsen kassieren.

Und nochmals: Jede Mark, die so gespart wird, ist Reingewinn. Weder der Fiskus noch die Sozialversicherung kann mitkassieren. Das bedeutet, daß die gesparte Mark nicht nur 50, sondern 100 Pfennig wert ist. Ein lohnendes Geschäft also.

Den Verlusten auf der Spur

In den Schoß fällt einem das Geld allerdings auch dann nicht. Auch wer auf diese Art völlig legal steuerfreie Gewinne erzielen will, muß dafür ein paar Vorleistungen erbringen. Sie bestehen vor allem darin,

- sich zunächst einmal einen genauen Überblick darüber zu verschaffen, wo das Geld überhaupt bleibt;
- danach muß gefragt werden, ob der gewünschte Effekt nicht auf andere Art und zugleich deutlich billiger zu erreichen wäre;
- als dritter Schritt muß eine genaue Planung von Ausgaben und Einnahmen erfolgen.

Nur mit Hilfe eines exakten Überblicks darüber, wo das Geld bleibt, ist es möglich zu kontrollieren, ob das gewünschte Ziel tatsächlich auch erreicht wird. Was bei gut geführten Unternehmen zu ansehnlichen Gewinnen und bei ordentlich verwalteten Ländern oder Gemeinden zu soliden Finanzen führt, kann auch dem privaten Haushalt dazu verhelfen, nicht nur mit dem Einkommen auszukommen, sondern mehr daraus zu machen als bisher. Dabei sollen Ihnen die WISO-Tips in diesem Handbuch helfen: planen, sparen und dadurch steuerfrei verdienen.

Nicht auf halbem Weg stehenbleiben

Damit ist zwar schon viel erreicht. Aber trotzdem wurde erst der halbe Weg zu dem Ziel „mehr Geld durch Geld" zurückgelegt. Deshalb dürfen Sie es nicht bei der Ausgabenkontrolle allein bewenden lassen. Was für eine schlaue private Haushaltspolitik bei der Gestaltung der *Ausgaben* gilt, trifft nämlich erst recht für den Umgang mit den *Ersparnissen* zu. Auch dabei verschenken viele Bundesbürger unnötig bares Geld. Wegen fehlender Ausgabenplanung lassen sie zu hohe Beträge auf dem Girokonto oder geben sich mit den bescheidenen Zinsen zufrieden, die das Sparbuch einbringt. Dabei läßt sich das Sparschwein auch ohne große Risiken mästen, wenn die für jedermann bestehenden Möglichkeiten rentabler Geldanlage systematisch genutzt werden.

Derartige Überlegungen lohnen sich auch in wirtschaftlich guten Zeiten. Sie sind aber geradezu unverzichtbar, wenn die Einkommen kaum noch steigen, die Steuern dagegen immer drückender werden. Dann wird es um so wichtiger, die „geheimen" Einkommensquellen zu erschließen, die in einem besseren Umgang mit dem vorhandenen Geld liegen. Dabei möchte die ZDF-Wirtschaftsredaktion Ihnen helfen.

Dieses Buch bietet Ihnen die Möglichkeit, neben den in den WISO-Sendungen gegebenen Informationen, Tips und Ratschlägen noch zahlreiche andere Informationen, Hinweise und Überlegungen daraufhin zu prüfen, was sich davon auf Ihre ganz persönliche Situation anwenden läßt. Überdies soll dieser Ratgeber ein Handbuch sein, das Sie auch dann nutzen können, wenn Sie vor bisher unerwarteten Problemen und Entscheidungen stehen. Viele Kapitel, die Sie jetzt vielleicht nur überfliegen, können sich später in einer konkreten Situation als nützlich erweisen.

Erst informieren, dann anlegen

Das könnte zum Beispiel für das Kapitel „Kapitalanlage für Fortgeschrittene“ gelten. Für manchen dient es als Hinweis darauf, auf welche Geschäfte man sich als normaler Sparer besser nicht einlassen sollte. (Allein das kann dazu gut sein, sehr viel Geld zu sparen – beziehungsweise nicht zu verlieren.) Anderen kann es helfen, sich mit ertragreicheren – dafür aber auch riskanteren – Formen der Geldanlage vertraut zu machen. In jedem Fall sollten Sie einen Blick hineinwerfen, ehe Sie Ihr sauer verdientes und gespartes Geld irgendwelchen Leuten anvertrauen, die Ihnen goldene Berge versprechen – sei es mit Devisenspekulationen, Schweinebäuchen oder anderen Formen von Warentermingeschäften oder den berühmt-berüchtigten Derivaten.

In jedem Fall aber halten Sie keinen Roman in der Hand, den man in einem Zug liest, weil man das Happy-End kaum erwarten kann. Es handelt sich um einen Ratgeber, der dabei helfen soll, im Umgang mit dem eigenen Geld eine glücklichere Hand zu entwickeln. Er soll das Bewußtsein für die kleinen und großen Löcher schärfen, durch die das Geld aus Ihren Taschen rinnt, ohne Ihnen einen wirklichen Nutzen zu bringen. Deshalb sollten Sie Kapitel für Kapitel prüfen, was für Sie persönlich zutrifft, was Sie in Zukunft vielleicht anders und besser machen könnten. Streichen Sie die entsprechenden Stellen dick an und nutzen Sie die für Ihre persönliche Situation zutreffenden Hinweise konsequent, um Verlustquellen zu stopfen, die Sie bisher zu wenig oder gar nicht beachtet haben. Fragen Sie sich also bei jedem Punkt: Wie habe ich es bisher gemacht? Was kann und was sollte ich möglicherweise anders machen?

Viele werden staunen, wie leicht sich manche Mark durch das Streichen überflüssiger Ausgaben oder durch einen gezielteren Einsatz der Mittel steuerfrei verdienen läßt. Und bedenken Sie: Auch wenn der gesparte oder besser verwendete Betrag im Einzelfall klein sein mag – auf die Summe kommt es an. Deshalb sei nochmals daran erinnert: Auch Kleinvieh macht Mist. Und viel Kleinvieh macht viel Mist. Wer ihn sorgfältig zusammenkratzt, kann ihn als Dünger für den privaten Wohlstand nutzen.

Und immer daran denken: Für jede durch Prüfen und Nachdenken eingesparte Mark gilt das Prinzip „brutto für netto“. Bei welchem anderen Geschäft winkt schon eine so hohe Rendite?

Michael Jungblut

Einkommen verwalten

Persönliches Kostenmanagement: Wie man die Ausgaben in den Griff bekommen kann

Jeder Finanzminister müßte seinen Hut nehmen, jeder Manager eines Unternehmens würde sofort entlassen, jeder Kämmerer einer Gemeinde würde mit Schimpf und Schande hinausfliegen – wenn herauskäme, daß er das ihm anvertraute Geld so ausgibt, wie das viele Familienoberhäupter und ihre Lieben es ständig tun: planlos und ohne jede Kontrolle darüber, wo die Mittel bleiben und welcher Zweck und Nutzen mit den Ausgaben erreicht wird.

Wie oft wird aber auch in den Familien erstaunt oder verzweifelt gefragt: Wo bleibt nur das ganze Geld? Mal ehrlich: Hat sich nicht fast jeder diese Frage schon einmal gestellt – und dann meist resignierend mit der Schulter gezuckt? Die Frage zu stellen, war in jedem Fall richtig – und auf die Suche nach einer Antwort schließlich zu verzichten, war auf jeden Fall falsch. Denn nur wer genau analysiert, wofür das Geld ausgegeben wird, kann anschließend prüfen, ob es auch sinnvoll verwendet wird und wo Einsparmöglichkeiten liegen. Viele aber drücken sich um eine ehrliche Antwort – oder um das Eingeständnis, es nicht zu wissen.

Das ökonomische Prinzip anwenden

Dabei sollte das Ziel auf keinen Fall heißen: sparen – gleichgültig, was es kostet. Wer wirklich wirtschaftlich denkt, muß sich vielmehr die Frage stellen, wie das gleiche Ziel – nämlich der bisherige Lebensstandard – möglicherweise mit einem geringeren Aufwand erreicht werden kann. Mit gleichem Recht kann die Frage aber auch so herum formuliert werden: Wie kann ich mit gleichem Aufwand mehr erreichen als bisher? Beide Formulierungen basieren auf dem „ökonomischen Prinzip". Sie betrachten das Thema nur von unterschiedlichen Standpunkten.

Das alles läßt sich auch folgendermaßen darstellen: Das Problem, vor dem jeder steht, der selbständig wirtschaftet, kann bildlich gesehen als ein Faß mit vielen Löchern beschrieben werden. Denn alle privaten oder öffentlichen Haushalte – aber auch Unternehmen – gleichen in dieser Hinsicht einem Faß: Oben fließt aus verschiedenen Quellen etwas hinein; unten fließt die Liquidität aus vielen kleinen und großen Löchern wieder heraus. Die flüssigen Mittel, die oben hineinströmen, bestehen bei einem Unternehmen vor allem aus den Verkaufserlösen sowie den Einnahmen aus Zinsen oder Lizenzen. Dazu kommen dann vielleicht noch Subventionen. Beim Staat sind es die Einnahmen aus Steuern, Abgaben und Gebühren. Bei privaten Haushalten wird der Zustrom aus dem Lohn oder Gehalt, aus Pensions- oder Rentenzahlungen, Zinseinnahmen, Kindergeld, eventuellen Nebenverdiensten und anderen mehr oder weniger regelmäßig fließenden Einnahmen gespeist. An die Löcher im Faß, aus denen diese Liquidität unten wieder herausfließt, könnten in einem privaten Haushalt zum Beispiel kleine Schilder mit den folgenden Aufschriften geklebt werden: Nahrungsmittel, Kleidung, Miete, Steuern, Krankenkasse, Renten- und Arbeitslosenversicherung, Vereinsbeiträge, Fahrtkosten, Strom, Gas, Wasser, Restaurantbesuche, Bildung, Urlaub ...

Welche Löcher lassen sich stopfen?

Dieses Bild vom Faß macht ziemlich leicht verständlich, worauf es jetzt ankommt. Das Problem besteht offensichtlich darin, zunächst einmal dafür zu sorgen, daß nicht mehr aus dem Faß herausfließt, als oben hineinkommt. Einem Unternehmen droht sonst die Pleite, und ein privater Haushalt gerät in die Schuldenfalle.

Wie so oft gibt es auch in diesem Fall zwei Möglichkeiten: entweder die Zuflüsse erhöhen oder die Löcher stopfen. Vielleicht gelingt ja sogar beides. Aber wenn sich der Zufluß nur langsam oder gar nicht steigern läßt, kommt es um so mehr darauf an, die Löcher so klein wie möglich zu halten oder – wenn möglich – einige der Abflüsse ganz zu schließen. Denn sonst läuft das Faß früher oder später aus – mit allen bösen Konsequenzen. Deshalb müssen die Löcher immer sorgfältig überwacht werden. Gelingt es, den Abfluß kleiner zu halten als den Zustrom, ließe sich das auch als „Vermögensbildung" bezeichnen. Der Chef einer reichen Industriellenfamilie aus dem Rheinland hat das einmal so ausgedrückt: „Wir haben unser Geld nicht vom Ausgeben, sondern vom Behalten."

Die Frage muß also lauten: Wieviel kann man behalten – und das heißt, für größere Anschaffungen, einen späteren Hauserwerb, die Ausbildung der Kinder oder die eigene Alterssicherung ertragbringend anlegen –, ohne sich so einschränken zu müssen, daß das Leben keinen rechten Spaß mehr macht? Wer sich selber darauf eine brauchbare Antwort geben will, muß zunächst etwas tun, was auch jedes gut geführte Unternehmen, jeder ordentliche Verein und alle Finanzminister tun: sich zunächst einen genauen Überblick über Einnahmen und Ausgaben verschaffen.

Am leichtesten ist das in der Regel bei den Einnahmen. Denn die fließen in den meisten Fällen nur aus wenigen Quellen: außer Lohn und Gehalt oder der Rente sind dies eventuell Zinsen für die Ersparnisse, Dividenden aus dem Besitz von einigen Aktien, ein gelegentlicher Nebenverdienst oder manchmal Mieteinnahmen.

Die Liste der regelmäßigen Ausgaben ist dagegen bei fast allen privaten Haushalten recht lang, mit vielen, zum Teil höchst unterschiedlichen Ausgabenposten besetzt und daher auch viel schwerer zu überblicken. Aber gerade deshalb ist es so wichtig, sich die Zeit für eine gründliche Analyse zu nehmen. Deshalb soll hier zunächst vor allem von den Abflüssen die Rede sein. Dafür gibt es – wie bereits erwähnt – auch noch andere handfeste Gründe: An den Ausgaben läßt sich in vielen Fällen leichter etwas verändern als an den Einnahmen. Außerdem haben wir ja bereits gesehen:

- Im Gegensatz zum Einkommen ist jede bei den Ausgaben erwirtschaftete Mark frei von Steuern und Abgaben;
- die gesparte Mark ist deshalb viel mehr wert als eine zusätzlich verdiente Mark;
- und schließlich kann das Einkommen im allgemeinen nur durch harte Arbeit oder risikobehaftete Geldanlagen *verdient* werden.

Die beim Einsparen verdiente Mark erfordert dagegen vielfach nur ein wenig Aufmerksamkeit, Rechnen und Nachdenken. Ist diese in manchen Fällen sogar recht leichte Vorarbeit geleistet, bringt sie anschließend Monat für Monat, Jahr für Jahr ohne weitere Mühen hohe Erträge.

So betrachtet läßt sich daher ohne Übertreibung sagen: Es gibt für den normalen Bundesbürger überhaupt keine rentablere Tätigkeit als das Nachdenken über sinnvolle Einsparungen.

„Verdienen durch Sparen"

Nun allerdings heißt es, systematisch vorgehen, wenn Sie sich diese Einkommensquelle wirklich erschließen und es nicht bei guten Vorsätzen bewenden lassen wollen. Beginnen können Sie dabei mit einer ziemlich einfachen Aufgabe. Sorgen Sie zunächst durch Überwachung der Termine dafür, daß Sie keine Zahlungsfristen versäumen und dann unnötig Säumnisgebühren berappen müssen oder daß Ihnen durch verspätete Überweisung die Möglichkeit entgeht, Skonti zu nutzen. Dabei handelt es sich in der Regel um zwei oder drei Prozent des Rechnungsbetrages. Das mag manchem auf den ersten Blick gering erscheinen. Aber wenn Sie diesen Ertrag mit den Zinsen vergleichen, die Sie dafür bekommen, die gleiche Summe ein ganzes Jahr ungenutzt auf dem Sparbuch liegen zu lassen, dann ist die Rendite eines pünktlichen Zahlers wirklich nicht zu verachten.

WISO rät: Die Überwachung von Garantiefristen und das Wissen um Ihre Rechte kann ebenfalls viel mehr „bares Geld" wert sein, als auf den ersten Blick zu erkennen ist. Denn nur so können Sie vermeiden, daß Sie für Reparaturen zahlen müssen, die Sie kostenlos hätten haben können. Viele Hinweise dazu finden Sie im Kapitel „Garantie und Reklamation" ab Seite 277.

Hinweis: Für alle, die daran gewöhnt sind, mit einem PC zu arbeiten, hält WISO ein sehr praktisches Instrument bereit. Das Programm „Mein Geld" hilft nämlich unter anderem bei der Terminüberwachung. Da bei der Buchung der Ausgaben für Geräte, für die es eine Garantie gibt, immer der Zeitpunkt des Kaufs vermerkt wird, kann „Mein Geld" Sie nicht nur auf die Einhaltung der günstigsten Zahlungsfristen aufmerksam machen, sondern Sie auch an den Ablauf der Garantiefrist erinnern. In ähnlicher Form kann auch an die rechtzeitige Überweisung fälliger Steuern, Raten oder Beiträge erinnert werden. Einen Coupon zum Bezug dieses PC-Programms finden Sie im Schlußteil dieses Buches. Sie sparen 15 DM!

Termine überwachen: Wieviel wofür?

Die Terminüberwachung kann aber nur der erste Schritt sein. Um Ihre persönlichen Ausgaben unter dem Gesichtspunkt der privaten Profitmaximierung betrachten zu können, muß ihr eine genaue Aufstellung und dann Analyse der verschiedenen Ausgabenposten folgen, die je nach den persönlichen Lebensverhältnissen in unterschiedliche Ober- und Untergruppen unterteilt werden können. Dazu sollte man zumindest ein Stück Papier nehmen oder – wenn vorhanden – sich an einen PC setzen. Wenn es wirklich etwas bringen soll, muß sorgfältig jeder einzelne Posten aufgeschrieben und dann nach einer sinnvollen Gliederung gesucht werden. Das folgende Muster mag auf viele Haushalte zutreffen, wird aber in ebenso vielen Fällen abgewandelt werden müssen.

1. Wohnen

Miete
Strom
Gas
Wasser
Heizungskosten
Gebäudeversicherung
Hausratversicherung
Sielbenutzung
Schornsteinfeger
Telefon

2. Ernährung

Nahrungsmittel
– Fleisch
– Gemüse
– Obst
Getränke
– Wasser
– Bier
– Limo
– Kaffee

3. Genußmittel

Zigaretten
Alkoholika
Süßwaren

4. Kleidung

Berufskleidung
Normale Kleidung
– Frau
– Mann
– Kinder

5. Bildung/Unterhaltung

Zeitungen
Bücher
Fernsehgebühren
Kino
Videokassetten
Nachhilfestunden
Abendkurse
Restaurant (privat)

6. Sport

Sportgeräte
Sportkleidung
Vereinsbeiträge

7. Fahrtkosten

Beruflich
– Auto
– Bahn
– Zug
– Hotel
– Restaurant (beruflich)
Privat
– Urlaub
– Wochenende
– Auto
– Bahn
– Zug
– Hotel
– Restaurant

8. Versicherungen

Auto
Hausrat
Haftpflicht

Da in jedem privaten Haushalt die Ausgabenstruktur auch davon abhängt, wie viele Personen zum Haushalt gehören, wie alt sie sind, wo sie leben und ob es Kinder oder Enkel gibt, welche Hobbys oder beruflichen und privaten Verpflichtungen die Mitglieder der Familie haben, kann diese Aufstellung nur einen Anhalt dafür geben, woran gedacht werden muß. Dabei können die verschiedenen Ausgabenposten auch unabhängig davon, wo sie zunächst verbucht werden, noch einmal in den unterschiedlichsten Formen zusammengefaßt werden.

Beispiel: Beiträge für Versicherungen aller Art können einmal den jeweiligen Bereichen (Haus, Urlaub, Krankheit, Auto, Haustiere, Altersvorsorge) zugeordnet werden, um ein Gefühl dafür zu bekommen, welchen Anteil ein Komplex wie „Wohnen" oder „Freizeit" insgesamt am Haushaltsbudget hat, aber auch nochmals in Untergruppen erfaßt werden. Ein wichtiges Beispiel dafür sind die verschiedenen Versicherungen. Erst dabei wird man oft feststellen, daß einige Risiken doppelt und dreifach, andere dafür nur unzureichend oder gar nicht abgesichert sind. Bitte lesen Sie dazu sorgfältig das Kapitel „Versicherung" ab Seite 144. Denn hier gibt es für manche Haushalte eine wahre Goldgrube (an möglichen Einsparungen) zu entdecken. Die meisten Deutschen sind nämlich „überversichert" – ohne deswegen mehr Schutz zu genießen.

Zur eigenen Überraschung: Die regelmäßigen Ausgaben

Solange es keine genauen Zahlen darüber gibt, wieviel Geld jeweils für die einzelnen Ausgabenpositionen im Laufe eines Monats oder eines Jahres aufgewendet werden muß, nützt es natürlich wenig, die einzelnen Posten nur aufzuführen. Wer ehrlich zu sich selber ist, wird oft feststellen, daß er bisher keine Ahnung hatte – und sie an vielen Punkten immer noch nicht hat –, wie hoch der monatliche oder jährliche Aufwand tatsächlich ist.

Wissen Sie es – oder wissen Sie es nicht: Was geben Sie wirklich pro Jahr für Zigaretten oder hochprozentige Getränke aus? Wieviel Geld lassen Sie in Restaurants? Was kostet das Auto, wenn wirklich korrekt gerechnet wird? Wieviel Geld wird am Wochenende unter die Leute gebracht? Auf welchen Betrag summieren sich die verschiedenen Versicherungen? Weil darauf kaum jemand eine präzise Antwort geben kann, ist das Erstaunen meist groß, wenn das private Budget plötzlich transparent wird. Je länger und sorgfältiger über die Ausgaben Buch geführt wird, um so deutlicher lassen sich die typischen Ausgabenstrukturen und damit auch die möglichen Ansätze zu einer sinnvollen Kürzung erkennen.

WISO rät: Erfassen Sie über einen Zeitraum von mehreren Wochen oder möglichst mehreren Monaten systematisch alle Ihre Ausgaben, und tun Sie dies möglichst täglich. Sonst gerät zuviel in Vergessenheit. Es ist später immer viel mühsamer und zeitraubender, alles nachzuholen und auf den aktuellen Stand zu bringen. Wenn Sie dagegen Ihre Ausgaben regelmäßig notieren, kostet das pro Tag nur wenige Minuten.

Viele werden erstaunt sein, wofür sie im Laufe der Wochen Geld ausgeben, ohne allzuviel darüber nachzudenken.

Durchblick verschafft Einsicht

Sind alle diese Ausgaben erst einmal erfaßt, können Sie die Struktur Ihrer Ausgaben unter allen nur denkbaren Gesichtspunkten analysieren. Die verschiedenen Gruppenbildungen lassen dann schnell erkennen, wo die Ausgabenschwerpunkte liegen. Es sind oft auch die Punkte, bei denen sich die größten Einsparungen erzielen lassen. Wenn Sie im Monat über die Grundgebühr hinaus nur ein paar Mark für Telefongespräche ausgeben, ist das sicher nicht der Bereich, den Sie als ersten auf mögliche Einsparungen hin abklopfen sollten. Wenn Sie aber feststellen, daß es ein paar 100 Mark sind und daß sich dieser Betrag in den letzten Monaten auch noch dauernd erhöht hat, kann sich eine Analyse dieses Kostenbereichs sehr lohnen.

Wenn den Mitgliedern der Familie erst einmal bewußt wird, welch hohen Anteil dieser oder ein anderer gestaltbarer Posten am Haushaltsbudget hat, und sie gemeinsam darüber nachdenken, ob das Geld an anderer Stelle allen nicht vielleicht sehr viel mehr Nutzen oder Freude bringen würde, dann ist auch eine sinnvolle und konstruktive Diskussion darüber möglich, ob der Kommunikationsbedarf nicht auf andere Weise und vor allem preiswerter befriedigt werden kann.

Ein anderes Beispiel: Wer eine Wohnung gemietet hat, läßt die fälligen Zahlungen meist vom Konto abbuchen und kümmert sich danach nicht weiter darum. Was soll da schon zu sparen sein? – Mehr, als die meisten ahnen! Das fängt schon bei der Wohnungssuche an, geht über die möglicherweise zu hohe Quadratmeterangabe im Mietvertrag (und damit eine vielleicht zu hohe Mietforderung) und endet bei den meist gar nicht so geringen Mietnebenkosten. Der Deutsche Mieterbund hat nämlich festgestellt, daß die gesetzlichen Bestimmungen über die Abrechnung von Betriebskosten von den Hausverwaltungen in Hunderttausenden von Fällen nicht eingehalten werden – zum Schaden der Mieter. Sollte das auch bei Ihnen zutreffen, rinnt wieder einmal Geld aus Ihrem „Liquiditätsfaß“, ohne daß Sie irgendeinen Nutzen davon haben. Viele Hinweise, wo Sie in Zukunft derartige Löcher stopfen oder zumindest ihren Durchmesser verkleinern könnten, finden Sie im Kapital „Mieten und Wohnen“ ab Seite 159.

WISO rät: Sie können und sollten in ähnlicher Form auch alle Aufwendungen zusammenfassen und auswerten, die unter das Stichwort Gesundheit fallen: alle Zahlungen an Ärzte, für Medikamente, Zahnersatz, Kuren usw. Denn dann können Sie mit einem Blick feststellen, wann für Sie oder Ihre Familie die Grenze der Zuzahlungspflicht erreicht ist oder wann Sie bei einer privaten Krankenversicherung die Grenze für den Schadensfreiheitsrabatt erreicht haben und ihre Rechnungen besser einreichen statt kleinere Beträge selber zu zahlen. Ähnliches gilt für die Haftpflicht- oder Kaskoversicherung Ihres Autos.

Große Einsparpotentiale finden sich fast immer auch im Konsumbereich. Dabei geht es auch hier nicht in erster Linie darum, durch Verzicht und Einschränkungen Geld zu sparen, sondern nach dem ökonomischen Prinzip zu handeln, das heißt nach dem Prinzip: gleicher Nutzen für weniger Geld. Was zahlreiche Unternehmen heute unter dem Stichwort „Lean Production“ betreiben, können Sie sich als „Lean Consumption“

zum Ziel setzen: durch eine „schlankere" private Ausgabenpolitik mehr aus dem verfügbaren Einkommen zu machen.

Billig einkaufen heißt noch lange nicht sparen

Sollten Sie also feststellen, daß Ihre Ausgaben für die Ernährung im Verhältnis zum Einkommen und anderen Posten im Haushaltsbudget sehr hoch sind, dann lohnt sich die Frage nach den Gründen allemal. Es kann daran liegen, daß zu viele Lebensmittel nur angebrochen, aber nicht aufgebraucht und später weggeworfen werden. Das ist ein nicht allzu seltenes Problem in Haushalten mit Kindern, weil diesen die Folgen dieser „Großzügigkeit" oft gar nicht bewußt sind. Es kann aber auch daran liegen, daß Sie zuwenig Zeit haben (oder sich nehmen), um einmal im Monat alle die Dinge in einem preiswerteren Supermarkt zu kaufen, die sie ohnehin brauchen und gut lagern können: Reinigungsmittel, Kosmetika, Konserven, Getränke usw. Oft ist es allerdings auch umgekehrt. Weil es in den Supermärkten so viele billige Angebote gibt, greifen viele Kunden ohne allzulanges Nachdenken zu. Doch was nützt es, beim Einkauf des „Schnäppchens" 10 Mark gegenüber dem Normalpreis zu sparen, wenn man das auf 70 Mark herabgesetzte Produkt eigentlich gar nicht braucht und später vergißt oder wegwirft? Statt 10 Mark zu sparen, wurden 70 vergeudet.

Zahlung in Raten – davon ist abzuraten

Viele wollen sich allerdings selber auch ganz gern ein wenig bemogeln. Das gilt besonders dann, wenn es um das „liebste Kind" nicht nur der Deutschen geht – das Auto. Doch erst wenn wirklich einmal alle Aufwendungen rund ums Auto ehrlich erfaßt und dann auf den gefahrenen Kilometer umgelegt werden, läßt sich die Frage korrekt beantworten, ob und wann die Benutzung öffentlicher Verkehrsmittel günstiger ist. Es kann sich aber auch herausstellen, daß sich ganz erhebliche Mittel dadurch einsparen lassen, wenn beim nächsten Mal ein anderes Fahrzeug angeschafft oder es anders finanziert wird.

Wer etwas länger mit dem Kauf wartet und deshalb weniger Kredit aufnehmen muß, kann allein dadurch die Kosten des Autos erheblich senken. Es lohnt sich wirklich, einmal ganz genau nachzurechnen, wie teuer in diesem und in anderen Fällen ein Kauf auf Kredit tatsächlich ist.

Die meisten Verbraucher haben keine realistische Vorstellung davon, was ein Kauf auf Raten tatsächlich kostet. Was als bequeme Teilzahlung bei vielen Konsumprodukten angeboten wird, entpuppt sich nämlich bei genauem Rechnen fast immer als ein sehr teures Vergnügen. Denn der tatsächliche Preis kann sich durch Zins und Bearbeitungsgebühren mehr als verdoppeln. Ermitteln Sie diesen daher immer ganz genau, und prüfen Sie dann, ob Ihnen die schnelle Verfügbarkeit über das Produkt den sehr viel höheren Preis wirklich wert ist – und ob Sie sich diese Belastung überhaupt leisten können.

Für Überziehungskredite gelten natürlich ganz ähnliche Überlegungen. Ohne

Zweifel ist es höchst bequem, wenn man nicht immer erst nachsehen muß, ob noch Geld auf dem Konto ist, ehe man mit der ganzen Familie ins Restaurant geht. Und es ist verlockend, den tollen Fotoapparat oder Camcorder gleich mitzunehmen. Der Dispo macht es auch möglich, den neuen Kühlschrank oder Staubsauger schon vor der nächsten Lohn- oder Gehaltsüberweisung zu kaufen. Einen schicken neuen Mantel, die hübschen Schuhe oder den modischen Anzug möchte man natürlich auch sofort haben und nicht noch zwei Wochen warten, bis das Konto wieder aufgefüllt ist.

Viele Berufstätige haben sich deshalb daran gewöhnt, ihr Konto mehr oder weniger regelmäßig zu überziehen. Was macht es schon, wenn es für ein paar Tage im Soll steht? Viele sind sogar mit einem ganzen oder sogar mehreren Monatsgehältern im Rückstand. „Solange die Bank oder Sparkasse nichts sagt und ich im Rahmen des mir eingeräumten Dispositionskredits bleibe, ist ja wohl alles in Ordnung", denken viele Besitzer eines Girokontos. Sie würden diese Möglichkeit des bequemen Kredits wahrscheinlich weniger genießen, wenn sie einmal nachrechneten, wie teuer dieses Vergnügen ist.

WISO rät: Damit Sie keine unangenehmen – und teuren – Überraschungen erleben, sollten Sie die Allgemeinen Geschäftsbedingungen Ihrer Bank oder Sparkasse sorgfältig lesen. Beachten Sie dabei vor allem die Punkte, die sich auf den Überziehungskredit beziehen. Außerdem müssen Sie den Preisaushang oder das Preisverzeichnis regelmäßig daraufhin überprüfen, ob sich Zinsen, Gebühren und Provisionen geändert haben. Denn selbst wenn Sie sich früher einmal die Mühe gemacht haben, den Preis auszurechnen, den Sie für die Freiheit bezahlen müssen, Ihr Konto jederzeit überziehen zu dürfen: Es kann in der Zwischenzeit noch viel teurer geworden sein.

Dispo überschreiten: Das kann teuer werden

Daß dieses Loch in Ihrem Liquiditätsfaß groß und größer werden kann, gilt nämlich erst recht, wenn Sie die Grenzen überschreiten, die Ihnen auf Ihrem Konto für den Dispositionskredit von Ihrem Kreditinstitut eingeräumt worden sind. Wenn Sie ein regelmäßiges Einkommen haben, dulden viele Kreditinstitute eine mehr oder weniger regelmäßige Überschreitung der dem Kontoinhaber eingeräumten Kreditlinien. Denn erstens wollen sie ihre Kunden nicht durch Mahnungen verärgern und zweitens verdienen sie gut daran.

In den Allgemeinen Geschäftsbedingungen steht meist folgender Satz: „Nimmt der Kunde Kredit ohne ausdrückliche Vereinbarung oder über den vereinbarten Betrag oder über den Fälligkeitstermin hinaus in Anspruch, so hat er statt etwa vereinbarter niedrigerer Zinsen, Gebühren oder Provisionen die von der Bank/Sparkasse für solche Überziehungen bestimmten, im Preisaushang jeweils ausgewiesenen Zinsen, Gebühren und Provisionen zu zahlen."

Im Klartext kann das bedeuten, daß dem Lehrling Hans, der eigentlich gar keinen Dispositionskredit vereinbart hat, ebenso wie dem Zahnarzt Dr. XY, der sein Dispo von 25.000 DM überschritten hat, für die Überziehung neben vielleicht 14 Prozent Zinsen noch eine Überziehungsprovision von 4,5 Prozent aufgebrummt wird. Wie teuer das flotte Leben bei einer Belastung mit 18,5 Prozent Zinsen wird, bedarf keiner weiteren Erläuterung – und auch nicht, wie sinnvoll hier gespart werden kann. Das gilt vor allem dann, wenn gleichzeitig auch noch Geld auf dem Sparkonto liegt. Denn die gleiche Bank, die eine Kontoüberziehung mit 18 bis 19 Prozent Zins bestraft, vergütet für das Sparbuch meist nur 2 bis 3 Prozent.

WISO rät: Sehr wichtig ist deshalb, den eingeräumten Verfügungskredit keinesfalls stillschweigend zu überziehen – vielleicht sogar in der Hoffnung, daß es in der Bank oder Sparkasse niemand merkt. Kollege Computer paßt da ganz scharf auf – und die Zinsen, die dann berechnet werden, sind auch scharf.

Hinweis: Wenn Sie aus guten Gründen für eine bestimmte Zeit einen höheren Kreditbedarf haben, können Sie darüber mit Ihrer Bank oder Sparkasse fast immer reden. Denn wenn das Institut eine Überschreitung des eingeräumten Dispo duldet, gibt es keinen Grund, dies nicht auch ausdrücklich in Form einer erhöhten Kreditlinie zu genehmigen. Sie sparen dann immerhin die teure Überziehungsprovision. Deshalb gehören die Hinweise dazu im Kapitel „Geld und Kredit“ ab Seite 98 zu den wichtigsten Abschnitten in diesem Handbuch.

Runter vom „Dispo“

Da aber auch vereinbarte Dispositionskredite sehr teuer sind, sollten Sie die Inanspruchnahme so weit wie möglich reduzieren. Mit den so gesparten Zinsen können Sie sich dann entweder das Leben schöner machen oder durch die Anlage dieses Geldes selber gute Zinsen verdienen, statt teure „Leihgebühren“ zu zahlen.

WISO rät: Haben Sie bisher da nicht so exakt gerechnet und deshalb Ihr Konto überzogen, dann sollten Sie sich einen genauen Plan machen, wie Sie Ihre Kreditschulden in einem vorher festgelegten Zeitraum abbauen können. Es gibt fast immer Ausgaben, die sich reduzieren lassen. Auch wenn dies zeitweise einen gewissen Konsumverzicht bedeuten sollte, ist das eine sehr rentable Investition. Nach einer von Ihnen selber zu bestimmenden Zeit haben Sie dann die Beträge zur freien Verfügung, die Sie bisher als Zinsen, Gebühren und Provisionen abführen mußten, ohne einen wirklichen Nutzen davon zu haben.

Übrigens: Was kosten die Dienstleistungen Ihrer Bank eigentlich? Wenn Sie jetzt schon dabei sind, genau zu rechnen, dann sollten Sie auch dies einmal prüfen. Was müssen Sie zahlen? Was verlangen andere Institute für die gleichen Dienstleistungen: Zinsen, Überweisungsgebühren, Barabhebungen, Kontoführungsgebühren, Depotverwaltung usw.? Da die Kreditinstitute bei ihren Gebühren immer erfindungsreicher werden, wird auch der Blick auf ihre Preislisten und ein Kostenvergleich immer wichtiger. Wenn Ihnen das alles reichlich teuer erscheint, können Sie entweder auf einige Leistungen (wie die regelmäßige Zusendung der Kontoauszüge) verzichten. Sie können aber auch überlegen, ob es sich nicht im wahrsten Sinne des Wortes auszahlt, wenn Sie die Bank wechseln, falls diese ein besonders „einnehmendes Wesen“ entwickelt haben sollte.

An konkreten Fällen hat die Stiftung Warentest nachgewiesen, daß selbst bei wenig genutzten Konten in vielen Fällen jährliche Ersparnisse von 150 bis über 200 Mark möglich sind, wenn das Konto innerhalb der gleichen Stadt von einem teuren zu einem preiswerter arbeitenden Institut verlegt wird. Lohnt sich die damit verbundene Mühe für einen Ertrag von 200 Mark? Bedenken Sie: Um netto den gleichen Betrag mit mehr Arbeit oder über eine Lohnerhöhung zu verdienen, müßte Ihr Einkommen schon bei durchschnittlichen Steuer- und Abgabesätzen um über 300 Mark steigen.

Bankservice: Vieles ist überflüssig oder zu teuer

Da der Wechsel von einer Bank oder Sparkasse zu einer anderen dennoch von vielen Kunden aus guten Gründen nur als letzter Schritt betrachtet wird, sollten zumindest alle anderen Möglichkeiten der Gebührensenkung genutzt werden. Dazu gibt es oft mehr Möglichkeiten, als Sie denken: Legen Sie mehrere gleichzeitig unterhaltene Konten zusammen. Nutzen Sie den Kontoauszugsdrucker, statt sich alles immer zuschicken zu lassen. (Die Bank oder Sparkasse macht das nämlich nicht kostenlos und verlangt außerdem die Portoauslagen zurück.) Prüfen Sie, ob eine pauschale Kontoführungsgebühr nicht günstiger ist als Einzelabrechnung oder umgekehrt. Lassen Sie so wenig Geld wie möglich auf dem Girokonto, denn dort bringt es nichts – oder so gut wie nichts – ein. Verschiedene Alternativen dazu nennen wir Ihnen im Kapital „Sparen und Anlegen“ ab Seite 27.

Sie können außerdem nachfragen, ob Sie zu einem Personenkreis gehören, für den es bei Ihrer Bank oder Sparkasse Sonderkonditionen gibt – wie etwa für Rentner, Wehrpflichtige, Schüler, Lehrlinge oder Studenten.

WISO rät: Nutzen Sie die Möglichkeiten des Home-Banking, wenn Sie einen PC mit Btx-Anschluß haben. Sie können dadurch nicht nur Geld sparen. Sie können zugleich alle über Home-Banking zugänglichen Dienstleistungen Ihrer Bank rund um die Uhr nutzen. Porto und zeitraubende Gänge zum Bankschalter sparen Sie obendrein. Die eine oder andere Mark läßt sich aber auch dadurch auf dem eigenen Konto halten, daß Sie dank Home-Banking auch in den Fällen, in denen Sie sonst nicht mehr rechtzeitig zur Bank gekommen wären, gerade noch Zahlungsziele einhalten und Skonti kassieren können. Außerdem ist es bequemer, diese Geschäfte vom eigenen Schreibtisch aus zu erledigen.

Eigentlich sind wir damit schon beim nächsten wichtigen Schritt. Es genügt natürlich nicht, die Ausgaben nur zu erfassen und zu analysieren. Das bleibt solange nur „Vergangenheitsbewältigung“ oder reine Statistik, wie daraus keine Konsequenzen gezogen werden. Denn wenn Sie in Zukunft mit dem Einkommen besser auskommen wollen, sollten Sie ähnlich wie clevere Manager oder Stadtkämmerer eine Ausgabenplanung vornehmen, ein Budget aufstellen. Denn nur dann können Sie nicht erst bei einer Rückschau, sondern rechtzeitig vorher erkennen, wenn etwas schiefläuft.

Der zweite Schritt: Die Planung der Ausgaben

Das private Budget kann zunächst in einer sehr groben Aufgliederung der Ausgaben in Bereiche wie Miete, Ernährung, Kleidung, Fahrtkosten, Gesundheit, Urlaub und Freizeit bestehen. Es kann aber auch eine beliebig weitergehende Vertiefung erfahren. Ebenso ist es auch Ihre Entscheidung, wie streng Sie die Ausgabenkontrolle und Ausgabensteuerung handhaben wollen.

Sie können zum Beispiel die geplanten Ausgaben für Kleidung, Zigaretten oder Restaurantbesuche rigoros auf eine bestimmte Summe im Monat festlegen. Sie können Ihr Budget aber auch so fahren, daß Sie eine Überziehung bestimmter Positionen durch entsprechende Einsparungen im nächsten Monat ausgleichen. Das kann in manchen Fällen durchaus wirtschaftlich sein.

Es ist zum Beispiel sicherlich vernünftig, beim Kauf notwendiger Winterkleidung das monatliche Budget im September zu überziehen, weil es wenig Sinn macht, die warmen Stiefel erst dann zu kaufen, wenn der Schnee schon wieder schmilzt. Es ist auch wirtschaftlich sinnvoll, die für Kleidung oder Konserven vorgesehene Summe dann zu überschreiten, wenn die Geschäfte voller Sonderangebote sind.

Umgekehrt sollten die durchschnittlich geplanten monatlichen Ausgaben dann reduziert und auf den nächsten Monat vorgetragen werden, wenn die entsprechenden Produkte oder Dienstleistungen aus saisonalen Gründen besonders teuer sind. Solche Überlegungen gelten erst recht für den Kauf eines Autos und andere teure Anschaffungen. Denn auch da schwanken die Preise je nach Jahreszeit oder konjunktureller Lage beträchtlich.

Viele von diesen Überlegungen haben Sie sicherlich auch schon selber angestellt. Einige der Sparmöglichkeiten nutzen Sie sicher auch schon – mehr oder weniger konsequent. Doch schon diese wenigen Beispiele zeigen, daß erst durch eine genaue Analyse des bisherigen Ausgabeverhaltens und vor allem durch eine Ausgabenplanung im Rahmen eines Haushalts- oder Familienbudgets alle Einsparmöglichkeiten nicht nur erkannt, sondern auch wirklich nutzbar gemacht werden. Und darauf kommt es an.

WISO rät: Überlegen Sie genau, welche Ausgabengrenzen Sie wöchentlich oder monatlich möglichst streng einhalten wollen und welche Ausgabenposten Sie sinnvoll nur im Rahmen einer Jahresplanung betrachten können. Bei Zigaretten beispielsweise ist ein strenges Einhalten des Budgets sinnvoll, bei Sommer- und Winterkleidung sollten sich die Ausgaben nur im Durchschnitt an die geplanten Werte halten, denn sonst geht jeder Spielraum verloren, im richtigen Moment zuzugreifen.

Selbstverständlich sind auch nur die Obergrenzen für die jeweiligen Ausgaben möglichst strikt einzuhalten. Wenn durch günstige Einkäufe das gewünschte Ziel mit einem geringeren Geldeinsatz zu erreichen ist, werden die Mittel für andere Zwecke frei. Man kann sich sogar ganz bewußt das Ziel setzen, die Planzahlen zu unterschreiten. Das regt die geschäftliche Phantasie an und führt zur Entdeckung von weiteren Sparpotentialen – immer nach dem Motto: den gleichen Nutzen für weniger Geld. Denn schließlich soll das alles dazu dienen, die persönliche Lebensqualität zu erhöhen.

Verlockend: Urlaub auf Kredit?

Was im Einzelfall am besten ist, hängt immer von der jeweiligen persönlichen Situation ab. Dennoch lassen sich dafür an dieser Stelle einige Hinweise geben, die eine gewisse Allgemeingültigkeit haben.

So wird es fast immer sinnvoll sein, alle regelmäßig monatlich anfallenden Zahlungen, wie Miete und Nebenkosten, Hypothekenzinsen, Telefon oder Fahrtkosten, auch im monatlichen Rhythmus zu betrachten und zu überwachen. Bei den Ausgaben für Kleidung dagegen könnte eine quartalsweise Betrachtung klug sein, weil man sich sonst selbst die Möglichkeit blockiert, besonders günstige Angebote zu nutzen. Allerdings gehört dann auch die Disziplin dazu, die gegenüber dem Budget überzogenen Beträge durch entsprechende Einsparungen in den folgenden Monaten wieder auszugleichen.

Sehr sinnvoll dagegen ist eine Jahresplanung für den Urlaub. Das gilt nicht nur für den Betrag, der insgesamt für die „schönsten Tage des Jahres" aufgewendet werden kann oder soll. Sinnvoll ist es auch, dafür jeden Monat eine bestimmte „Rückstellung" vorzunehmen. Das hat nicht nur den Vorteil, daß dieses Geld dann auch wirklich greifbar ist, wenn es gebraucht wird. Es kann zudem in der Zwischenzeit zinsbringend angelegt werden. Der Urlaub finanziert sich dadurch zu einem gewissen Teil selber. Noch wichtiger aber ist, daß Sie bei Bezahlung der Reisekosten und bei den Ausgaben am Urlaubsort nicht wieder in die Gefahr geraten, Ihr heimisches Konto zu überziehen und auch dann noch Teile der Reisekosten abstottern müssen, wenn Sie längst wieder blaß auf Ihrem Arbeitsplatz stehen oder sitzen.

WISO rät: Es kommt immer mehr in Mode, Urlaubsreisen mit „günstigen Krediten" zu finanzieren, die Ihnen der Reiseveranstalter offeriert. Überlegen Sie es sich dreimal, ehe Sie darauf eingehen. Denn abgesehen davon, daß dadurch die Versuchung wächst, „mehr Reise" zu kaufen, als man sich eigentlich leisten wollte: Die Zinszahlungen machen alles noch teurer. Die Raten laufen auch dann noch weiter, wenn man sich vor lauter Regen und Kälte kaum noch an die sonnigen Urlaubstage erinnert. Überdies bleibt dann oft kaum noch eine Möglichkeit, den nächsten Urlaub anzusparen. Dann muß man entweder in Kauf nehmen, daß sich das Schuldenkarussell immer schneller dreht – oder zu Hause bleiben.

Den Planungshorizont erweitern

Bei der Budgetierung Ihrer Ausgaben gibt es auch Posten, bei denen Sie sogar über die Jahresplanung hinausgehen müssen. Das gilt beispielsweise für das Auto. Wenn Sie von einer drei- oder fünfjährigen Nutzung ausgehen und dann die entsprechenden Rückstellungen für einen Neukauf bilden (wobei Sie die Differenz zwischen dem Kaufpreis und dem erwarteten Erlös für den Gebrauchtwagen zugrunde legen müssen), ergibt sich daraus, wieviel Sie jeden Monat zurückzulegen haben. Zugegeben, vielen Autofahrern fällt das schwer. Aber bedenken Sie: Wenn Sie einen entsprechenden Sparvertrag mit monatlichen Einzahlungen abschließen oder in entsprechender Höhe

Bundesschätzchen oder Fondsanteile kaufen (was oft günstiger ist, siehe das Kapitel „Sparen und Anlegen"), können Sie nicht nur einen Teil des Kaufpreises mit den bis dahin verdienten Zinsen bezahlen. Sie können mit hoher Wahrscheinlichkeit beim Autohändler als Barzahler auch noch einen ordentlichen Rabatt aushandeln. Vor allem: Sie sparen die hohen Zinsen für den sonst wohl unvermeidlichen Kredit. Das alles zusammen kann einige Tausender ausmachen – und zwar zu Ihren Gunsten. Und wieder einmal: steuerfrei erwirtschaftetes Geld, von dem Sie dem Fiskus und der Sozialversicherung keine müde Mark abgeben müssen.

Kein Zweifel: Die regelmäßige Erfassung aller Ausgaben und die Aufstellung und Kontrolle eines persönlichen Budgets erfordert sicher einige Mühe. Aber es lohnt sich. Wie schon diese wenigen Beispiele zeigen, öffnet eine solche private Budgetpolitik den Blick für zahlreiche Sparmöglichkeiten, die bisher nicht genutzt wurden. Die folgenden Kapitel dieses Buches enthalten dazu zahlreiche weitere Hinweise. Sie werden Ihren Blick für die vielen großen und kleinen Löcher im „Liquiditätsfaß" schärfen und Ihnen helfen, sie besser als bisher abzudichten.

Aus Erspartem Vermögen machen

Wenn es Ihnen so gelingt, mit dem Einkommen besser auszukommen, können Sie die bisher ohne großen Nutzen abgeflossene Liquidität in zweierlei Form einsetzen: Sie können die eingesparten Beträge entweder dazu verwenden, sich Dinge zu leisten, von denen Sie bisher annahmen, sie seien nicht finanzierbar. Oder Sie können das Geld sinnvoll anlegen, um sich für die Zukunft durch ein finanzielles Polster mehr soziale Sicherheit und persönliche Unabhängigkeit zu verschaffen. Auch dazu finden Sie im Kapitel „Sparen und Anlegen" Anregungen. Die Hinweise dort sollen aber auch helfen, mögliche Fallgruben rechtzeitig zu erkennen. Denn davon, daß Sie sparen, sollen schließlich nicht irgendwelche windigen Gesellen profitieren. Deshalb ist das Kapitel „Kapitalanlage für Fortgeschrittene" auch für diejenigen interessant, die gar nicht die Absicht haben, die riskanteren Formen der Geldanlage auf eigene Faust zu erproben.

Das Thema „Sparen und Anlegen" ist deshalb der zweite Schwerpunkt dieses Buches. Der WISO-Ratgeber soll Sie nämlich auf doppelte Weise unterstützen: zum einen dabei, die vorhandenen Löcher in Ihrem persönlichen „Liquiditätsfaß" zu erkennen, zu analysieren und dann soweit wie möglich zu verkleinern oder gar ganz zu stopfen; zum anderen, indem er Hinweise gibt, wie sich die Zuflüsse zu Ihrem Faß vergrößern und vielleicht sogar ganz neue Quellen erschließen lassen. Dann werden Sie hoffentlich mit dem Einkommen nicht nur besser auskommen, sondern damit auch zusätzlich noch Vermögen bilden können.

Geldanlage 1: Sparen und Anlegen

Über die vielen Möglichkeiten, Geld mit Geld zu verdienen – oder zu verlieren

Wer eine Reise unternehmen will, eine Waschmaschine oder ein Auto kaufen möchte, wälzt zuvor viele Kataloge und Prospekte, fragt Freunde und Bekannte nach ihren Erfahrungen, kurzum: Es werden alle Informationen ausgewertet, bevor die Entscheidung fällt. Danach stellt sich für gewöhnlich ein gutes Gefühl ein, denn schließlich wurde alles getan, um für sein hart verdientes Geld auch das Richtige zu erhalten. Bei der Geldanlage sieht das leider ganz anderes aus. Unkritisch wählen die meisten Bundesbürger ihre Bank oder Sparkasse. Wer schon in der Schule, durch Eltern und Verwandte mit einem Kreditinstitut Bekanntschaft gemacht hat, wechselt üblicherweise erst nach einem Umzug. Da kann die Nähe der Bank zum Wohnort oder zur Arbeitsstelle durchaus eine wichtige Rolle spielen. Aus welchen Gründen auch immer die Entscheidung gefallen ist, für viele Menschen gilt sie ein Leben lang – zur Freude der Kreditinstitute, aber vielleicht zum Leid Ihres Geldbeutels.

Wenn Sie's aufs Sparen anlegen wollen ...

... dann vergleichen Sie! Die Zeiten sind glücklicherweise vorbei, in denen Ihnen Ihre Hausbank die Konditionen diktierte. Der Grund: Die Geldhäuser machen sich untereinander kräftig Konkurrenz. Das sollten Sie zu Ihrem Vorteil nutzen. Wo steht eigentlich geschrieben, daß Sie nicht auf mehreren Hochzeiten gleichzeitig tanzen dürfen? Es muß ja nicht immer nur eine Bank sein. Das Vergleichen der Spar- und Anlageangebote kostet allerdings etwas Zeit. Zwar bieten die Kreditinstitute im Prinzip alle das gleiche an, doch geben sie ihren Produkten unterschiedliche Namen. Vorsicht: Lassen Sie sich nicht von „Superspar", „Spitzenrendite" oder „Bonusplus" blenden. Zum einen werden die verlockenden Namen laufend geändert, und zum anderen können und müssen Sie nicht wissen, was dahintersteckt. Das wichtigste ist: Sie wissen was Sie wollen! Ein Beispiel: Sie haben 5.000 DM auf dem Girokonto übrig und können auf das Geld maximal ein Jahr lang verzichten. Sie wollen nun wissen, bei welchem Kreditinstitut Ihr Geld am sichersten angelegt ist und den höchsten Ertrag einbringt.

WISO rät: Die unterschiedlichen Spar- und Anlageformen der Geldhäuser können Sie am schnellsten miteinander vergleichen, wenn Sie Ihre Bedingungen nennen. Erfragen

Sie bei mindestens drei Kreditinstituten Zinsen und Renditen für Ihren Anlagebetrag und Anlagezeitraum. Um einen Überblick zu erhalten, reicht das Telefon, was Zeit und Kosten spart. Vor der endgültigen Entscheidung sollte jedoch unbedingt ein persönliches Beratungsgespräch stehen.

Außerdem sollten Sie beim Gespräch auf die Frage nach dem Anlagerisiko vorbereitet sein, denn die Kreditinstitute teilen ihre Kunden gerne in Risikogruppen ein. Meistens wird gefragt, ob Sie bei der Geldanlage ein großes, niedriges oder gar kein Risiko eingehen wollen. Daneben spielt die Anlagesumme und die Anlagedauer eine wesentliche Rolle für den Ertrag. Als Faustregel gilt: Je höher die Summe, je länger der Anlagezeitraum und je größer das Risiko, desto höher die in Aussicht gestellten Zinsen und Renditen.

WISO rät: Bevor Sie die Anlageberatung des Kreditinstitutes Ihrer Wahl in Anspruch nehmen, stecken Sie sich schon zu Hause Ihre ganz persönlichen Ziele und Grenzen. Denn nur Sie können wissen, ob Sie bei der Geldanlage ein Risiko eingehen wollen, welche Summe Ihnen zur Verfügung steht und wie lange Sie auf das angelegte Geld verzichten können.

Das Beratungsgespräch wird auch für die Bank immer wichtiger. Stichwort: Bankenhaftung bei falscher Anlageberatung. Wer nachweisen kann, daß er von seiner Bank in Sachen Geldanlage mangelhaft und nicht anlegergerecht beraten wurde und dadurch finanzielle Verluste erlitt, hat gute Chancen auf Schadenersatz. Deshalb kann es sinnvoll sein, zu zweit zum Beratungsgespräch zu gehen oder sich Notizen zu machen. Im Notfall sind diese Vorsichtsmaßnahmen wichtig, um der Bank den Beratungsfehler vor Gericht nachweisen zu können. Die Kreditinstitute können sich nämlich nicht mehr damit herausreden, sie hätten selbst nichts vom Risiko der Anlageempfehlung gewußt. Sie sind dazu verpflichtet, sich sachkundig zu machen, die Risikowünsche des Kunden, seinen Wissensstand und bei langjährigen Geschäftsbeziehungen auch sein Anlageverhalten bei der Anlageempfehlung zu berücksichtigen. Natürlich haftet die Bank nicht für jeden Kursverlust – es sei denn, der Kunde wollte eine absolut sichere Geldanlage, und es wurden ihm Aktien verkauft. In diesem Fall wäre die Beratung nicht anlegergerecht gewesen, und der Kunde hätte ein Recht auf Schadensersatz.

WISO rät: Legen Sie bei einem Beratungsgespräch Ihre Karten offen auf den Tisch. Lassen Sie über Anlageziel, Anlagesumme und Risiko keinen Zweifel aufkommen. Machen Sie deutlich, wo Ihre Prioritäten liegen und was Ihnen wichtig ist. Wenn Sie Bedenken haben, halten Sie die wesentlichen Punkte schriftlich fest und verlangen vom Berater eine Unterschrift.

Die kurzfristige Geldanlage

Von einer kurzfristigen Geldanlage spricht man bei einer Anlagedauer von bis zu einem Jahr. Diese Form ist dann sinnvoll, wenn zum Beispiel auf ein bestimmtes Ziel hin gespart werden soll. Sie wollen vielleicht eine größere Anschaffung oder eine Reise machen und bis dahin Ihr Geld auf einem Konto parken, was Zinsen bringt. Das

Girokonto ist dafür also in aller Regel ungeeignet. Bei der Suche nach der richtigen Anlageform fällt im Vergleich mit unseren europäischen Nachbarn immer wieder auf, daß wir Deutschen eine restriktive und vorsichtige Anlagestrategie verfolgen. Es wird sehr viel Wert auf Sicherheit und schnelle Verfügbarkeit gelegt. Vielleicht ein Grund dafür, warum sich hierzulande die konservativen Sparformen nach wie vor hoher Beliebtheit erfreuen, obwohl die Zinsen und Renditen dabei äußerst gering ausfallen.

Das Sparbuch: Berühmt und berüchtigt

Eins vorweg, auch das „neue" Sparbuch, ist nach wie vor die zinsungünstigste Sparvariante. Die Kündigungsfrist beträgt weiterhin drei Monate, und fast alle Kreditinstitute zahlen nur einen Zinssatz um die 2 Prozent dafür. Damit erzielen Sie noch nicht einmal den Inflationsausgleich. Im Ergebnis wird Ihr Geld also weniger. Neu ist seit 1993 eigentlich nur der Name: Sparbücher heißen seither offiziell „Sparkonten mit dreimonatiger Kündigungsfrist". Die Konteninhaber können ohne vorherige Kündigung und ohne Zahlung von Vorschußzinsen innerhalb von 30 Tagen (bezogen auf den Kalendermonat) 3.000 DM statt bisher 2.000 DM abheben. Das heißt, wer am 31. Januar den Maximalbetrag von 3.000 DM ausschöpft, kann dies einen Tag später noch einmal tun, nämlich am 1. Februar. Möchte der Sparer einen höheren Betrag abheben, muß er wie früher kündigen, also drei Monate warten oder Vorschußzinsen berappen. Wer sein Sparbuch auflösen will, muß damit rechnen, daß eine sogenannte Löschungsgebühr erhoben wird. Clever ist es dagegen, einen Kleinstbetrag von 1 oder 5 Mark auf dem Konto stehen zu lassen und sich nicht weiter darum zu kümmern. Das ist mit Abstand die billigste Form, seinem Sparbuch ade zu sagen.

WISO rät: Wenn Sie sich trotz der ungünstigen Verzinsung nicht von Ihrem Sparbuch trennen können, sollten Sie die Konditionen der Geldhäuser miteinander vergleichen. Manche bieten Sonderbedingungen an, womit sich ein bißchen mehr rausholen läßt. Sie haben doch nichts zu verschenken – oder?

Das Festzinssparen: Worauf Sie sich verlassen können

Mittlerweile bieten fast alle Kreditinstitute einen höheren Festzins an, wenn ein Mindestanlagebetrag auf dem Sparkonto überschritten wird. Meistens liegt die Grenze bei 3.000, manchmal auch bei 5.000 DM. Alle Beträge, die die Mindestsumme überschreiten, werden mit einem höheren, fest vereinbarten Zinssatz versehen. Rutscht dagegen das Sparguthaben unter den Mindestanlagebetrag, werden dafür nur noch die normalen Sparkontenzinsen von etwa 2 Prozent im Jahr gezahlt. Wer von vornherein weiß, daß er auf sein Geld länger als ein Jahr verzichten kann, sollte sich nach einer Anlagealternative mit höheren Zinsen erkundigen. Da bietet sich die zweite Variante des Festzinssparens an. Bei den meisten Kreditinstituten können bei einer Festlegung auf ein, zwei oder drei Jahre deutlich höhere Zinsen rausgeholt werden. Hierbei gilt: je länger die Anlagedauer, desto höher Festzins und Renditen.

Das Festgeldkonto: Ab 10.000 Mark sind Sie dabei

Für alle, die mindestens 10.000 DM kurzfristig anlegen wollen, lohnt sich ein Festgeldkonto. Die Zinssätze liegen etwa 1,5 Prozent über denen, die auf Sparkonten mit gesetzlicher Kündigungsfrist gezahlt werden. Das Geld muß für mindestens 30 Tage festliegen. Üblich sind auch Anlagezeiträume von 90 Tagen, maximal jedoch 360 Tagen. Nach Ablauf können Sie über Ihr Geld und die erzielten Zinsen sofort verfügen. Die meisten Kreditinstitute verlängern Ihre Geldanlage zu den aktuellen Konditionen automatisch, wenn Sie sich nicht spätestens einen Tag vorher melden. Das sollten Sie wissen: Während der Laufzeit liegt Ihr Geld wirklich fest. Sie haben also im allgemeinen keine Möglichkeit, darüber vorzeitig zu verfügen. Auch kann das Festgeldkonto das Girokonto nicht ersetzen, weil darüber kein Zahlungsverkehr abgewickelt werden kann. Vorteil: Festgeld kann zu jedem beliebigen Zeitpunkt angelegt werden, und die Kreditinstitute verlangen dafür keine Gebühren. Die Zinsen für Festgeld sind nach der Höhe der Einlage gestaffelt: Ab 30.000 DM oder 50.000 DM und mehr werden deutlich höhere Zinsen gezahlt, als für den Mindestanlagebetrag von 10.000 DM.

WISO rät: Das Festgeldkonto darf nicht fehlen. Das gilt vor allem dann, wenn sich auf Ihrem Girokonto regelmäßig Überschüsse anhäufen und dort unverzinst gelagert werden. In jedem Fall sollten Sie auch Ihr Festgeldkonto daraufhin überprüfen, ob Beträge über 10.000 Mark nicht dauerhaft angelegt werden können.

Der variable Zins: Sparen ganz flexibel

Bei einem Anlagebetrag von 5.000 DM, meistens jedoch 10.000 DM, gibt es außerdem die Möglichkeit, mit variablem Zins zu sparen. Das kann sich vor allem in Zeiten steigender Zinsen rechnen. Der variable Zinssatz, den Sie als Kunde von Ihrem Kreditinstitut erhalten, orientiert sich an den realen Geldmarktsätzen, zu denen sich die Banken untereinander für drei Monate Geld leihen. Jeden Tag wechseln auf dem Geldmarkt riesige Summen ihren Besitzer. Je nach Angebot und Nachfrage schwanken also auch die Zinssätze, die sich die Banken für die gegenseitige Geldausleihe zahlen müssen. Von diesen Schwankungen können Sie profitieren, denn in jedem Fall liegen die Zinssätze deutlich über dem Sparkontenzins und auch etwas über denen, die für Festgeld gezahlt werden. Manche Geldhäuser garantieren sogar einen Mindestzins. Damit ist Ihr Risiko, wenn die Zinsen sinken sollten, nach unten begrenzt. Auch beim Sparen mit variablem Zins können Sie die gesamte Sparsumme oder Teilbeträge kündigen. Die Fristen dafür variieren zwischen drei und sechs Monaten. Nachteil: Manche Kreditinstitute garantieren einen Mindestzinssatz erst ab 10.000 DM. Ein Vergleich mit den Konditionen für Festgeld ist deshalb ratsam.

WISO rät: Geldmarktnahe Sparkonten können dann eine Alternative zum Festgeldkonto sein, wenn Sie mindestens sechs Monate auf Ihr Geld verzichten können. Der Grund: Die Zinsanpassung erfolgt nur alle drei Monate. Für den Hausgebrauch sind Sie mit dem Festgeldkonto gut bedient, denn die Zinsdifferenz zwischen den beiden Anlageformen ist nicht sehr hoch.

Die mittel- bis langfristige Geldanlage

Von einer mittelfristigen Geldanlage wird bei einem Anlagezeitraum zwischen drei und fünf Jahren ausgegangen. Alles, was darüber liegt, gilt als länger- bzw. langfristiger Anlagezeitraum. Die Grenzen sind jedoch nicht starr festgeschrieben, sondern stellen nur einen Anhaltspunkt dar.

Sparpläne: Kleinvieh macht auch Mist

Wer auf ein bestimmtes Ziel hin sparen will, dem empfehlen die Kreditinstitute sogenannte Sparpläne. Die bekannteste Form ist das Ratensparen. Beim Ratensparen wird monatlich ein festgelegter Betrag, zum Beispiel 50 Mark, vom Girokonto auf ein Sparkonto überwiesen. Die Zinsen sind entweder nach der Höhe der angesparten Summe gestaffelt oder setzen sich aus Festzins und einer Bonus- oder Prämienzahlung zusammen. In der Regel wird der Bonus oder die Prämie bei Fälligkeit, also am Ende der vereinbarten Laufzeit, auf die gesamte Sparsumme aufgeschlagen und mit ausgezahlt. Einige Geldhäuser zahlen die Bonuszinsen auch jährlich aus. Manchmal können Sie auch Beträge bis zu einem vereinbarten Mindestguthaben vom Konto abheben, ohne daß Ihnen der Bonus verlorengeht. Die Laufzeiten dieser Sparpläne reichen von einem Jahr bis in alle Ewigkeit. Vorteil: Sie wissen schon bei Vertragsabschluß genau, welcher Betrag Ihnen am Ende der Laufzeit ausgezahlt wird. Nachteil: Die Vergleichbarkeit der Sparpläne untereinander wird immer schwieriger. Die Vielfalt der Konditionen bei der Grundverzinsung, der Laufzeit und bei den Bonusvarianten macht es den Sparern fast unmöglich, die Rendite selbst auszurechnen. Bestenfalls können die Endergebnisse der verschiedenen Angebote verglichen werden. Allerdings nur unter der Voraussetzung, daß Anzahl und Höhe der Raten sowie Sparplanbeginn und -ende genau übereinstimmen.

Beispiel: Sie wollen 15 Jahre lang monatlich 300 DM sparen. Bank A bietet 3,50 Prozent Zinsen. Der einprozentige Bonus und die Zinsen werden vierteljährlich gutgeschrieben. Rendite: 4,06 Prozent. Bei Bank B erhalten Sie ebenfalls eine Grundverzinsung von 3,50 Prozent, Bonuszahlung 100 Prozent am Ende der Laufzeit. Rendite: 6,15 Prozent. Bank C bietet immerhin 6 Prozent Zinsen, aber keinen Bonus. Rendite: 6,00 Prozent. Bank D zahlt ebenfalls 6 Prozent, Bonuszahlung 15 Prozent am Ende der Laufzeit. Rendite: 7,09 Prozent.

Bank	Zins	Bonus	Bonusauszahlung	Rendite	Auszahlung
A	3,5 %	1 %	vierteljährlich	4,06 %	73.993 DM
B	3,5 %	100 %	nach 15 Jahren	6,15 %	87.563 DM
C	6,0 %	–	–	6,00 %	86.517 DM
D	6,0 %	15 %	nach 15 Jahren	7,09 %	94.617 DM

Ergebnis: Spitzenreiter und Schlußlicht trennt eine Differenz von 20.624 DM.

WISO rät: Lassen Sie sich beim Vergleichen von Sparplänen nicht von einer einzigen Zahl, zum Beispiel von einer hohen Bonuszahlung oder einer hohen Auszahlungssumme, beeindrucken. Nur die Rendite ist eine zuverlässige Vergleichsgröße. Fragen Sie unbedingt danach, denn kaum ein Kreditinstitut druckt die Rendite in ihr Werbeprospekt.

Beim Vergleichen der Sparplanangebote fällt außerdem unangenehm auf, daß die Sparer mit längeren Laufzeiten schlechter bedient sind als mit kürzeren. Bei einer Stichprobe von mehr als 50 Banken und Sparkassen stellte die Stiftung Warentest bei fünfzehnjährigen Sparplänen eine durchschnittliche Rendite von 5,58 Prozent fest, bei siebenjährigen Laufzeiten lagen die Renditen mit 5,50 Prozent geringfügig darunter. Wer sich jedoch auf 15 Jahre festlegen will, sollte mindestens eine Rendite von 6 Prozent rausholen.

Auch wenn Sie Ratenhöhe und Laufzeit sorgfältig geplant haben, kann es passieren, daß Sie die Ratenhöhe verringern möchten oder für einen gewissen Zeitraum ganz mit der Ratenzahlung aussetzen wollen. Zum Beispiel bei Arbeitslosigkeit oder bei Wegfall des Zweitverdienstes. Einige Kreditinstitute lassen ein Ruhen des Vertrages aber nur dann zu, wenn wenigstens einmal im Jahr eine Zahlung erfolgt oder die fehlenden Beträge innerhalb von neun Monaten nachgezahlt werden. Achtung! Manche Geldhäuser sind sehr streng und unterbinden die Wiederaufnahme der Ratenzahlung nach einer Unterbrechung von zwei Monaten.

Wichtig sind auch die Kündigungsbedingungen. Wer vorzeitig über sein Geld verfügen will, muß nämlich damit rechnen, daß die gesamte Bonuszahlung verlorengeht. Das ist vor allem dann wahrscheinlich, wenn der Bonus am Ende der Laufzeit ausgezahlt werden soll. Neuerdings gehen jedoch einige Kreditinstitute dazu über, ihre Sparpläne auf eine jährliche Bonuszahlung umzustellen. Das bringt Vorteile: erstens bleiben Ihnen die vereinbarten Zinsen samt Bonus erhalten, zweitens ist die jährliche Zahlung auch steuerlich günstiger. Zinsen und Bonus unterliegen nämlich der Zinsabschlagsteuer. Beides wird bei den herkömmlichen Sparplänen am Ende der Laufzeit ausgezahlt. Da lohnt es sich schon, vorab zu berechnen, ob die Freibetragsgrenzen im Jahr der Fälligkeit nicht überschritten werden.

WISO rät: Wenn Sie monatlich einen festen Betrag für ein bestimmtes Ziel über einen längeren Zeitraum sparen wollen, sind die Sparpläne mit kurz- bis mittelfristigen Laufzeiten besser als ihr Ruf. Mehr Zinsen als auf dem Sparbuch gibt es allemal. Bei Laufzeiten von mehr als sieben Jahren sollten Sie sich jedoch nach Alternativen mit höheren Renditen umsehen.

Sparbriefe: Fehlt nur noch das Siegel

Jedes Kreditinstitut bietet mittlerweile einen eigenen Sparbrief an und tritt damit in Konkurrenz zum Bundesschatzbrief, der vom Staat herausgegeben wird. Bei Sparbriefen handelt es sich um sogenannte „aufgezinste“ Papiere, die von den Geldhäuser gebührenfrei verkauft und verwaltet werden. Natürlich nur dann, wenn Sie sich für das hauseigene Produkt entscheiden. Sparbriefe können nach einem

Mindestanlagebetrag von üblicherweise 5.000 DM mit Tausenderbeträgen aufgestockt werden. Die Laufzeiten liegen meistens zwischen zwei, vier oder sechs Jahren. Für die Anlagedauer wird ein fester Zinssatz gezahlt. Die Zinsen werden entweder jährlich ausgezahlt oder thesauriert, das heißt dem Sparkapital zugeschlagen und mit verzinst. Vorteil: Beim Kauf einer Sparbriefes wissen Sie schon bei Vertragsabschluß genau, wann Ihnen welche Summe nebst Zinsen und Zinseszinsen ausgezahlt wird. Nachteil: Sparbriefe können vor Ablauf des Anlagezeitraums in der Regel nicht an die Bank zurückgegeben werden. Ihr Geld liegt also fest.

WISO rät: Bei der Entscheidung über eine längerfristige Geldanlage in Sparbriefen sollten Sie zum Vergleich in jedem Fall die Angebote des Bundes einholen. Außerdem ist der allgemeine Zinstrend zu berücksichtigen. Als Faustregel gilt: Bewegen sich die Zinsen auf hohem Niveau, sollten Sie längere Anlagezeiträume mit einer festen Zinsvereinbarung wählen. Bewegen sich die Zinsen auf niedrigem Niveau, ist eher eine kurze bis mittlere Laufzeit zu empfehlen.

Fazit: Spareinlagen sind in der Bundesrepublik die beliebteste Anlageform der privaten Haushalte. Hohe Sicherheit, garantierter Ertrag und schnelle Verfügbarkeit stehen dabei im Vordergrund. Sie sind eine, aber nicht die einzige Möglichkeit, ohne Risiko einen kontinuierlichen und überschaubaren Geldzuwachs zu erzielen.

Vater Staat und seine Schätze

Eine völlig risikofreie Geldanlage bieten Ihnen zwei Staatspapiere: der Bundesschatzbrief und die Finanzierungsschätze des Bundes. Sie werden nicht an der Börse gehandelt und unterliegen somit auch keinen Kursschwankungen. Der Staat bietet als Kaufanreiz lukrative Zinsen. Die Gründe dafür sind einfach nachzuvollziehen. Der Bund braucht zusätzliche finanzielle Mittel, die er allein über Steuereinnahmen nicht aufbringen kann. Deshalb leiht er sich über die Ausgabe von festverzinslichen Wertpapieren zusätzliches Geld vom Bürger. Für die Bundesregierung im Vergleich zur Kreditaufnahme eine preiswerte Alternative.

Telefonservice: Die aktuellen Konditionen für alle Wertpapiere des Bundes können Sie beim Informationsdienst für Bundeswertpapiere erfahren. Der automatische Ansagedienst steht Ihnen „rund um die Uhr" zum ortsüblichen Gebührentarif zur Verfügung, Telefon: 069/19 718. Prospektmaterial ist unter der Telefonnummer 069/74 77 11 anzufordern.

Depot zum Nulltarif: Die Aufbewahrung und Verwaltung aller Bundeswertpapiere übernimmt die Bundesschuldenverwaltung in 61342 Bad Homburg v. d. H., Postfach 1245, kostenfrei. Ein entsprechendes Antragsformular liegt bei jedem Kreditinstitut bereit. Wegen der Kostenersparnis sollten Sie gleichzeitig mit dem Kaufauftrag die Eintragung in das Bundesschuldenbuch vornehmen lassen.

WISO rät: Wenn Sie Ihre Bundespapiere nachträglich von Ihrem Bankdepot zur Bundesschuldenverwaltung übertragen lassen wollen, kostet das pro Posten meist zwischen 10 und 20 DM. Erkundigen Sie sich vorher.

Für Planer: Bundesschatzbriefe

Die „Bundesschätzchen", wie sie liebevoll genannt werden, sind im Prinzip mit den Sparbriefen der Kreditinstitute vergleichbar. Der Staat bietet in der Regel etwas höhere Zinsen, und die Papiere sind schon ab 100 DM zu haben. Die Geldanlage über einen Zeitraum von sechs oder sieben Jahren ist völlig risikofrei. Mit dem Kauf und der Rückgabe von Bundesschatzbriefen müssen Sie eine Bank, eine Sparkasse oder eine Landeszentralbank beauftragen. Das kostet Sie aber keinen Pfennig, denn die Kreditinstitute holen sich rund 1 Prozent des Nennwerts vom Staat als Provision zurück. Für Sie ist der Kauf und Verkauf von Bundesschatzbriefen also spesen- und gebührenfrei. Ebenso die Verwaltung und Aufbewahrung, vorausgesetzt, Sie beauftragen Ihr Kreditinstitut damit, Ihre Papiere bei der Bundesschuldenverwaltung zu deponieren. Ein Vergleich mit den Depotgebühren Ihres Kreditinstituts lohnt sich in jedem Fall. Denn bei der Bank würde eine Geldanlage von 25.000 DM in Bundesschatzbriefen Typ A jährlich 0,15 Prozent oder 37,50 DM kosten. Nach einer Laufzeit von sechs Jahren hieße das: 225 DM haben oder nicht haben. Der Service bei der Bundeschuldenverwaltung ist allerdings etwas schlichter als bei einem Kreditinstitut. Jeder Auftrag muß schriftlich eingereicht werden, und die Bearbeitungszeit dauert etwa zwei Wochen, weil nur am Dienstag und am Donnerstag abgerechnet wird. Ihrer Bank fallen sicher noch ein paar andere Argumente ein, um Ihnen ein Hausdepot schmackhaft zu machen. Zum Beispiel kommt es immer wieder vor, daß ein Bankberater die Bundesschuldenverwaltung als Behörde des Finanzministers bezeichnet, der sich über Umwege einen Zugang zu Ihren Daten verschafft. Das ist unwahr, denn die Bundesschuldenverwaltung ist an das Bankgeheimnis gebunden, genauso wie jedes andere Kreditinstitut auch. Also, wenn Sie sich für die Bundesschuldenverwaltung entscheiden, muß jedes Kreditinstitut Ihren Antrag gebührenfrei weiterleiten.

WISO rät: Bei der Geldanlage bieten die Kreditinstitute statt der Bundesschatzbriefe vorzugsweise ihre eigenen Sparbriefe an. Der Grund: Die Banken verdienen mehr daran. Das gleiche gilt für die Einrichtung eines Depots. Wenn Sie sich für den Kauf von Bundesschatzbriefen entscheiden, wählen Sie den Nulltarif. Billiger als bei der Bundesschuldenverwaltung geht es nun wirklich nicht.

Es gibt zwei Typen von Bundesschatzbriefen:

Typ A Laufzeit sechs Jahre, Mindestanlagebetrag 100 DM, jährliche Zinsauszahlung

Typ B Laufzeit sieben Jahre, Mindestanlagebetrag 100 DM, Zinsauszahlung am Ende der Laufzeit

Beispiel: Zinsen und Renditen von Typ A und Typ B

Laufzeitjahr	Nominalzins	Rendite Typ A	Rendite Typ B
1. Jahr	5,50 %	5,50 %	5,50 %
2. Jahr	6.00 %	5,74 %	5,75 %
3. Jahr	6,00 %	5,82 %	5,83 %
4. Jahr	6,25 %	5,92 %	5,94 %
5. Jahr	6,50 %	6,02 %	6,05 %
6. Jahr	6,50 %	6,09 %	6,12 %
7. Jahr	6,50 %	–	6,18 %

Rendite: Bundesschatzbrief Typ A = 6,09 %, Bundesschatzbrief Typ B = 6,18 %. (Rendite = wirklicher Zinsgewinn pro Jahr, berechnet auf die gesamte Laufzeit ohne Berücksichtigung von Stückzinsen.)

Quelle: Informationsdienst für Bundeswertpapiere. Die aktuellen Konditionen können von diesem Beispiel abweichen.

Gemeinsame Vorteile: Beide Typen sind mit einem progressiv gestaffelten Zinssatz ausgestattet. Das heißt, je länger die Laufzeit, desto höher auch die Zinsen. Ein weiterer Vorteil: die gute Verfügbarkeit. Bundeschatzbriefe können nämlich bei Bedarf schon nach dem ersten Laufzeitjahr täglich wieder zu Bargeld gemacht werden: bis 10.000 DM innerhalb von 30 Tagen, zu 100 Prozent plus Zinsen.

WISO rät: Bundesschatzbriefe sind für die mittelfristige Geldanlage gedacht. Wenn Sie von der vorzeitigen Rückgabe Gebrauch machen wollen, sollten Sie jedoch bedenken, daß Ihnen die Staffelzinsen dann nicht voll zugute kommen.

Für Kurzentschlossene: Finanzierungsschätze des Bundes

Die Finanzierungsschätze des Bundes sind für die kurzfristige Geldanlage gedacht. Sie werden zu Laufzeiten mit einem oder zwei Jahren angeboten und sind ebenso sicher wie die Bundesschatzbriefe. Zinsen und Renditen liegen schon bei Vertragsabschluß fest. Bei Finanzierungsschätzen handelt es sich um „abgezinste" Wertpapiere. Das heißt, Zinsen und Zinseszinsen werden vom Nennwert abgezogen. Nur dieser Betrag muß beim Erwerb gezahlt werden. Die Auszahlung des vollen Nennwerts erfolgt am Ende der Laufzeit. Die Mindestanlage (Nennwert) beträgt 1.000 DM. Sie können natürlich auch mehr Geld anlegen, die Summe muß jedoch durch 1.000 DM teilbar sein. Der Bundesfinanzminister gibt jeden Monat neue Finanzierungsschätze heraus. Bei Kauf und Einlösung der Papiere fallen keine Gebühren oder Spesen an.

Beispiel: Zinsen und Renditen bei Finanzierungsschätzen

Anlagezeitraum	ein Jahr	zwei Jahre
Sie zahlen ein	939,40 DM	887,40 DM
Sie erhalten am Ende der Laufzeit	1.000,00 DM	1.000,00 DM
Ihr Zinsertrag	60,60 DM	112,60 DM
Rendite pro Jahr (Zinsertrag bezogen auf den Kaufpreis)	6,45 %	6,15 %

Quelle: Informationsdienst für Bundeswertpapiere. Die aktuellen Konditionen können von diesem Beispiel abweichen.

Berechnung: Im Beispiel beträgt der Verkaufszinssatz für ein Jahr 6,06 Prozent, für zwei Jahre 5,63 Prozent. Der Zinsertrag in DM ergibt sich durch Abzug von 6,06 Prozent bzw. 5,63 Prozent vom Nennwert für jedes Laufzeitjahr (1 x 6,06 Prozent von 1.000 DM = 60,60 DM bzw. 2 x 5,63 Prozent von 1.000 DM = 112,60 DM). Die Abschlagprozentsätze pro Jahr werden als Verkaufszinssätze bezeichnet.

WISO rät: Achten Sie bei der Geldanlage darauf, daß Ihr Sparziel mit der gewählten Laufzeit übereinstimmt. Denn Finanzierungsschätze des Bundes können nicht vorzeitig an den Staat zurückgegeben werden.

Starthilfe für Börsenneulinge

Ein Geheimrezept, wie man an der Börse reich werden kann, gibt es nicht. Versucht haben es jedoch viele: mit Lineal und Bleistift, mit komplizierten Rechenmethoden und sogar mit Astrologie. Allen Vorurteilen zum Trotz: Mit Glücksspiel und Lotterie hat die Börse nichts zu tun. Schließlich stehen die mathematischen Chancen, beim Lotto sechs Richtige zu ergattern, eins zu 14 Millionen. Da bietet die Börse bessere Aussichten auf Erfolg. Vorausgesetzt, Sie gehen mit einem klaren Kopf an Börsengeschäfte heran. Wer an der Börse Geld verdienen und nicht verlieren will, sollte Emotionen und Spieltrieb unterdrücken: Zu viele sind damit schon reingefallen.

Die Börse: Lust auf Risiko?

Die Börse ist im Prinzip nichts anderes als ein organisierter Markt, auf dem Wertpapiere, Devisen, Waren und Termingeschäfte gehandelt werden. Demnach wird die Börse in unterschiedliche Märkte geteilt: den Rentenmarkt, den Aktienmarkt, die Devisenbörse und die Terminbörse. Eigentlich besteht ein Unterschied zum Wochenmarkt nur darin, daß Sie die angebotenen Produkte nicht persönlich kaufen und auch nicht anfassen können. Börsenhandel sehen Sie nur auf dem Papier. Eine abstrakte Angelegenheit, die vielen Bundesbürgern nicht ganz geheuer sein muß, wie die Statistik der Deutschen Bundesbank zeigt: Die privaten Haushalte legen nur den kleinsten Teil ihres Geldvermögens in Aktien an, rund 3,8 Prozent. Im Vergleich mit den erzielten Renditen in den vergangenen zehn Jahren steht die Aktie jedoch ganz oben.

Ein Grund für die Vorsicht liegt sicher im Risiko. Der Börsenkurs, also der Preis für ein Wertpapier, kann aufgrund von Angebot und Nachfrage täglich schwanken. Sie wissen also nie genau, welchen Preis Sie am Kauftag zahlen müssen bzw. am Verkaufstag erhalten.

WISO rät: Wenn Sie Geld an der Börse investieren wollen, sollten Sie einen Betrag wählen, auf den Sie mindestens ein Jahr verzichten können. Also keinesfalls den Notgroschen für Spekulationen verwenden!

Übrigens: Es ist ein falsches Gerücht, daß Sie erst ab 10.000 Mark an der Börse einsteigen können. Es gibt eine Reihe von Aktien, die schon unter 100 Mark zu haben sind. Seit dem 1. Januar 1995 ist auch die 5-Mark-Aktie zugelassen. Dadurch ist der bislang gültige Mindestnennwert einer Aktie von 50 Mark auf 5 Mark gesenkt worden. Ein weiterer Versuch, das Aktiensparen in Deutschland populärer zu machen.

Ein Grund für die Zurückhaltung der Deutschen bei Börsengeschäften sind auch die nicht geringen Spesen und Gebühren. Für jedes Börsengeschäft muß nämlich ein Kreditinstitut beauftragt werden. Für die Vermittlung kassieren die Geldhäuser eine Provision. Zusätzlich sind für die Eröffnung und Verwaltung eines Bankdepots Gebühren zu zahlen, die je nach Inhalt und Wert Ihrer Papiere unterschiedlich hoch ausfallen können. Eine Mindestgebühr müssen Sie aber auf jeden Fall berappen. Schließlich verlangt auch noch der Kursmakler, der seinen Sitz an der Börse hat, sein Geld: die sogenannte Maklercourtage. Als einziger Belastungsposten ist in den letzten Jahren die Börsenumsatzsteuer entfallen: Sie wurde 1991 abgeschafft.

WISO rät: Spesen und Gebühren fallen bei jedem Kauf und Verkauf von Wertpapieren an. Dabei sollten Sie bedenken, daß Sie bei kleinen Stückzahlen vergleichsweise stärker belastet werden als bei größeren Posten. Bei den Depotgebühren lohnt sich in jedem Fall der Vergleich mit mehreren Kreditinstituten. Hier gibt es erhebliche Unterschiede.

Achtung! Sollten Sie bei Ihren Börsengeschäften unsicher sein, ist es besser, sich auf die Empfehlungen der Bank oder Sparkasse zu verlassen, der Sie auch bisher Ihr Vertrauen schenken konnten. Jedenfalls allemal sicherer, als einem fremden Anlageberater Ihr Geld anzuvertrauen. Leider gibt es immer noch eine große Zahl unseriöser Geschäftemacher, die mit Ihrem Geld in die eigene Tasche spekulieren. Wenn dann Ihr Vermögen schwindet, ist oft auch der Anlageberater verschwunden. Ihre Hausbank kann Ihnen zwar auch keine Garantie für Kursgewinne geben, aber einfach verschwinden kann sie nicht.

Anleihen: Sicher ist sicher!

Anleihen, auch Obligationen oder Renten genannt, sind festverzinsliche Wertpapiere und bei den Bundesbürgern sehr beliebt. Grund dafür ist die hohe Sicherheit bei gleichzeitig guten Ertragsmöglichkeiten, die deutlich über denen der Spareinlagen liegen. Anleihen werden an der Börse gehandelt, können also täglich gekauft und verkauft werden. Sie verbriefen dem Käufer einen Anspruch auf Rückzahlung zu einem festen Zinssatz und zu einem bestimmt Zeitpunkt. Im sogenannten Mantel wird die Rückzahlung zu 100 Prozent verbrieft, während auf dem Zinsschein die Zinskonditionen festgelegt sind. Die Zinsen werden üblicherweise jährlich oder halbjährlich ausgezahlt.

Beim Kauf von Anleihen fallen die banküblichen Spesen und Gebühren an:
- Bankprovision: 0,5 Prozent vom Kurs-/Nennwert
- Maklergebühr: 0,075 Prozent vom Nennwert
- Depotgebühren: ca. 1,5 Promille vom Nennwert

Vielfach werden Mindestbeträge an Provision und Maklergebühr berechnet. Das gilt auch für die Depotgebühren.

Anleihen werden von Unternehmen, vor allem aber vom Staat herausgegeben. Beide verfolgen damit nur ein Ziel: Sie wollen sich von Privatpersonen Geld leihen. Die Bundesregierung (bis 1993 bzw. 1994 auch die Deutsche Bundesbahn und die Deutsche Bundespost) emittiert regelmäßig neue Anleihen. Als Emittent bezeichnet man denjenigen, der die Anleihe ausgibt oder auflegt. Die Laufzeit, also die Spanne zwischen Emissionstag und Rückzahlungstag, liegt im allgemeinen bei zehn Jahren. Während dieser Zeit wird ein fester Zinssatz gezahlt. Dieser sogenannte Nominalzins orientiert sich bei neu aufgelegten Anleihen zwar immer am jeweiligen Marktzins, liegt üblicherweise aber deutlich darüber, um einen Kaufanreiz zu bieten.

WISO rät: Wenn Sie mehr Wert auf einen kontinuierlichen Geldzuwachs legen und weniger die Spekulation im Auge haben, dann ist die Anleihe genau das richtige Wertpapier für Sie. Im Vergleich mit Aktien sind Anleihen risikoarm. Hauptgrund: Der Rückzahlungsbetrag, den Sie am Ende der Laufzeit erhalten, ist schon am Kauftag genau festgelegt.

Wie berechnet sich die Rendite?

Auch bei der Geldanlage in Anleihen spielt die Rendite eine wesentliche Rolle. Sie gibt die effektive Verzinsung unter Berücksichtigung von Kaufpreis und Restlaufzeit an. Wenn Sie die Rendite einer Anleihe selbst berechnen wollen, sind außerdem der Nominalzins (bei einer Neuemissionen der Emissionskurs) und der Börsenkurs von Bedeutung. Daraus ergibt sich die tatsächliche Verzinsung, die sogenannte Rendite.

Formel zur Berechnung der Rendite:

$$\frac{\text{Nominalzins} \times 100}{\text{Börsenkurs}} + \frac{100 - \text{Börsenkurs}}{\text{(Rest-)Laufzeit}} = \text{Rendite}$$

Beispiel 1: Angenommen, Sie kaufen eine achtprozentige Anleihe zum Nennwert von 100 DM mit einer Restlaufzeit von fünf Jahren zum Kurs von 100 Prozent. Dann erhalten Sie pro Jahr 8 DM Zinsen (8 Prozent von 100 DM = 8 DM).

$$\frac{8 \times 100}{100} + \frac{100 - 100}{5} = 8{,}00\ \%$$

Beispiel 2: Nehmen Sie jetzt an, Sie hätten die gleiche Anleihe zum Kurs von 99 Prozent gekauft. Dann erhalten Sie auch hier 8 DM Zinsen, jedoch mit einer höheren Rendite.

$$\frac{8 \times 100}{99} + \frac{100 - 99}{5} = 8{,}28\ \%$$

Ergebnis: In beiden Beispielen ist der Nominalzinssatz und damit die jährliche Zinszahlung von 8 DM gleich. Im ersten Beispiel haben Sie dafür aber 100 DM aufgewendet, im zweiten Beispiel nur 99 DM. Ihre Rendite, also das, was Ihnen Ihr angelegtes Geld tatsächlich einbringt, ist im zweiten Beispiel höher als im ersten. Das liegt daran, das Sie einen Kursgewinn von 1 DM erzielen konnten.

Quelle: Informationsdienst für Bundeswertpapiere.

WISO rät: Bei der Renditeberechnung brauchen Sie nicht selbst zum Taschenrechner zu greifen, denn jedes Kreditinstitut verfügt über Nachschlagetabellen. Lassen Sie sich von Ihrer Bank oder Sparkasse eine Anleihe heraussuchen, die mit Ihrem Anlagezeitraum und mit Ihrer Renditevorstellung übereinstimmt.

Wie wird der Kurs einer Anleihe beeinflußt?

Der Börsenkurs einer Anleihe wird vom allgemeinen Zinsniveau, von der Laufzeit und vom Nominalzins beeinflußt. Steigt zum Beispiel der Kapitalmarktzins, sinken die Kurse für die umlaufenden Rentenpapiere. Der Grund: Der Nominalzinssatz, also der festgelegte Jahreszinssatz, entspricht nicht mehr dem aktuellen Zinsniveau. Diese festverzinslichen Wertpapiere werden also niedriger bewertet. Für den Kauf einer Anleihe ein günstiger Zeitpunkt, da die Papiere jetzt billiger sind und eine höhere Rendite erzielen. Umgekehrt steigen die Kurse für Anleihen bei fallenden Kapitalmarktzinsen. Beim Verkauf können also Kursgewinne erzielt werden. Kommt es dennoch zu einem Kursunterschied zwischen Anleihen mit gleichem Nominalzinssatz, liegt das an den unterschiedlichen Restlaufzeiten. Als Faustregel gilt: Je näher der Tag der Rückzahlung kommt, um so mehr wird sich der Börsenkurs wieder dem Nennwert

(Rückzahlungsbetrag) annähern. Verständlich also, daß bei kürzeren Restlaufzeiten das Risiko einer Kursveränderung geringer ist als bei längeren Restlaufzeiten. Und schließlich wirkt sich bei einer Änderung des allgemeinen Zinsniveaus auch die Höhe des Nominalzinssatzes auf den Börsenkurs aus. Zum Beispiel muß eine sechsprozentige Anleihe mit einer Restlaufzeit von vier Jahren einen niedrigeren Börsenkurs haben als eine achtprozentige Anleihe mit einer gleicher Restlaufzeit. Wenn nicht, findet die Anleihe mit einem Nominalzins von 6 Prozent keinen Käufer.
WISO rät: Wenn Sie unerwartet Geld brauchen, sollten Sie genau prüfen, ob Sie Ihre Anleihen verkaufen oder auf andere Sparbeträge zurückgreifen können. Denn wer seine Anleihen vor dem Ende der Laufzeit loswerden möchten, muß den Börsenkurs hinnehmen. Er entscheidet darüber, ob Sie Gewinne einfahren oder Verluste machen müssen.

Der Staat als Schuldner: Bundesanleihen und Bundesobligationen

Den größten Anteil am Rentenmarkt hat die öffentliche Hand. Ihre Bundesanleihen und Bundesobligationen haben einen hohen Bekanntheitsgrad und sind bei allen Käuferschichten beliebt. Die Anlage ist schon ab 1.000 DM möglich und risikoarm, denn die Papiere sind mit einem festen Zinssatz ausgestattet, und der Bund gilt als zuverlässiger Schuldner. Die Laufzeiten betragen bei den Bundesanleihen zehn Jahre, bei den Bundesobligationen fünf Jahre. Der Staat hat aber in den vergangenen Jahren so viele Papiere herausgegeben, daß an der Börse fast jede Laufzeitvariante zu haben ist. Zur Zeit gibt es etwa 130 umlaufende Bundesanleihen und Bundesobligationen, die auch unterschiedliche Zinskonditionen und Zinstermine zu bieten haben. Neue Bundesanleihen (und der Ersterwerb neu ausgegebener Bundesobligationen) sind spesenfrei. Das heißt, vor Börseneinführung können diese Papiere während einer festgelegten kurzen Frist ohne Berechnung von Spesen über jedes Kreditinstitut oder bei den Landeszentralbanken erworben werden. Die Einlösung am Ende der Laufzeit erfolgt zum vollem Nennwert, also zu 100 Prozent, und ist bei der Bundesschuldenverwaltung und bei den Landeszentralbanken ebenfalls gebührenfrei. Nach Börseneinführung ist ein Kauf der umlaufenden Anleihen nur noch zum jeweiligen Börsenkurs möglich; zuzüglich der banküblichen Spesen und Gebühren.

Tafelgeschäfte: Aus der Traum?

Tafelgeschäfte gelten als antiquiert und unrentabel. Dennoch wollen einige Aktionäre die einzige noch gebliebene Möglichkeit nutzen, ein börsennotiertes Wertpapier in den Händen zu halten. Das heißt, die Stücke werden effektiv dem Inhaber übergeben und zwar am Bankschalter – an der „Tafel". Die Konditionen bei Tafelgeschäften sind aber schlechter als bei Wertpapieren, die im Sammeldepot verwahrt werden. Auch Spesen und Gebühren liegen über denen, die üblicherweise bei Wertpapiergeschäften anfallen. Wer dennoch ein Tafelgeschäft abwickeln will, muß das „Zug um Zug" tun. Das heißt, Sie können bei fast allen Kreditinstituten am Schalter eine Anleihe gegen Bargeld kaufen, in einem Schließfach hinterlegen oder mit nach Hause nehmen. Ratsam ist das allerdings nicht, denn in den eigenen vier Wänden ist die Aufbewahrung im Vergleich zum Tresor einer Bank viel weniger sicher. Und noch etwas ist zu berücksichtigen, wenn Sie im Besitz von Tafelpapieren sind: Sie dürfen das Couponschneiden nicht vergessen. Denn wer seine Wertpapiere selbst verwaltet, muß auch selbst auf die Zinstermine achten und die Zinscoupons oder die Dividendenscheine an der Kasse einlösen.

Tafelgeschäfte sind seit der Einführung der Zinsabschlagsteuer aus der Mode gekommen, denn von jeder Zinsauszahlung behält die Bank 35 Prozent bar ein und überweist den Betrag an das Finanzamt. Außerdem werden auf die Steuer noch 7,5 Prozent Solidaritätszuschlag berechnet. Beispiel: Sie haben Zinsgutschriften in Höhe von 100 DM. Davon werden am Kassenschalter 35 DM Zinsabschlagsteuer und 2,63 DM Solidaritätszuschlag einbehalten, insgesamt also 37,63 DM. Das müssen Sie zahlen, egal ob Ihr Freibetrag ausgeschöpft ist oder nicht, denn im Zusammenhang mit Tafelgeschäften haben der Freistellungsauftrag und die Nicht-Veranlagungsbescheinigung keine Gültigkeit. Früher lag es an der Steuerehrlichkeit eines jeden Bürgers, ob er die Zinseinnahmen aus Tafelgeschäften in seiner Steuererklärung angibt oder nicht. Da die Papiere anonym gekauft werden können und die Bank an das Bankgeheimnis gebunden ist, hat das Finanzamt nach wie vor kaum eine Chance, die Besitzer von Tafelgeschäften ausfindig zu machen. Mit der Direktbesteuerung am Kassenschalter wurde jedoch der Steuerhinterziehung ein Riegel vorgeschoben.

WISO rät: Wenn Sie im Besitz von Tafelanleihen sind, kommen Sie an der Direktbesteuerung am Kassenschalter vorbei, wenn Sie Ihre Wertpapiere aus dem Schließfach nehmen und in Ihr Depot einliefern. Der Grund: Die Verwaltung Ihres Depots obliegt der Bank, die zum Zinstermin automatisch den Standardsatz von 30 Prozent Zinsabschlagsteuer an das Finanzamt überweist. Das gleiche gilt auch für den Solidaritätszuschlag. Sollten Sie Ihrem Kreditinstitut jedoch einen Freistellungsauftrag erteilt haben, sind Ihre Zinserträge bis zur Freibetragsgrenze von diesen Steuern befreit.

Aktien: Wer nicht wagt, der nicht gewinnt

Einer der unzähligen Börsensprüche besagt: „Wer gut essen will, muß in Aktien investieren, wer gut schlafen will, soll Renten kaufen.“ Zweifellos, die Aktie ist im Vergleich zur Anleihe ein Risikopapier. Die Aktie verbrieft dem Inhaber, dem Aktionär, nur einen Anteil am Grundkapital des Unternehmens. Garantiert also keinen Kursgewinn, keine auf immer und ewig festgelegte Dividende und auch kein Unternehmenswachstum. Der Wert für den „Bruchteil“, den Sie am Unternehmen durch Aktien erwerben, ist auf der Aktie als sogenannter Nennwert aufgedruckt. Eine Aktie kann allerdings auch wertlos werden, wenn das Unternehmen zum Beispiel in Konkurs gerät und den Nennwert nicht mehr auszahlen kann. Normalerweise werden Aktien jedoch zu einem Vielfachen ihres Nennwerts gehandelt. Gesunde Unternehmen zahlen ihren Aktionären auch eine Dividende. Das heißt, die Anteilseigentümer partizipieren am erwirtschafteten Gewinn des Unternehmens. Die Mehrheit der Aktionäre entscheidet auf der jährlichen Hauptversammlung, ob und in welcher Höhe Gewinne an die Aktionäre ausgeschüttet werden. Viele risikoscheue Anleger kaufen nur Aktien mit einer hohen Dividende. Das rechnet sich immer dann, wenn die Rendite höher ist als bei einer Spareinlage. Vergleichsmöglichkeiten bietet die Kennziffer „Dividendenrendite".

Wie berechnet sich die Dividendenrendite?

Beispiel: Eine Automobilaktie kostet am Kauftag 375 DM. Das Unternehmen zahlte in den vergangenen Jahren immer eine Dividende von 12 DM. Mit Hilfe einer einfachen Rechenformel (Dividende multipliziert mit 100, dividiert durch Erwerbspreis) ergibt sich eine Dividendenrendite von 3,2 Prozent.

Beim Engagement in Aktien ist der laufende Ertrag, also die Dividende, zu versteuern. Aktionäre, die zur Einkommensteuer veranlagt werden, bekommen bei der Dividendengutschrift bereits 25 Prozent Kapitalertragssteuer abgezogen. Neben der einbehaltenen Kapitalertragssteuer wird vom Kreditinstitut auch das Körperschaftsteuer-Guthaben als Steuervorauszahlung bescheinigt. Die Steuergutschrift in Höhe von 9/16 der Bardividende entspricht der von der Aktiengesellschaft gezahlten Körperschaftsteuer von 56,25 Prozent. Aktionäre, die nicht zur Einkommensteuer veranlagt werden (zum Beispiel Ihre Kinder), können vom Finanzamt eine „Nicht-Veranlagungsbescheinigung" erhalten. Bei Vorlage dieser sogenannten NV-Bescheinigung oder bei Erteilung eines Freistellungsauftrages zahlen die Kreditinstitute die volle Dividende aus, also ohne Abzug der Kapitalertragssteuer.

Beispiel zur Berechnung der Gutschrift: Ein Aktionär besitzt zehn Aktien mit einer Dividende von 10 DM pro Aktie. Die Dividenden machen zusammen 100 DM aus.

Ertrag des Aktionärs	Einkommensteuer: nein	Einkommensteuer: ja
Dividende	100,00 DM	100,00 DM
+ Steuergutschrift	56,25 DM	56,25 DM
zu versteuern	156,25 DM	156,25 DM
Gutschrift:		
Dividende	100,00 DM	100,00 DM
– Kapitalertragsteuer	–	25,00 DM
+ Steuerguthaben	56,25 DM	–
Gutschrift insgesamt	156,25 DM	75,00 DM

Quelle: Arbeitskreis zur Förderung der Aktie e.V.

Ergebnis: Spalte 1 (Einkommensteuer: nein) zeigt, daß der Ertrag dem Aktionär voll zugute kommt. In Spalte 2 (Einkommensteuer: ja) fällt das Ergebnis der Rechnung je nach Steuersatz unterschiedlich aus: bei einem 30prozentigen Steuersatz liegt der Ertrag bei 109,37 DM, bei einem 40prozentigen Steuersatz bei 93,75 DM usw.

Wohin bewegt sich der Kurs?

Beim Investment in Aktien kommt es vielen Anlegern weniger auf die Dividendenrendite als vielmehr auf das Kurspotential an. Dabei spielen viele Faktoren eine Rolle, die nicht immer rational nachvollziehbar sind. Die Börse und damit die Kurse der Aktien folgen ihren eigenen Gesetzmäßigkeiten, die auch bei Insidern häufig Überraschung auslösen. Allzu oft wurden auch Börsenprofis schon auf dem falschen Fuß erwischt und mußten Verluste einstreichen. Im Klartext: Zuverlässige Prognosen über die Kursentwicklung gibt es nicht. Wer ein wenig Aktienanalyse betreiben will, kann sich zum einen über die Publikumsstreuung und zum anderen über die sogenannte Volatilität etwas näher an das Kurspotential einer Aktie herantasten. Befindet sich zum Beispiel der weitaus größte Teil aller Aktien in einer Aktionärshand, wird sich der Kurs nur dann wesentlich bewegen, wenn der Großaktionär das will. Der Grund: Auf diesem engen Markt haben die wenigen freien Aktionäre gar nicht die Kraft dazu, den Kurs in eine bestimmte Richtung zu beeinflussen. Das Risiko für den Kleinaktionär ist also relativ hoch. Umgekehrt vermindert sich das Risiko, wenn die Aktien im Publikum breit gestreut sind. Das heißt, wenn viele Aktionäre für eine ständige Bewegung bei Angebot und Nachfrage sorgen. Auch die Breite der Kursschwankungen kann Auskunft über das Risiko geben. Wenn eine Aktie hohe Kursausschläge nach oben und nach unten aufweist, dann spricht man von einer hohen Volatilität. Daraus ergeben sich Chancen für schnelle Kursgewinne, aber auch ein hohes Risiko für Kursverluste.

Für die Betrachtung der Börsenkurse im nachhinein liefert der Deutsche Aktienindex (DAX) eine zuverlässige Analysebasis. Der DAX spiegelt in einer einzigen Indexzahl die Kursbewegungen eines Tages der 30 größten Aktiengesellschaften Deutschlands wider. Seine Berechnung erfolgt im Minutentakt und wird von der Frankfurter Börse sowohl über Hörfunkprogramme als auch von vielen Fernsehkanälen live kommentiert. Dagegen sind die vagen Prognosen für die zukünftige Kursbewegung mit Vorsicht zu genießen. Auch dann, wenn die Mehrzahl der Stimmen an der Börse positiv ist, kann es zum Kurssturz kommen. Dafür liefert die Statistik eine Reihe von stichhaltigen Beweisen.

Welche Aktien kaufen?

Auch hier gilt: Stecken Sie sich Ihre eigenen Grenzen, bevor Sie zum Börsenexperten Ihrer Bank oder Sparkasse gehen. Wieviel Geld wollen Sie wie lange investieren? Wie hoch darf das Risiko sein? Was ist Ihnen wichtiger: eine hohe Dividende oder die Aussicht auf Kursgewinne? Bevor Sie sich dann auf eine Aktie festlegen, verschaffen Sie sich selbst einen Überblick – zum Beispiel in der Wirtschaftspresse Ihrer

Tageszeitung, in speziellen Wirtschafts- oder Börsenmagazinen und über das Fernsehen und Radio. Dort erhalten Sie Informationen darüber, wie sich die Kurse in der Vergangenheit entwickelt haben, ob es zu kräftigen Schwankungen kam und wie die Aktie im Publikum gestreut ist. Wichtig ist auch die Beobachtung von Unternehmensnachrichten. Welche Investitionen stehen in Zukunft an, werden personelle Entscheidungen getroffen, die den Kurs beeinflussen können, und wie sieht die Finanzlage der Aktiengesellschaft aus? Auch Visionen können für den Aktienkauf wichtig sein, denn die Börse honoriert schon jetzt, was erst in ferner Zukunft Wirklichkeit werden soll. Ob dann auch alle Unternehmensziele realisiert wurden, spielt später oft keine Rolle mehr. Allein die Phantasie hat an der Börse schon viele Kurse beflügelt.

Wieviel ist für Provision, Spesen und Gebühren zu zahlen?

Angenommen, Sie haben ein Unternehmen ausgewählt und wollen nun Aktien kaufen. Spätestens jetzt stellt sich die Frage nach den genauen Kosten:

- Bankprovison: 1 Prozent vom Kurswert (mindestens ca. 30 DM)
- Maklergebühr: 0,08 Prozent vom Kurswert
- Depotgebühr: ca. 1,5 Promille vom Kurswert (mindestens ca. 3 bis 5 DM je Stück und jährliche Depotgebühren von ca. 20 bis 30 DM)

Wann ist der richtige Zeitpunkt für den Einstieg?

Es ist garantiert der falsche Moment zum Einstieg, wenn sich die Börse auf einem Höhenflug befindet und den höchsten Kursstand des Jahres feiert. Vom Boom zum Crash ist der Weg meist kürzer als man denkt. Die Börsianer empfinden das Auf und Ab der Kurse aber als einen ganz normalen Vorgang: Die Börse müsse auch mal kräftig „ein- und ausatmen", erst dann sei sie gesund und lebendig, heißt es auf dem Parkett.

Für Ihren Börseneinstieg sollten Sie ein niedriges Kursniveau wählen und verkaufen, wenn die Kurse am höchsten sind. Das ist die Kunst, die über Gewinne oder Verluste entscheidet. Da aber auch erfahrene Aktionäre oft nicht den richtigen Zeitpunkt für Kauf und Verkauf finden, sollten Sie sich als Börsenneuling auf jeden Fall eine Preisgrenze, ein sogenanntes Limit setzen. Die Kreditinstitute arbeiten häufig mit limitierten Kauf- und Verkaufaufträgen und führen Ihren Auftrag nur dann aus, wenn die von Ihnen festgesetzten Grenzen nicht über- oder unterschritten werden.

Beispiel: Sie wollen eine Aktie zum Kurs von maximal 500 DM kaufen und teilen Ihrer Bank diesen Preis als Limit mit. Ihr Kaufauftrag wird also nur dann ausgeführt, wenn der Kurs die Grenze von 500 DM nicht überschreitet. Liegt der Kurs darunter, wird gekauft, und Sie sind Aktionär. Außerdem wollen Sie, wenn der Kurs der Aktie um 10 Prozent gestiegen ist, verkaufen. Nach Abzug von rund 3 Prozent für Provision, Spesen und Gebühren, bleiben Ihnen dann noch 7 Prozent als Kursgewinn. Vorausgesetzt, Sie erzielen am Verkaufstag die gewünschten 550 DM. Um kein Risiko hinsichtlich Ihres Gewinns einzugehen, setzen Sie auch an dem von Ihnen gewählten

Verkaufstag ein Limit. Ihr Auftrag wird von der Bank also nur dann ausgeführt, wenn die von Ihnen gesetzte Grenze von 550 DM nicht unterschritten wird.

Achtung! Ihre Kursgewinne sind von der Spekulationssteuer befreit, sofern zwischen Kauf und Verkauf mehr als sechs Monate liegen. Wer kurzfristig mit Aktien spekuliert, muß die realisierten Gewinne innerhalb der sechsmonatigen Spekulationsfrist versteuern. Spekulationsgewinne unter 1.000 DM pro Kalenderjahr bleiben davon unberücksichtigt.

WISO rät: Muten Sie sich als Börsenneuling nicht zuviel zu. Selbst dann nicht, wenn Sie schon beim ersten Aktiengeschäft Gewinne erzielt haben. Ein erfolgreicher Vermögensaufbau hängt immer von der richtigen Mischung zwischen Risiko und Sicherheit ab. Setzen Sie den größten Teil Ihres Anlagevermögens immer auf „Nummer Sicher"!

Investmentfonds: Alles aus einem Topf

Das Investmentsparen erlebt in Deutschland einen Boom. Bei der privaten Geldanlage steht zwar nach wie vor das Sparbuch und das Sparen mit Lebensversicherungen ganz oben auf der Hitliste, doch auf Platz drei rangiert nunmehr das Investmentsparen mit deutlichem Abstand zum Bausparen auf Platz vier. In der Bundesrepublik sind zur Zeit rund 1.500 verschiedene Investmentfonds zugelassen, und es werden fast täglich mehr. Rund die Hälfte davon stammen von Deutschen Kapitalanlagegesellschaften und ihren Luxemburger Töchtern, der Rest kommt aus dem Ausland. Für den einzelne Anleger ist die Angebotsflut nicht mehr zu überblicken. Da gilt es, Prioritäten zu setzen und eine Fondsgruppe auszuwählen, die es nach eigener Risikoeinschätzung lohnt, näher unter die Lupe genommen zu werden. In den Investmentfonds sind je nach Zielsetzung der Fondsgesellschaften entweder Aktien, Anleihen oder beide Wertpapierarten enthalten. In der Bundesrepublik haben Rentenfonds den größten Marktanteil, gefolgt von offenen Immobilienfonds, Aktienfonds und gemischten Fonds. Seit Ende 1994 sind in Deutschland auch reine Geldmarktfonds zugelassen. Außerdem gibt es noch Spezialitätenfonds, die sich nur auf eine Branche oder ein Land konzentrieren, zum Beispiel Ökofonds, High-Tech-Fonds, USA- und Japanfonds.

Die Grundidee des Investmentsparens ist jedoch bei allen Typen gleich. Die Investmentgesellschaften stellen den Inhalt des Fonds zusammen und verwalten ihn. Das Fondsvermögen wird in Investmentzertifikate bzw. Anteilscheine aufgeteilt. Die Käufer erwerben damit das Recht auf Gewinnanteile aus dem Fondsvermögen. Die vereinbarten Zinsen werden entweder jährlich ausgeschüttet oder angesammelt und bis zum Rückgabezeitpunkt mitverzinst – thesauriert.

Wie hoch ist das Risiko?

Bei der Entscheidung für einen in- oder ausländischen Fonds, sollten Sie das Wechselkursrisiko mit einkalkulieren. Was nutzen hohe Kursgewinne, wenn diese vom Umtauschkurs wieder aufgefressen werden? Daneben spielt bei der Risikoabwägung auch die Zusammensetzung des Fonds eine wichtige Rolle. Wer in einen Aktienfonds investiert, der nur aus Spezialitäten besteht, muß außer an verlockende Renditen auch an ein hohes Risiko denken. Gerät nämlich die ausgewählte Branche in die Krise, verliert der Fonds zwangsläufig an Wert. Bei einem breit gefächerten Fonds besteht dagegen die Möglichkeit, die Verluste der einen Branche durch Gewinne einer anderen wieder auszugleichen.

Das Investmentgeschäft zählt in Deutschland zu den Bankgeschäften und wird durch das Bundesaufsichtsamt für das Kreditwesen kontrolliert. Zum Beispiel ist in dem speziellen Gesetz für Kapitalanlagegesellschaften (KAGG) festgeschrieben, daß bei Wertpapierfonds der Anteil der Wertpapiere einer Gesellschaft bzw. eines Schuldners 5 Prozent des Fondsvermögens nicht übersteigen darf. Außerdem müssen mindestens 20 verschiedene Wertpapieremittenten zum Fondsvermögen gehören.

Konservative Anleger, die ein geringes Risiko eingehen wollen und eine Geldanlage für den Zeitraum zwischen vier und zehn Jahren suchen, werden deshalb Deutsche Rentenfonds oder offene Immobilienfonds bevorzugen. Auf jeden Fall sollten hier die Renditen der festverzinslichen Wertpapiere mit denen der Rentenfonds verglichen werden. Die Unterschiede sind oft nicht sehr groß. Bei der kurzfristigen Geldanlage von sechs Monaten bis zu eineinhalb Jahren können die neuen risikoarmen Geldmarktfonds eine Alternative zum Festgeldkonto sein. Für Investmentsparer, die mittelfristig auf eine gewisse Sicherheit nicht verzichten möchten, aber gleichzeitig von den Chancen am Aktienmarkt profitieren wollen, bietet sich die Investition in gemischte Fonds an. Diese Fonds haben sowohl Aktien als auch Renten im Portefeuille. Je nach Marktlage kann der Schwerpunkt dieser Fondsgruppen entweder auf die Aktien- oder auf die Rentenseite verlagert werden, was eventuelle Verluste vermindern kann.

WISO rät: Wenn Sie bei Börsengeschäften möglichst wenig Eigenverantwortung tragen möchten und Ihr Vermögen breit gestreut sein soll, dann bieten Ihnen Investmentfonds viele Alternativen. Dennoch gilt auch hier, wie immer bei der Geldanlage: je riskanter die Anlagestrategie, desto höher das Verlustrisiko.

Was kostet ein Fondsanteil?

Beim Kauf eines Anteilscheins muß zunächst ein Ausgabeaufschlag von einigen Prozent gezahlt werden, um Vermittlungsprovision und Verwaltungskosten zu decken. Beim Verkauf gilt der Rücknahmepreis, der unter dem Ausgabepreis liegt. Eine sehr kurzfristige Geldanlage ist daher nicht zu empfehlen. Bei offenen Fonds wird der Rückkaufpreis pro Anteilschein von der Investmentgesellschaft täglich neu berechnet. Als Berechnungsbasis gilt der Tageswert des jeweiligen Fondsvermögens, das sich ständig ändern kann. Der Grund: Die Anteilscheine sind bei der Ausgabe nicht begrenzt. Ihre Stückzahl schwankt also je nach Angebot und Nachfrage. Dagegen ist die Zahl der Anteile in geschlossenen Fonds von vornherein festgelegt. Sobald alle Anteile verkauft sind, wird der Fonds geschlossen. Danach werden die Investmentzertifikate wie Aktien an der Börse gehandelt. Der Preis für eine Fondsaktie richtet sich ausschließlich nach dem Börsenkurs, womit das Risiko weit höher liegt, als bei den herkömmlichen offenen Fonds. In der Bundesrepublik überwiegen bei weitem die offenen Investmentfonds.

Beispiel zur Berechnung des Ausgabeaufschlags: Im Wirtschaftsteil Ihrer Tageszeitung finden Sie unter der Rubrik „Investmentzertifikate" den Rentenfonds „Unirenta" aufgelistet. Der Rücknahmepreis wird zur Zeit mit 40,65 DM angegeben, der Ausgabepreis mit 41,90 DM. Die Differenz, also der Ausgabeaufschlag beträgt 1,25 DM. Das heißt, Sie müssen 2,98 Prozent mehr für einen Fondsanteil zahlen, als Sie erhalten, wenn Sie ihn am selben Tag zurückgeben würden.

Nicht alle Fonds können bei allen Kreditinstituten gekauft werden. Banken und Sparkassen haben sich mittlerweile feste Investmentpartner gesucht. Dort kaufen die Geldhäuser im Namen ihrer Kunden Investmentanteile ein und geben diese auch wieder an die Gesellschaften zurück. Die Investmentgesellschaften verdienen ihr Geld mit dem sogenannten Ausgabeaufschlag. Im Durchschnitt sind das etwa 5 Prozent bei Aktienfonds und rund 3 Prozent bei Rentenfonds. Mit dem Ausgabeaufschlag sind alle Kosten abgedeckt, die beim Kauf und Verkauf von Investmentanteilen entstehen können.

WISO rät: Das Preisgefüge in der Fondsbranche ist durch einen harten Kampf um Marktanteile in Bewegung geraten. Fragen Sie bei den Direktbanken nach den Konditionen beim Investmentkauf, denn dort gibt es großzügige Rabatte auf den Ausgabeaufschlag. Wenn Sie dennoch bei Ihrer Hausbank kaufen wollen, verhandeln Sie. Nicht immer, aber immer öfter, machen auch die etablierten Kreditinstitute Zugeständnisse bei den einmaligen Kosten.

Ab welcher Laufzeit rentieren sich Investmentfonds?

Ursprünglich waren Investmentfonds, die Ende der sechziger Jahre auf den Markt kamen, für die mittel- bis längerfristige Geldanlage gedacht. Grundsätzlich trifft das auch heute noch zu, obwohl sich der Anlagehorizont, zum Beispiel bei den neuen Geldmarktfonds, auf sechs Monate verkürzt hat. Mittlerweile gibt es also für jede Anlagedauer eine passende Investmentanlage. Wenn Sie zum Beispiel über Ihren Anlagebetrag zu einem genau fixierten Termin verfügen wollen, bieten sich sogenannte Laufzeitfonds an. Bei Rentenfonds sind Laufzeiten von zwei bis acht Jahren üblich. Der Fonds wird nach Ablauf aufgelöst und Sie erhalten Ihre Anlagesumme, zuzüglich Zinsen und Wertsteigerung, ausgezahlt. Außerdem gibt es Laufzeitfonds, die bestimmte Leistungen garantieren, wie zum Beispiel die Rendite, die Rückzahlung des eingezahlten Betrags oder eine feste Kapital- und Gewinnausschüttung. Laufzeitfonds sollten Sie in jedem Fall mit den sehr ähnlichen Konditionen bei der Geldanlage in festverzinsliche Wertpapiere vergleichen. Schließlich richtet sich die Laufzeit auch nach Ihrem Anlagemotiv: Wollen Sie für den Vermögensaufbau, für die Altersversorgung oder für einen bestimmten Verwendungszweck sparen? Wollen Sie ein hohes oder ein geringes Risiko eingehen? Diese Entscheidungen kann Ihnen, wie immer bei der Geldanlage, keiner abnehmen.

WISO rät: Bevor Sie sich für einen Investmentfonds entscheiden, nutzen Sie vorab das Angebot des Bundesverbandes Deutscher Investmentgesellschaften e.V. (BVI), Eschenheimer Anlage 28, D-60318 Frankfurt. Dort können Sie eine Liste mit der Wertentwicklung aller in der Bundesrepublik zugelassenen Fonds anfordern. Statistiken spiegeln zwar nur die Vergangenheit wider, lassen aber anhand der beobachteten Zeitreihe durchaus Rückschlüsse auf die Qualität des Fondsmanagements zu.

Wie man sonst noch sparen kann ...

... mit vermögenswirksamen Leistungen

Nach dem Vermögensbildungsgesetz können Sie als Arbeitnehmer jährlich bis zu 936 DM vermögenswirksam sparen. Die Einzahlungsdauer ist auf sechs Jahre begrenzt. Nach einem Wartejahr können Sie über das angesparte Geld und die Erträge verfügen. Voraussetzung für die staatliche Förderung ist die Geldanlage in Beteiligungswerten, also Aktien, Aktienfonds oder Bausparverträgen. Die Arbeitnehmersparzulage beträgt ab dem 1. Januar 1994 nur noch 10 Prozent. Diese vermögenswirksame Zulage wird dann auch nicht mehr jährlich, sondern in einem Betrag nach Ablauf des siebten Jahres ausgezahlt. Allerdings ist die Sparförderung an eine Einkommensgrenze gebunden. Das zu versteuernde Jahreseinkommen darf bei Alleinstehenden die Grenze von 27.000 DM, bei zusammenveranlagten Ehegatten 54.000 DM nicht überschreiten. Diese Grenzen erhöhen sich je Kind um 1.800 DM.

WISO rät: In Sonderfällen, zum Beispiel bei Heirat, Arbeitslosigkeit oder Tod, können Sie auch vor Ablauf der Festlegungsfrist von sieben Jahren über die angesparten Beträge verfügen. Die Arbeitnehmersparzulage muß dann nicht zurückgezahlt werden.

Ledige, aber auch Verheiratete, bei denen beide Partner arbeiten, überschreiten die Einkommensgrenze relativ schnell und müssen auf die staatliche Prämie verzichten. Dennoch kann sich das sogenannte 936-Mark-Gesetz lohnen. Viele Arbeitgeber zahlen einen Teil oder die gesamte Summe der vermögenswirksamen Leistungen zusätzlich zum normalen Lohn. Diese Vereinbarungen stehen im Tarifvertrag oder Sie können sie in Ihrer Personalabteilung erfragen.

Drei Beispiele, wie sich Ihre Geldanlage mit den vermögenswirksamen Leistungen kombinieren läßt:

- Sparverträge mit Prämienzahlung: Kreditinstitute bieten allen, die über den Einkommensgrenzen liegen, sogenannte Sparverträge mit Prämienzahlung an. Der Arbeitgeber überweist die vermögenswirksamen Leistungen auf das vereinbarte Konto. Nach Ablauf des siebten Jahres erhalten Sie außer den Zinsen eine Prämie, die meist bei 14 Prozent liegt.
- Belegschaftsaktien: Außerdem können Sie das 936-Mark-Gesetz zum Erwerb von Belegschaftsaktien nutzen. Wenn Ihnen Ihr Arbeitgeber ein solches Angebot macht, sollten Sie sich eine Ablehnung gut überlegen. Belegschaftsaktien dürfen zwar nur in begrenzter Stückzahl ausgegeben und erst nach einer bestimmten Sperrfrist (ca.

fünf Jahre) verkauft werden. Aber das kann auch Vorteile bringen. Belegschaftsaktien werden deutlich unter dem Börsenkurs an die Mitarbeiter verkauft. Zudem haben Sie die Möglichkeit, bei der Ausgabe neuer Aktien als Arbeitnehmer einen Vorzug zu erhalten und können dadurch Ihr Aktienpaket vergrößern. Schließlich profitieren sie auch noch von Dividenden und Gewinnausschüttungen. Auch der Arbeitgeber hat von Ihrer Unternehmensbeteiligung Vorteile, denn ein Teil der Lohnsumme fließt wieder in das Unternehmen zurück, und er kann damit produktiv arbeiten.

- Aktienfonds: Die zehnprozentige Sparzulage wird auch auf Aktienfonds gezahlt. Die Kreditinstitute schließen mit Ihnen einen sogenannten Wertpapier-Sparvertrag ab. Der Arbeitgeber überweist die vermögenswirksamen Leistungen auf das vereinbarte Konto. Die Sparbeiträge werden dann in Fondsanteilen angelegt. Gefördert werden alle Fonds, die mindestens 70 Prozent ihres Fondsvermögens in Aktien angelegt haben. Der Rest wird meistens mit Anleihen aufgefüllt, so daß eine Risikobegrenzung möglich ist. Eine Liste der deutschen Fonds, die mit einer Arbeitnehmersparzulage gefördert werden, können Sie beim Bundesverband Deutscher Investmentgesellschaften e.V. (BVI), Eschenheimer Anlage 28, D-60318 Frankfurt anfordern.

... mit Bausparverträgen

Bausparverträge sind nicht für die reine Geldanlage gedacht. Der Grund: Die Guthabenzinsen sind niedrig und liegen kaum höher als auf den Sparkonten mit dreimonatiger Kündigungsfrist. Bausparverträge sind deshalb nur dann sinnvoll, wenn Sie einmal bauen, kaufen, modernisieren oder renovieren wollen, um sich für die Zukunft einen niedrigen Zinssatz für ein Baudarlehen zu sichern.

Wenn Sie die gesetzlich festgelegten Einkommensgrenzen (Ledige: 50.000 DM, Verheiratete: 100.000 DM jährlich) nicht überschreiten, kann Bausparen noch sinnvoller sein. Der Staat fördert nämlich Bausparer über die Arbeitnehmersparzulage, die Wohnungsbauprämie und über Steuererleichterungen. Dabei ist die Bindungsfrist auf sieben Jahre zu berücksichtigen und die Höhe der maximalen prämienbegünstigten Einzahlung. Die Wohnungsbauprämie beträgt 10 Prozent der geleisteten Beiträge, das heißt bei Ledigen maximal 10 Prozent von 1.000 DM und bei Verheirateten 10 Prozent von 2.000 DM.

Die Bausparsumme können Sie, abgesehen von gewissen Mindestbeträgen, frei wählen. Die monatliche Sparrate wird je 1.000 DM Bausparsumme errechnet. Wie hoch Ihre monatliche Belastung sein wird, können Sie selbst steuern. Dabei sollten Sie die vermögenswirksamen Leistungen gegebenenfalls miteinbeziehen.

WISO rät: Wenn Sie sich für das Bausparen entschieden haben, vergleichen Sie vor Vertragsabschluß die Mindestbestimmungen. Vor allem sollten Sie sich bei den Bausparkassen nach den durchschnittlichen Wartezeiten bis zur Zuteilungsreife erkundigen. Schließlich kann langes Warten teuer werden.

Die Bausparkassen gewähren, wenn alle Voraussetzungen erfüllt sind, ein Darlehen in Höhe des Differenzbetrages zwischen Bausparsumme und Bausparguthaben. Sind noch nicht alle Voraussetzungen erfüllt, gibt es aber auch dafür Lösungen:

- Vorfinanzierung: Das Mindestguthaben ist noch nicht angespart. Das heißt, Sie müssen einen Kredit zu den marktüblichen Zinsen aufnehmen und gleichzeitig den Bausparvertrag auffüllen. Normalerweise muß jedes Darlehen mit mindestens einem Prozent getilgt werden. Bei der Vorfinanzierung fließt diese Summe jedoch in den Bausparvertrag, bis dieser zuteilungsreif geworden ist.
- Zwischenkredit: Das Mindestguthaben ist angespart, die Zuteilung aber noch nicht erfolgt. Für diese Übergangszeit zahlen Sie Zwischenkreditzinsen zu den marktüblichen Konditionen. Da die Tilgung des Zwischenkredits aber erst nach Zuteilung des Bauspardarlehens einsetzt, ist Ihre Belastung in der Regel nicht höher als nach der Zuteilung.
- Tilgungsbausparvertrag: Ein Bausparvertrag wird in zwei oder drei Teilsummen aufgeteilt. Sie werden nacheinander bis zu Zuteilungsreife bespart.

WISO rät: Durch zusätzliche Einzahlungen in Ihren Bausparvertrag können Sie die Wartezeit bis zur Zuteilungsreife beeinflussen. Als Faustregel gilt: Je schneller das für die Zuteilung erforderliche Mindestsparguthaben eingezahlt ist, um so kürzer wird die Wartezeit.

Auch für den Fall, daß Sie nicht wissen, ob und wann Sie einmal bauen, kaufen oder modernisieren wollen, gibt es von den Bausparkassen besondere Angebote. Die Laufzeiten sind auf maximal sechs und zwölf Jahren begrenzt. Auf das Sparguthaben wird ein Bonuszins gezahlt. Bedingt durch die lange Vertragsdauer sind die Konditionen etwas schlechter als bei den klassischen Bausparverträgen. Natürlich können Sie auch hier durch zusätzliche Einzahlungen die Zuteilungsreife beschleunigen, die Vorfinanzierung oder den Zwischenkredit in Anspruch nehmen. Wie bei allen Bausparverträgen fallen auch hier die üblichen Gebühren an, mindestens jedoch die Abschlußgebühr in Höhe von einem Prozent der Bausparsumme und die Kontoführungsgebühr.

Geldanlage und Steuern

Bei der Wahl der richtigen Geldanlage gilt es, auch den Steueraspekt mit in die Überlegungen einzubeziehen. Zum Beispiel können die Kursgewinne bei Aktiengeschäften ohne Anrechnung auf die Einkommensteuer eingestrichen werden, wenn zwischen Kauf und Verkauf mehr als sechs Monate liegen. Wird diese Spekulationsfrist nicht eingehalten, verdient das Finanzamt mit.

Seit dem 1. Januar 1995 hängt die Besteuerung auch von der Art der Geldanlage ab. Wer zur Vermögensteuer veranlagt wird, muß zwischen dem „produktiven" und „nicht produktiven" Vermögen unterscheiden lernen. Zum produktiven Vermögen gehören das Betriebsvermögen und Unternehmensbeteiligungen, Aktien und Investmentfonds. Der Steuersatz liegt wie bisher bei 0,5 Prozent. Der Großteil aller Vermögenswerte, also Grundstücke, Immobilien, Sparguthaben und Edelmetalle, werden dem un-produktiven Vermögen zugerechnet und jetzt mit 1,0 Prozent versteuert. Das interessiert allerdings nur Anleger, die die neuen Freibetragsgrenzen bei der Vermögensteuer von 120.000 DM für Ledige bzw. 240.000 DM für Verheiratete überschreiten. Geringeres Vermögen ist steuerfrei.

Außerdem wirkt sich die Wiedereinführung des Solidarzuschlags auch bei der Zinsabschlagsteuer aus. Wer seine Freibetragsgrenzen überschreitet, muß auf die abgeführten 30 Prozent Zinsabschlag auch noch 7,5 Prozent Solidarzuschlag berappen. Das kann die Zinserträge ganz schön schrumpfen lassen.

WISO rät: Egal für welche Geldanlage Sie sich entscheiden, der Staat verdient bei der Überschreitung der jeweiligen Freibetragsgrenzen immer mit. Deshalb sollten Sie sich im Bedarfsfall überlegen, ob nicht Ihre Kinder und Enkelkinder an Ihrem Vermögen teilhaben können. Schließlich steht auch den „Kleinen“ ein Freibetrag zu.

Zinsabschlagsteuer (ZAST)

Seit dem 1. Januar 1993 werden Zinsen aus Kapitalvermögen pauschal mit 30 Prozent versteuert. Beim Einlösen von Zinsscheinen am Bank- oder Sparkassenschalter und bei Tafelgeschäften beträgt der Zinsabschlag 35 Prozent. Gleichzeitig hat der Gesetzgeber die Sparerfreibeträge angehoben. Für Ledige liegt die Grenze bei 6.100 DM, für zusammenveranlagte Ehepaare bei 12.200 DM im Jahr. In den Freibeträgen ist die Werbekostenpauschale von 100 DM bzw. 200 DM enthalten.

Beispiel: Von 1.000 DM Zinserträgen im Jahr führt Ihr Kreditinstitut automatisch und pauschal 300 DM an das Finanzamt ab. Es sei denn, Sie stellen einen Freistellungsauftrag.

Der Freistellungsauftrag

Damit Ihr Zinsabschlag grundsätzlich nicht vom Kreditinstitut einbehalten und anonym an das Finanzamt überwiesen wird, sollten Sie unbedingt einen Freistellungsauftrag stellen. Nur Bagatellzinsen, Erträge bis 20 DM im Jahr, werden nicht besteuert. Mit einem Freistellungsauftrag sind Ihre Zinsen bis zur maximalen Höhe des Sparerfreibetrags vom Zinsabschlag befreit. Außerdem werden Dividenden ohne Abzug der Kapitalertragssteuer und mit Erstattung des Körperschaftsteuerguthabens Ihrem Depot gutgeschrieben.

Ein einziger Freistellungsauftrag über die gesamte Freibetragshöhe reicht aber nur dann aus, wenn Sie Ihre gesamten Zinserträge von nur einem Institut erwarten. Haben Sie dagegen bei mehreren Banken und Sparkassen Ihr Geld angelegt, müssen Sie bei jedem Institut einen Freistellungsauftrag abgeben. Die Gesamtsumme aller Freistellungsaufträge darf die vom Gesetzgeber vorgeschriebene Sparerfreibetragsgrenzen nicht überschreiten. Die Finanzämter haben das Recht, beim Verdacht der Steuerhinterziehung die bei Ihren Kreditinstituten eingereichten Freistellungsaufträge zu kontrollieren.

WISO rät: Achten Sie darauf, daß alle von Ihnen erteilten Freistellungsaufträge in der

Gesamtsumme Ihren persönlichen Sparerfreibetrag nicht überschreiten. Passiert das doch, gilt dies als Versuch der Steuerhinterziehung. Sie machen sich strafbar.

Die Bundesregierung hat berechnet, daß etwa 80 Prozent der Bevölkerung von der Zinsabschlagsteuer befreit werden können, wenn alle die Möglichkeit der Freistellungsaufträge nutzen. Der Gesetzgeber geht also davon aus, daß nur 20 Prozent aller Deutschen mit Ihren Zinserträgen die Grenzen der Sparerfreibeträge überschreiten und den darüber hinausgehenden Teil versteuern müssen. Auch wenn Sie zur großen Mehrheit gehören und mit der Zinsabschlagsteuer keine Sorgen haben, sollten Sie wissen, was zu tun ist, wenn ein Freistellungsauftrag geändert werden muß.

Änderung eines Freistellungsauftrags

Angenommen, Sie haben alle Freistellungsaufträge ordnungsgemäß ausgefüllt und bei Ihren Kreditinstituten abgegeben. Jetzt erhalten Sie wider Erwarten eine größere Geldsumme. Diesen Betrag, zum Beispiel 20.000 DM, legen Sie kurzfristig bei der Bank B auf ein Festgeldkonto: Zinssatz 5 Prozent, Anlagezeitraum fünf Monate. Bei der Bank B haben Sie allerdings nur einen Freistellungsauftrag über 100 DM abgegeben, der jetzt nicht mehr ausreicht, um alle Zinseinkünfte vom Abschlag zu befreien. Deshalb sollten Sie Ihren Freistellungsauftrag bei Bank B ändern.

Beispiel zur Berechnung der Zinserträge:

20.000 DM x 5 % = Zinsertrag pro Jahr : 12 = Zinsertrag monatlich x 5 = Zinsertrag für 5 Monate x 30 % = DM 124,99

Ergebnis: In fünf Monaten erzielen Sie mit 20.000 DM Festgeld Zinserträge in Höhe von 416,66 DM. Ändern Sie Ihren Freistellungsauftrag nicht, werden automatisch 30 Prozent, also 124,99 DM, an das Finanzamt überwiesen. In Ihrem neuen Freistellungsauftrag sollten Sie also rund 230 DM eintragen, um alle Zinserträge bei Bank B ohne Abschlag einstreichen zu können.

WISO rät: Einige Kreditinstitute erheben für die Änderung von Freistellungsaufträgen Gebühren – meistens dann, wenn Sie Ihren Freistellungsauftrag zu Ungunsten der Bank ändern, also Ihr Geld bei einem anderen Institut anlegen wollen und deshalb einen niedrigeren Freistellungsbetrag wünschen. Dagegen können Sie sich wehren, und zwar unter Berufung auf „ganz oben“. Die Bundesverbände der Banken und Sparkassen haben vereinbart, daß ihre Mitgliedsinstitute bei Änderung eines Freistellungsauftrags keine Gebühren erheben sollen.

Haben Sie vergessen, Ihren Freistellungsauftrag zu ändern, dann merken Sie das spätestens, wenn ein Schreiben Ihrer Bank über den abgeführten Zinsabschlag in Ihrem Briefkasten landet. Sobald Sie nämlich vom Zinsabschlag betroffen sind, erhalten Sie von Ihrem Kreditinstitut für jeden einzelnen an das Finanzamt überwiesenen Zinsabschlag eine Bescheinigung. Damit können Sie sich bei der Steuererklärung am Jahresende den Zinsabschlag als Vorauszahlung auf Ihre Einkommensteuer anrechnen lassen. Liegt Ihr persönlicher Steuersatz zum Beispiel bei 25 Prozent, werden 5 Prozent erstattet, dagegen müssen bei einem Steuersatz von 35 Prozent 5 Prozent nachgezahlt werden.

WISO rät: Wenn Ihr eigener Freibetrag ausgeschöpft ist, können Sie eine Vermögensübertragung auf Ihre Kinder vornehmen. Dabei sollten Sie unbedingt beachten, daß Ihre Kinder rechtlich und wirtschaftlich Eigentümer des übertragenen Vermögens sind. Das müssen Sie nachweisen können. Im Zweifelsfall ziehen Sie bitte einen Steuerberater oder einen Rechtsanwalt zu Rate. Achtung: Bei der Vermögensübertragung kann Schenkungsteuer anfallen.

Damit Sie bei Ihrer eigenen Vermögensverwaltung nicht den Überblick verlieren, empfiehlt es sich, die einzelnen Anlageposten aufzulisten und regelmäßig zu überprüfen. Einige Kreditinstitute bieten ihren Kunden dafür einen Vordruck an. Natürlich können Sie sich auch eine eigene Liste anlegen. „ZASTER“ zeigt Ihnen auf der folgenden Seite anhand von Beispielen, wie es gemacht werden kann.

WISO rät: Zur optimalen Ausnutzung Ihres Sparerfreibetrags haben wir für Sie eine Blanko-„ZASTER“-Liste vorbereitet (Sie finden Sie in diesem Buch auf Seite 55). Darin sollten Sie alle Daten Ihrer Geldanlage eintragen und festhalten, welchem Institut Sie einen Freistellungsauftrag erteilt haben und in welcher Höhe. Diese „ZASTER“-Liste können Sie bei Bedarf aus dem Buch heraustrennen oder kopieren und Ihrem Finanzordner beifügen.

Die Nicht-Veranlagungsbescheinigung (NV-Bescheinigung)

Wenn Sie voraussichtlich nicht zur Einkommensteuer veranlagt werden, weil Ihr Jahreseinkommen unter den gesetzlichen Grenzen (Ledige 1996: rund 12.100 DM, 1997: rund 12.400 DM, 1999: rund 13.100 DM, für Verheiratete verdoppeln sich die Beiträge) liegt, können Sie bei Ihrem Finanzamt eine NV- Bescheinigung beantragen. Sie ist üblicherweise auf drei Jahre begrenzt. Gegen Vorlage einer Original-NV-Bescheinigung wird das Kreditinstitut von Ihren Kapitalerträgen weder Zinsabschlag noch Kapitalertragssteuer einbehalten und bei Dividendenzahlung auch das Körperschaftsteuer-Guthaben mit gutschreiben. Im Gegensatz zum Freistellungsauftrag ist die NV-Bescheinigung hinsichtlich der Höhe der vom Steuerabzug freigestellten Erträge nicht begrenzt. Für jedes konto- oder depotführende Institut wird eine eigene NV-Bescheinigung benötigt.

WISO rät: Die Beantragung einer NV-Bescheinigung an Stelle eines Freistellungsauftrags erscheint nur dann sinnvoll, wenn Ihre Kapitalerträge den Sparerfreibetrag überschreiten, Ihre übrigen Einkünfte aber so niedrig sind, daß weitere Freibeträge, wie zum Beispiel der Grundfreibetrag in der Einkommensteuertabelle, nicht voll ausgeschöpft werden. Denkbar wäre dieser Fall bei Ihren Kindern, wenn diese ausschließlich Einkünfte aus Kapitalvermögen haben.

„ZASTER"-Liste zur Berechnung der Freistellungsaufträge mit Beispielen

Kreditinstitut	Anlageform	Anlagebetrag (DM), Stand: 1. 1. 1996	angelegt am (Datum)	Fälligkeit der Anlage (Datum)	Zinssatz (Prozent)	voraussichtlicher Zinsertrag im laufenden Jahr	Freistellungsauftrag erteilt in Höhe von (DM)
Volksbank	Sparbuch	2.130 DM	10. 2. 1992	keine	2,0 % p. a.	42,60 DM	100 DM
Sparkasse	Ratensparen +Bonus	400 DM +100 DM/mtl.	28. 5. 1993	28. 5. 1997	5,0 % + Bonus am Ende der Laufzeit	80,00 DM	80 DM
Deutsche Bank	Sparbrief	10.000 DM	15. 10. 1992	15. 10. 1996	6,5 % p.a.	650,00 DM	650 DM
Depfa Bank	Pfandbriefe	15.000 DM	4. 6. 1991	4. 6. 2001	7,0 % (halbjährlich)	1.050,00 DM	1.050 DM

Beispiel 1: Bei der Volksbank haben Sie auf Ihrem Sparbuch am 31.12.1996 einen Jahresendstand von 2.130 DM festgestellt. Diesen Betrag wollen Sie auch weiter auf dem Sparbuch belassen und rechnen mit weiteren Einzahlungen im Jahr 1997. Deshalb haben Sie sich entschieden, den Freistellungsauftrag nicht nur über die notwendigen 42,60 DM, sondern über 100 DM auszustellen. Auf Ihrem Sparbuch könnten am Jahresende also rund 3.000 DM angelegt sein, ohne daß die Zinsabschlagsteuer bei Ihnen anfällt.

Beispiel 2: Mit der Sparkasse haben Sie im Mai 1993 einen vierjährigen Ratensparvertrag abgeschlossen. Jeden Monat kommt die Rate von 100 DM dazu. Die jährlich anfallenden Zinsen werden thesauriert, also mit dem Sparguthaben jährlich mitverzinst. Obwohl die Zinserträge nicht bar ausgezahlt werden, müssen Sie Jahr für Jahr Zinsabschlagsteuer zahlen. Denn die Zinserträge gelten als Ihnen zugeflossen, egal, ob in Ihr Portemonnaie oder auf Ihr Sparbuch.

Beispiel 3: Die Zinserträge aus Ihren Sparbriefen werden Ihnen jährlich ausgezahlt. Für 1996 reichen Sie einen Freistellungsauftrag in der Höhe von 650 DM bei der Deutschen Bank ein.

Beispiel 4: Ihre Pfandbriefe sind zwar erst im Jahre 2001 fällig. Die Zinsen werden Ihnen jedoch zweimal im Jahr ausgezahlt. Bei einem festen Zinssatz von sieben Prozent im Jahr sind das am Jahresende 1.050 DM, die Sie in Ihrem Freistellungsauftrag für 1996 und für die folgenden Jahre bis zum Fälligkeitstermin berücksichtigen müssen.

„ZASTER"-Liste zur Berechnung der Freistellungsaufträge

Kreditinstitut	Anlageform	Anlagebetrag (DM), Stand: 1. 1. 1996	angelegt am (Datum)	Fälligkeit der Anlage (Datum)	Zinssatz (Prozent)	voraussichtlicher Zinsertrag im laufenden Jahr	Freistellungs-auftrag erteilt in Höhe von (DM)

Zinsabschlag und Einkommensteuerpflicht

Die Besteuerung von Einnahmen aus Kapitalanlagen ist im Verfahren zwar anders als bei der Einkommensteuer, im Ergebnis jedoch gleich – sieht man einmal davon ab, daß bei der Zinsabschlagsteuer 30 Prozent der Zinserträge, die den Freibetrag überschreiten, sofort an das Finanzamt abgeführt werden, eine eventuelle Einkommensteuerschuld aber erst am Jahresende nachgezahlt werden muß. Einen Überblick über den Zusammenhang zwischen Zinsabschlagsteuer und Einkommensteuer können Sie sich über folgende Tabelle verschaffen.

Einnahmen zur Kapitalanlage	Zinsabschlag	Einkommensteuerpflichtig
Girokonto – Guthabenzins maximal 1 %	frei	ja
Sparkonto		
– auf laufende Zinsgutschrift	30 %	ja
Sparkonto mit Prämie/Bonus		
– auf laufende Zinsgutschrift	30 %	ja
– auf Prämie/Bonus im Jahr der Gutschrift	30 %	ja
Termingeld/Festgeld		
– auf laufende Zinsgutschrift	30 %	ja
Sparbrief		
– mit laufender Zinszahlung	30 %	ja
– mit Zinszahlung am Ende der Laufzeit	30 %	ja
Obligationen/Schuldverschreibungen		
– auf laufende Zinszahlungen	30 %	ja
Bundesschatzbrief		
– Typ A: auf laufende Zinszahlung	30 %	ja
– Typ B: auf angesammelte Zinsen	30 %	ja

→

Einnahmen zur Kapitalanlage	Zinsabschlag	Einkommen-steuerpflichtig
Festverzinsliche Wertpapiere		
– auf laufende Zinszahlung	30 %	ja
– auf Stückzinsen	30 %	ja
– Zinsen aus Tafelgeschäften	35 %	ja
Finanzierungsschätze des Bundes		
– auf den angesammelten Zinsen bei Fälligkeit	30 %	ja
Investmentzertifikate		
– auf steuerpflichtigen Teil der Ausschüttung	30 %	ja
– auf steuerfreien Teil der Ausschüttung	frei	frei
– Kursgewinne	frei	frei
Aktien		
– auf Dividende: Kapitalertragssteuer	25 %	ja
– Kursgewinne (Verkauf mindestens 6 Monate nach Kauf	frei	frei
Bausparverträge		
– auf Guthabenzins	30 %	ja
– auf Wohnungsbauprämie oder Sparzulage	frei	ja
Lebensversicherungen		
– unter bestimmten Voraussetzungen (mindestens zwölf Jahre Laufzeit)	frei	frei

Quelle: Deutscher Sparkassenverlag

Geldanlage 2

Kapitalanlage für Fortgeschrittene

Größere Chancen – wachsende Risiken

Neben die klassischen Kapitalanlageformen wie Sparbuch, Festgelder, Bundesanleihen und Aktien sind in den letzten Jahren immer mehr die Finanzinnovationen getreten. Die sogenannten Derivate sorgen immer wieder für Schlagzeilen. Unter diesem Begriff werden so schillernde Anlageformen wie Index-Futures, Bund-Futures, Optionen und Hedge-Funds zusammengefaßt. Daneben gehören aber auch Wandelschuldverschreibungen und Optionsanleihen in diese Kategorie.

Alle diese Finanzinstrumente zeichnen sich dadurch aus, daß sie eine sehr hohe Rendite ermöglichen, aber für den Sparer auch große Risiken beinhalten, die Laien häufig nicht überblicken können. Deshalb tummeln sich auf diesem Gebiet auch zahlreiche dubiose Firmen und sogenannte Anlageberater, die sich die Unwissenheit und Gutgläubigkeit ihrer Kunden – oder genauer gesagt ihrer Opfer – zunutze machen.

Aus diesem Grund sind einige dieser Kapitalanlageformen durch Pleiten und spektakuläre Fehlspekulationen in Mißkredit geraten. Spätestens seit der durch riskante Spekulationen eines bis dahin immer sehr erfolgreichen Mitarbeiters verursachten Milliardenpleite des renommierten englischen Bankhauses Baring betrachten viele Anleger diese Instrumente mit großem Mißtrauen. Sieht man sich diese Derivate jedoch genauer an, erkennt man, daß sie – mit Sachkenntnis angewandt – durchaus eine sinnvolle Bereicherung der Börsenwelt darstellen können.

Für den fortgeschrittenen Anleger sind sie eine interessante Alternative zu den klassischen Anlageformen – wenn sie mit der notwendigen Vorsicht und Sachkenntnis gehandhabt werden. Wichtig ist deshalb, daß der interessierte Anleger sich erst dann an solche Anlageformen heranwagt, wenn er die einzelnen Instrumente richtig verstanden hat. Zudem sollten Sie immer einen Berater der Bank oder Sparkasse ihres Vertrauens hinzuziehen.

WISO rät: Verlassen Sie sich dennoch nie allein auf den Rat Ihres Anlageberaters, wenn Sie selbst die Möglichkeiten aber auch Gefahren einer bestimmten Anlageform nicht verstehen. Machen Sie sich also zunächst selbst mit den jeweiligen Finanzinstrumenten vertraut. Nur wer versteht, wie diese Anlageinstrumente funktionieren, kann sich vor Fehlberatungen schützen.

Alle in diesem Kapitel besprochenen Instrumente sind sogenannte Derivate, also Anlageinstrumente, deren eigener Wert vom Kurs oder Preis eines anderen Finanztitels oder einer Ware (Gold, Nahrungsmittel und industrielle Rohstoffe) abhängt. Bei dem zugrundegelegten Finanztitel oder der Ware spricht man deshalb vom Basiswert, also dem Wert, auf den sich das Derivat bezieht. Es hat somit nur einen „abgeleiteten Wert“. Als Basiswert dienen beispielsweise auch Aktien, Devisen oder Wertpapierindizes.

Diese Titel werden an den Kassamärkten der Börse gehandelt. Arbeiten wir uns also schrittweise in den Bereich der Derivate vor.

Wandelschuldverschreibungen und Optionsanleihen

Die beiden Anlageformen Wandelschuldverschreibungen und Optionsanleihen sind mit einem verhältnismäßig geringen Risiko behaftet und auch für Anleger gut zu durchschauen, die sich bisher noch nicht intensiv mit solchen Formen des Umgangs mit Geld vertraut gemacht haben.

Wandelschuldverschreibungen sind deshalb interessant, weil sie die Sicherheit einer Anleihe mit den Ertragschancen der Aktienanlage verbinden.

Wandelschuldverschreibungen sind nichts anderes, als Anleihen einer Aktiengesellschaft. Sie geben dem Inhaber, neben dem Anspruch auf die Zahlung eines festen Zinses, die Möglichkeit, die Schuldverschreibungen zu einem bestimmten Zeitpunkt in einem festen, im voraus festgelegten Verhältnis, in Aktien der Gesellschaft umzutauschen. Zu den Anleihebedingungen kann dabei gehören, daß der Inhaber der Schuldverschreibung bei Wandlung einen vorab festgelegten Betrag pro Aktie zuzahlen muß. Man spricht hierbei von dem Wandlungs- oder Zuzahlungsbetrag.

Die Möglichkeit, die Anleihe in Aktien umzutauschen, bedeutet aber nicht, daß der Anleger den Umtausch unbedingt vornehmen muß. Er hat vielmehr die freie Wahl, ob er wandeln oder sich lieber den Nennbetrag der Anleihe zurückzahlen lassen will. Die Wandelschuldverschreibung läßt sich deshalb auch als eine Art Zwitter zwischen Aktie und Anleihe bezeichnen. Denn zum einen besitzt sie die typischen Merkmale einer Anleihe, auf der anderen Seite bietet sie die spekulativen Chancen einer Aktienanlage. Aus diesem Grund bezeichnet man die Anlage in Wandelschuldverschreibungen oftmals auch als „Spekulation mit Netz".

Aber das hat natürlich auch seinen Preis: Die Verzinsung von Wandelanleihen liegt zum Zeitpunkt der Emission in der Regel unter dem Zins für vergleichbare Anleihen ohne Wandelrecht. Damit erkauft sich der Anleger jedoch die zusätzliche Chance, später einen Kursgewinn mit der Aktie zu erzielen. Die Möglichkeiten einer Anlage in Wandelschuldverschreibungen läßt sich am besten mit Hilfe eines konkreten Falls darstellen.

Beispiel Wandelschuldverschreibung

Ein Anleger investiert 1.000 DM in eine Wandelschuldverschreibung mit vier Jahren Laufzeit und einer Nominalverzinsung von 5 Prozent. Der Inhaber der Wandelschuldverschreibung ist berechtigt, die Anleihe am Ende der Laufzeit in fünf Aktien der X-AG unter Zuzahlung von je 50 DM einzutauschen. Macht der Anleger von diesem Recht Gebrauch, so muß er insgesamt 1.250 DM für fünf Aktien der X-AG aufwenden (1.000 DM für die Anleihe plus fünf mal 50 DM als Zuzahlungsbetrag). Dies ergibt eine Stückpreis pro Aktie von 250 DM. Der Anleger wird also erst dann wandeln, wenn die Aktie einen Kurs erreicht, der über 250 DM liegt. Denn nur dann kann er durch

Wandlung und Verkauf der erhaltenen Aktien an der Börse einen Gewinn erzielen. Liegt der Kurs darunter, würde er beim Tausch der Anleihe in eine Aktie und deren Verkauf einen Verlust machen. Der Kurs, den die zugrundegelegte Aktie überschreiten muß, damit die Wandlung sinnvoll ist, wird deshalb als der kritische Kurs bezeichnet.

Fall a) Börsenkurs der X-Aktie im 4. Jahr: 210 DM

In diesem Fall ist es für einen Anleger nicht sinnvoll, von seinem Wandlungsrecht Gebrauch zu machen, da er die Aktien billiger an der Börse kaufen als beim Tausch der Wandelanleihe bekommen kann. Er würde also eine Verlust machen, wenn er wandelt und die Aktien anschließend an der Börse verkauft. Es ergibt sich folgender Ablauf der Kapitalanlage:

Kauf der Wandelschuldverschreibung im 1. Jahr	– 1.000 DM
Vier Zinszahlungen à 50 DM	+ 200 DM
Rückzahlung des Nennwertes im 4. Jahr	+ 1.000 DM
Endvermögen:	= 1.200 DM

Fall b) Börsenkurs der X-Aktie im 4. Jahr: 320 DM

Da der Kurs in diesem Fall deutlich über 250 DM liegt, wird der Anleger von seinem Wandlungsrecht Gebrauch machen und anschließend die Aktien an der Börse verkaufen. Er erzielt damit zusätzlich zu dem Zinsertrag einen Spekulationsgewinn. Es kommt zu folgender Entwicklung bei der Geldanlage:

Kauf der Wandelschuldverschreibung im 1. Jahr	– 1.000 DM
Vier Zinszahlungen à 50 DM	+ 200 DM
Zahlung des Wandlungsbetrages in Höhe von 50 DM pro Aktie	– 250 DM
Verkauf der fünf Aktien an der Börse zu 320 DM pro Stück	+ 1.600 DM
Endvermögen	= 1.550 DM

In diesem Fall hat der Anleger also einen Mehrerlös in Höhe von 350 DM, der durch den Kursgewinn entstanden ist. Selbstverständlich muß der Anleger die erhaltenen Aktien nicht sofort wieder an der Börse verkaufen. Er kann die Aktien auch behalten, wenn er damit rechnet, daß der Kurs weiter steigt. Damit ist aber natürlich – wie bei jeder Aktienanlage – das Risiko verbunden, daß der Kurs auch wieder sinkt, so daß der Spekulationsgewinn geringer wird oder sogar ein Verlust eintritt.

Optionsanleihe: Viele Wahlmöglichkeiten

Optionsanleihen sind Anleihen mit festem Zinssatz und fester Rückzahlung am Ende der Laufzeit. Von normalen Anleihen unterscheiden sie sich dadurch, daß ihnen als „Zugabe" sogenannte Optionsscheine beigefügt sind. Optionsscheine geben dem Inhaber das Recht – aber nicht die Pflicht – Aktien des Unternehmens, das die Anleihe ausgegeben hat, zu einem festen, vorab vereinbarten Preis zu erwerben. Im Unterschied zur Wandelanleihe wird bei der Optionsanleihe grundsätzlich der geschuldete Betrag am Ende der Laufzeit zum Nennwert zurückgezahlt – unabhängig davon, ob der Anleger von seinem Recht Gebrauch macht, Aktien zu erwerben, oder ob er darauf verzichtet. In der Regel sehen die Emissionsbedingungen einer Optionsanleihe vor, daß die Anleihe und die Scheine von einem bestimmten Datum an getrennt an der Börse gehandelt werden können. Der Inhaber der Optionsanleihe hat deshalb auch die Möglichkeit, die der Anleihe beigefügten Optionsscheine zu einem ihm günstig erscheinenden Zeitpunkt an der Börse zu verkaufen, ohne sich gleichzeitig von seiner Anleihe zu trennen. Im Börsenteil der Zeitungen sind dann drei verschiedene Kursnotizen zu finden.

Beispiel: Kursnotiz der 6,5-Prozent-Dresdner-Bank-Optionsanleihe 86/96 vom 8. April 1995:

Kurs der Anleihe mit Optionsschein:	121,25 Prozent
Kurs der Anleihe ohne Optionsschein:	101,15 Prozent
Kurs des Optionsscheins:	44,80 DM

Was macht Optionsanleihen für den Anleger interessant?

Der Reiz einer Optionsanleihe für den Anleger liegt darin, daß er mit den beigefügten Optionsscheinen an der Kursentwicklung der zugrundegelegten Aktie teilnehmen kann und damit die Chance auf spekulative Kursgewinne hat. Die Entwicklung des Optionsscheins ist eng mit der Entwicklung der zugrundeliegenden Aktie verbunden. Steigt oder sinkt der Kurs der Aktie, so steigt oder sinkt auch der Kurs des Optionsscheins. Trotzdem hat der Anleger aufgrund der Zinszahlungen die Garantie, eine Mindestverzinsung für sein Kapital zu erhalten.

Beispiel Optionsanleihe

Ein Anleger investiert 1.000 DM in eine Optionsanleihe der X-AG mit einer Nominalverzinsung von 7 Prozent und einer Laufzeit von vier Jahren. Der Anleihe sind pro 1.000 DM Stückelung fünf Optionsscheine beigefügt. Ein Optionsschein berechtigt den Inhaber, eine Aktie der X-AG zu einem Preis von 200 DM zu kaufen. Zum Zeitpunkt der Emission der Anleihe liegt der Kurs der X-Aktie bei 170 DM. Sicherer Ertrag aus der Anleihe: vier Zinszahlungen zu je 70 DM sowie Rückzahlung des eingesetzten Kapitals in Höhe von 1.000 DM. Dies ergibt am Ende der Laufzeit einen Gesamtbetrag von 1.280 DM.

Entwicklung des Optionsscheins: Zum Zeitpunkt der Emission ist der Optionsschein rein rechnerisch nichts wert, da es für den Anleger billiger wäre, die X-Aktie über die Börse zu kaufen statt über den Optionsschein. Wenn der Kurs der X-Aktie aber steigt, dann kann der Bezug unter Verwendung des Optionsscheins finanziell interessant werden. Wenn der Kurs der X-Aktie beispielsweise auf 250 DM steigt, kann der Inhaber des Optionsscheins von seinem Recht Gebrauch machen und die Aktie zum vereinbarten Preis von 200 DM erwerben und an der Börse für 250 DM verkaufen. Er macht dann pro Aktie einen Gewinn in Höhe von 50 DM. Eine Alternative zum Bezug der Aktien über den Optionsschein und anschließende Veräußerung an der Börse ist der direkte Verkauf des Optionsscheins. Der Optionsscheinkurs ist dabei ungefähr so hoch wie die Differenz zwischen Aktienkurs und Bezugspreis, denn es wird nie sehr viel teurer oder billiger sein, eine Aktie direkt zu kaufen oder über sie den Optionsschein zu beziehen. Ansonsten werden aufmerksame Händler sofort die Differenz nutzen, um einen Gewinn zu machen. Im allgemeinen liegt der Kurs des Optionsscheins aber meist etwas höher als diese Differenz. Man spricht dann davon, daß der Optionsschein ein „Aufgeld" hat. Dieses Aufgeld ergibt sich aus den Erwartungen der Anbieter und Nachfrager hinsichtlich des künftigen Kursverlaufs der Aktie. Ein Beispiel:

Kurs der X-Aktie	210 DM
Kurs des Optionsscheins	20 DM
Bezugspreis der Aktie bei Ausübung der Option	200 DM
Aufgeld: 200 + 20 – 210 =	10 DM

Bleibt der Kurs der X-Aktie während der Laufzeit der Anleihe unter dem Bezugspreis von 200 DM, so wird der Anleger auf sein Bezugsrecht verzichten. Er macht dabei keinen Verlust. Sein Ertrag beschränkt sich auf die Zinszahlungen.

Hebelwirkung von Optionsscheinen

Für den spekulativ eingestellten Anleger kann es auch interessant sein, nur den Optionsschein an der Börse zu kaufen, ohne die Anleihe mitzuerwerben. In diesem Fall wirkt der Kauf des Optionsscheins ähnlich wie eine Kapitalanlage in Aktien. Der Unterschied besteht darin, daß die mögliche Rendite (aber auch das Risiko eines Verlustes) sehr viel höher sein kann. Dieses Phänomen liegt an dem sogenannten Hebel. Hierunter versteht man den (positiven oder negativen) Renditevorsprung einer Anlage in das Derivat gegenüber der direkten Anlage in den Basiswert. Ein Beispiel:

Anlagealternativen:
a) Kauf der X-Aktie zum Kurs von 210 DM.
b) Kauf eines Optionsscheins zum Kurs von 60 DM, der den Inhaber berechtigt, die X-Aktie zum Preis von 150 DM zu erwerben.

Die X-Aktie steigt auf 230 DM.
Anlageerfolg:
a) Kursgewinn 20 DM, Rendite rund 9,5 Prozent.
b) Kursgewinn 20 DM, Rendite rund 33 Prozent.

Die Rendite des Optionsscheins ist aufgrund des wesentlich niedrigeren Kurses zum Zeitpunkt des Kaufs und des gleichen absoluten Kursgewinns in Höhe von 20 DM etwa dreimal so hoch wie bei der Aktie. Hier zeigt sich die „Hebelwirkung" von Optionsscheinen. Leider wirkt dieser Hebel aber auch bei negativem Kursverlauf der Aktie. Ein weiterer Nachteil von Optionsscheinen ist die begrenzte Laufzeit. Kommt es bis zum Ende der Laufzeit nicht zu einem positiven Kursverlauf der Aktie, kann es zum Totalverlust des eingesetzten Kapitals kommen. Zudem erhalten die Inhaber von Optionsscheinen im Gegensatz zu Aktionären keine Dividende.

WISO rät: Achten Sie bei einer Geldanlage in Optionsscheine immer genau auf Bezugspreis, Laufzeit und Aufgeld des jeweiligen Scheins. Liegt der Bezugspreis weit über dem Aktienkurs und ist zudem noch die Restlaufzeit kurz, sinkt die Chance auf einen Anlageerfolg. Außerdem sollte das Aufgeld nicht zu hoch sein, da es sonst bei steigendem Kurs der Aktie passieren kann, daß der Kurs des Optionsscheins nicht oder nur unterproportional steigt, weil das Aufgeld abgebaut wird.

Die Anlage in Optionsscheine kann also unter Umständen sehr lukrativ sein, birgt aber auch die Gefahr, hohe Verluste zu erleiden. Hält man allerdings einige Regeln ein, dann läßt sich das Risiko, statt eines Gewinns viel Geld zu verlieren, in Grenzen halten. Es geht dabei vor allem um drei Punkte:

1. Die Kurse der gekauften Optionsscheine sollten regelmäßig beobachtet werden, damit man weder den eingetretenen Gewinn verschläft noch durch einen Kursverfall überrascht wird. Das für Aktien oft empfohlene Rezept „kaufen und dann liegenlassen" gilt hier auf keinen Fall.
2. Sie sollten sich ein Limit für Gewinne und Verluste setzen. Erreicht der Kurs Ihres Optionsscheins eine bestimmte Gewinnhöhe, so sollten Sie konsequent verkaufen und nicht immer hoffen, daß es noch mehr werden könnte. Die Börse ist keine Einbahnstraße! So mancher gierige Anleger hat in der Hoffnung auf immer weiter steigende Kurse seinen Gewinn – und manchmal noch mehr – wieder verloren. Treten Kursverluste ein, so sollten Sie sich auch hier ein Limit setzen, bis zu dem Sie bereit sind, die Verluste zu tragen. Bei Erreichen dieser Grenze müssen Sie dann konsequent verkaufen. Es ist immer besser, einen begrenzten Verlust zu erleiden, als immer tiefer in die roten Zahlen zu geraten. Sowohl für Gewinn als auch Verlust sind Werte zwischen 10 bis 30 Prozent als Limit realistisch. Die genaue Höhe hängt von Ihrer persönlichen Risikobereitschaft ab.
3. Nie die ganzen Ersparnisse in Optionsscheinen (oder einer anderen risikobehafteten Geldanlage) anlegen. Investieren Sie nur einen Teil ihres Kapitals in riskanten Anlagen.

Eine gute Faustformel ist die „90-zu-10-Regel". Hierbei werden 90 Prozent des Kapital in sicheren Anlagen (wie Anleihen) investiert und nur die restlichen 10 Prozent in spekulative Finanztitel (wie Optionsscheine oder noch heißere Papiere). Selbst wenn dann ein Totalverlust bei den Optionsscheinen eintritt, wird dieser durch den Zinsertrag der Anleihen größtenteils wieder ausgeglichen. Die Substanz der Ersparnisse bleibt bei dieser Methode also weitgehend erhalten.

WISO rät: Eine Regel für die Geldanlage sollten Sie sich in jedem Fall merken und sich vor allem dann daran erinnern, wenn ein sogenannter Anlageberater versucht, Sie mit „traumhaften" Gewinnversprechen von 30, 50 oder noch mehr Prozent dazu zu verführen, ihm Geld (vielleicht sogar die gesamten Ersparnisse) anzuvertrauen: Je höher der angeblich zu erwartende Gewinn, um so höher ist auch das Risiko des Totalverlustes und um so wahrscheinlicher haben Sie einen Ganoven vor sich.

Terminhandel – das Geschäft mit der Zukunft

Zu den spekulativsten und für Kenner auch interessantesten Anlageformen gehören die Finanzinstrumente des Terminhandels. Gehandelt werden dabei ebenfalls sogenannte Derivate, also Finanzinstrumente, deren eigener Wert vom Preis andere Finanztitel oder Waren abhängt. Es handelt sich also um „abgeleitete Werte". Zu den hier gemeinten Derivaten zählen vor allem Optionen und Futures.

Sinn und Hintergrund: Kennzeichnend für ein Termingeschäft ist, daß in der Gegenwart bindende Vereinbarungen für ein Geschäft getroffen werden, das erst in der Zukunft abgeschlossen wird. Typischerweise wird dabei der Preis, die Liefermenge und der Zeitpunkt der Lieferung festgelegt. Bei denen, die sich an diesen Geschäften beteiligen, gibt es zwei sehr verschiedene Zielsetzungen. Die einen wollen sich durch diese Termingeschäfte gegen künftige Preisschwankungen absichern und so für ihre Produktion eine sichere Kalkulationsgrundlage haben. Die anderen sind auf den Terminmärkten engagiert, weil sie deren Möglichkeiten für spekulative Gewinne nutzen wollen. Sie nehmen damit der anderen Seite weitgehend das Risiko ab.

WISO rät: Termingeschäfte gehören zu den interessantesten, vielseitigsten aber auch riskantesten Formen der Kapitalanlage. Wenn Sie ein wenig „mitspielen" wollen, so sollten sie sich zunächst gründlich über die Funktionsweise von Terminmärkten informieren. Mit Hilfe einer Tageszeitung können Sie dann die Kursverläufe der an den Terminbörsen gehandelten Kontrakte verfolgen. Auf diese Art sind auch einige „Trockenübungen" möglich, indem Sie zunächst nur in der Phantasie und auf dem Papier ein wenig mitspekulieren. Sie können dies auch als privates „Börsenspiel" betreiben und erst einmal so tun, als ob Sie tatsächlich Termingeschäfte abschließen würden. Das schärft den Blick für die Chancen und Risiken. Voraussetzung ist natürlich, daß Sie sich nicht selber bemogeln und nachträglich kleine Korrekturen an Ihren Dispositionen vornehmen.

Möchten Sie tatsächlich einsteigen, sollten Sie nur Geld einsetzen, dessen Verlust Sie verschmerzen können, das also nicht für irgendwelche anderen Zwecke benötigt wird. Das Risiko bei diesen Geschäften ist groß. Denken Sie immer daran, daß selbst ein so renommiertes Bankhaus wie die Londoner Baring-Bank innerhalb weniger Tage erledigt war, weil einer ihrer Geldhändler seine Geschäfte nicht ausreichend abgesichert hatte. Und werden Sie nicht übermütig, wenn Sie Erfolg haben.

Terminhandel: Es begann alles ganz einfach

Der Ursprung des Terminhandels liegt im Handel mit Rohstoffen. Produzenten, die sich gegen sinkende Preise absichern wollten, trafen im voraus Vereinbarungen mit ihren Abnehmern, in denen Preis und Liefermenge ihrer Erzeugnisse – wie beispielsweise Weizen, Kaffee oder Schweinebäuche – für einen bestimmten Termin in der Zukunft festgelegt wurde. Umgekehrt vereinbarten Abnehmer, die einen Preisanstieg befürchteten, mit ihren Lieferanten im voraus den Abnahmepreis. Daraus entstanden dann die ersten Warenterminbörsen.

Beispiel: Angenommen ein Weizenproduzent erwartet in sechs Monaten eine große Ernte, die er dann sofort verkaufen will. Der heutige Preis für Weizen liegt bei 500 DM pro Tonne, erlebte aber in den letzten Monaten große Schwankungen. Aus diesem Grund möchte sich der Weizenproduzent gegen fallende Preise absichern, um keine Verluste zu erleiden und seine Arbeitskräfte bezahlen zu können. Umgekehrt möchte sich ein Hersteller von Backwaren, dessen Weizenvorräte nur noch für sechs Monate reichen, gegen steigende Preise absichern. Daher ist es für beide sinnvoll, gemeinsam ein Termingeschäft abzuschließen.

Im Rahmen dieses Termingeschäfts einigen sie sich darauf, daß der Weizenproduzent in sechs Monaten 100 Tonnen Weizen zum Preis von 500 DM pro Tonne an den Backwarenhersteller liefert. Beide Vertragspartner sind nun gegen Preisschwankungen abgesichert und können auf Basis des fest vereinbarten Preises kalkulieren. Steigt der Marktpreis für Weizen, so hat der Hersteller von Brot ein gutes Geschäft gemacht, da der Weizenproduzent ihm den Weizen trotzdem zum vereinbarten Preis liefern muß. Sinkt dagegen der Preis für Weizen, kann sich der Produzent freuen, da ihm der Brothersteller seinen Weizen dennoch zum vereinbarten Preis abnehmen muß. Unabhängig vom jeweiligen Marktpreis, der sich als Folge von Nachfrageschwankungen oder der Meldung von Mißernten in der Zwischenzeit stark verändern kann, können beide Vertragspartner ihre Kalkulation auf die sichere Grundlage des vereinbarten Preises stellen.

In der Praxis geht das in der Regel aber nicht so einfach wie in diesem Beispiel. Das Problem bei solchen frei ausgehandelten Termingeschäften besteht nämlich darin, daß sich selten zwei Vertragspartner finden, deren Bedürfnisse hinsichtlich Liefermenge, Preis und Liefertermin genau übereinstimmen. In der Realität wird der Weizenproduzent nur sehr schwer einen Brothersteller finden, der in genau sechs Monaten 100 Tonnen Weizen benötigt und zudem bereit ist, ihm einen Preis von 500 DM pro Tonne zu zahlen.

Ein weiteres Problem ist, daß sich beide Vertragspartner darauf verlassen müssen, daß der jeweils andere den Vertrag auch tatsächlich einhält. Gerät der Brothersteller beispielsweise in Konkurs und kann daher das vereinbarte Geschäft nicht erfüllen, so war das Termingeschäft für den Weizenanbieter ein Flop. Fällt dann noch der Weizenpreis, kann das für den Produzenten des Getreides bedeuten, daß er so schwere Verluste macht, daß er selber pleite geht. Auf der anderen Seite kann es auch passieren, daß der Weizenproduzent durch Mißwirtschaft oder als Folge der Witterung nicht in der Lage ist, zum festgelegten Zeitpunkt die vereinbarte Menge an Weizen zu liefern. Der Brothersteller muß dann das benötigte Getreide auf dem freien Markt kaufen. Da die Kalkulation des Brotherstellers aber auf dem vereinbarten Terminpreis beruht, kann dies bei gestiegenen Preisen zu herben Verlusten führen. Das wird als das Erfüllungsrisiko eines Termingeschäfts bezeichnet.

Um derartige Risiken zu vermeiden, wurden Terminbörsen gegründet. An den Terminbörsen sorgt die sogenannte Clearing-Stelle dafür, daß Käufer und Verkäufer von Terminkontrakten zusammenkommen und die Geschäfte ordnungsgemäß abgeschlossen werden.

Wenn es sich um Börsen handelt, an denen Terminkontrakte auf Rohstoffe (wie beispielsweise Weizen, Schweinebäuche oder Orangensaft) gehandelt werden, spricht man von Warenterminbörsen. Wenn es um Finanztitel wie Aktien oder Anleihen geht, sind es Terminbörsen. Deutschland ist in dieser Hinsicht ein Nachzügler. Denn bei uns gibt es erst seit 1988 die Deutsche Terminbörse (DTB), die den Handel mit Terminkontrakten auf deutsche Aktien und Anleihen ermöglicht. Eine Warenterminbörse wie in Chicago oder London gibt es dagegen bis heute nicht. Das Fehlen eines geregelten und von einer Aufsichtsbehörde überwachten Marktes für Warentermingeschäfte macht es windigen Anlageberatern in der Bundesrepublik besonders leicht, ihre Geschäfte zu betreiben. Das gefährdet gutgläubige Anleger und bringt die ehrlichen Berater in Mißkredit.

Die Deutsche Terminbörse (DTB)

Die Deutsche Terminbörse ist der zentrale Handelsort für deutsche Terminkontrakte. Im Gegensatz zu herkömmlichen Präsenzbörsen, bei denen Makler „auf dem Parkett" tätig sind, läuft der Handel mit Finanzterminkontrakten an der Deutschen Terminbörse vollelektronisch ab. Käufe und Verkäufe werden in Computer eingegeben und elektronisch abgewickelt. Durch eine solche Computerbörse sind die Marktteilnehmer nicht mehr wie bei Aktien und Anleihen an den Standort der Börse gebunden, sondern können von überall in Deutschland aus per Computerterminal am Handel teilnehmen.

An der deutschen Terminbörse werden die folgenden Werte gehandelt:

- Optionen auf umsatzstarke deutsche Aktien,
- Futures auf langfristige Bundesanleihen (sogenannte Bund-Futures),
- Futures auf den Deutschen Aktienindex (sogenannte DAX-Futures) und
- Optionen auf Bund- und DAX-Futures.

Das Market-Maker-System

Der Handel an der Deutschen Terminbörse findet nach dem Market-Maker-System statt. Den Market-Makern kommt die Aufgabe zu, einen kontinuierlichen Handel an der Terminbörse zu gewährleisten. Diese „Markt-Macher" sind Banken oder Wertpapierhäuser, die sich verpflichten, jederzeit als Käufer oder Verkäufer von Terminkontrakten aufzutreten, wenn ein Anleger Kontrakte erwerben oder veräußern möchte. Die Market-Maker sind verpflichtet, ständig faire Kurse für die gehandelten Titel zu stellen. An der Deutschen Terminbörse sind immer mehrere Market-Maker für die einzelnen Terminkontrakte zuständig. So entsteht Wettbewerb um den Geschäftsabschluß zwischen den verschiedenen Market-Makern. Die Marktteilnehmer oder Anleger können sicher sein, daß sie ihre Terminkontrakte jederzeit handeln können, ohne „über den Tisch gezogen“ zu werden. Ein Marktteilnehmer, der aus irgendeinem Grund schnell einen Titel kaufen oder verkaufen muß, braucht also nicht zu fürchten, daß sein Handelspartner die Situation ausnutzt. Das Market-Maker-System sichert auf diese Art eine hohe Liquidität des Terminmarktes.

Weitere Beteiligte am Börsenhandel sind die Börsenteilnehmer mit Eigen- und Kundengeschäft. Sie handeln entweder für eigene Rechnung oder im Auftrag eines Kunden (zum Beispiel eines Privatanlegers). Der Handel mit Terminkontrakten an der DTB findet immer über die sogenannte Clearing-Stelle statt.

Sorgt für Klarheit: Die Clearing-Stelle

Die Clearing-Stelle übernimmt die Abwicklung, Abrechnung und Besicherung des Handels. Käufer und Verkäufer von Terminkontrakten haben immer die Clearing-Stelle als Partner. Sie ist für jeden Käufer eines Terminkontrakts der Verkäufer und für jeden Verkäufer eines Terminkontrakts immer der Käufer. Die Clearing-Stelle führt Käufer und Verkäufer zusammen und übernimmt damit eine Vermittlerfunktion. So entfällt für den Käufer oder Verkäufer eines Terminkontrakts die schwierige Suche nach einem geeigneten Handelspartner. In dem Beispiel des Weizenhändlers würde der sich einfach über seine Bank an die Clearing-Stelle einer Warenterminbörse wenden und das Geschäft abschließen. Er kommt also mit dem Backwarenhersteller aus unserem Beispiel gar nicht persönlich in Kontakt. Ob dieser schließlich die Ware abnimmt oder nicht, ob er zahlungsfähig oder pleite ist, muß ihn deshalb auch nicht interessieren.

Nur Clearing-Mitglieder dürfen direkt Geschäfte mit der Clearing-Stelle tätigen. Börsenmitglieder, die nicht Clearing-Mitglied sind, und andere Kunden (wie zum Beispiel Privatanleger) müssen ihre Geschäfte über die Clearing-Mitglieder – also indirekt – mit der Clearing-Stelle durchführen. An die Mitglieder der Clearing-Stelle werden hohe Bonitätsforderungen gestellt, damit diese ihren Verpflichtungen aus dem Clearing jederzeit nachkommen können.

Die Clearing-Stelle haftet für die Erfüllung jedes Geschäfts. Kommt ein Teilnehmer am Handel seinen Verpflichtungen nicht nach, übernimmt die Clearing-Stelle die Erfüllung des Geschäfts. Um das Risiko der Nichterfüllung für die Clearing-Mitglieder und die Clearing-Stelle möglichst gering zu halten, wird von der DTB bei bestimmten Termingeschäften eine Sicherheitenleistung (Margin) verlangt, deren Höhe sich am Risiko und am Volumen des jeweiligen Geschäfts orientiert.

Hinweis: Seit der Börsengesetznovelle von 1989 können auch Privatpersonen verbindliche Geschäfte an der DTB abschließen, wenn sie zuvor auf die besonderen Risiken von Börsentermingeschäften schriftlich hingewiesen wurden.

Der Handel mit Optionen und Futures findet an der Deutschen Terminbörse im standardisierten Handel statt. Das bedeutet, daß für die gehandelten Optionen und Futures nur bestimmte Laufzeiten, Basispreise und Handelsgegenstände möglich sind. Dies sorgt dafür, daß der Markt übersichtlich und bei allen gehandelten Derivaten immer eine genügend große Liquidität vorhanden ist.

Die Deutsche Terminbörse zählt international zu den jüngsten Terminbörsen. Ihre Gründung 1988 war ein wichtiger Schritt, um den Finanzplatz Deutschland zu sichern und im Wettbewerb um internationale Anleger zu stärken. Ein umfangreicher und gut funktionierender Markt für Terminkontrakte ist ein unverzichtbarer Bestandteil jedes wichtigen Finanzplatzes. Seit ihrer Gründung hat die DTB international und vor allem innerhalb Europas ständig an Bedeutung gewonnen.

Die an der Deutschen Terminbörse gehandelten Derivate unterscheiden sich hinsichtlich der Möglichkeiten, Rechte und Pflichten der Marktteilnehmer. Je nach Rechten und Pflichten unterscheidet man Optionen und Futures.

Optionen

Eine Option ist ein Finanzinstrument, das dem Käufer das Recht einräumt, ihn aber nicht verpflichtet, einen vereinbarten Handelsgegenstand innerhalb einer bestimmten Frist oder zu einem bestimmten künftigen Zeitpunkt zu einem vorab vereinbarten Preis zu kaufen oder zu verkaufen. Für dieses Recht muß der Optionskäufer dem Optionsverkäufer eine Prämie zahlen. Der dem Geschäft zugrundeliegende Handelsgegenstand (Basiswert) kann eine Aktie, Anleihe, ein Wertpapierindex, ein Warenterminkontrakt oder Rohstoff sein. Dabei wird zwischen Kauf- und Verkaufsoptionen unterschieden.

Kaufoptionen (Calls)

Der Käufer einer Kaufoption erwirbt das Recht, einen vereinbarten Handelsgegenstand (Basiswert) innerhalb einer bestimmten Zeitspanne (Optionslaufzeit) oder zu einem bestimmten Zeitpunkt in der Zukunft zu einem vorher vereinbarten Preis (Basiskurs) zu erwerben. Der Verkäufer einer Kaufoption (Stillhalter) verpflichtet sich, den Basiswert innerhalb der vereinbarten Laufzeit oder zu einem vereinbarten Zeitpunkt zum Basiskurs zu verkaufen. Der Käufer der Kaufoption muß für dieses Recht eine Prämie (Optionsprämie) an den Verkäufer der Kaufoption zahlen.

Verkaufsoptionen (Puts)

Der Käufer einer Verkaufsoption erwirbt das Recht, den vereinbarten Handelsgegenstand innerhalb einer bestimmten Zeitspanne oder zu einem bestimmten Zeitpunkt in der Zukunft zu einem festgelegten Preis zu verkaufen. Der Verkäufer eines Puts (Verkaufsoption) verpflichtet sich, den Basiswert innerhalb der vereinbarten Laufzeit oder zu einem bestimmten Zeitpunkt zum Basiskurs zu erwerben. Der Käufer der Verkaufsoption muß für dieses Recht eine Optionsprämie an den Verkäufer zahlen.

Der Käufer einer Option kann diese während der Laufzeit jederzeit an der Terminbörse veräußern. Der Kurs der Option ergibt sich wie bei anderen Wertpapieren aus Angebot und Nachfrage. Diese orientieren sich vor allem am Basiskurs, dem Kurs des Basiswerts und der Laufzeit der Option.

Je nachdem, ob der Erwerber einer Option sein Recht während der gesamten Laufzeit oder nur zu einem bestimmten Zeitpunkt am Ende der Laufzeit ausüben kann, unterscheidet man sogenannte amerikanische und europäische Optionen.

Das Risiko und Gewinnpotential der beiden Kontraktpartner liegt in der Preisentwicklung des zugrundegelegten Handelsgegenstandes während der Laufzeit der Option. Käufer und Verkäufer einer Option haben unterschiedliche Erwartungen hinsichtlich des Kursverlaufs des Basiswerts innerhalb der Laufzeit. Der Käufer einer Kaufoption rechnet damit, daß sein Kurs innerhalb der Laufzeit über den vorab vereinbarten Preis steigen wird, während der Verkäufer erwartet, daß der Kurs des Basiswerts unter den vereinbarten Basispreis sinkt. Steigt der Kurs des zugrundegelegten Titels während der Laufzeit über den Basiskurs, so kann der Käufer der Kaufoption vom Verkäufer den Basiswert gegen Entrichten des vereinbarten Preises beziehen und ihn dann anschließend an der Börse zum höheren Tageskurs verkaufen. Der Gewinn (Verlust) des Käufers (Verkäufers) ist die Differenz zwischen Börsenkurs des Basiswerts und der Summe aus vereinbartem Preis und Optionsprämie.

Fällt der Kurs des Basiswerts hingegen unter den vereinbarten Preis, so ist die Option am Ende der Laufzeit nichts mehr wert. Denn es wäre billiger, den Handelsgegenstand (zum Beispiel eine Aktie) an der Börse zu kaufen, als ihn beim Verkäufer der Kaufoption zu erwerben. Der Verlust (Gewinn) des Käufers (Verkäufers) der Kaufoption ist die gezahlte Optionsprämie, also jener Preis, der für das Recht zu entrichten war. Diese Zusammenhänge sollen an einem Beispiel verdeutlicht werden:

Der Anleger X kauft im Februar eine Option, die ihn berechtigt, bis April 50 Aktien der Daimler Benz AG zum Basispreis von 750 DM zu kaufen. Hierfür muß er eine Optionsprämie in Höhe von 15 DM pro Aktie, also insgesamt 750 DM zahlen.

Der Anleger Y verkauft im Februar eine identische Option und geht damit die Verpflichtung ein, bis April Daimler-Aktien zum Preis von 750 DM zu verkaufen, wenn der Käufer der Option diese ausübt. Er erhält dafür 15 DM pro Aktie an Optionsprämie, also zusammen 750 DM. Diesen Betrag hat der Verkäufer der Option sicher, geht aber das Risiko ein, daß seine Aktien am Tag der Lieferung viel mehr wert sind als 750 DM. Denn der Kurs kann in der Zwischenzeit über diesen Preis hinaus steigen.

Fall eins: Der Kurs der Daimler-Benz-Aktie erreicht im März eine Höhe von 810 DM: Der Anleger X nimmt sein Optionsrecht wahr und bezieht 50 Daimler-Benz-Aktien zum vereinbarten Preis von je 750 DM. Dies ergibt für 50 Aktien einen Betrag von 37.500 DM. Zusammen mit der bereits gezahlten Optionsprämie mußte er also 38.250 DM für die Aktien aufwenden. Anschließend verkauft er die Aktien zum Tageskurs von 810 DM an der Börse. Dabei erlöst er 40.500 DM. Es verbleibt ein Gewinn in Höhe von 2.250 DM.

Der Anleger Y mußte in diesem Fall seine Daimler-Aktien zum Preis von 750 DM pro Stück verkaufen. Er erhält einschließlich der schon zuvor kassierten Optionsprämie von 750 DM insgesamt 38.250 DM für seine 50 Aktien, obwohl diese an der Börse 40.500 DM wert sind. Bei einem Verkauf zum Tageskurs hätte er 2.250 DM mehr verdient. Der Gewinn des Anlegers X entspricht dem Verlust des Anlegers Y. Aus diesen Grund spricht man bei Options- und Futuresgeschäften auch von Nullsummenspielen.

Ebenso hätte X seine Option an der Terminbörse verkaufen können, der Gewinn wäre etwa gleich hoch gewesen.

Fall zwei: Der Kurs der Daimler-Benz-Aktie fällt und beträgt am Ende der Laufzeit nur noch 720 DM: In diesem Fall läßt der Anleger X läßt seine Option verfallen, da es für ihn billiger ist, Daimler-Aktien über die Börse zu kaufen, denn er müßte dann für 50 Aktien nur 36.000 DM aufwenden. Wenn er statt dessen seine Option ausüben würde, müßte er dem Verkäufer dagegen die vereinbarten 37.500 DM zahlen. Das wären einschließlich der Optionsprämie 2.250 DM mehr als der aktuelle Börsenpreis. Da er deshalb sein Optionsrecht nicht ausübt, hat er nur die Prämie von 750 DM verloren. Der Verkäufer der Option wird nicht in Anspruch genommen und macht damit einen Gewinn in Höhe der Optionsprämie.

Es zeigt sich anhand dieses Beispiels deutlich, daß sich das Verlustrisiko des Käufers einer Kaufoption auf die entrichtete Optionsprämie beschränkt. Der mögliche Gewinn ist „unbegrenzt“, da der Kurs der zugrundeliegenden Aktie theoretisch unendlich hoch steigen kann. Der mögliche Gewinn des Verkäufers einer Kaufoption beschränkt sich auf die erhaltene Prämie, wohingegen der Verlust theoretisch unbeschränkt hoch sein kann. Das gilt vor allem dann, wenn der Verkäufer der Option die Aktien zum Zeitpunkt des Verkaufs noch nicht besitzt. Er geht dann ein sehr hohes Risiko ein, da er im Falle der Ausübung der Option die Aktien an der Börse kaufen und zum vereinbarten niedrigeren Kurs an den Käufer der Option abgeben müßte. Wie hoch ein solcher Verlust sein kann, läßt sich leicht erahnen, wenn man sich vorstellt, daß der Kurs der Aktie auf 2.000 DM oder mehr steigen könnte.

WISO rät: Vorsicht! Einem möglicherweise sehr hohen Gewinn steht damit bei diesen sogenannten „Leerverkäufen“ auch ein gefährlich hohes Verlustrisiko gegenüber.

Käufer und Verkäufer von Optionen erwerben diese aus unterschiedlichen Gründen. So können sie Optionen aus rein spekulativen Absichten erwerben, wie in dem Fall oben geschildert wurde, der Herr X. Es ist aber auch möglich, sich durch den Kauf oder Verkauf von Optionen gegen Kursrisiken abzusichern.

Beispiel: Der Anleger X hat in seinem Wertpapierdepot 50 Aktien der BASF AG. Er weiß, daß er im April diese Aktien verkaufen muß, weil er das Geld für ein neues Auto braucht. Aufgrund einer akuten Dollarschwäche fürchtet er einen Ertragseinbruch bei der BASF, der an der Börse zu einem Kursverfall der Aktie führen könnte. Falls sich der Dollarkurs erholt, erwartet er aber einen positiven Kursverlauf der Aktie. Herr X möchte sich aber in jedem Fall gegen einen eventuellen Kurseinbruch schützen. Aus diesem Grund kauft er eine Verkaufsoption, die ihn berechtigt, seine BASF-Aktien bis zum April zu einem Kurs von 300 DM zu verkaufen. Hierfür zahlt er eine Optionsprämie in Höhe von 8 DM pro Aktie, also insgesamt 400 DM. Fällt die Aktie während der Optionsfrist tatsächlich, so kann er von seinem Optionsrecht Gebrauch machen. Bleibt der Kurs hingegen konstant oder steigt er, läßt Herr X die Option verfallen und nimmt den Kursgewinn mit. Die Optionsprämie kann in diesem Fall als Versicherungsprämie angesehen werden. Die Absicherung gegen einen Kursverlust kostet den Anleger 400 DM.

An der DTB werden Optionen auf die 16 umsatzstärksten deutschen Aktien gehandelt: Allianz Holding, BASF, Bayer, Bayerische Hypotheken- und Wechselbank, BMW, Commerzbank, Daimler Benz, Deutsche Bank, Dresdner Bank, Hoechst, Mannesmann, RWE Stämme, Siemens, Thyssen, VEBA und Volkswagen.

Der Handel mit Optionen hat in Deutschland seit Einführung der Deutschen Terminbörse (DTB) stark an Bedeutung gewonnen. Neben Optionen auf die oben genannten Aktien werden auch Optionen auf den Deutschen Aktienindex (DAX), auf DAX-Futures und Bund-Futures gehandelt.

Futures

Futures sind Finanzinstrumente, die dem Inhaber das Recht und die Pflicht geben, einen zugrundegelegten Handelsgegenstand zu einem vorab vereinbarten Preis am Ende der Laufzeit zu kaufen (Kauf eines Future) oder zu verkaufen (Verkauf eines Future).

Je nachdem, ob es sich bei dem vereinbarten Lieferungsgegenstand eines Future um einen Finanztitel, einen Wertpapierindex, um Devisen oder um Rohstoffe, Schlachtvieh, Nahrungsmittel usw. handelt, unterscheidet man Financial-Futures oder Commodity-Futures.

Der Unterschied zwischen Futures und Optionen besteht darin, daß beim Future beide Vertragspartner, also Käufer und Verkäufer, eine Verpflichtung eingehen. Dagegen verpflichtet sich bei der Option nur der Verkäufer einer Option, zu liefern oder zu zahlen.

Futures-Kontrakte müssen von Terminkontrakten unterschieden werden. Bei letzteren wird der Preis, die Menge und das Lieferdatum des zugrundegelegten Wertes frei ausgehandelt. Terminkontrakte werden nicht an der Terminbörse gehandelt. Bei Futures-Kontrakten hingegen findet ein standardisierter Handel statt. Das bedeutet, daß nur bestimmte Mengen, Preise, Laufzeiten usw. zugelassen sind. Der Geschäftspartner bei einem Futures-Geschäft ist auch hier wieder die Clearing-Stelle.

Käufer und Verkäufer von Futures haben entgegengesetzte Erwartungen hinsichtlich der künftigen Preisentwicklung des zugrundegelegten Handelsgegenstandes. Der Käufer eines Future erwartet, daß der Preis des Lieferungsgegenstandes innerhalb der Laufzeit steigen wird, während der Verkäufer erwartet, daß der Preis fällt.

Möchte der Erwerber eines Future sich während der Laufzeit seiner Verpflichtung zum Kauf oder Verkauf des zugrundegelegten Wertes entledigen, beispielsweise weil er seine Meinung über die Preisentwicklung geändert hat oder weil er entstandene Gewinne absichern will, so kann er dies durch ein identisches Gegengeschäft tun. Der

Käufer eines Future verkauft also einen hinsichtlich Handelsgegenstand, Menge und Liefertermin identischen Future. Da sich diese Verpflichtungen gegenseitig ausgleichen, besteht per Saldo keine Verpflichtung mehr.

Future-Geschäfte werden aus unterschiedlichen Gründen abgeschlossen. Sie dienen zum einen der Risikoabsicherung und zum anderen der Spekulation. Der Handel mit Futures ist in Deutschland erst seit kurzer Zeit möglich, nimmt seitdem aber in seiner Bedeutung ständig zu. Zunächst wurden an der deutschen Terminbörse Futures auf Bundesanleihen (sogenannte Bund-Futures) und auf den Deutschen Aktienindex (sogenannte DAX-Futures) gehandelt. Eine Erweiterung des Handels mit Futures auf Waren und Rohstoffe ist geplant.

Der DAX-Future

Der DAX-Future berechtigt und verpflichtet den Inhaber, einen theoretischen Aktienkorb, den Deutschen Aktienindex (DAX), zu einem festen, vorab vereinbarten Preis zu einem festen Termin zu kaufen oder zu verkaufen. Der Käufer eines DAX-Future ist berechtigt und verpflichtet, diesen theoretischen Aktienkorb zu kaufen. Umgekehrt dazu ist der Verkäufer des DAX-Future verpflichtet, diesen Aktienkorb zu verkaufen. Den theoretischen Aktienkorb kann man sich als ein Depot vorstellen, dessen Zusammensetzung dem DAX entspricht.

Um den DAX-Future gut handelbar zu machen, wurde seine Ausgestaltung ebenfalls standardisiert. Für den Handel mit DAX-Futures sind folgende Standardisierungen festgelegt worden:

- Die kleinste handelbare Einheit eines DAX-Futurekontrakts beträgt 100 DM pro Indexpunkt. Bei einem DAX-Kurs (Indexstand) von beispielsweise 1.965 Punkten entspricht das einem Kontraktwert von 196.900 DM.
- Der Indexstand eines Kontrakts wird bis auf eine Stelle nach dem Komma ermittelt, also beispielsweise 2.200,4.
- Die kleinste Preisänderung (Tic) beträgt 0,5 Indexpunkte, also 50 DM.
- Es sind vier Fälligkeitstermine möglich: März, Juni, September und Dezember.
- Bei Abschluß des Vertrages stehen immer die nächsten drei möglichen Termine zur Verfügung. Möchte ein Anleger beispielsweise im April einen Future-Kontrakt abschließen, so kann er zwischen den Fälligkeitsterminen Juni, September und Dezember wählen. Die maximal mögliche Laufzeit des DAX- Future beträgt damit neun Monate.
- Der Schlußabrechnungstag, also der Tag, an dem die Gewinne und Verluste der fälligen Futures berechnet werden, ist immer der dritte Freitag im jeweiligen Monat (März, Juni, September oder Dezember).
- Der Future kann an der Terminbörse bis einen Börsentag vor dem Schlußabrechnungstag gehandelt werden.
- Die Erfüllung des Kontrakts kann nur als Barausgleich zwischen den Clearing-Mitgliedern und der Deutschen Terminbörse (DTB) erfolgen.

Anders als bei den meisten anderen Futures kommt es beim DAX-Future am Ende der

Laufzeit nie zur Lieferung des zugrundegelegten Handelsgegenstandes, also des DAX-Index. Statt dessen ist die Auszahlung des Differenzbetrags zwischen festgelegtem Preis und Kontraktwert am Ende der Laufzeit vereinbart. Man spricht deshalb in diesem Fall vom Barausgleich. Liegt der DAX zum Ende der Laufzeit über dem vereinbarten Basispreis, so erhält der Käufer eines DAX-Future eine Zahlung in Höhe der Differenz, während der Verkäufer eine Zahlung in dieser Höhe leisten muß.

Beispiel: Der Käufer eines DAX-Future mit dem Basispreis 1.900 erhält eine Zahlung in Höhe von 6.300 DM, wenn der DAX am letzten Handelstag bei einem Stand von 1.963 Punkten schließt (1.963 – 1.900 x 100 DM). Umgekehrt dazu muß der Verkäufer 6.300 DM zahlen.

Liegt der DAX hingegen am Ende der Laufzeit unter dem vereinbarten Basispreis, so muß der Käufer des Futures eine Zahlung in Höhe der Differenz leisten, während der Verkäufer des Futures eine gleich hohe Zahlung erhält. Wie bei allen Future-Kontrakten besteht für den Käufer und den Verkäufer eines DAX-Future die Möglichkeit, sich vor Fälligkeit des Kontrakts durch Glattstellung der Verpflichtung zum Kauf oder Verkauf zu entledigen. Der Käufer eines DAX-Future kann sich glattstellen, indem er einen bezüglich Laufzeit und Preis identischen Future verkauft. Analog kann sich der Verkäufer eines DAX-Future glattstellen, indem er einen identischen Future kauft.

Möchte ein Privatanleger einen DAX-Future-Kontrakt abschließen, so wendet er sich an seine Hausbank, die für ihn einen solchen Future kauft oder verkauft, denn nur Mitglieder der Deutschen Terminbörse können mit der Clearing-Stelle Termingeschäfte abschließen.

Um das Risiko für die Clearing-Stelle aus dem Futures-Handel zu minimieren, also die Gefahr zu begrenzen, daß Mitglieder der Clearing-Stelle ihren Verpflichtungen nicht nachkommen können, verlangt diese, daß die Käufer und Verkäufer von Futures eine Sicherheitenleistung, die sogenannte Margin, einbringen.

Die Margin: Sicherheitenleistung und tägliche Abrechnung

Man unterscheidet zwischen Initial- und Variation-Margin. Bei der Eröffnung einer Future-Position, also dem Kauf oder Verkauf eines Future, ist zunächst die Initial-Margin zu hinterlegen. Die Höhe dieser Margin ergibt sich aus der Kursschwankungsbreite eines solchen Future in der Vergangenheit und der erwarteten Schwankungsbreite während der Laufzeit des Future.

Beispiel: Der Kaufkurs des DAX-Future beträgt 2.100 Indexpunkte. Der Kontrakt hat also einen Wert von 210.000 DM. Die erwartete Schwankungsbreite, also die erwartete mögliche Kursänderung, beträgt 50 Punkte. Der Käufer des Future (oder der Verkäufer) muß also 5000 DM (50 Punkte mal 100 DM) als Sicherheitenleistung, die sogenannte Initial-Margin, hinterlegen. Diese Initial-Margin bleibt solange unverändert, wie die DTB keine Änderungen der Schwankungsbreite erwartet. Kommt es aber aufgrund eines sehr unruhigen Marktes zu extremen Schwankungen des DAX, so kann die DTB eine Erhöhung der Initial-Margin verlangen, wenn sie davon ausgeht, daß die tatsächliche Schwankungsbreite über die zugrundegelegten 50 Indexpunkte hinausgeht.

Unter der Variation-Margin versteht man die tägliche Gutschrift oder Belastung von entstehenden Gewinnen und Verlusten.

Beispiel: Der Kaufkurs des DAX-Future am 1. 3. 1994 beträgt 1960 Punkte. Der Abrechnungskurs (Settlement) am 2. 1. 1994 beträgt 1.975 Punkte. Der Käufer des DAX-Future erhält eine Gutschrift in Höhe von 1.500 DM (15 Punkte mal 100 DM). Der Käufer des DAX-Future kann über diesen Gewinn sofort verfügen. Am 3. 1. 1994 beträgt der Abrechnungkurs 1.925 Punkte, also ein Verlust von 35 Indexpunkten gegenüber dem Einstandskurs. Es erfolgt eine Belastung des Margin-Kontos in Höhe von 3.500 DM.

Der Future-Inhaber schließt am 4. 1. 1994 seine Position. Der Kurs des DAX-Future beträgt 1.940 Punkte. Der Anleger erhält eine Gutschrift in Höhe von 1.500 DM (15 Indexpunkte mal 100 DM). Per Saldo hat der Käufer des DAX-Future einen Verlust von 500 DM erlitten.

Für den Verkäufer eines DAX-Future erfolgt die Berechnung des Variation- Margins analog, nur daß hier die Belastungen erfolgen, wenn der Kurs des Futures über den Einstandskurs steigt, und Gutschriften, wenn der Kurs unter den Einstandskurs fällt.

Fällt der Saldo des Margin-Kontos unter einen bestimmten Betrag (Maintenance-Margin), so kann die DTB einen Nachschuß vom Future-Inhaber verlangen. Der Anleger muß dann sein Sicherheitenkonto wieder auf den vereinbarten Betrag aufstocken. Kann der Future-Inhaber den verlangten Nachschuß nicht erbringen, ist die Clearing-Stelle befugt, die bestehende Position glattzustellen, also ein identisches Gegengeschäft zu tätigen.

Die Tatsache, daß der Anleger bei Abschluß des Future-Geschäfts nie den vollen Kontraktwert einzahlen muß, sondern nur die Margin, bewirkt, daß solche Investments über eine enormen Hebelwirkung verfügen.

Beispiel: Ein Anleger erwirbt einen DAX-Future zum Kurs von 2.000 Punkten. Dies entspricht einem Kontraktwert von 200.000 DM. Der Anleger muß bei Abschluß aber lediglich eine Initial-Margin in Höhe von 50 Punkten, also 5.000 DM hinterlegen. Im Vergleich zum Kontraktwert muß also nur ein verhältnismäßig geringer Kapitaleinsatz erbracht werden. Kommt es zu einer Veränderung des DAX in Höhe von 5 Prozent nach oben oder nach unten, also einer Zunahme oder Abnahme um 100 Punkte, bedeutet dies eine Vermögensveränderung in Höhe von 10.000 DM. Bezogen auf den Kontraktwert sind dies ebenfalls 5 Prozent. Bezieht man die Summe aber auf das eingesetzte Kapital, so bedeutet eine fünfprozentige Veränderung des DAX eine positive oder negative Rendite von 200 Prozent.

Betrachtet man dieses Beispiel, so wird einem leicht klar, wie es zu der Pleite der Baring-Bank gekommen ist. Mit einem Kapitaleinsatz von ein paar 100.000 Mark konnte ein einziger Händler einen Verlust von nahezu 2 Milliarden DM erwirtschaften. Eine Summe, die eine Bank von der Größe der Baring-Bank nicht decken konnte. Der Händler hatte massiv Futures auf den Nikkei-Index (Japanischer Aktienindex) abgeschlossen.

Anleger kaufen und verkaufen DAX-Futures aus unterschiedlichen Motiven. DAX-Future-Kontrakte können sowohl zur Absicherung bestehender Depots gegen Kursverluste dienen als auch zu spekulativen Zwecken abgeschlossen werden.

Kurssicherung mit DAX-Futures

Die Kurssicherung ist der eigentliche Grund für die Existenz von Index-Futures. Vor allem große Kapitalanlagegesellschaften wie Investmentfonds oder Versicherungen nutzen diese Möglichkeit der Risikoabsicherung. Verwaltet ein Investmentfond ein Wertpapierdepot, das in seiner Zusammensetzung dem DAX-Index weitgehend entspricht, so besteht für diese Gesellschaft die Möglichkeit, sich mit dem Kauf oder Verkauf von DAX-Futures gegen Kursrisiken abzusichern. Erwartet die Gesellschaft beispielsweise kurzfristig fallende Kurse, will ihre Aktien aber nicht verkaufen, da sie langfristig mit steigenden Kursen rechnet, so kann sie das Risiko durch den Verkauf von DAX-Futures reduzieren.

Fallen die Kurse tatsächlich, so werden die Kursverluste der Aktien in dem Depot ganz oder teilweise durch die Gewinne aus den verkauften DAX-Futures ausgeglichen. Steigen die Kurse der Aktien hingegen, so werden die Verluste, die aus dem Verkauf der Futures entstehen, durch die Gewinne der Aktien ausgeglichen. Eine Absicherung eines Depots mit einem DAX-Future ist auch dann möglich, wenn es sich in seiner Zusammensetzung von dem Aktienkorb unterscheidet, der dem deutschen Aktienindex zugrunde liegt. Zur Berechnung sind dann allerdings recht komplizierte und umfangreiche mathematische Modelle notwendig.

Ein Investmentfond, der zu einem bestimmten Zeitpunkt Aktien kaufen möchte, weil er mit steigenden Kursen rechnet, die entsprechenden Gelder aber noch nicht zur Verfügung hat, kann sich das Kursniveau durch den Kauf eines DAX-Future sichern. Steigen die Kurse tatsächlich, so kann er die Futures wieder verkaufen und Aktien kaufen, ohne die Aufwärtsbewegung verpaßt zu haben.

Spekulieren mit DAX-Futures

Neben der Risikoabsicherung mit Hilfe von Aktienindexfutures spielt die Spekulation mit Hilfe dieses Anlageinstruments ein große Rolle. Ein Investor kann mit Hilfe des DAX-Future sowohl auf steigende wie auch auf fallende Kurse spekulieren. Erwartet ein Investor fallende Kurse bei deutschen Aktien, so kann er DAX-Futures verkaufen. Fallen die Kurse der deutschen Standardwerte tatsächlich, so wird er Kursgewinne erzielen. Sollten die Kurse allerdings steigen, so wird er unter Umständen beträchtliche Verluste erleiden.

Umgekehrt kann ein Anleger, der steigende Kurse erwartet, DAX-Futures kaufen. Er wird bei steigenden Aktienkursen Gewinne und bei fallenden Kursen Verluste erzielen. Die Anlage in DAX-Futures bietet dem Investor damit die Möglichkeit, mit relativ geringem Kapitaleinsatz hohe Gewinne zu erzielen. Sie birgt umgekehrt aber auch das Risiko von beträchtlichen Verlusten.

Der DAX-Future wird an der Deutschen Terminbörse zwischen 9.30 und 16.00 Uhr gehandelt.

Bund-Futures

Diese Art von Futures gibt dem Inhaber das Recht und die Pflicht, zu einem festgelegten Zeitpunkt eine idealtypische Bundesanleihe im Wert von nominal 250.000 DM zu kaufen oder zu verkaufen. Unter einer idealtypischen Bundesanleihe versteht man eine fiktive, nicht existente Anleihe mit einer Nominalverzinsung von 6 Prozent und einer Laufzeit von zehn Jahren. Eine solche fiktive Referenzgröße als Basiswert ist aufgrund der sehr vielen verschiedenen an der Kassabörse gehandelten Bundesanleihen notwendig. Sonst müßten Futures auf jeden einzelnen Wert abgeschlossen werden. Das würde die Übersichtlichkeit und Handelbarkeit solcher Futures stark einschränken.

Wie bei allen Futures können sich Käufer und Verkäufer ihrer Verpflichtung durch ein identisches Gegengeschäft entledigen. Der Käufer eines Bund-Future kann sich also glattstellen, indem er einen bezüglich Preis und Laufzeit identischen Bund-Future verkauft. Analog wird der Verkäufer eines Bund-Future sich durch einen Kauf glattstellen. Somit haben beide Kontrahenten die Möglichkeit, entstandene Gewinne zu sichern oder Verluste zu begrenzen. Dies bewirkt, daß nur sehr selten ein Future am Ende der Laufzeit tatsächlich ausgeübt wird.

Wird der Future aber tatsächlich am Ende der Laufzeit ausgeübt, so muß die fiktive Anleihe in tatsächliche Bundesanleihen umgerechnet werden, die dann vom Verkäufer eines Future an den Käufer eines Future ausgeliefert werden. Der Kontrakt ist so gestaltet, daß mehrere Anleihen zur Lieferung in Frage kommen. Nach den Bestimmungen für Bund-Futures sind alle Bundesanleihen mit einer Restlaufzeit von achteinhalb bis zehn Jahren zur Lieferung zugelassen. Der Verkäufer eines Bund-Future hat damit die Wahl, aus einem Bündel von Bundesanleihen die für ihn billigste zu liefern („cheapest-to-deliver"). Durch die Möglichkeit, unterschiedliche Anleihen zu liefern, wird die Gefahr der Illiquidität reduziert.

Der Bund-Future wird an der Deutschen Terminbörse (DTB) sowie an der London International Financial Futures Exchange (LIFFE) gehandelt.

Der Preis eines Bund-Future an der Deutschen Terminbörse wird wie bei allen börsengehandelten Wertpapieren durch Angebot und Nachfrage bestimmt. Die Anleger richten sich hierbei nach Faktoren wie Kurserwartungen, Zinshöhe und Finanzierungskosten. Man muß bei der Betrachtung eines spezifischen Bund-Future zwischen dem rechnerischen und dem tatsächlichen Wert unterscheiden.

Der rechnerische Wert ist der Preis, der theoretisch für den Future gerechtfertigt wäre, wohingegen der tatsächliche Preis der Preis ist, der an der Terminbörse durch Angebot und Nachfrage zustandekommt.

Um den rechnerischen Wert eines Bund-Future zu ermitteln, benötigt man eine Angleichung sämtlicher lieferbaren Bundesanleihen an das Renditeniveau der idealtypischen Bundesanleihe mit einer Nominalverzinsung von 6 Prozent. Die Angleichung der möglichen Bundesanleihen erfolgt mit Hilfe des Preisfaktors. Der

Preisfaktor ist der Kurs pro 1 DM nominal am Liefertag, bei dem die Anleihe eine Rendite, bezogen auf die Endfälligkeit, von genau 6 Prozent hat. Die Preisfaktoren werden für jede Anleihe und für jeden Liefertermin schon im voraus berechnet.

Beispiel: Eine Anleihe mit einem Nominalzins von 8,5 Prozent und einer Restlaufzeit von genau neun Jahren hat einen Preisfaktor von 1,1701. Dies bedeutet, daß diese Anleihe bei einem Kaufkurs von 117,01 (Nominalwert mal Preisfaktor) eine Rendite von 6 Prozent erwirtschaftet.

Bei der Ermittlung des rechnerischen Wertes eines Future geht man grundsätzlich von folgender Fragestellung aus: Welchen Betrag wäre ein Anleger bereit zu zahlen, wenn er alternativ zu einer Kassaposition (also Kauf einer Bundesanleihe an der Börse) einen Bund-Future kaufen würde. Der Anleger wäre bereit, einen Preis zu zahlen, bei dem die Rendite bei beiden Alternativen identisch ist. Der rechnerische Wert eines Future ändert sich also ständig – abhängig davon, wie sich die Kurse der Bundesanleihen verändern.

Der tatsächliche Kurs eines Bund-Future an der Terminbörse weicht meist von dem rechnerischen Wert ab, da die Anleger aufgrund spekulativer Erwartungen oftmals bereit sind, mehr als diesen rechnerischen Wert zu zahlen. Am letzten Handelstag ist der rechnerische Wert eines Bund-Future grundsätzlich mit seinem tatsächlichen Wert identisch, da keinerlei Spekulation mehr stattfindet.

Futures werden von den Anlegern aus zwei verschiedenen Motiven gekauft. Zum einem werden sie verwendet, um sich gegen Zinsschwankungen und die daraus resultierenden Kursschwankungen abzusichern. Zum anderen werden aber auch Kontrakte in Bund-Futures abgeschlossen, um auf bestimmte Kursschwankungen zu spekulieren. Hierbei werden Anleger, die steigende Kurse erwarten (sinkende Zinsen), Bund-Futures kaufen, wohingegen Anleger, die sinkende Kurse erwarten (steigende Zinsen), Bund-Futures verkaufen werden. Kommt es am Fälligkeitstag des Future zur Lieferung, haben sich also Käufer und/oder Verkäufer nicht glattgestellt, so wird der Abrechnungspreis ermittelt, den der Käufer des Bund-Future an den Verkäufer zahlen muß. Es kommt allerdings bei Futures nur in wenigen Fällen tatsächlich zur Lieferung. Käufer und Verkäufer von Futures stellen sich meist schon vor Fälligkeit durch identische Gegengeschäfte glatt.

Reich werden mit US-Dollar-Spekulationen?

Eine weitere Möglichkeit, Kursschwankungen für Spekulationen zu nutzen, ist die Kapitalanlage im US-Dollar und anderen Währungen. Gerade in den letzten Jahren, in denen der US-Dollar heftige Sprünge nach oben und unten vollzogen hat, konnten sich geschickte Spekulanten eine „goldene Nase“ verdienen.

WISO rät: Vorsicht! Natürlich gilt auch hier wieder: Wo hohe Gewinne locken, ist auch mit extremen Verlusten zu rechnen.

Wie läßt sich nun auf einen steigenden oder fallenden Dollar spekulieren? Die einfachste Möglichkeit auf einen steigenden Dollar zu setzen, ist der Weg zur Bank. Dort kann sich jeder am Schalter einige Dollarnoten kaufen. Steigt der Dollar, lassen sich diese wieder zum höheren Kurs verkaufen. Sollte der Dollar hingegen fallen, so bleibt immer noch die Möglichkeit, die erworbenen Dollar beim nächsten Urlaub auszugeben. Noch immer ist der US-Dollar die führende Währung in der Welt.

Mit dem direkten Kauf von Währungen sind allerdings zwei Probleme verbunden. Zum einen läßt sich so nur auf steigende Kurse setzen und zum zweiten ist die erzielbare Rendite vergleichsweise gering. Hinzu kommen die Kauf- und Verkaufspesen.

Beispiel: Ein Anleger vermutet, daß der US-Dollar in den nächsten Wochen im Kurs steigen wird und möchte daraus Nutzen ziehen. Aus diesem Grund kauft er bei seiner Bank 100.000 US-Dollar. Der amtliche Mittelkurs liegt bei 1,3500, das heißt, ein US-Dollar kostet 1,35 DM. Der Anleger muß also eine Gesamtsumme in Höhe von 135.000 DM aufwenden. Nun steigt der Dollarkurs innerhalb von vier Wochen tatsächlich auf den amtlichen Mittelkurs von 1,4510 DM pro Dollar. Der Anleger verkauft seine Dollar an die Bank und erhält 145.100 DM. Dies entspricht einem Gewinn in Höhe von 10.100 DM oder einer Rendite von ungefähr 7,5 Prozent, bezogen auf den Zeitraum der Transaktion. Würde man in die Rechnung noch einbeziehen, daß die Bank den Dollar normalerweise zum höheren Geldkurs verkauft und zum niedrigeren Briefkurs kauft, so wäre die Rendite ein wenig geringer.

Eine Anlage in Devisenoptionen oder Devisenfutures kann demgegenüber eine wesentlich höhere Rendite erbringen – was aber auch mit einem viel höheren Risiko verbunden ist.

Devisenoptionen

Diese Spezialform der Optionen berechtigt den Inhaber, einen bestimmten Währungsbetrag, beispielsweise eine Million japanische Yen, zu einem festen, vorab vereinbarten Kurs (Basispreis) zu einem bestimmten Termin zu kaufen (Devisen-Call-Option) oder zu verkaufen (Devisen-Put-Option). Für dieses Recht muß der Inhaber eine Prämie zahlen, die sich aus Angebot und Nachfrage an den Märkten ergibt.

Devisenoptionen werden an den Terminbörsen gehandelt. Zu den wichtigsten Terminbörsen, an denen Devisenoptionen gehandelt werden, zählt die Chicago Board Option Exchange (CBOE) und die London Stock Exchange. Der Handel von Devisenoptionen ist an der Deutschen Terminbörse heute noch nicht möglich, so daß der deutsche Anleger an einer der ausländischen Terminbörsen kaufen und verkaufen muß, was im allgemeinen mit höheren Gebühren verbunden ist. Zudem lassen sich die Kurse schlechter beobachten.

WISO rät: Eine gute Alternative zum Kauf von Devisen-Calls oder Devisen-Puts sind die von deutschen und ausländischen Banken emittierten Devisenoptionsscheine. Hierbei handelt es sich grundsätzlich um sogenannte nackte Optionsscheine oder Covered Warrants, also Optionsscheine, die ohne eine Optionsanleihe herausgegeben werden.

Bei der Vielzahl der angebotenen Devisenoptionsscheine muß der Anleger allerdings sehr genau auf die Ausgestaltung der einzelnen Scheine achten: auf den Basispreis, das Aufgeld, den Hebel und die Laufzeit, um eine faire Chance auf einen Kursgewinn zu haben. Es werden sowohl Verkauf- als auch Kaufoptionsscheine angeboten. Gehandelt werden diese Papiere am deutschen Markt. Der Handel mit Devisen-Optionen ist stark standardisiert. Dadurch werden sie besser handelbar gemacht.

Standardisierung von Devisenoptionen

Devisenoptionen sind bezüglich der Kontraktgröße, den Fälligkeiten und der Ausübung vereinheitlicht. Basispreise, Währungen und Optionsprämien sind dagegen aushandelbar.

- Basispreis: Der Basispreis, also der Kurs zu dem die Währung gekauft oder verkauft werden kann, wird zwischen den Marktkontrahenten weitgehend frei ausgehandelt. Bei den Standardoptionen sind allerdings bestimmte Intervalle üblich, beim US-Dollar beispielsweise Intervalle von 5 Pfennig.
- Währungen: Devisenoptionen werden über alle wichtigen Währungen angeboten.
- Kontraktgrößen: Auch die Kontraktgrößen sind prinzipiell frei aushandelbar, doch sind bei den wichtigen Währungen bestimmte Standardkontraktgrößen üblich. Bei US-Dollar/DM-Optionen sind Kontraktgrößen von 50.000 US-Dollar die Regel.
- Fälligkeiten: Die Fälligkeiten für Standardoptionen liegen am jeweils dritten Mittwoch der Monate März, Juni, September und Dezember.
- Ausübung: Man unterscheidet zwei Varianten: Optionen, die während der gesamten Laufzeit ausgeübt werden können (American Styled Option) und Optionen, die nur am Ende der Laufzeit ausgeübt werden können (European Styled Option).
- Optionsprämie: Frei nach Angebot und Nachfrage, entweder in Geldeinheiten oder Prozent des Handelsbetrages.

Auch Devisenoptionen werden grundsätzlich aus zwei Motiven gekauft: Zur Absicherung gegen Wechselkursrisiken und aus spekulativen Gründen. Vor allem Unternehmen nutzen die Möglichkeit, sich mit Devisenoptionen gegen steigende oder fallende Wechselkurse abzusichern. In diesem Falle kann die Optionsprämie als eine Art Versicherung gegen Wechselkursschwankungen angesehen werden.

Beispiel: Ein deutsches Unternehmen muß in drei Monaten 100.000 US-Dollar an ein amerikanisches Unternehmen zahlen. Der US-Dollar-Kurs liegt bei 1,50 DM pro Dollar. Das Unternehmen befürchtet, daß der Kurs bis zum Zahlungszeitpunkt steigen könnte, möchte die benötigten Dollar aber nicht schon heute kaufen. Das Unternehmen sichert sich durch den Kauf von zwei US-Dollar-Calls mit einem Kontraktwert von je 50.000 US-Dollar und einem Basispreis von 1,50 DM. Hierfür muß das Unternehmen eine Optionsprämie von 0,04 DM pro US-Dollar an den Optionsverkäufer zahlen. Die Kosten pro Dollar betragen also im Falle der Ausübung der Option 1,54 DM (1,50 plus 0,04).

Das Unternehmen wird Gebrauch von seinem Recht machen, wenn der Dollar-Kurs bis zum Tag der Fälligkeit der Rechnung über 1,50 DM steigt. Steigt der Dollar-Kurs beispielsweise auf 1.65 DM, so wird das Unternehmen die Option ausüben und zahlt für 100.000 US-Dollar einen Preis in Höhe von 154.000 DM. Hätte sich das

Unternehmen nicht abgesichert, so hätte es 165.000 DM zahlen müssen. Die Ersparnis beträgt in diesem Fall also 11.000 DM.

Bleibt der Kurs unter 1,50 DM, wird das Unternehmen die Option verfallen lassen. Liegt der Kurs beispielsweise bei 1,45 DM, so wird das Unternehmen die benötigten Dollar am Devisenkassamarkt kaufen und die Option nicht ausüben. Die Kosten für die Dollar betragen 145.000 DM. Zusätzlich mußte das Unternehmen 4.000 DM für die Optionsprämie aufwenden, so daß sich die Gesamtkosten auf 149.000 DM belaufen. Hier wären die Kosten für das Unternehmen geringer gewesen, wenn es sich nicht abgesichert hätte. Die in diesem Fall vergeblich gezahlte Optionsprämie kann als Versicherungsprämie gegen steigende Wechselkurse angesehen werden.

WISO rät: Achtung! Dem spekulativen Anleger bietet das Instrument der Devisenoption die Möglichkeit, hohe Renditen zu erwirtschaften. Es birgt aber auch die Gefahr des Totalverlustes der eingesetzten Optionsprämie.

Beispiel: Erwirbt der Anleger im oben geschilderten Fall statt 100.000 US-Dollar in bar zwei Devisen-Call-Optionen, die ihn berechtigen, je 50.000 US- Dollar zum Kurs von 1,35 DM pro US-Dollar zu kaufen, so beträgt sein Kapitaleinsatz bei einer angenommenen Prämie von 0,04 DM pro Dollar lediglich 4.000 DM. Der Anleger muß also wesentlich weniger Kapital binden. Steigt der Kurs des US-Dollar tatsächlich, so wird der Anleger mit beiden Varianten einen Gewinn machen, die Rendite wird allerdings unterschiedlich sein. Steigt der Kurs auf 1,451 DM/US-Dollar, so wird der Anleger von seinem Recht Gebrauch machen und die für 135.000 DM gekauften Dollar am Kassamarkt zum aktuellen Dollarkurs verkaufen und damit 145.100 DM erlösen, was abzüglich der gezahlten Prämie einem Gewinn in Höhe von 6.100 DM entspricht. Der absolute Gewinn wäre bei der Kassatransaktion deutlich höher. Die Rendite ist aber bei der Anlagevariante mit den Optionen wesentlich besser. Die Rendite bei der Kassavariante lag bei 7,5 Prozent, wohingegen die Spekulation mit Hilfe von Optionen eine Rendite in Höhe von 152,5 Prozent erwirtschaftet. Auf der anderen Seite ist das Risiko eines Totalverlustes bei einer Spekulation mit Optionen höher als bei Kassaspekulationen.

Devisenfutures

Wie bei allen Futures gehen auch beim Devisenfuture sowohl Käufer als auch Verkäufer eine bindende Verpflichtung ein. Der Käufer ist berechtigt und verpflichtet, einen bestimmten, vorab festgelegten Währungsbetrag zu einem bestimmten Zeitpunkt zu einem vereinbarten Kurs zu kaufen. Der Verkäufer eines Devisenfuture ist hingegen berechtigt und verpflichtet, einen bestimmten Währungsbetrag zu einem bestimmten künftigen Zeitpunkt zum vereinbarten Kurs zu verkaufen.

Devisenfutures werden an verschiedenen Terminbörsen gehandelt. Die beiden bedeutendsten Handelsplätze für Devisenfutures sind der International Monetary Market (IMM) in Chicago und der Marché à Terme International de France in Paris. An der Deutschen Terminbörse ist es bislang nicht möglich, Devisenfutures zu handeln.

Der Handel mit Devisenfutures ist ebenfalls weitgehend standardisiert. Die Kurse der Devisenkontrakte werden grundsätzlich in Dollar je Fremdwährungseinheit notiert. Also beispielsweise 0,5 US-Dollar je DM für einen Kurs von 2 DM pro Dollar.

Die Marktteilnehmer auf den Futures-Märkten nehmen aus verschiedenen Motiven am Handel mit Devisenfutures-Kontrakten teil. Nach ihren Motiven lassen sie sich in verschiedene Gruppen einteilen:

Hedger

Unter Hedgern versteht man Marktteilnehmer, die sich am Handel mit Devisenfutures beteiligen, weil sie sich gegen Kursrisiken schützen wollen. Hierunter fallen zum Beispiel Unternehmen, die Handelsbeziehungen zu ausländischen Partnern unterhalten und ihre Geschäfte ganz oder teilweise in Fremdwährung abwickeln.

Beispiel: Ein deutsches Unternehmen erwartet eine Zahlung in Höhe von 1 Million Dollar in drei Monaten. Der Wechselkurs heute beträgt 2 DM für 1 Dollar (= 0,5 Dollar für 1 DM). Es rechnet mit einem fallenden Dollar. Das Unternehmen kann sich nun gegen das Wechselkursrisiko durch ein Future-Geschäft absichern. Die Forderung des Unternehmens ist zum heutigen Zeitpunkt 2 Millionen DM wert. Der Kontraktwert eines DM-Future beträgt 125.000 DM. Das Unternehmen muß also 16 DM--Future-Kontrakte kaufen, um seine Forderung gegen einen Verfall des Dollar-Kurses abzusichern (2.000.000 DM geteilt durch 125.000 DM). Der Wert in US-Dollar der 16 DM-Kontrakte beträgt genau 1 Million Dollar (16 mal 125.000 mal 0,5 Dollar pro DM).

Ist der Kurs des US-Dollar am Ende der drei Monate beispielsweise auf 1,50 DM pro Dollar (= 0,66 Dollar pro DM) gefallen, so wird der Verlust aus der Forderung gerade durch den Gewinn aus dem Future-Kontrakt aufgewogen. Das Unternehmen erhält für seine Forderung in Höhe von 1 Million Dollar nur noch 1.500.000 DM. Das entspricht einem Wechselkursverlust in Höhe von 500.000 DM. Die DM-Future-Kontrakte haben einen Wert von 1.333.333 US-Dollar (16 mal 125.000 mal 0,666 Dollar pro DM). Dies entspricht einem Gewinn in Höhe von 333.333 Dollar oder 500.000 DM (333.333 mal 1,50 DM pro Dollar).

Ein Unternehmen, das in drei Monaten eine Rechnung in Höhe von 1 Million Dollar begleichen muß kann sich gegen das Risiko eines steigenden Dollars durch den Verkauf von DM-Futures absichern.

Spekulanten

Diese Marktteilnehmer setzen auf steigende oder fallende Kurse bestimmter Währungen und versuchen, durch den Kauf oder Verkauf von Devisenfutures Gewinne zu erzielen.

Beispiel: Eine Möglichkeit, auf einen steigenden Dollar zu setzen, wäre der Verkauf von DM-Futures-Kontrakten. Steigt der Dollar, werden die DM-Kontrakte weniger wert. Der Anleger kann sie später zu einem geringeren Preis zurückkaufen und macht dann einen Gewinn in Höhe der Differenz. Hierbei muß der Anleger bei Abschluß des Geschäfts nur die Initial-Margin auf ein Sicherheitenkonto einzahlen. Die Höhe der Initial-Margin beträgt nur zwischen 0,5 und 3 Prozent des Kontraktwertes. Beträgt der Kontraktwert eines DM-Future 125.000 DM, der DM-Kurs 0,5 Dollar pro DM (= 2 DM pro Dollar) und die Initial-Margin 5 Prozent, so muß der Anleger 3.125 Dollar auf sein Sicherheitenkonto einzahlen. Der Wert des Kontrakts beläuft sich aber auf 62.500 Dollar. Hätte er die Dollar am Kassamarkt gekauft, so hätte sein Einsatz 62.500 Dollar betragen. Gewinne aus dem Future-Kontrakt werden ihm täglich gutgeschrieben, Verluste allerdings auch täglich belastet. Bei den teilweise hohen Schwankungen von Devisenfutures resultiert daraus eine beträchtliche Rendite, aber auch ein erhebliches Risiko.

Kommt es bei dem oben angenommenen DM-Future-Kontrakt zu folgendem Kursverlauf so ergibt sich für den Anleger das folgende Gewinn/Verlust-Profil: Steigt der Dollar auf 2,20 DM pro Dollar bzw. 0,4545 Dollar pro DM, so vermindert sich der Wert des Kontrakts auf 56.813 Dollar. Dem Anleger werden 5.688 Dollar auf sein Margin-Konto gutgeschrieben. Steigt der Dollar dann noch auf 2,40 DM pro Dollar bzw. 0,4167 Dollar pro DM, so vermindert sich der Wert des Kontrakts auf 52.088 Dollar. Dem Anleger werden noch einmal 4.725 Dollar gutgeschrieben. Schließt der Anleger nun seine Position durch den Kauf eines identischen DM-Future, so hat er einen Gesamtgewinn in Höhe von 10.413 Dollar (rund 25.000 DM) gemacht, was bei einem Anfangseinsatz in Höhe von 3.125 Dollar einer Rendite von ca. 300 Prozent entspricht. Hätte der Anleger für 125.000 DM und einem Kurs von 2 DM pro Dollar 62.500 Dollar gekauft und diese später zu einem Kurs von 2,40 DM pro Dollar wieder verkauft, hätte er zwar den gleichen absoluten Gewinn gemacht. Seine Rendite wäre aber mit 20 Prozent weitaus niedriger gewesen.

Broker (Makler)

Die Makler handeln im Dienste der Hedger und Spekulanten. Sie wickeln deren Aufträge ab, übernehmen die Buchführung, führen das Sicherheitenkonto und beraten ihre Kunden. Für ihre Dienste erhalten sie eine Kommission.

Käufer von Devisenfutures setzen auf einen steigenden Wechselkurs bei der zugrundegelegten Währung. Steigt der Kurs für die Devise tatsächlich, so werden sie einen Gewinn erzielen. Bei fallendem Wechselkurs erleiden sie einen Verlust. Verkäufer von Devisenfutures hingegen erzielen bei fallenden Kursen Gewinne und bei steigenden Kursen Verluste.

Unterschied zwischen Devisenoption und Devisenfutures

Devisenoptionen und Devisenfutures sind streng zu unterscheiden. Bei einem Devisenfuture gehen sowohl Käufer als auch Verkäufer die Verpflichtung ein, einen bestimmten Währungsbetrag zu einem festen Preis zu einem vorab festgelegten Zeitpunkt zu kaufen und zu liefern oder zu verkaufen und anzunehmen. Bei einer

Devisenoption erwirbt der Käufer gegen Zahlung der Optionsprämie das Recht, den Fremdwährungsbetrag zum vereinbarten Basispreis und Zeitpunkt zu kaufen (Call-Option) oder zu verkaufen (Put-Option). Der Optionskäufer muß aber nicht von diesem Recht Gebrauch machen. Der Verkäufer hingegen verpflichtet sich, den Fremdwährungsbetrag entgegenzunehmen (Put-Option) oder zu liefern (Call-Option), wenn der Käufer von seinem Recht Gebrauch macht. Für diese eingegangene Verpflichtung erhält der Optionsverkäufer vom Optionskäufer die Optionsprämie. Bei dieser Art von Termingeschäft geht also nur der Verkäufer eine bindende Verpflichtung ein.

Warentermingeschäfte: Der Handel mit Gold und Schweinebäuchen

Die den Ursprüngen des Termingeschäfts am nächsten kommende Anlageform in diesem Bereich sind die Warentermingeschäfte. Hierbei erwirbt der Anleger das Recht und je nach Kontrakt auch die Pflicht, eine bestimmte Menge eines Rohstoffs zu einem bestimmten Preis zu einem späteren Zeitpunkt zu erwerben oder zu verkaufen. Die Kontrakte beziehen sich auf verschiedene Rohstoffe. Zum einen sind das Edelmetalle wie Gold, Silber, Platin, Kupfer und Nickel, zum anderen werden aber auch landwirtschaftliche Produkte wie Schweine, Getreide, Rinder und Orangensaft gehandelt. Eine bedeutende Rolle spielt weiters der Handel mit Rohöl.

Auch bei den Warentermingeschäften gibt es zwei große Gruppen von Marktteilnehmern:

- die Hedger, die diese Geschäfte zur Absicherung gegen Kursrisiken betreiben, und
- die Spekulanten, die versuchen, die Preisveränderungen am Markt zur Gewinnerzielung zu nutzen.

Die Hedger handeln meist im Auftrag großer Unternehmen, die sich entweder gegen den Preisverfall von ihnen hergestellter oder gegen den Preisanstieg benötigter Produkte schützen wollen. Die Spekulanten handeln entweder in eigener Rechnung oder arbeiten für Kapitalanlagegesellschaften. Sie versuchen, die ihnen von Kunden überlassenen Gelder gewinnbringend anzulegen.

Beide Gruppen sind für das Funktionieren von Terminbörsen lebenswichtig. Ohne diese Marktteilnehmer könnte der Handel nicht stattfinden. Meist fungiert die eine Gruppe als Geschäftspartner der anderen Seite. Hierbei übernehmen die Spekulanten oft die riskantere Position, die ihnen aber auch entsprechende Gewinne ermöglicht. Dem oft negativ beurteilten Spekulanten kommt hier große Bedeutung zu. Während Hedger ihre Terminkontrakte meist relativ langfristig halten, sind Spekulanten bereit, schnell Warenterminkontrakte zu kaufen und zu verkaufen. Sie sorgen so für die notwendige Liquidität des Marktes. Ohne sie wäre es schwer, kurzfristig den benötigten Handelspartner zu finden.

WISO rät: Achtung! Warentermingeschäfte spielen auf Grund von gestiegenen Preis- und Kursrisiken international eine immer größere Rolle. Trotzdem gibt es in Deutschland bis heute keinen organisierten Handel mit Warenterminkontrakten. Ein Umstand, der dem Treiben dubioser Vermögensberater Tür und Tor öffnet.

Gehandelt werden diese Art von Kontrakten vor allem an den Warenterminbörsen von Chicago, New York und Kansas City. Eine wichtige Rolle spielt aber auch die englische Warenterminbörse in London. Der Handel in Deutschland findet vor allem über Vermittler statt, die ihren Kunden Kontrakte anbieten, die an einer dieser Börsen gehandelt werden. Die Vermittlung findet vor allem über Telefon statt.

WISO rät: Vorsicht! Neben einigen seriösen Beratern tummeln sich hier eine Vielzahl von Betrügern, die durch geschickte Verkaufsgespräche versuchen, ihren potentiellen Opfern Gelder für diese Art von Geschäften aus der Tasche zu locken. Hierbei geht es meist nicht um kleine Summen, sondern um beträchtliche Beträge, die je nach Vermögensverhältnissen des Opfers in die Hunderttausende gehen können.

WISO rät: Lassen Sie sich niemals auf telefonische Angebote ein. Hier werden grundsätzlich enorme Gewinne versprochen. Die dafür angebotenen Produkte sind für den Normalanleger kaum zu durchschauen. Generell gilt: Wenn es so einfach wäre, Geld zu verdienen, würden alle Banken diese Anlageformen anbieten – und die „Berater" hätten es gar nicht nötig, zu arbeiten.

Der an Warentermingeschäften interessierte Anleger sollte deshalb bei Abschluß eines solchen Geschäfts sehr darauf achten, von wem er sich beraten läßt. Ratschläge kann man sich beispielsweise bei Banken holen, die über eine professionelle Vermögensberatung verfügen. Ganz wichtig ist, daß Sie sich auch von Banken vorab genau über die fälligen Gebühren und Provisionen informieren lassen. Hierbei sollten Sie sich grundsätzlich schriftliche Angebote geben lassen. Oft sind die Gebühren bei den unseriösen Vermittlern so hoch, daß Sie selbst bei positivem Kursverlauf ihres Kontrakts keine Gewinne erzielen können.

In Deutschland wird schon seit geraumer Zeit geplant, eine Warenterminbörse zu eröffnen. Das ist nicht nur wegen der Bedeutung diese Geschäfts sehr wünschenswert. Es würde auch zur einer wirkungsvolleren Kontrolle des Handels beitragen.

Hedge-Funds: Investmentfonds für Risikofreudige

Abschließend soll noch eine Form der Geldanlage vorgestellt werden, die es ermöglicht, an den Gewinnchancen des Terminhandels zu partizipieren, ohne selbst aktiv an dem Handel teilzunehmen.

Hedge-Funds sind eine Spezialform der Investmentfonds, die bezüglich ihrer Anlagepolitik keinerlei gesetzlichen oder anderen Beschränkungen unterliegen. Hedge-Funds können beispielsweise auch Leerverkäufe tätigen, Optionen und Futures kaufen und verkaufen oder andere Formen von Termingeschäften tätigen.

Ursprünglich waren die getätigten Termingeschäfte zur Absicherung des Fondsvermögens gegen Kursschwankungen gedacht. Daraus leitet sich auch der Name Hedge-Funds ab. Heute werden die Termingeschäfte verstärkt aus spekulativen Gründen von Fondsmanagern genutzt.

Hedge-Funds versuchen, eine möglichst schnelle Vermehrung ihres Kapitals zu erreichen und sind dazu bereit, auch verhältnismäßig hohe Risiken einzugehen. Einige der erfolgreichsten Hedge-Funds erwirtschafteten 1993 zwischen 40 und 60 Prozent Rendite für ihre Anleger.

Echte Hedge-Funds sind Anlagegemeinschaften einer begrenzten Anzahl von Anlegern, die ihr Kapital der Leitung eines Fondsmanagers übertragen. Der Fondsmanager wird seinem Anlageerfolg entsprechend vergütet und investiert oft auch beträchtliche Summen seines eigenen Vermögens in den Fonds. Dies gewährleistet, daß er selbst an einer möglichst hohen Rendite interessiert ist. Die Mindestanlagesumme bei Hedge-Funds beträgt oftmals um 100.000 Dollar. Die hohe Mindestanlagesumme und der Umstand, daß Hedge-Funds in der Bundesrepublik verboten sind und daher nur eine Anlage im Ausland möglich ist, macht diese Anlageform nur für sehr kapitalstarke und risikofreudige Anleger interessant.

Hedge-Funds sind oftmals in sogenannten Off-Shore-Zentren angesiedelt, wie beispielsweise den Cayman Islands oder den Bermudas. Unter Off-Shore-Zentren versteht man internationale Bankplätze, an denen besonders liberale Rahmenbedingungen für Kapitalgeschäfte gelten. So sind Off-Shore-Zentren nicht selten durch das Fehlen von Reglementierungen durch eine Zentralbank sowie von Kapitalverkehrskontrollen gekennzeichnet.

Auf diesen Bankplätzen lassen sich Anlage- und Kreditgeschäfte tätigen, die in den meisten Ländern Europas, Asiens und den USA verboten wären. Trotzdem sind solche Bankplätze für den versierten Kunden meist nicht gefährlicher als andere Bankplätze, da trotz liberaler Rahmenbedingungen großer Wert auf die Sicherheit der Kundeneinlagen gelegt wird. Das Risiko hängt auch hier von der Art des Geschäfts ab, nicht von dem Platz, an dem es vorgenommen wird.

Europäische Währungsunion

Was Sparer und Kreditnehmer beachten sollten

Am 1. Januar 1999 soll die lange geplante und vorbereitete Europäische Währungsunion (EWU) Wirklichkeit werden. Sie wird nicht nur die Finanzwelt gründlich verändern. Auch im ganz privaten Bereich werden die Auswirkungen deutlich zu spüren sein: Unsere D-Mark soll gegen eine gemeinsame europäische Währung ausgetauscht werden. Viele Sparer fürchten, die Währungs*umstellung* könnte mit einer Währungs*reform* verbunden sein, die sie ähnlich wie in früheren Zeiten erneut um einen großen Teil ihrer Ersparnisse bringen könnte. Viele fragen auch besorgt, in welcher Münze – hart oder weich – später die Rente oder die Lebensversicherung ausgezahlt wird.

Mancher überlegt sogar, ob das sauer verdiente Geld nicht für eine gewisse Zeit in die Schweiz oder in einen anderen „sicheren Hafen" gebracht werden sollte. Wer von einem Häuschen träumt, den quält vielleicht die Frage, ob es sinnvoll sein könnte, mit dem Abschluß von Bausparverträgen noch zu warten. Andererseits: Sind Immobilien oder andere Sachwerte vielleicht der einzige Schutz, wenn die Zukunft des Geldes ungewiß ist? Viele Bürger fühlen sich nicht ausreichend informiert. Die Politiker haben zu lange geschwiegen. Vielleicht, weil sie die „Pferde nicht scheu" machen wollten.

Manches Problem muß auch bis 1999 noch gelöst werden. Doch viele Fragen lassen sich auf der Grundlage der geschlossenen Verträge heute schon beantworten. Dies gilt vor allem hinsichtlich der Sorgen, die Arbeitnehmer, Rentner, Sparer und Anleger bewegen.

Einführung der neuen Währung

1999 startet die Währungsunion mit den Ländern, die „ihre Schulaufgaben" erledigt haben, also die Konvergenz- oder Stabilitätskriterien erfüllen. Die Währungen der teilnehmenden Länder können dann nur noch zu festen, unwiderruflich festgelegten Kursen getauscht werden. Der Übergang wird für die Bürger schrittweise erfolgen. Zunächst werden Anfang 1999 die Wechselkurse der nationalen Währungen unwiderruflich fixiert. Als Maßstab dafür werden die Kurse genommen, die sich an einem noch zu bestimmenden Stichtag oder als Durchschnittswert einer Referenzperiode an den Devisenmärkten gebildet haben. In jedem Fall werden es keine willkürlichen oder politisch festgelegten Kursrelationen sein, denn nicht nur national, sondern auch im Verhältnis der beitretenden Länder untereinander gilt das Prinzip des wertgleichen Umtausches.

Nach der endgültigen Kursfixierung kann bereits innerhalb des Finanzsektors (Banken, Sparkassen, Versicherungen, Zentralbank, Fonds) und im zwischenstaatlichen Zahlungsverkehr die neue Währung genutzt werden. Die Unternehmen können dann wahlweise in nationaler oder europäischer Währung rechnen. Privatkunden können nach einer gewissen Zeit ebenfalls Euro-Konten eröffnen, müssen es aber nicht. Nach dem bisherigen Stand der Überlegungen werden die neuen Banknoten und Münzen erst ab dem Jahr 2002 eingeführt. Banken und Sparkassen werden die alten Scheine und Münzen auch danach noch für eine längere Zeit ohne Wertverlust – also zum festgelegten Umtauschkurs – in Euro wechseln. Das gilt nicht nur für D-Mark, sondern auch für Bargeld aus anderen Mitgliedsländern der Währungsunion.

Die Zukunft der D-Mark

Nach dem 1. Januar 1999 wird die DM ebenso wie Franc, Schilling oder Gulden zunächst noch gesetzliches Zahlungsmittel bleiben. Wenn der Euro 2002 zum alleinigen gesetzlichen Zahlungsmittel wird, müssen alle in Geld ausgedrückten Verpflichtungen oder Leistungen in Euro erbracht werden – und zwar gleichermaßen in allen Mitgliedsländern der Europäischen Währungsunion. Jeder Schuldner kann seine Kredite und andere Schulden damit zurückzahlen. Alle Löhne werden in Euro berechnet und ausgezahlt, Guthaben auf Gehaltskonten lauten dann auf Euro. Die Preisumstellung muß abgeschlossen werden.

Dollar, Schweizer Franken oder andere Währungen, die nicht aus Ländern der Union stammen, können ebenso wie heute jederzeit gegen Euro gekauft und wieder zurückgewechselt werden. Wie sich der Kurs des Euro zu den Währungen von Drittländern entwickelt und welche Wechselkursrisiken dadurch entstehen, bleibt abzuwarten. Dies sollte immer bedacht werden, wenn Geldanlagen in fremden Währungen stattfinden. Das gilt insbesondere dann, wenn aus der Sorge heraus, der Euro könne weniger stabil sein als die Mark (oder der Gulden, Franc usw.), Geld in die sogenannten Fluchtwährungen fließt. Ratschläge, das Ersparte auf diese Art in Sicherheit zu bringen, müssen daher immer sehr sorgfältig geprüft werden.

Umrechnung in Euro

Bei Einführung des gemeinsamen Geldes werden alle Geld- oder Zahlungsgrößen (Löhne, Preise, Renten, Zinsen, Guthaben, Wertpapierkurse, Schulden, Mieten, Steuern usw.) nach einem festen Schlüssel in die neue Währung umgerechnet. Der Umrechnungsfaktor wird in jedem Land anders sein. Dabei wird der unterschiedliche Wert von D-Mark, Franc, Gulden, Schilling oder Krone zum Zeitpunkt der Wechselkursfixierung berücksichtigt. Da die Umrechnungsfaktoren allgemein bekannt sind, kann jeder Kunde, Mieter, Arbeitnehmer oder Sparer prüfen, ob die alte Währung von seinem Arbeitgeber, Einzelhändler, Vermieter oder Kreditinstitut korrekt in Euro umgerechnet wurde. Wie der genaue Umtauschkurs sein wird, läßt sich heute noch nicht sagen. Es hängt davon ab, welche Wechselkurse sich für die teilnehmenden Währungen an den Devisenmärkten bilden. Nur die Europäische Währungs- und Recheneinheit ECU wird 1:1 in Euro umgetauscht, da sie eine Art künstlicher Durchschnittswährung aus den Währungen aller EU-Staaten ist. In jedem Fall gilt aber das Prinzip:

Wertgleicher Umtausch

Das bedeutet, daß alle in Geld ausgedrückten Größen in einem Land mit dem gleichen Faktor umgerechnet werden. Da dies für Einnahmen und Ausgaben, für Kredite und Guthaben gleichermaßen gilt, ändert sich an der Kaufkraft nichts. Der reale Wert der Löhne oder Sparbücher bleibt ebenso erhalten wie der von Immobilien oder Aktien. Das gilt ebenso für alle Kredite. Wenn die DM im Verhältnis von beispielsweise 1:1,85 gegen Euro getauscht wird, dann müssen auch alle anderen Geldwerte durch diesen Faktor geteilt werden. Die Europäische Währungsunion ist deshalb in keiner Weise mit einer Währungsreform vergleichbar.

WISO rät: Seien Sie äußerst vorsichtig, wenn selbsternannte „Finanzberater“ mit solchen Argumenten kommen und Kapitalflucht oder „sichere Anlageformen“ empfehlen. Es handelt sich dabei oft um unseriöse Firmen und Angebote, die mit einem Totalverlust enden können.

Bankguthaben, Gehaltskonten

Alle Guthaben (oder Überziehungskredite) auf Giro-, Lohn- oder Gehaltskonten werden nach dem noch festzulegenden Umrechnungsfaktor auf die künftige Euro-Währung umgestellt. Da auch Löhne, Preise, Zinsen usw. nach dem gleichen Verfahren wertgleich umgerechnet werden, ändert sich an der Kaufkraft – also dem realen Wert der Guthaben – nichts. Deshalb spielt es auch keine Rolle, daß die Beträge nach der Umstellung nominal niedriger sind. Denn auch alle Schulden und sonstigen Zahlungsverpflichtungen (Mieten, Steuern, Gebühren, Einzelhandelspreise usw.) werden in gleicher Form und mit dem gleichen Faktor umgerechnet. Kunden können bereits vor dem Jahr 2002 mit ihrer Sparkasse oder Bank vereinbaren, daß Konten in Euro geführt werden. Spätesten 2002 muß aber umgestellt werden, denn die Mark verliert dann ebenso wie die nationalen Währungen der übrigen teilnehmenden Länder ihre Funktion als gesetzliches Zahlungsmittel.

Sparbücher

Alle Guthaben auf Sparbüchern werden ebenso wie Guthaben auf Lohn- oder Gehaltskonten mit dem festgelegten Umrechnungsfaktor auf die künftige Euro-Währung umgestellt. Bis ins Jahr 2002 hinein können Einzahlungen und Abhebungen in DM vorgenommen werden. Erst danach erfolgt dann endgültig die Umstellung auf Euro. Vorher und nachher kann jederzeit über das Guthaben verfügt werden. Das bedeutet, daß auch andere Anlageformen gewählt werden können, wenn noch Unsicherheit bestehen sollte.

Bank- und Sparkassenbriefe

Sie werden ebenso wie die Inhaberschuldverschreibungen der Sparkassen bei der Einführung des Euro nur umgestellt. Das gilt gleichermaßen für den Rückzahlungsbetrag wie für die Zinszahlungen (die Zinssätze dagegen bleiben unverändert). Das ist nicht anders als bei allen anderen Anleihen. Sparkassenbriefe haben aber längere Laufzeiten als Termingelder oder Anteile an Geldmarktfonds. Bei ihnen muß das Ende der Laufzeit abgewartet werden. Das kann auch nach 1999 sein. Dies spielt aber keine Rolle, weil im privaten Bereich zunächst weiterhin in DM gerechnet werden kann und daher auch die Rückzahlung bis ins Jahr 2002 auf Wunsch in DM stattfinden kann. Nur wenn ein Rückzahlungstermin nach dem Jahr 2002 vereinbart ist, findet die Auszahlung immer in Euro statt. Das ist aber kein Nachteil, weil auch alle anderen Geldgrößen (Löhne, Preise, Mieten, Steuern usw.) dann in Euro ausgedrückt werden.

Termingeld

Dies wird ebenso behandelt wie alle anderen Guthaben. Bei Eintritt in die Europäische Währungsunion am 1. Januar 1999 geschieht bei privaten Konten und den meisten Geschäftskonten zunächst nichts, da zu Beginn nur innerhalb des Finanzsektors in Euro abgerechnet wird. Die für Termingelder vereinbarten Konditionen bleiben unverändert. Auch die Zinssätze ändern sich nicht.

Lebensversicherungen

Die Prämien werden zunächst weiter in DM bezahlt und erst 2002 auf (dann niedrigere) Zahlung in Euro umgestellt. Wenn der Fälligkeitstermin vor dem Jahr 2002 liegt, wird die vereinbarte Summe in DM ausgezahlt, später in Euro (dann zu dem festgelegten Umtauschkurs). Die Versicherungen werden ihre Kunden weiterhin an den erzielten Überschüssen beteiligen, die sie durch die Anlage der Beitragszahlungen auf dem Kapitalmarkt erwirtschaften. Viele der Unternehmen hoffen, nach Eintritt in die Währungsunion sogar bessere Erträge als zuvor erzielen zu können: Sie erwarten in dem erweiterten Währungsgebiet bessere und zusätzliche Möglichkeiten der Kapitalanlage. Die Überschußanteile, die bereits gutgeschrieben wurden, bleiben in jedem Fall erhalten. Anders als bei Aktien oder Immobilienwerten, die auch in nationalem Geld gerechnet den üblichen Kurs- oder Preisschwankungen unterliegen, bleiben bei Lebensversicherungen bereits erreichte Gutschriften als Vermögenswert konstant. Sie werden bei Einführung der Euro-Währung lediglich umgerechnet. Ihr realer Wert, die Kaufkraft, bleibt unverändert.

Schulden/Kredite

Schulden – öffentliche wie private – werden ebenso umgerechnet wie alle anderen Geldgrößen. Wer vorher mit 10.000 DM in der Kreide stand, wird nachher nur noch 5.405,405 Euro zurückzahlen müssen (bei einem angenommenen Umtauschkurs von 1,85). Das ist aber weder für den Schuldner noch für den Kreditgeber ein Vor- oder Nachteil, da auch alle anderen in Geld ausgedrückten Werte (Löhne, Preise, Mieten, Pachten usw.) mit dem gleichen Faktor umgerechnet werden. Die Zinszahlungen werden – in Euro ausgedrückt – ebenfalls entsprechend geringer sein. Der Zinssatz selber aber bleibt auf der vertraglich fixierten Höhe.

Zinsen

Auch ohne Beitritt zur Währungsunion ist es unwahrscheinlich, daß die Zinsen in Deutschland langfristig auf einem so niedrigen Niveau bleiben wie 1995/96. Bei der Umstellung kann es sein, daß sie sich zunächst auf dem dann vielleicht etwas höheren europäischen Durchschnittsniveau einpendeln. Auf der Basis der durchschnittlichen Zinshöhe, wie sie Ende 1995/96 in den EU-Ländern festzustellen war, die für einen Beitritt in Frage kommen, würde dies allerdings nur ein Anziehen der Zinsen um 0,3 Prozentpunkte bedeuten. Während Kreditnehmer durch jeden Zinsanstieg belastet werden, bringt er Anlegern oder Inhabern einer Lebensversicherung Vorteile: Sie bekommen mehr für ihr Erspartes.

Durch die Währungsunion ändern sich die Zinssätze von laufenden Anleihen, Bundesschatzbriefen, Sparkassenbriefen oder anderen festverzinslichen Geldanlagen nicht. Die Prozente bleiben ebenso unverändert wie bei Bauspardarlehen und sonstigen Krediten. Wer zum Beispiel vertraglich 6 Prozent vereinbart hat, muß weiterhin 6 Prozent zahlen oder erhält eine Rendite von 6 Prozent. Nur die Zahlbeträge ändern sich. Wenn ein Sparer zuvor für einen Anleihebetrag von 1.000 DM 60 DM Zinsen bekam, dann wird nach Umrechnung der Anleihe in Euro auch die Zinszahlung entsprechend angepaßt: Auf die Anleihe von nunmehr nominal 540,54 Euro werden 32,432 Euro an Zinsen ausgezahlt (bei einem Umrechnungsfaktor von beispielsweise 1,85). Es sind also weiterhin 6 Prozent.

Aktien kaufen?

Grundsätzlich gilt: Der Kauf von Aktien muß zunächst unter dem Gesichtspunkt geprüft werden, ob man als Sparer bereit ist, die damit verbundenen Risiken zu tragen. Die Geldanlage in Aktien bietet die Aussicht, oft deutlich höhere Gewinne zu erzielen als beim Erwerb festverzinslicher Papiere oder gar bei der Anlage auf Sparbüchern. Aber dem steht stets ein entsprechendes Risiko gegenüber. Daran ändert sich durch die Währungsunion nichts.

Ob mit Blick auf die Umstellung von DM auf Euro die Kurse steigen oder fallen, hängt nicht zuletzt davon ab, welche Erwartungen sich im In- und Ausland hinsichtlich des Erfolgs der Währungsunion bilden. Wenn sich die Ansicht durchsetzt, daß es für die vom Export abhängigen deutschen Unternehmen nur von Vorteil sein kann, wenn sie wenigstens innerhalb der Währungsunion vor Kursschwankungen sicher sind, dann kann sich dies in steigenden Börsenkursen niederschlagen. Kurssteigerungen sind vor allem bei den Aktien solcher Unternehmen zu erwarten, die einen überwiegenden Teil ihrer Produkte oder Dienstleistungen in den Mitgliedsländern der EWU absetzen. Denn sie werden überdurchschnittlich von den wirtschaftlichen Vorteilen der Währungsunion profitieren. Das gilt nicht nur für deutsche Aktiengesellschaften, sondern ebenso für die Aktien von französischen, niederländischen, österreichischen oder belgischen Unternehmen, deren Hauptmärkte innerhalb des gemeinsamen Währungsgebiets liegen.

In jedem Fall gilt: Der bloße Wechsel von der DM zum Euro beeinflußt den realen Wert von Aktien in keiner Weise. Zum Stichtag werden die Börsenkurse und Nennwerte von Aktien durch einen einfachen Rechenvorgang in die neue Währung umgerechnet.

Ausländische Aktien

Im Prinzip ist es hier nicht anders als bei deutschen Aktien. Es kommt bei ausländischen Werten aber zunächst darauf an, ob Aktien von Unternehmen erworben werden, die innerhalb oder außerhalb der künftigen Währungsgemeinschaft angesiedelt sind. Da auch bei den EU-Staaten noch nicht feststeht, welche Länder teilnehmen können, läßt sich dies noch nicht mit Sicherheit sagen. Hier liegt also bereits das erste spekulative Element einer solchen Geldanlage. Grundsätzlich gelten ansonsten hinsichtlich der Risiken und Gewinnaussichten beim Aktienkauf im Ausland die gleichen Überlegungen wie beim Kauf deutscher Aktien. Wenn es sich um Papiere aus einem der anderen Beitrittsländer handelt, werden sie ebenso wie deutsche Aktien zum Stichtag wertgleich auf Euro umgestellt.

Wenn es sich um Aktien von Unternehmen handelt, die außerhalb des neuen europäischen Währungsgebietes angesiedelt sind, besteht auch in Zukunft ein Wechselkursrisiko. Wenn der Wechselkurs der Währung steigt, in der die Aktien notiert werden, kann dies zu einem zusätzlichen Gewinn führen. Wenn diese Währung (zum Beispiel Franken, Yen, US- oder australischer Dollar) an den Devisenbörsen gegenüber der DM oder später dem Euro im Kurs fällt, schmälert dies den möglichen Gewinn beziehungsweise erhöht den Verlust aus dem Aktiengeschäft. Wechselkursgewinne oder -verluste wirken also wie Verstärker oder Dämpfer auf die an der Börse erzielten Resultate. Daran ändert sich durch die Umstellung auf Euro nichts.

Bei der Geldanlage in Aktien muß stets folgende Überlegung im Vordergrund stehen: Wird sich das Unternehmen, dessen Aktien man erwirbt, aufgrund seiner Geschäftspolitik oder der allgemeinen Konjunktur positiv oder negativ entwickeln? Wird es davon profitieren oder darunter leiden, daß es innerhalb oder außerhalb der künftigen Europäischen Währungsunion steht? Diese Überlegungen sind vor allem dann von besonderem Gewicht, wenn dubiose Anlageberater Sie mit Bemerkungen über Gefahren, die dem Ersparten bei der Umstellung auf Euro drohen könnten, zu bestimmten Geldanlagen zu überreden versuchen.

WISO rät deshalb: Verhalten Sie sich bei allen Anlageentscheidungen so, wie Sie es immer getan haben. Wer sich aus Angst vor dem Euro zu Spekulationen überreden läßt, die sonst nie erwogen würden, geht ein hohes Risiko ein.

Anleihen

Anleihen und alle anderen festverzinslichen Wertpapiere werden ebenso wie Aktien wertgleich umgestellt. Sowohl der Nominalbetrag als auch der Börsenkurs werden mit dem für alle Geldwerte gleichen Umrechnungsfaktor umgestellt. Der Zinssatz dagegen bleibt unverändert.

Ausländische Anleihen

Hier muß ebenso wie bei Aktien zunächst unterschieden werden, ob es sich um eine Anlage innerhalb oder außerhalb des künftigen gemeinsamen Währungsgebietes handelt. Damit beginnt die Spekulation bereits. Sobald der Ministerrat festgelegt hat, welche Länder aus dem Kreis der EU-Staaten die Konvergenzkriterien erfüllen, herrscht in diesem Punkt aber Gewißheit. Bei Anleihen aus Ländern, die mit Sicherheit nicht der Europäischen Währungsunion beitreten (wie die Schweiz, die USA, Japan, Australien oder Brasilien) muß zunächst geprüft werden, wie hoch das Risiko ist, sein Geld vom jeweiligen Schuldner überhaupt zurückzubekommen. Je exotischer das Land oder das Unternehmen ist, um so höher sind in der Regel die Zinsen – aber auch das Risiko. Anschließend sollte überlegt werden, wie hoch das Wechselkursrisiko angesichts der Stabilität der jeweiligen Währung einzuschätzen ist. Denn wenn die Gefahr besteht, daß die Fremdwährungsanleihe in einem Geld zurückgezahlt wird, das gegenüber der Euro-Währung abgewertet wird, droht ein Verlust.

Interessant kann die Geldanlage in einem Land mit zur Zeit hohen Zinsen sein, das noch Chancen hat, im ersten Anlauf in die Europäische Währungsunion aufgenommen zu werden. Denn dann werden ebenso wie bei deutschen Anleihen auch die auf Franc, Pfund, Schilling oder Gulden lautenden Beträge in Euro umgerechnet. Der hohe Zinssatz bleibt aber bis zur Fälligkeit der Anlage erhalten. Das könnte zu entsprechenden Zinsgewinnen führen. Auf diese Art könnten sich deutsche Anleger einen höheren Ertrag sichern, als er zur Zeit in der Bundesrepublik zu erzielen ist. Aber Vorsicht: Dies ist eine Spekulation mit dem Beitritt. Sollte das Land zum Stichtag nicht für würdig gehalten werden, der Stabilitätsgemeinschaft beizutreten, ist mit einem deutlichen Kursrückgang seiner Währung zu rechnen. Dann ist der schöne Zinsvorteil rasch dahin, und bei der Einlösung droht ein Wechselkursverlust.

Bausparen

Hier gilt, was auch für alle anderen Guthaben zutrifft: Am 1. Januar 1999 ändert sich am Kontostand zunächst nichts, da im privaten Bereich und bei den meisten Unternehmen weiterhin mit DM gerechnet wird. Für die meisten Bürger findet die Umstellung erst im Jahr 2002 statt. Erst dann werden bei Bausparverträgen ebenso wie bei allen anderen Konten die Beträge mit einem festen Umrechnungsfaktor auf die Europa-Währung umgeschrieben. Wenn auf einen Bausparvertrag über 40.000 DM bereits 24.045 DM eingezahlt wurden, dann ergeben sich daraus bei einem Umstellungskurs von beispielsweise 1,85 nach dem Stichtag eine Vertragssumme von 21.621,621 Euro und ein Guthaben von 12.997,297 Euro. Dies zeigt, daß nicht nur das Guthaben in Euro gerechnet optisch niedriger wird, sondern auch die Vertragssumme. Da gleichzeitig aber auch die Grundstückspreise, die Löhne der Handwerker usw. mit dem gleichen Faktor umgerechnet werden, bleibt der reale Wert der Vertragssumme und des bereits angesparten Betrages unverändert. Selbstverständlich ändert sich auch an den Konditionen des Bausparvertrages nichts. Alle Termine, Zinsen und die übrigen vertraglichen Abmachungen bleiben bestehen. Vor allem bleibt der Anspruch des Bausparers auf ein konstant niedrig verzinsliches Darlehen, das von der aktuellen Zinsentwicklung am Kapitalmarkt nicht berührt wird. Es gibt daher auch keinen Anlaß, Bausparverträge später abzuschließen oder nur mit Blick auf den Euro zu erhöhen oder gar zu kündigen.

Bundesschatzbriefe

Mit Bundesschatzbriefen kann man nicht viel falsch machen. Bundesschatzbriefe haben einen steigenden Zins und können schon nach einem Jahr Laufzeit ohne Kursrisiko wieder zurückgegeben werden. Das bietet die Chance, bei höheren Zinsen in eine andere Anlageform umzusteigen und auf alle Veränderungen zu reagieren, die sich aus der Diskussion um die Währungsunion noch ergeben könnten. In jedem Fall werden auch Bundesschatzbriefe später wertgleich in die neue Währung umgetauscht, lauten dann also auf Euro. Wer inflationäre Gefahren und höhere Zinsen nach Beginn der Währungsunion fürchtet und die Wechselkurs- und anderen Risiken bei einer Geldanlage in Ländern, die auf keinen Fall dem Europäischen Währungsgebiet angehören werden, nicht eingehen will, dem bieten die „Bundesschätzchen" eine gute Möglichkeit. Denn ob die Zinsen 1999 nach Eintritt Deutschlands in die EWU steigen oder fallen – oder ob dies schon im nächsten Jahr der Fall ist –, kann niemand mit Gewißheit vorhersagen. Das hängt vor allem von der konjunkturellen Entwicklung und der Politik der Notenbanken in Europa, den USA und Japan ab. Das ungewöhnlich niedrige Zinsniveau, das Mitte der neunziger Jahre in Deutschland und vielen anderen Ländern festzustellen war, wird nicht auf unbegrenzte Dauer zu halten sein.

Wer sich weder auf die eine noch auf die andere Spekulation einlassen will, kann Bundesschatzbriefe erwerben. Sie sind für sicherheitsbewußte Sparer eine nahezu ideale Parkmöglichkeit für das Ersparte. Sie bringen bei sechs- oder siebenjähriger Laufzeit (Typ A oder B) marktgerechte Renditen. Ihr entscheidender Vorteil gegenüber anderen Geldanlagen: Sie können schon nach einem Jahr zum vollen Nennwert zurückgegeben werden – und zwar in Höhe von bis zu 10.000 DM pro Person und

Monat. Das sonst übliche Risiko von Kursverlusten bei Verkauf vor dem Rückzahlungstermin (Fälligkeit) besteht bei diesen Wertpapieren nicht.

Bundesschätzchen bieten daher allen Sparern, die auf „Nummer Sicher" gehen wollen, die Chance, ihr Anlageverhalten der Zinsentwicklung anzupassen. Behalten also die Pessimisten recht und steigen nach Eintritt in die Währungsunion die Zinsen und/oder die Inflationsraten etwas stärker, müssen Besitzer von Bundesschatzbriefen weder Kursverluste noch Einbußen bei der Rendite befürchten. Wenn die Papiere der Bundesschuldenverwaltung zur Verwahrung überlassen werden, können auch die sonst üblichen Gebühren gespart werden. Auch das erhöht die Rendite. Aber beachten Sie: Höhere Sicherheit hat ihren Preis. In diesem Fall besteht er darin, daß ein Verkauf der Schatzbriefe nicht (wie bei anderen Anleihen) an jedem Börsentag in voller Höhe möglich ist. Eine Rückverwandlung der Wertpapiere in Bargeld ist bei Bundesschatzbriefen also nur im Rahmen der oben angegebenen Grenzen zulässig.

Devisen-Optionsscheine

Devisen-Optionsscheine oder die manchmal von gleicher Seite empfohlenen Goldzertifikate sind hochspekulative Geldanlagen, deren Kauf immer mit erheblichem Risiko verbunden ist. Ob derartige Papiere auf Dollar, Schweizer Franken oder Gold lauten, spielt hinsichtlich der Sicherheit solcher Geschäfte keine Rolle. Aber auch bei einer Flucht in weniger riskante Anlagen, die auf Dollar oder Schweizer Franken lauten, ist nicht sicher, daß damit der gewünschte Zweck erreicht wird.

Wer sich auf Anlageempfehlungen wie den Kauf von Devisen-Optionen einläßt, kann zwar unter Umständen einen ansehnlichen Gewinn machen. Der Spekulant muß aber auch die Möglichkeit einkalkulieren, daß es zu einem totalen Verlust der eingesetzten Mittel kommt. Das verschweigen die oft unseriösen Anlageberater, die mit dem Verkauf solcher Papiere ihr Geschäft machen. Auf Spekulationsgeschäfte dieser Art sollten sich daher nur solche Anleger einlassen, die sich damit gut auskennen und auch ohne Blick auf die künftige EWU dazu neigen, einen Teil ihrer Ersparnisse in risikoreiche Geschäfte zu investieren.

Dollar als Fluchtwährung

Das ist eine sehr spekulative Überlegung. Der Kurs des US-Dollar hat in den vergangen Jahren sehr stark geschwankt und dabei – langfristig gesehen – einen drastischen Wertverlust erlitten. Wenn es den Amerikanern gelingen sollte, ihre hohen staatlichen Defizite nachhaltig zu senken und auch ihre großen Defizite in der Leistungsbilanz abzubauen, kann es sein, daß der Dollar auch auf lange Sicht wieder im Kurs steigt – gegenüber der DM oder auch dem Euro. Aber das ist eine bloße Spekulation, die mit allen Risiken von Devisengeschäften behaftet ist. Durch eine Anlage von Fluchtgeldern in US-Wertpapieren kann dieser Effekt je nach Entwicklung der Aktien- und Anleihemärkte verstärkt oder abgeschwächt werden (siehe: Ausländische Aktien).

Ähnliche Überlegungen müssen auch bei Geldanlagen in japanischen Yen oder Schweizer Franken angestellt werden.

ECU-Anleihen

Die Europäische Currency Unit (ECU) ist eine Währungs- oder Recheneinheit, die vor allem Verrechnungszwecken innerhalb der EU dient. Diese Währungseinheit wird seit 1984 verwendet. Sie ist die Grundlage für den EU-Haushalt und alle finanziellen Transaktionen zwischen den Organen der Gemeinschaft. Sie dient auch als Basis für die Preispolitik im Gemeinsamen Agrarmarkt. Die ECU hat nur in wenigen Bereichen die Funktion von echtem Geld. Dazu gehört die Möglichkeit, Anleihen zu kaufen, die auf ECU lauten. Insgesamt liefen 1996 ECU-Anleihen im Volumen von rund 120 Milliarden um. Umgerechnet entspricht dies einer Summe von etwa 222 Milliarden DM. Etwas mehr als die Hälfte dieser Anleihen (rund 62 Milliarden ECU) sind erst nach dem 1. Januar 1999 fällig.

Da ECU derzeit ebenso wie alle ihr zugrunde liegenden Währungen den Schwankungen am Devisenmarkt unterliegen, kann es sein, daß die Recheneinheit in der Zeit bis zum Eintritt in die Währungsunion gegenüber der Mark auf- oder abgewertet wird. Deutsche Anleger, die vor einigen Jahren auf ECU lautende Anleihen erworben haben, mußten 1996 beim Rücktausch in DM einen Kursverlust hinnehmen. In der Vergangenheit ist der ECU-Kurs im Vergleich zur Mark überwiegend gefallen. Lag er 1992 noch bei 2 DM, so gab es Anfang 1996 nur 1,85 DM je ECU. Auf- oder Abwertungen kann es auch bis zum Beginn der EWU noch geben. Allerdings wird ein verstärktes Bemühen um wirtschaftspolitische Konvergenz dazu führen, daß sich die Kurse der EU-Länder untereinander und im Verhältnis zur ECU stabilisieren. Die ECU selber wird 1999 zum Kurs 1:1 in Euro umgetauscht. Das gilt dann auch für öffentliche ECU-Anleihen. Ob dies auch bei privaten ECU-Anleihen der Fall ist, hängt allerdings von den jeweiligen Vertragsbedingungen ab. Daher sollte diese Frage sorgfältig geprüft werden, ehe eine solche Anlageentscheidung getroffen wird. Sparer, die ihr Geld in ECU anlegen, müssen neben einem höheren Zinsertrag auch das Risiko sehen, das in den Anleihebedingungen liegen kann. Spekulationen in ECU unterliegen zudem ähnlichen Risiken und Chancen wie jede andere Anlage in Fremdwährungen.

Gold

Wer jetzt Gold kauft, ist bei der Umstellung von der DM auf Euro nicht unbedingt auf der sicheren Seite. Das wäre nämlich nur dann der Fall, wenn der Goldpreis in den kommenden Jahren deutlich steigt. Das ist aus heutiger Sicht keineswegs sicher. In den vergangenen 15 Jahren jedenfalls ist der Goldpreis – von kurzfristigen Schwankungen abgesehen – stark gefallen. Wer damals eingestiegen ist, hat also in der Regel ein Verlustgeschäft gemacht. Gold ist keine Garantie für Werterhalt, sondern ebenfalls nur ein Spekulationsobjekt. Hinzu kommt, daß Gold im Gegensatz zu anderen Geldanlagen weder Zinsen noch Dividende bringt. Es verursacht statt dessen unter Umständen

Lagerungskosten, ist mit Kauf- und Verkaufsspesen sowie eventuell mit Steuerzahlungen belastet. Selbst ein stabiler Goldpreis führt daher zu einem empfindlichen Verlust gegenüber Geldanlagen in festverzinslichen Werten oder anderen rentierlichen Investitionen. Daher gilt: Während es beim Euro keinen Beweis dafür gibt, daß die Inflationsrate deutlich höher ausfallen wird, als es unter sonst gleichen Umständen bei der Mark der Fall wäre, spricht vieles für die Vermutung, daß die Anlage in Gold mit Verlusten verbunden ist.

Immobilien und andere Sachwerte

Bei der Anlage der Ersparnisse in Immobilien muß immer – also ganz unabhängig von der Währungsunion – überlegt werden, welche Anlageziele verfolgt werden. Grundstücke und Wohnungen, die nicht zu eigenen Wohnzwecken erworben werden, können beim späteren Wiederverkauf zu guten Gewinnen führen. Aber das setzt voraus, daß der Erwerber lange genug warten kann. Solche Wertsteigerungen treten in der Regel erst nach Jahren ein. Außerdem erfordert der Kauf von Grundstücken und Häusern Sachverstand oder seriöse Beratung durch Experten. Da gesteigerte Inflationsängste im Zusammenhang mit der Währungsunion aus heutiger Sicht unbegründet sind, empfiehlt es sich, auch beim Kauf von Sachwerten nicht von den Anlageentscheidungen abzuweichen, die man auch unter normalen Umständen treffen würde. Immobilien, die nur unter dem Gesichtspunkt gekauft werden, erspartes Geld vor den inflationären Gefahren zu schützen, denen der Euro nach Ansicht mancher Kritiker ausgesetzt sein könnte, werden nur in den seltensten Fällen die erhoffte Sicherheit oder gar satte Gewinne bringen. Denn die Gefahr ist groß, daß clevere Geschäftemacher die Gunst der Stunde nutzen, um unerfahrenen Kunden Grundstücke und Häuser anzudrehen, für die sie sonst nur schwer einen Interessenten finden können.

Sachwerte, zu denen neben Kunstgegenständen auch Münzen, Bilder und Briefmarken oder Gold gehören, sollten vor allem dann erworben werden, wenn es „Spaß macht“. Gewinne sind oft nur schwer zu realisieren, und eine Verzinsung gibt es ohnehin nicht. Wer mit Blick auf den Euro auf Zinsen verzichtet, muß schon mit mindestens vier bis sechs Prozent Inflation rechnen, um mit unverzinslichen Sachanlagen nicht schlechter zu fahren als mit Anleihen – einen entsprechend steigenden Wiederverkaufspreis der erworbenen Sachwerte vorausgesetzt. Dabei sind steuerliche Fragen noch nicht berücksichtigt.

Flucht in andere Währungen

Als Fluchtwährungen werden Währungen bezeichnet, die für Ausländer attraktiver sind als das heimische Geld. Dafür kommen fremde Währungen in Betracht, deren Innen- und Außenwerte als stabil gelten, die also eine vergleichsweise geringe Inflationsrate aufweisen und deren Wechselkurs gegenüber anderen wichtigen

Währungen nicht allzu stark schwankt. Wichtig aber ist auch, daß in den jeweiligen Ländern politische Stabilität und Rechtssicherheit herrschen oder daß die steuerlichen Regelungen günstig sind. Oft sind nicht alle diese Bedingungen gleichermaßen erfüllt. Zu den großen Fluchtwährungen gehören deshalb neben dem Dollar vor allem die Deutsche Mark, der Schweizer Franken und der japanische Yen. Auch Konten in Luxemburg sind beliebt. Allerdings hat es wenig Sinn, Geld in Luxemburg anzulegen, wenn die Angst vor dem Euro das Motiv für die Kapitalflucht ist. Denn wenn sich ein Land ohne Probleme für den Beitritt zur Währungsunion qualifizieren wird, dann ist es das Großherzogtum.

Mit Blick auf die Europäische Währungsunion zählen daher vor allem Dollar, Yen und Franken zu den bevorzugten Fluchtwährungen. Allerdings halten die dabei angestellten Kalkulationen einer näheren Prüfung oft nicht stand. Denn bei unüberlegter Kapitalflucht drohen erhebliche Risiken. Deshalb ist größte Vorsicht angebracht, wenn sogenannte Anlageberater Angst vor dem Euro zu wecken versuchen und zur Geldanlage im Ausland raten. Hier handelt es sich sehr oft um unseriöse Angebote, die mit einem totalen Verlust des Geldes enden können. Aber auch wenn dies nicht der Fall ist, bleibt eine Anlage in Schweizer Franken sehr spekulativ. Bei einer allgemeinen Kapitalflucht würde sein Wechselkurs weiter steigen. Das wäre eine große Gefahr für die Schweizer Wirtschaft, die im Export und Tourismus wegen des teuren Franken mit starken Einbußen und Arbeitsplatzverlusten rechnen müßte. Das würde zu entsprechenden Abwehrmaßnahmen der eidgenössischen Notenbank führen. Die Schweiz hat schon früher „Strafzinsen" auf unerwünschtes ausländisches Kapital erhoben. Zeitweise waren dies bis zu 10 Prozent – und zwar alle drei Monate. Das bedeutet: Der Schweizer Franken wird teuer eingekauft. Das Kapital bringt niedrigere Zinsen als in Deutschland. Eventuell werden sogar Strafzinsen erhoben. Bei einer Rückführung des Geldes drohen Kursverluste.

Geld und Kredit

Wie man richtig Geld aufnimmt

Normalerweise hat man mehr Wünsche als Geld. Das gilt im kleinen, für den privaten Bereich, genauso wie im großen, in der Wirtschaft. Wer sich etwas leisten oder anschaffen will, aber nicht über genügend eigene Mittel verfügt, muß einen Kredit aufnehmen. Und den gibt es nicht umsonst.

WISO rät: Zuerst prüfen, ob es nicht auch ohne einen Kredit geht. Wenn es doch sein muß, sollte man vor der Aufnahme eines Kredites abwägen, ob es besser ist, sofort zu kaufen oder mit der Anschaffung zu warten, bis das Geld zusammen ist.

Aber das geht nicht immer. Wenn man in bestimmten Situationen zu lange wartet, ist die einmalige Chance für einen günstigen Kauf vorbei. In dieser Form besteht sie später vielleicht nicht mehr. Aber auch in so einem Fall gilt es, zu prüfen: Ist das Angebot auch dann noch so günstig, wenn man die Zinsen dazurechnet, die zusätzlich zum Preis bezahlt werden müssen? Lohnt sich der Kauf auf Kredit dann auch noch?

Es gibt viele Beispiele, in denen es sich rechnet, mit fremdem Geld zu arbeiten. Oft ist es auch sinnvoll. Wer etwa ein Haus baut oder eine Wohnung kauft, kann dies in den seltensten Fällen ohne Aufnahme eines Kredits bewältigen. Genausowenig läßt sich die Anschaffung einer neuen Wohnungseinrichtung oder eines Autos einfach aus der Haushaltskasse finanzieren. Das muß auch nicht sein. Deshalb wird es auch täglich millionenfach praktiziert: Noch nie war es in Deutschland so leicht, Geld auszuleihen. Statistisch gesehen hat jeder Privathaushalt im Westen Deutschlands Schulden in Höhe von über 40.000 DM, im Osten sogar noch mehr.

Verschulden oder nicht? Was ist billiger? Diese Frage läßt sich nur beantworten, wenn man weiß: Was kostet der Kredit am Ende wirklich? Und wo bekommt man ihn am günstigsten?

Kredite gibt es nicht nur für den privaten Bereich, sondern erst recht für die Wirtschaft. Ohne Kredite würde sie nicht funktionieren. Investitionen sind fast nur mit Krediten möglich. Wer investieren will, hat oft eine Idee, aber das Geld fehlt, um ein Projekt zu realisieren.

Geld hat natürlich ebenso seinen Preis wie die Arbeit oder eine Ware. Wer gezwungen ist, Geld zu leihen, um etwas anzuschaffen, sollte deshalb zuerst immer sorgfältig prüfen: Welcher der unterschiedlichen Kredite ist für den jeweiligen Fall der beste, um das verfolgte Ziel zu erreichen?

Kreditinstitute werben mit scheinbar günstigen Ratenkrediten, und viele Verbraucher lassen sich locken. Viele machen dabei große Fehler, weil sie nicht genau rechnen, um wieviel sich der Preis für die Ware durch Kreditzinsen und die zusätzlich noch dazukommenden Gebühren verteuert. Das gleiche gilt für die Überziehung des eigenen Kontos: bequem aber teuer!

Geld ist nicht nur das Tauschmittel, um Waren oder Dienstleistung zu erwerben. Das Geldgeschäft selbst ist ein eigenständiger Wirtschaftszweig, mit dem enorme Gewinne erzielt werden. Banken und Sparkassen bezeichnen zwar ihre Preise als „Gebühren“. Sie versuchen dadurch den Eindruck zu erwecken, es handle sich um etwas Unveränderbares und quasi Amtliches. Gebühren erhebt aber nur der Staat. Feststehende Gebühren sind beispielsweise die Kosten für die Ausstellung eines Personalausweises oder für die Zulassung eines Kraftfahrzeuges. Diese Gebühren sind amtlich festgelegt und können vom Bürger nicht verändert werden. Das gilt für die Preise des Kreditgewerbes nicht, auch wenn die Geldhändler darüber nicht so gerne reden. Banken und Sparkassen stehen untereinander im Wettbewerb und ihre Preise richten sich nach Angebot und Nachfrage.

Eines gilt für alle Bereiche: Ob Konsumenten- oder Baukredit oder Investitionsfinanzierung: Die Kreditgeber, die Sparkasse oder die Bank, sind keine Wohlfahrtseinrichtungen; sie verschenken kein Geld, sondern lassen sich den Kredit bezahlen. Kredite bekommt nur derjenige, von dem das Kreditinstitut glaubt, daß er die Schulden auch wieder tilgen kann.

Aber gerade weil Wettbewerb besteht, ist es ratsam, sich nach den besten Konditionen zu erkundigen. Die Entscheidung, einen Kredit aufzunehmen, sollte man erst in Kenntnis der vollen Höhe der Kosten treffen, erst dann, wenn man weiß, ob man die monatlichen Belastungen auch tragen kann.

Als Schuldner darf man sich keine Fehler leisten, sonst wird es noch teurer. Die nachstehenden Ratschläge sollen Verbraucher in die Lage versetzen, unabhängig von den Einflüsterungen irgendwelcher Verkäufer, Vertreter oder Berater zu beurteilen, was bei einer Kreditaufnahme unter dem Strich wirklich auf sie zukommt, und wie hoch die monatlichen Belastungen sein werden.

Dieses Kapitel will auf keinen Fall die Kreditaufnahme verteufeln oder davon abraten, einen Kredit zu nutzen. Oft kann dies sinnvoll sein, in vielen Fälle ist es unvermeidlich.

Von der Kreditvergabe profitieren beide Seiten: der Kunde und die Bank. Der Kreditnehmer kann sein Projekt verwirklichen und damit Geld verdienen. Der Kreditgeber bekommt später das geliehene Kapital wieder zurück und zusätzlich noch Zinsen.

Vielzahl von Kreditvarianten

Kredit ist nicht gleich Kredit. Es gibt eine Vielzahl von Varianten, die für beide Seiten unterschiedliche Risiken in sich bergen. Dies wirkt sich natürlich auf die Preise aus, die jeweils bezahlt werden müssen.

Man unterscheidet entsprechend der Dauer zwischen kurz-, mittel- und langfristigen Krediten. Kurzfristige Kredite haben eine Laufzeit von weniger als zwölf Monaten, mittelfristige werden bis zu vier Jahre lang gewährt, und die Laufzeit von langfristigen Krediten beträgt mehr als vier Jahre. Unterschieden wird auch nach der Kreditform. Es gibt die Buch- oder Kontokorrentkredite, die normalerweise über das laufende

Girokonto abgewickelt werden, und die durch Schuldurkunden verbrieften Kredite, wie etwa das Hypothekendarlehen.

Weitere Unterscheidungsmerkmale sind: private oder öffentliche Kredite, Inlands- oder Auslandskredite, Industriekredite oder Mittelstandskredite. Letztere dienen auch als ein politisches Mittel zur Steuerung der Wirtschafts- und Finanzpolitik. Deshalb sind sie teilweise zusätzlich mit staatlichen Zuschüssen oder Steuerprivilegien verbunden.

Privatkredite

Nachstehend geht es vor allem um Kreditarten, die von Privatpersonen und Familien in Anspruch genommen werden. Das Privatkreditgeschäft ist der Bereich, in dem Verbraucher durch die richtige Wahl der Kreditart sehr sehr viel Geld sparen können. Denn: Eine gesparte Mark ist mehr wert als die durch Arbeit verdiente Mark. Die gesparte Mark bleibt ungeschmälert erhalten, während für das verdiente Geld Steuern und Sozialabgaben bezahlt werden müssen.

Wer plant, ein Haus oder eine Eigentumswohnung mit Kredit zu finanzieren, sollte den Spezialratgeber „Bau und Kauf“ von WISO zu Rate ziehen. Er enthält zahlreiche Tips und Tricks für den Immobilienerwerb.

Darlehen oder Kredit?

Die Begriffe Darlehen und Kredit werden häufig im gleichen Sinn gebraucht. Unter Kredit versteht man im allgemeinen eine längerfristige Überlassung einer Geldsumme unter bestimmten Konditionen. Das bedeutet, daß bei der Geldausleihe von einem Kreditgeber ein bestimmter Geldbetrag zur Verfügung gestellt und gleichzeitig eine regelmäßige Tilgung und eine Zinszahlung vereinbart wird. Nicht nur die Höhe der Verzinsung und die Form der Rückzahlung werden geregelt, sondern darüber hinaus auch eventuelle Sicherheiten vereinbart.

Ein Darlehen ist ein Rechtsgeschäft nach § 607 des Bürgerlichen Gesetzbuchs (BGB), durch das der Gläubiger dem Darlehensschuldner eine Geldsumme oder auch eine andere vertretbare Sache zur Verfügung stellt. Der Darlehensnehmer verpflichtet sich, das Empfangene zu einem bestimmten Termin oder auf verschiedene Termine verteilt – meist mit Zinsen – zurückzuerstatten.

Wenn das Konto überzogen wird

Die meisten Kontobesitzer nehmen tagaus tagein einen Kredit in Anspruch, ohne sich dessen bewußt zu sein. Das passiert immer dann, wenn das Girokonto überzogen wird. Dann nimmt man automatisch einen solchen Dispositionskredit oder einen Kontokorrentkredit in Anspruch, manche sprechen auch von einem Überziehungskredit oder Girokredit. Die Grundlage dieses Kredits ist das Girokonto. Ein „Dispokredit“ besagt nichts anderes, als daß der Saldo auf dem Girokonto mit Zustimmung der jeweiligen Bank oder Sparkasse in den roten Zahlen stehen darf. Überweisungen werden trotzdem ausgeführt und Schecks eingelöst, auch wenn das Konto überzogen ist. Meistens wird Kontoinhabern ein Dispositionskredit ohne besonderen Antrag eingeräumt.

WISO rät: Auf den meisten Kontoauszügen befindet sich ein entsprechender Hinweis auf die Höhe des Betrages, über den verfügt werden kann. Üblicherweise ist es möglich, das Girokonto bis zur dreifachen Höhe des monatlichen Nettoeinkommens ohne besondere Formalitäten zu überziehen. Wo dies nicht der Fall ist, sollten sich Girokonteninhaber unbedingt einen solchen Dispositionskredit einräumen lassen.

Der mit dem Kreditinstitut vereinbarte Dispositionsrahmen muß schriftlich bestätigt sein. Je höher dieser Rahmen ausgelegt ist, desto besser, denn das Einräumen selbst kostet den Kontoinhaber überhaupt nichts, solange der Kredit nicht in Anspruch genommen wird.

Sobald der Kreditrahmen von der Bank einmal festgelegt worden ist, kann darüber ständig und ohne weitere Formalitäten verfügt werden. Das heißt, man kann per Eurocheque oder Kreditkarte auch dann einkaufen, wenn der Betrag höher ist als der vorhandene Kontostand oder wenn sogar überhaupt kein Guthaben mehr auf dem Konto ist. Eine vorherige Anfrage beim Kreditinstitut ist nicht nötig. Kein Geschäft wird dem Kunden vorwerfen, er hätte mit einem „ungedeckten Scheck" bezahlt.

Banken und Sparkassen lassen sich dieses Entgegenkommen gut bezahlen. Die Zinsen werden aber in diesem Fall nur vom tatsächlich beanspruchten Betrag berechnet, um den das Konto überzogen ist und nicht vom gesamten zugesagten und eingeräumten Kreditbetrag, dem Dispositionskredit. Der Kunde kann selbst entscheiden, wie schnell und bis wann er sein Konto wieder auffüllen und den Kredit tilgen will. Ihm selbst bleibt es freigestellt, bis wann sein Girokonto wieder in den schwarzen Zahlen ist.

Bei Kunden, die ein regelmäßiges Einkommen beziehen, kann das Konto im Rahmen des eingeräumten „Dispo" über mehrere Monate in den „roten Zahlen" bleiben. Dagegen wird kein Kreditinstitut irgendwelche Einwände erheben, denn schließlich verdient die Bank ganz gut daran.

Wer sein Girokonto auf diese Weise überzieht, muß dieses deshalb teuer bezahlen, weil die Geldzu- und -abflüsse bei einem Dispokredit für das Kreditinstitut schlecht vorhersehbar sind. Diese Kredite werden deshalb mit höheren Kosten kalkuliert. Die Sätze schwanken erheblich, sie liegen aber meist zwischen 8 und 15 Prozent, manchmal sogar darüber.

Natürlich kann das Kreditinstitut die Überziehung auch ohne Dispositionskredit dulden. In diesem Fall werden wesentlich höhere Zinsen angerechnet. Sie liegen mindestens weitere 4 bis 5 Prozent über den bereits sehr hohen Überziehungszinsen.

WISO rät: Sie sollten sich unbedingt an den vereinbarten Kreditrahmen halten, da auch für jede Mark, die den Kreditrahmen übersteigt, noch einmal höhere Zinsen und zusätzlich eine Überziehungsprovision gezahlt werden müssen. Auch damit liegt man um mehrere Prozentpunkte über dem regulären Überziehungszins für einen Dispokredit. Das kann ziemlich teuer werden.

Wer das Konto ohne den eingeräumten Dispositionskredit oder darüber hinaus überzieht, läuft außerdem Gefahr, daß das Kreditinstitut Überweisungen nicht ausgeführt und Schecks platzen läßt. Für den dadurch entstehenden Schaden oder zusätzlich entstehende Kosten haftet allein der Kunde.

WISO rät: Wer über Finanzmittel verfügt, sollte diese besser dazu verwenden, um das überzogene Girokonto auszugleichen, statt das Geld auf dem Sparbuch oder auf dem Festgeldkonto zu halten. Die dort zu erzielenden Erträge sind wesentlich geringer als die für den gleichen Betrag zu zahlenden Überziehungszinsen.

Der Dispositionskredit ist ideal für die Abwicklung der täglichen Geldgeschäfte. Kreditzinsen brauchen nur für den Betrag bezahlt werden, der tatsächlich in Anspruch genommenen wird. Kontoinhaber, die einen Dispositionskredit eingeräumt bekommen, müssen nicht ständig kontrollieren, ob sie mit ihren laufenden Ausgaben das Guthaben überschritten haben. Ein Dispokredit sollte generell nur der kurzfristigen Überbrückung von Zahlungsengpässen dienen, denn er ist teurer als ein Ratenkredit.

Ratenkredit und Rahmenkredit

Für größere Anschaffungen empfiehlt es sich aus diesem Grund, einen Ratenkredit oder Rahmenkredit aufzunehmen. Dieser Konsumentenkredit wird mit festen Rückzahlungsraten vereinbart. Der Dispokredit ist dazu nicht geeignet, denn er ist nur zum vorübergehenden Zahlungsausgleich bestimmt und daher zu teuer. Andere Bezeichnungen für den Ratenkredit oder Rahmenkredit sind Allzweckdarlehen, Familienkredit oder Privatdarlehen.

Diese privaten Anschaffungsdarlehen sind Kredite, die Privatpersonen für persönliche Zwecke oder für größere Anschaffungen in Anspruch nehmen können. Privatdarlehen gibt es vor allem für Lohn- und Gehaltsempfänger, Angehörige freier Berufe und Gewerbetreibende, um diesen die Anschaffung von langlebigen Gebrauchsgütern zu finanzieren. Normalerweise zählt dazu die Wohnungseinrichtung oder das Auto. In aller Regel gilt das mit dem Ratenkredit angeschaffte Gebrauchsgut für das Kreditinstitut bis zur vollständigen Rückzahlung als Sicherheit.

Sparkassen und Banken nehmen bei diesen Anschaffungsdarlehen bezüglich der Höhe der Raten für die Rückzahlung auf die speziellen wirtschaftlichen Verhältnisse des Kreditnehmers Rücksicht. Bei diesen Krediten kann auch die Laufzeit entsprechend der persönlichen Verhältnisse individuell vereinbart werden.

Der Kreditnehmer bekommt den beantragten Betrag in einer Summe vollständig ausbezahlt. Die Rückzahlung erfolgt einschließlich der Zinsen in gleichbleibenden Monatsraten. Neben den anfallenden Zinsen wird auch eine einmalige Bearbeitungsgebühr, meist in Höhe von 2 Prozent der Kreditsumme, erhoben.

Die Kreditsumme von Konsumentenkrediten liegt zwischen 10.000 und 50.000 DM. Der Vertrag wird schriftlich abgeschlossen. Die Laufzeiten liegen in der Regel zwischen zwei und sechs Jahren. Je kürzer die Laufzeit eines Ratenkredits ist, desto teurer wird er. Grund: Die Abschlußgebühr verteilt sich dann auf eine geringere Anzahl von Monaten.

Die schnelle und unbürokratische Kreditbearbeitung sowie die überschaubare Belastung durch feste Raten und eine feste Laufzeit sind die Vorteile des Ratenkredits. Auch bei einem kleinen Betrag sollten die Konditionen verschiedener Kreditanbieter miteinander verglichen werden. Die Mühe lohnt und macht sich bezahlt.

Interessante Variante: Der Rahmenkredit

Diese Kreditart wird noch nicht sehr lange angeboten. Andere Bezeichnungen sind Abruf-, Ideal-, Variokredit, Zinsgleitkredit, Scheckkredit oder Variodispositionskredit. Die Werbeabteilungen der Banken und Sparkassen haben sich viele Namen einfallen lassen. Aber wie phantasievoll die Bezeichnung auch ist: Es handelt sich immer um einen Konsumentenkredit mit flexibler Ratenzahlung, eine Mischung aus Raten- und Dispositionskredit.

Ähnlich wie beim Dispokredit hat der Kunde einen bestimmten Kreditrahmen, innerhalb dessen er jederzeit verfügen kann. Das Kreditinstitut und der Kunde vereinbaren eine Kreditsumme, bis zu der der Kunde das Konto überziehen darf – ähnlich wie beim Kontokorrentkredit, allerdings in einem wesentlich größeren Rahmen. Die Summen, die hier in Anspruch genommen werden können, reichen bis zu einer Obergrenze von 50.000 Mark. Der Kunde kann entscheiden, welche Summe er überziehen will. Auch hier fallen wiederum nur für den tatsächlich überzogenen Betrag Kreditzinsen an. Eine Bearbeitungsgebühr entfällt ebenfalls.

Solche Konsumentenkredite gewähren Kreditinstitute ohne besondere Sicherheiten, wenn sie überzeugt sind, daß der Kontoinhaber die Gewähr für eine termingerechte Rückzahlung des Kredits bietet. Den Kredit gibt es ohne Nachweis des Verwendungszweckes.

Ein weiterer Vorteil des Rahmenkredits ist die flexible Rückzahlung. Sie muß nicht in festen Raten erfolgen. Für die Raten wird allerdings in der Höhe eine monatliche Untergrenze festgelegt, beispielsweise mindestens ein Betrag von 200 DM, der monatlich zurückbezahlt werden muß. Das ist der Unterschied dieser Kreditform zum Dispositionskredit auf dem Girokonto, wo es keine festgelegten Rückzahlungsraten gibt. Bei beiden werden die eingehenden Zahlungen immer mit dem Minussaldo auf dem Konto verrechnet.

WISO rät: Genauso wie der Dispositionskredit sollte auch der Rahmenkredit nur kurzfristig in Anspruch genommen werden. Größere Anschaffungen sollte man damit auf keinen Fall finanzieren. Auch er ist dafür zu teuer.

Der flexible Zinssatz stellt allerdings ein Risiko für den Bankkunden dar, denn der kann einseitig vom Kreditinstitut den aktuellen Marktverhältnissen angepaßt werden. Das bedeutet: Für das jeweils aktuelle Schuldsaldo muß der Kunde den vom Kreditinstitut im nachhinein bekanntgegebenen Zins bezahlen.

Da der Zinssatz variabel ist, kann sich beim Rahmenkredit die monatliche Belastung auch kurzfristig rasch ändern. Wer einen derartigen Kredit aufnimmt, sollte deshalb immer prüfen, ob mit dem normalen Haushaltseinkommen auch jede mögliche Zinserhöhung verkraftet werden kann, denn das Zinsänderungsrisiko trägt allein der

Kreditnehmer. Ein Kreditkostenvergleich mit anderen Anbietern ist aufgrund der vorher nicht feststehenden Zinshöhe fast unmöglich.

Lohnen sich Teilzahlungskäufe?

Um den Umsatz mit einkommensschwachen Kunden zu steigern, bieten vor allem Möbelhäuser und Autofirmen eine Form der bequemen Kreditaufnahme an: den Kauf auf Raten. In den meisten Fällen finanzieren sie einen derartigen Kredit nicht selbst, sondern vermitteln lediglich Ratenkredite eines anderen Geldgebers. In diesen Fällen spricht man von Teilzahlungskäufen oder Ratenkäufen.

Verträge zu Ratenkäufen müssen immer schriftlich abgeschlossen werden und bestimmten Vorschriften entsprechen. Der Kreditvertrag ist dabei an einen Kaufvertrag gekoppelt. Im Vertrag muß der Barzahlungspreis inklusive Mehrwertsteuer genannt sein, weiters auch der Teilzahlungspreis, die Summen, die als Anzahlungen geleistet werden müssen, alle Raten, Zinsen und sonstigen Kosten wie Bearbeitungsgebühren, Provisionen und Kreditausfallgebühren. Darüber hinaus muß der Vertrag einen Teilzahlungsplan enthalten, in dem der Betrag, die Anzahl und die jeweilige Fälligkeit der einzelnen Raten mit genauen Daten und dem effektiven Jahreszins aufgeführt sind.

Vom Gesetzgeber vorgeschrieben ist auch der deutlich hervorgehobene Hinweis auf das Widerrufsrecht innerhalb einer Woche nach Vertragsabschluß. Aus diesem Grund ist es so wichtig, unbedingt darauf zu achten, daß bei Ratenkäufen das richtige Datum eingetragen wird. Nur in diesem Fall hat man die volle Bedenkzeit, die der Gesetzgeber aus gutem Grund bei allen derartigen Geschäften einräumt.

Mit dem Widerrufsrecht soll erreicht werden, daß Unterzeichner die Möglichkeit haben, von dem Geschäft zurückzutreten, nachdem sie noch einmal in Ruhe alle Konditionen geprüft und durchgesehen haben. Das geht zu Hause und zusammen mit Angehörigen und Freunden besser als im Laden. Der Kunde steht dabei auch nicht unter dem psychologischen Druck, der von manchen Verkäufern oder Vertretern sehr geschickt eingesetzt wird, um eine rasche Unterschrift unter den Vertrag zu bekommen oder den Kunden zu einem unüberlegten Geschäft zu drängen.

Weil der Kreditvertrag an den Kaufvertrag gekoppelt ist, kann bei diesen sogenannten verbundenen Geschäften die Rückzahlung des Kredits verweigert werden. Eine berechtigte Einwendungen muß man aber schriftlich mitteilen, beispielsweise wenn die gelieferte Ware nicht in Ordnung ist.

WISO rät: Wer einen Ratenkauf vereinbart, muß wissen, daß der Kauf teurer wird. Der Teilzahlungspreis ist grundsätzlich immer höher als der Barzahlungspreis. Barzahlung lohnt sich auch aus einem anderen Grund. Barzahler können den Kaufpreis in vielen Fällen noch weiter reduzieren, indem sie Rabatt und Skonto aushandeln.

Aber auch derjenige, der nicht über genügend Barmittel für eine Anschaffung verfügt und Geld leihen muß, sollte überlegen, ob eine andere Form des Kredits für ihn nicht günstiger ist. Statt Ratenzahlung ist es oft besser, einen Kredit aufzunehmen und damit zu bezahlen. Gegenüber dem Verkäufer ist man dann nämlich Barzahler und kann alle Rabatte und Skonti ausnutzen.

Als eine Ausnahme von dieser Regel gilt in bestimmter Form der Autokauf. Alle bedeutenden Autohersteller haben inzwischen als Tochterunternehmen eine eigene Bank, die dem Autokäufer das nötige Geld beschafft. Für die Anschaffung eines Wagens kann sich unter Umständen die Finanzierung durch die Banken der Autokonzerne lohnen. Denn damit wollen die Autofirmen nicht das übrige Kreditgewerbe unterlaufen und mit ihnen bei allgemeinen Darlehen in Wettbewerb treten. Diese günstige Finanzierung gibt es nur für den Autokauf, dies ist ein Teil der Marketingstrategie, um Kunden an eine Marke zu binden.

WISO rät: Vorsicht! Günstige oder zinslose Sonderkonditionen werden oft nur dann angeboten, wenn der Kauf von bestimmten Automodellen angekurbelt werden soll. Meist gelten die extrem billigen Kredite aber nur für Auslaufmodelle. In diesen Fällen sollte man sich nicht durch eine günstige Finanzierung blenden lassen, denn der Preis- und Konditionenvorteil gilt nur zum Zeitpunkt der Anschaffung und ist deshalb auch vordergründig. Er geht später durch einen niedrigen Wiederverkaufswert wieder verloren.

Der Kredit vom Autohändler unterscheidet sich in allen anderen Fällen im allgemeinen kaum von einem Kredit von der Bank oder von der Sparkasse. Auf dem hart umkämpften Automarkt und bei dem relativ hohen Kaufpreis für ein Auto gilt erst recht: Wer gegenüber dem Verkäufer als Barzahler auftritt, hat in jedem Fall die besseren Karten und größeren Chancen, um einen Nachlaß auszuhandeln.

WISO rät: Wer eine Autofinanzierung braucht, sollte darüber nicht als erstes mit dem Händler reden. Zuerst wählt man den Typ, das Modell, die Farbe und die Ausstattung aus und läßt sich dann dafür einen Preis anbieten. Danach ist der Zeitpunkt gekommen, bei dem man die Frage stellt: Welche Form der Finanzierung bietet der Händler bei diesem Preis an? Sollte diese Autofinanzierung günstiger als Barkauf sein, empfiehlt es sich auf jeden Fall, dazu auch noch ein Angebot bei einem Kreditinstitut einzuholen. Danach müßte die richtige Entscheidung leicht fallen.

Leasing wird immer populärer

Seit Anfang der sechziger Jahre gibt es in Deutschland Leasing – eine Branche, deren Zuwachsraten weit über dem gesamtwirtschaftlichen Wachstum liegen. Die Finanzierung mittels Leasing reicht inzwischen von Immobilien, dem Bau von Straßen und Gefängnissen bis zu ganzen Fabriksanlagen oder auch nur Personenkraftwagen.

Ursprünglich waren Leasinggesellschaften herstellerunabhängige Unternehmen, die Wirtschaftsgüter im Auftrag eines Kunden erwerben und an diesen vermieten. Inzwischen verbreitet sich immer mehr das sogenannte Herstellerleasing, um damit einen zusätzlichen Vertriebsweg für den Absatz eigener Produkte zu schaffen.

Beim Kauf eines Autos, einer Telefonanlage oder eines Computers – aber nicht nur hier – wenden sich Leasinggesellschaften vermehrt an Privatleute. Diese Form wird gewählt, weil es Leasing möglich macht, daß man sich auch bei einer geringen monatlichen Belastungen Anschaffungen leisten kann, die aus dem verfügbaren

Einkommen nicht hätten bezahlt werden können, ohne daß man sich einschränken muß. Leasing ist ähnlich der Miete.

Bei diesem Kreditvertragstyp wird beispielsweise beim Autokauf lediglich die Differenz zwischen dem Anschaffungswert, dem Neupreis, und dem voraussichtlichem Gebrauchtwagenwert, dem Restpreis, zum Zeitpunkt des Vertragsendes einschließlich der Zinsen finanziert. Der Leasingnehmer ist dabei allerdings weder Eigentümer noch der eigentliche Mieter der Ware. Die Ware kann daher weder beliehen noch in anderer Form als Sicherheit eingesetzt werden.

So bleibt das geleaste Auto im Eigentum des Händlers. Andererseits hat der Nutzer mehr Pflichten, als ihm bei einem Mietvertrag auferlegt würden: Wer ein Auto least, muß für den Verlust und für Beschädigungen und Reparaturen selbst aufkommen. Nicht der Eigentümer ist verpflichtet, das Auto regelmäßig warten zu lassen und die dabei entstehenden Kosten zu tragen, sondern der Leasingnehmer.

Leasingverträge werden üblicherweise auf zwei bis drei Jahre begrenzt. In dieser Zeit darf der Leasingnehmer das Auto nutzen. Zu Beginn der Vertragslaufzeit ist eine einmalige Sonderzahlung fällig. Meist beträgt diese 20 bis 30 Prozent des Neuwagenpreises. Dazu kommen dann noch die monatlichen Leasingraten.

Stellt sich bei Vertragsende beim Verkauf des Fahrzeugs heraus, daß der tatsächliche Verkaufserlös niedriger ist als der kalkulierte Restwert, muß diese Differenz vom Leasingnehmer ausgeglichen werden. Das passiert in den meisten Fällen, weil das Auto beispielsweise nicht gepflegt wurde oder mehr Kilometer zurückgelegt hat, als das Leasingunternehmen ursprünglich kalkuliert hatte.

WISO rät: Ein Privatmann kann nur in den seltensten Fällen beurteilen, ob dieser Restwertansatz bei Vertragsende im Angebot realistisch kalkuliert worden ist oder am Anfang bewußt zu hoch angesetzt wurde, um dem Kunden ein besonders günstiges Leasingangebot vorzutäuschen. Besonders unseriös sind Leasingangebote, die bei Restwertverträgen mit der Aussage „unbegrenzte Kilometerleistung" werben. In diesem Fall kann ein kalkulatorischer Restwert überhaupt nicht realistisch ermittelt werden, weil die jährliche Kilometerleistung während der Vertragslaufzeit nicht feststeht. Wer auf ein solches vermeintlich attraktives Angebot eingeht, kann sicher sein, daß er bei Vertragsende wahrscheinlich erheblich nachzahlen muß.

Bei Leasingverträgen gibt es verschiedene Varianten. Je nach Vertrag kann der Mieter die Mietsache nach Ablauf der Leasingzeit zurückgeben, einen neuen Leasingvertrag abschließen oder die Sache kaufen.

Besonders kompliziert wird es für Privatkunden, wenn diese einen Leasingvertrag vorzeitig kündigen. Die Abrechnungen sind für den Leasingnehmer so gut wie nicht durchschaubar. In diesem Fall sollte unbedingt ein Fachmann zu Rate gezogen werden.

Um zu entscheiden, ob die Finanzierung über Leasing günstiger ist als eine andere Form der Kreditfinanzierung, sollte man die Leasingkosten mit den Kosten für einen Ratenkredit vergleichen. Noch besser ist allerdings, wenn man die Gesamtkosten für die Finanzierung nicht nur mit dem Listenpreis des Händlers vergleicht, sondern davon auch all das abzieht, um das ein Händler den Listenpreis mindert, wenn der Kaufpreis bar bezahlt wird.

WISO rät: Wer vorhat, die Ware nach Ablauf des Leasingvertrags zu kaufen, sollte keinesfalls einen Leasingvertrag abschließen. In diesem Fall muß mit Sicherheit ein wesentlich höherer Endpreis bezahlt werden, als er bei einer Barzahlung fällig wäre.

Leasing lohnt sich meist nur in den Fällen, in denen die Leasingraten von der Steuer abgesetzt werden können. Wer genau rechnet, wird deshalb meistes feststellen, daß Leasing nur bei geschäftlicher Nutzung Sinn macht.

Privatpersonen sollten bedenken, daß auf Leasingverträge das Verbraucherkreditgesetz nur beschränkt Anwendung findet. Das bedeutet unter Umständen weniger Schutz.

Geld von der Firma: Arbeitgeberkredit

Zu den günstigsten Kreditarten zählt der Arbeitgeberkredit. Viele Unternehmer gewähren ihren Mitarbeitern zinsgünstige und in manchen Fällen sogar zinsfreie Darlehen. Bei größeren Beträgen, wie beispielsweise bei einem Baukredit, lohnt es sich auf jeden Fall, in der Personalabteilung nach einem solchen Kredit mit Zinsrabatt zu fragen. Gewährt ein Arbeitgeber seinen Mitarbeitern neben dem Lohn oder Gehalt einen Geldbetrag, den der Arbeitnehmer wieder zurückzahlen soll, dann haben beide Parteien ein Arbeitgeberdarlehen vereinbart.

Arbeitgeber gewähren diese Darlehen, um Mitarbeiter an das Unternehmen zu binden. Damit kein unzulässiger Druck ausgeübt werden kann, hat der Gesetzgeber verfügt, daß beim Ausscheiden eines Arbeitnehmers aus dem Arbeitsverhältnis die Rückzahlung eines Darlehens nicht sofort fällig wird. Der Arbeitgeber hat in diesem Fall nur die Möglichkeit, mit den für Darlehen üblichen gesetzlichen Fristen die Kündigung auszusprechen und die Rückzahlung zu verlangen.

Die Höhe der Darlehensrückzahlung darf bei Arbeitgeberkrediten nur so hoch sein, daß die Pfändungsfreigrenzen des Arbeitnehmers nicht unterschritten werden.

Das Arbeitgeberdarlehen darf nicht dazu verwendet werden, Waren des Arbeitgebers zu erwerben. Die Gewerbeordnung verbietet es Arbeitgebern, die eigenen Waren den Arbeitnehmern zu kreditieren.

Wenn der Arbeitgeberkredit günstiger ist als marktübliche Konditionen oder gar zinsfrei gewährt wird, muß dieser geldwerte Vorteil wie Arbeitslohn behandelt werden und unterliegt der Lohnsteuerpflicht.

Arbeitgeberdarlehen zählen trotz dieser Lohnsteuerpflicht zu den günstigsten Krediten. Sie stehen aber meistens nur in einem begrenzten Umfang zur Verfügung. Überall dort, wo sie gewährt werden, sollte man sie auf jeden Fall als zusätzliche günstige Finanzierung verwenden.

Für Häuslebauer: Das Hypothekendarlehen

Für die Finanzierung der eigenen vier Wände sind für private Haushalte das Grundschuld- oder Hypothekendarlehen und der Bausparvertrag von Bedeutung. Die Hypothekenvergabe ist der Hauptgeschäftszweig der Hypothekenbanken sowie der Bausparkassen.

Während Konsumentenkredite und Leasingverträge nur kurze Laufzeiten haben, erstreckt sich die Laufzeit von Bau- und Immobiliendarlehen grundsätzlich über einen längeren Zeitraum, der bis zu 30 Jahren gehen kann.

Die Kreditsummen liegen außerdem wesentlich höher als bei anderen Privatkrediten. Deshalb – und wegen der langen Laufzeit – verlangen die Kreditinstitute ein besonderes Faustpfand. Als Sicherheit für den Kredit dient das Grundstück und das Gebäude. Es reicht nicht aus, dieses zwischen Bauherren und Kunden in einem Kreditvertrag zu vereinbaren. Der Wohnbaukredit muß durch einen Notar als Belastung eines Grundstücks in das beim Amtsgericht geführte Grundbuch als Grundschuld eingetragen werden.

Wer die Finanzierung eines Hauses oder den Kauf einer Wohnung mit einem Hypothekendarlehen finanzieren will, hat bei der Verzinsung die Qual der Wahl. Bauherren können zwischen zwei Varianten wählen: dem variablen und dem festen Zins.

Bei der variablen Verzinsung wird der Zinssatz regelmäßig dem aktuellen Kapitalmarktzins angepaßt, ohne daß vorhergesehen werden kann, wohin sich dieser entwickelt. Bei der festen Verzinsung kann sich der Bauherr den Zinssatz auf fünf oder zehn Jahre festschreiben lassen.

Variable Darlehen bieten einerseits die Chance, automatisch von allgemeinen Zinssenkungen zu profitieren. Doch bei der umgekehrten Entwicklung, wenn die Zinsen zum Höhenflug ansetzen, sind alle persönlichen Finanzierungspläne Makulatur. Vor einer solchen Zitterpartie bleiben Bankkunden, die ein Festzinsdarlehen abgeschlossen haben, verschont. Der Zinssatz und die monatlichen Belastungen bleiben konstant und ändern sich während der Bindungsfrist nicht.

Der Nachteil: Wird das Hypothekendarlehen zu Zeiten einer Hochzinsphase abgeschlossen, können Festzinsen zum Klotz am Bein werden. Der Kreditnehmer bleibt an den vereinbarten Zinssatz gekettet und muß die hohen Zinsen weiterzahlen, auch wenn diese sinken. Eine Kündigung des teuren Darlehens ist nur selten möglich. In den wenigen Fällen, in denen der Vertrag dies zuläßt, verlangt die Bank meist eine sehr hohe Vorfälligkeitsentschädigung.

Bei der variablen Verzinsung sind Sondertilgungen oder eine vorzeitige Rückzahlung möglich. Nur diejenigen, die sicher sind, daß Sie während der Laufzeit des Darlehens mit einer größeren Summe rechnen können, sollten sich für diese Form entscheiden. Das kann zum Beispiel die Zahlung aus einer fälligen Lebensversicherung sein oder ein größerer Betrag aus einer Erbschaft. In diesem Fall ist es möglich, während der Laufzeit die Kreditsumme zu senken und damit auch die monatliche Zinsbelastung zu mildern.

Kombinationskredite

Zur Baufinanzierung werden oft Kombinationskredite empfohlen, die mit einer Kapital-Lebensversicherung kombiniert sind. Wird beispielsweise das Haus über eine Lebensversicherung finanziert, erfolgt in diesem Fall während der Laufzeit grundsätzlich keine Tilgung, der Kunde zahlt lediglich die Zinsen. Dadurch bleiben die Schulden während der gesamten Laufzeit von zwölf bis 30 Jahren gleich hoch. Die monatlichen Zahlungen setzen sich aus den Beiträgen für die Kapitallebensversicherung und den Zinszahlungen für den Baukredit zusammen.

Bei einer solchen Kombination wird der Kredit selbst nicht über Raten getilgt, sondern erst am Ende der Laufzeit, wenn die Lebensversicherung fällig und ausbezahlt wird. Anstelle der Tilgung zahlt der Kunde Versicherungsbeiträge. Am Vertragsende wird der Kredit dann auf einmal zurückgezahlt. Meistens sind Darlehen und Versicherung als Paket aufeinander abgestimmt, so daß der Bauherr am Ende schuldenfrei ist, aber auch keine Überschüsse aus der Lebensversicherung bekommt.

Die Finanzierung ist letztlich ein kombinierter Spar- und Darlehensvertrag mit eingebauter Risikolebensversicherung. Die Risikoprämie ist der kleinste Teil, der Großteil der monatlichen Beiträge dient dazu, das für die Rückzahlung des Kredits erforderliche Kapital anzusparen. Wieviel Geld am Ende übrig bleibt, kann bei Vertragsabschluß nicht gesagt werden. Mit Sicherheit liegt die Verzinsung der Versicherungsbeiträge unter dem Darlehenszins. Aus diesem Grunde ist die Kombination aus tilgungsfreiem Darlehen und Lebensversicherung nicht anzuraten.

WISO rät: Diese Kombination empfiehlt sich für verheiratete alleinverdienende Bauherren, die ihre Familie absichern wollen, damit diese nach dem Tode des Ernährers in einen schuldenfreien Haus wohnen kann. Wer diese Konstruktion wünscht, sollte besser ein Bankdarlehen mit regelmäßiger Tilgung und einer ergänzenden Restschuldversicherung abschließen. Dies gilt für den Normalfall von Familien, die ihr Haus selbst nutzen.

Für Kapitalanleger, die ihre Immobilien vermieten, lohnt sich allerdings die Finanzierung über die Lebensversicherung, wenn der Darlehenszinssatz nach Steuern geringer ist, als die Rendite aus der abgeschlossenen Lebensversicherung. Bei der Festzinshypothek bleiben die Zinsen über die gesamte Laufzeit gleich, während sie beim Tilgungsdarlehen von Jahr zu Jahr abnehmen. Je höher der individuelle Steuersatz, desto attraktiver ist das tilgungsfreie Darlehen mit seinen hohen Zinsen unter Steuerspar-Gesichtspunkten, da die Schuldzinsen während der gesamten Darlehenslaufzeit steuerlich abgesetzt werden können.

Ein neuer Begriff: Das Cap-Darlehen

Seit einiger Zeit bieten Banken und Sparkassen als eine weitere Finanzierungsvariante sogenannte Cap-Darlehen an. Diese Form des variablen Darlehens kommt aus den USA. Der Name „Cap“ steht für Deckel oder Mütze. Das ist eine Kombination aus variablen Zinssätzen, die mit der Sicherheit festverzinslicher Darlehen gekoppelt sind. Wie bei anderen variablen Darlehen paßt sich auch hier der Zins der allgemeinen Entwicklung an. Damit der Zinssatz aber nicht ins Unermeßliche steigt, wird bei Vertragsabschluß ein Höchstsatz festgelegt. Diese vereinbarte Marke darf von der Bank nicht überschritten werden.

Dieser Kredit kann von Kundenseite jederzeit mit einer Frist von drei Monaten vorzeitig abgelöst oder durch Sonderzahlungen reduziert werden. Vom Ansatz her ein kalkulierbares Risiko. Doch Banken lassen sich die Zinsbremse teuer bezahlen. Sie behalten bis zu 5 Prozent des Darlehensbetrages als Cap-Prämie ein. Bei einem Darlehen von 200.000 DM ist das der stolze Betrag von 10.000 DM.

Die Cap-Prämie kann gesenkt werden, wenn zusätzlich eine Zinsuntergrenze vereinbart wird. Fallen allerdings die allgemeinen Zinsen später einmal unterhalb des vereinbarten Minimums, kommt der Bauherr in diesem Fall nicht in den Genuß der Zinssenkung. Die Bank verlangt trotz des niedrigen Zinsniveaus den darüberliegenden Zinssatz und profitiert von dieser Entwicklung.

Der Vergleich, welches der verschiedenen Kreditinstitute das günstigste Cap-Darlehen anbietet, ist nur sehr schwer möglich, da jedes Institut Zinsgrenzen und Cap-Prämien höchst unterschiedlich festlegt. Außerdem hilft der anfängliche Effektivzins wenig, denn er nutzt nur so lange als Vergleichsmaßstab, wie sich der Nominalzins nicht ändert.

WISO rät: Diese Finanzierungsform ist für Kunden geeignet, die auf sinkende Zinsen spekulieren, die bei der Rückzahlung des Darlehens flexibel bleiben und sich gleichzeitig gegen unkalkulierbare Zinserhöhungen absichern wollen.

Interessant ist ein Cap-Darlehen in einer Hochzinsphase, wenn in absehbarer Zeit mit einem kräftigen Nachgeben der Zinsen zu rechnen ist. Aber wer weiß schon, wann die Zinsen wirklich ihren Höchststand erreicht haben? Der Ausstieg aus einen Cap-Darlehen ist immer mit Verlusten verbunden. Die Prämie, die der Kunde bei Vertragsabschluß für den Cap zahlt, wird nicht anteilig erstattet.

Wann lohnt sich das Bausparen?

Wer sicher ist, daß er tatsächlich eines Tages bauen will, oder vorhat, eine Immobilie zu erwerben, für den ist Bausparen unter bestimmten persönlichen Umständen immer noch attraktiv. Im Kern handelt es sich um eine denkbar einfache Idee: Bausparbeiträge, die im Laufe der Jahre an die Bausparkasse gezahlt worden sind, werden einem individuellen Bausparkonto gutgeschrieben und (niedrig) verzinst. Das Geld fließt in einen großen Topf, in die „Zuteilungsmasse“. Nach Ansparen eines Mindestguthabens und nach Ablauf einer bestimmten Wartezeit nimmt der Bausparvertrag am sogenannten Zuteilungsverfahren teil. Dabei wird ermittelt, zu welchem Zeitpunkt die Bausparsumme ausbezahlt werden kann.

Das relativ preiswerte Bauspardarlehen ist allerdings nur dann sinnvoll, wenn der Haus- oder Wohnungskäufer eine ansehnliche Summe vorgespart hat. Eine hundertprozentige Finanzierung durch die Bausparkasse würde zu teuer, da für die eigenen Ersparnisse von der Bausparkasse nur 2,5 bis 3 Prozent Guthabenzinsen bezahlt werden, aber die gesamte Bausparsumme zu normalen Marktkonditionen vorfinanziert werden müßte. In diesem Fall wäre der normale Bankkredit preiswerter.

Die Bausparsumme, die zur Finanzierung einer Immobilie verwendet werden kann, besteht einerseits aus dem bisher angesparten Guthaben und andererseits aus dem Bauspardarlehen. Normalerweise müssen 40 oder 50 Prozent der Bausparsumme angespart sein, bevor es zur Zuteilung kommt. Jetzt werden die Vorteile dieser Finanzierungsform erkennbar: Das angesparte Guthaben wird zwar nur recht niedrig verzinst, dafür liegen auf der anderen Seite die Schuldzinsen, die die Bausparkassen für das Bauspardarlehen berechnen, mit einem Satz von lediglich 4,5 bis 6 Prozent recht günstig.

Die Laufzeit des Bauspardarlehens ist mit zehn bis zwölf Jahren wesentlich kürzer als die eines Grundschulddarlehens oder eines Hypothekenkredits. Bei gleicher Darlehenshöhe führt dies zwar zu einer höheren monatlichen Belastung, dem steht allerdings der Vorteil gegenüber, daß mehr in die „eigene Tasche" fließt: Die Tilgungsraten sind höher, dafür müssen weniger verlorene Zinsen gezahlt werden.

Das Bauspardarlehen ist zweckgebunden und darf nur für wohnungswirtschaftliche Zwecke verwendet werden.

Ein Kostenvergleich: Bei diesen Summen unverzichtbar

Beim täglichen Einkauf wird von vielen Verbrauchern auf Sonderangebote geachtet. Jeder weiß: Angebote vergleichen lohnt sich. Zeitaufwendige Preisvergleiche zwischen Waschmitteln oder Margarinesorten werden gemacht, um sinnvoll zu sparen – auch wenn es nur ein paar Pfennige sind. Aber bei Krediten, bei denen es oft um tausendfach höhere Beträge geht, wird von vielen Schuldnern oft das erstbeste Angebot akzeptiert. Vergleichen und Feilschen lohnt. Wer beispielsweise ein Hypothekendarlehen über 800.000 DM zur Finanzierung eines Hauses aufnehmen will und das Bankangebot nur um 0,7 Prozentpunkte herunterhandelt, spart bei einer Laufzeit von zehn Jahren satte 56.000 DM.

WISO rät: Wer einen Kredit braucht, sollte Angebote vergleichen, damit der Kauf einer Wohnung oder der Bau eines Hauses nicht zum Alptraum wird. Bei der Finanzierung sollte man nicht auf einen niedrigen Nominalzins hereinfallen. Beim Kostenvergleich kommt es auf die späteren tatsächlichen persönlichen Gesamtbelastungen durch einen langfristigen Kredit an. Und diese gibt der Nominalzins nicht wieder. Nicht einmal der aussagekräftigere Effektivzins enthält sämtliche Kosten. In den vereinbarten Raten sind eventuell anfallenden Beträge für die Nichterfüllung von Vertragsbedingungen nicht berücksichtigt. Dazu zählen Verzugszinsen, sogenannte marktübliche Gebühren für die Kontoführung und Prämien für zusätzliche Versicherungen. Deshalb gilt es, auch auf die sonstigen Konditionen zu achten und deren finanzielle Folgen vor Abschluß eines Kreditvertrages genau durchzurechnen.

Auswirkungen auf die Höhe der Gesamtbelastung hat nicht nur die Form und der Zeitpunkt der Überweisungen der Rückzahlungen an das Kreditinstitut, sondern es kommt auch auf die Art und Weise an, wie diese Gelder dort verbucht werden.

Einige Kreditinstitute verbuchen zurückbezahlte Raten sofort, andere lassen sich damit Zeit. Das wirkt sich auf die Zinsenlast aus. Bei vielen Banken und Sparkassen müssen die Kreditnehmer zwar laufend Tilgungszahlungen leisten – die werden aber nicht sofort von der zu verzinsenden Schuld abgezogen. In extremen Fällen werden die Zahlungen erst am Ende des Jahres und bei der jährlichen Verrechnung berücksichtigt. Der Kunde zahlt also in der Zwischenzeit Zinsen für Schulden, die er längst getilgt hat.

Vor der Beleihung wird geschätzt

Viele Banken stellen noch Schätzkosten in Rechnung, um die Immobilie zu bewerten. Diese Bewertung ist wichtig, denn danach richtet sich die Höhe der möglichen Beleihung dieses Objekts, die Beleihungsobergrenze. Das ist der Wert des Grundstücks oder des Hauses, der vom Kreditinstitut festgesetzt wird. Erfahrungsgemäß liegt er weit unter dem tatsächlich bezahlten Kaufpreis. Kreditinstitute setzen diesen Wert grundsätzlich immer unter dem Mindestpreis an, der am Markt erzielbar ist. Außerdem ziehen sie zusätzlich noch einen Sicherheitsabschlag ab.

Bei manchen Instituten liegt das Limit für ein günstiges Hypothekendarlehen bei 60, bei anderen bei 80 Prozent. Diese Quote hat für die Gesamtfinanzierung eine enorme Auswirkung, denn für den Rest braucht man entweder entsprechendes Eigenkapital oder man muß das Haus mit wesentlich teureren Krediten finanzieren. Um das Haus auf diese Weise zu finanzieren, muß man für die Restsumme ein weiteres Darlehen aufnehmen. Dieser Kredit ist auf jeden Fall erheblich teurer als das Hypothekendarlehen. Dann nutzt auch ein extrem niedriger Zinssatz für die Hypothek nicht viel, denn die Kosten für das restliche Baugeld fressen den Vorteil bei weitem wieder auf.

Diese Quoten für die Beleihungsobergrenze stehen nicht automatisch fest. Sie sind wie alle anderen Konditionen auch Verhandlungssache. Darauf weisen natürlich Banken und Sparkassen von sich aus nicht hin.

Welche Finanzierungsform die günstigere ist, kann nur im Einzelfall entschieden werden. Ein Kostenvergleich mit Hilfe des für dieses spezielle Gebiet entwickelten WISO-Computerprogramms „Bau und Kauf" kann unabhängig von interessengebundenen Beratern den günstigsten Weg zeigen. Das ist gerade beim Haus- oder Wohnungskauf wichtig. Bei den hohen Summen, um die es dabei meist geht, können sich auch scheinbar kleine Differenzen zwischen den Konditionen der verschiedenen Kreditgeber im Laufe der Jahre zwischen Zehntausenden oder gar Hunderttausenden von Mark bewegen – Geld, das an anderer Stelle besser verwendet werden kann.

WISO rät: Vorsicht! Wer das von der Bank zugesagte Darlehen nicht in Anspruch nimmt und das Geld bei der Bank stehen läßt, muß auch in diesem Fall Zinsen zahlen – die Bereitstellungszinsen. Diese fallen in der Regel ab dem vierten Monat an, nachdem die Bank Baugeld zugesagt und zur Verfügung gestellt hat, der Kunde es aber nicht abruft.

Wer absehen kann, daß sich beispielsweise die Bauplanung verzögert und das Geld tatsächlich erst einige Monate später gebraucht wird, sollte keine Zinsreservierung vereinbaren. Denn neben den Bereitstellungszinsen nimmt die Bank für die Kalkulation des Effektivzinses in jedem Fall das Vertragsdatum als Stichtag.

Für alle Geldgeschäfte gilt: Wenn sich der Kundenberater auf Verhandlungen nicht einläßt und beim Einräumen von günstigeren Konditionen nicht nachgibt, sollte man sich bei einer anderen Bank ein Angebot machen lassen. Falsche Bescheidenheit und lebenslange Treue zu seiner Hausbank ist nicht angebracht. Die Mitarbeiter haben ein Eigeninteresse, ihre Kunden zu halten, denn von ihrer Geschäftsleitung bekommen sie vorgeschrieben, was an den Kunden verkauft werden muß. Die Bankprodukte, die sie zu verkaufen versuchen, sind nach einem Punktsystem bewertet, und dafür kassieren sie auch Provisionen.

Das Disagio: Ein Abschlag, der Geld wert ist

Kreditnehmer sollten immer daran denken: Nicht alle Darlehen werden zu 100 Prozent ausgezahlt. In vielen Fällen behält die Bank einen Abschlag, das Disagio. Darunter versteht man den Unterschied zwischen der Kreditsumme und der tatsächlich ausbezahlten Summe.

Die Zinsen werden allerdings für die gesamte vereinbarte Summe berechnet und nicht nur für den ausgezahlten Betrag.

Für Eigentümer einer selbstgenutzten Immobilie ist dies in der Regel die einzige Möglichkeit, Schuldzinsen steuerlich geltend zu machen. Der Auszahlungsverlust ist nichts anderes als eine Vorauszahlung auf die Zinsen. Dadurch wird der Nominalzins gesenkt. Nur für den, der in Zukunft ein niedrigeres Einkommen erwartet, lohnt sich in diesem Fall ein Disagio. Sonst wird der künftig mögliche Schuldzinsenabzug unnötig reduziert.

Für den Eigenheimbesitzer zahlt sich das Disagio aber nur aus, wenn die Zinssenkung zur zusätzlichen Tilgung genutzt wird. Andernfalls sitzt er am Ende der Zinsbindungsfrist auf einem zu hohen Schuldenberg. Bauherren sollten sich nur so hohe Raten zumuten, die sie auch ohne Disagio zahlen könnten.

Bei Darlehen ohne Zinsbindung sollte grundsätzlich kein Disagio vereinbart werden, denn der Schuldner kann nicht verhindern, daß die Bank den ursprünglich niedrigen Nominalzins unbemerkt an den höheren Satz für ein Darlehen ohne Disagio anpaßt.

Kreditnehmer sollten außerdem darauf drängen, daß das Disagio gleichmäßig verteilt wird. Wenn es bei der ersten Auszahlung in voller Höhe anfällt, verteuert sich der Kredit unnötig.

Der Privatkredit: Geld von Angehörigen

Wer sich von Angehörigen einen Privatkredit geben läßt, sollte dies mit einem schriftlichen Darlehensvertrag tun, nur so wird er vom Finanzamt anerkannt. Der Vertrag muß alle Vereinbarungen beinhalten, die auch unter Fremden üblich sind: Dazu zählen vor allem eine Zinsregelung und ein Tilgungsplan, die in der Praxis auch eingehalten werden müssen. Bei minderjährigen Kreditnehmern ist zur Absicherung des Darlehens eine Grundschuldeintragung Pflicht.

Der Effektivzins hat Aussagekraft

Ein Kredit ist eigentlich nichts anderes als eine Ware, die von unterschiedlichen Anbietern zu unterschiedlichen Preisen angeboten wird. Da es bei Krediten meist um sehr hohe Beträge geht, kann durch Preisvergleich viel Geld gespart werden. Eine Hilfe dabei ist der Effektivzins. Der Gesetzgeber hat vorgeschrieben, daß Konsumentenkredite mit einem Jahreszins ausgezeichnet werden müssen. Damit ist es überhaupt nicht schwierig, die Kosten für einen Kredit zu vergleichen. Der effektive Jahreszins ist die durchschnittliche prozentuale Zinsbelastung während der gesamten Laufzeit des Kredits, inklusive aller Zinsen, Gebühren und Kosten (jedoch ohne Kosten der Restschuldversicherung), umgerechnet auf jährliche Basis.

Nach der Preisangabenverordnung müssen Kreditinstitute den Effektivzins nennen. Im Gegensatz zum Nominalzins, dem reinen Zins pro Jahr, wird beim Effektivzins auch die kostenerhöhende Wirkung der Buchungsmethode berücksichtigt.

Zwischen den Angeboten der Kreditinstitute bestehen enorme Unterschiede. Die Stiftung Warentest hat festgestellt, daß es – bei Berücksichtigung aller Kostenfaktoren – Unterschiede von 7 bis 8 Prozent gibt.

Beispiel: Wie sich diese Unterschiede auf die Haushaltskasse auswirken, zeigt ein Beispiel für einen relativ kleinen Kredit von „nur" 15.000 DM bei 60 Monaten Laufzeit. Bei einem effektiven Jahreszins von 13,4 Prozent zahlt man bei dem einen Kreditinstitut insgesamt 20.270 DM zurück. Bei einem anderen Kreditgeber, der 17 Prozent effektiven Jahreszins verlangt, summieren sich Zins und Tilgung auf 21.730 DM. Ein Unterschied von 1.460 DM. Ein Betrag, der von all denen bezahlt werden muß, die die Preise der verschiedenen Kreditinstitute nicht vergleichen.

Manche Kreditangebote geben oft nur den Monatszins an. Dieser Zinssatz ist als Vergleichsgröße ungeeignet. In den Monatszinssatz werden außer den Zinskosten keine anderen anfallenden Gebühren oder Provisionen eingerechnet. Dies ist nur für den effektiven Jahreszins gesetzlich vorgeschrieben. Die monatlichen Tilgungen werden beim Monatszins ebenfalls nicht berücksichtigt. Derartige Zinsrechnungen dienen oft nur dazu, den Kunden über die wahren Kosten einer Kreditaufnahme zu täuschen.

Oft vergessen Verbraucher, daß die Kosten des Kredits entsprechend der Laufzeit zunehmen, deshalb sollte man sich auf keinen Fall durch niedrige monatliche Rückzahlungsraten blenden lassen. Diese sind überhaupt keine Gewähr dafür, daß der Kredit günstig eingekauft wurde.

Wer für Gebrauchsgüter mehr ausgibt, bekommt im allgemeinen einen größeren Gegenwert. Eine teurere Waschmaschine hat meist einen größeren Gebrauchswert und ein größeres und teureres Auto bietet im allgemeinen auch mehr Komfort. Wer für einen Kredit bei dem einem Kreditinstitut mehr bezahlt als bei einem anderen, hat davon überhaupt keinen Vorteil. Der von der Bank oder Sparkasse ausgezahlte und zur Verfügung stehende Kreditbetrag ist bei beiden genau der gleiche DM-Betrag. Aber am Ende muß bei einem Kreditinstitut mehr Geld zurückgezahlt werden als beim anderen.

Es kann nicht oft genug darauf hingewiesen werden, daß man vor einer Anschaffung immer prüfen sollte, ob es nicht möglich ist, noch etwas zu warten. Denn statt Zinsen zu zahlen, können dann Erträge für die Ersparnisse einkalkuliert und alle eventuell gebotenen Vorteile für Barzahler eingestrichen werden.

Vorsicht vor Kreditvermittlern

Kreditvermittler oder Finanzmakler schalten in Tageszeitungen und anderen Blättern Kleinanzeigen mit Werbesprüchen wie „Schnelles Geld", „Blitzkredit per Telefon" oder „Hausfrauenkredit". Sie werben mit rascher und unbürokratischer Abwicklung von Krediten. Wie bei jeder Werbung sollte man sich von solchen Formulierungen nicht blenden lassen.

Diese Kleinkredite sind im allgemeinen die teuersten, denn die Kreditvermittler vergeben selbst keine Kredite, sondern vermitteln sie nur – wie ja auch der Name sagt. Neben den normalen Zinsen muß für die Anbieter von „Sofortkrediten" oder „Hausfrauenkrediten" eine Vermittlungsprovision bezahlt werden. Banken und Sparkassen honorieren diese Schlepper in der Regel mit Vermittlungsgebühren in Höhe von 5 Prozent des aufgenommenen Kredits. Oft erhalten sie von den Kreditinstituten, die mit derartigen Vermittlern zusammenarbeiten, noch Erfolgsprämien und andere zusätzliche Provisionen. Dieses Geld zahlt die Bank natürlich nicht aus ihrem Gewinn, sondern es wird alles auf die Kunden abgewälzt.

Diese Art von Kreditvermittlung weckt immer wieder bei Menschen, die sich verschuldet haben, Hoffnung auf Hilfe. Aber dies ist weder bei Verschuldung noch in anderen Notfällen eine Lösung, um mit finanziellen Problemen fertigzuwerden. Wer aufgrund seiner persönlichen Verhältnisse bei einer Bank oder einer Sparkasse direkt keinen Kredit bekommt, erhält ihn grundsätzlich auch nicht auf dem Umweg über den Vermittler.

Bevor der Kredit ausgezahlt wird, verlangen manche Kreditbetrüger sehr oft schon Anzahlungen und Provisionen, die sie natürlich im voraus kassieren. Danach teilen sie mit, sie hätten keine Bank gefunden. Durch diesen Trick ist oft auch das angezahlte Geld verloren und wird nicht mehr zurückerstattet. Eine teure Erfahrung für den, der sich in einer persönlichen Notlage auf derartige Angebote einläßt.

WISO rät: Vorsicht! Wer solche Kleinanzeigen und den darin gegebenen Versprechungen traut, verschlimmert seine Situation dadurch nur noch mehr.

Wenn trotzdem Geld für einen Kredit ausgezahlt werden sollte, kann man durch vorheriges Nachrechnen schnell merken, daß Betroffene wegen der sehr hohen Zinsbelastung kaum noch die Chancen haben, später einmal ihre Schulden zu tilgen. Diese Form der Kreditfinanzierung endet deshalb sehr oft bei der Schuldnerberatung, weil alles verfügbare Geld für Zinsen draufgeht.

Wucher ist nicht erlaubt

Liegt der für einen Ratenkredit geforderte Zins zum Zeitpunkt des Vertragsabschlusses 90 Prozent über den durchschnittlichen Marktzinsen, handelt es sich um Zinswucher. Der durchschnittliche Marktzins wird regelmäßig von der Bundesbank veröffentlicht. Bei Kreditwucher ist der Vertrag wegen Sittenwidrigkeit nichtig. In der Hochzinsphase genügt es bereits, wenn der Vertragszins den Marktzins um 12 Prozent übersteigt.

Wenn es ernst wird: Schuldnerberatung

Wer sich verschuldet, sollte unbedingt eine Schuldnerberatungsstelle aufsuchen und mit einem Schuldnerberater sprechen, ehe auf dubiose Angebote eingegangen wird. Dies gilt natürlich erst recht für alle, die bereits in eine solche Situation geraten sind. Mit dieser Hilfe kann die Lage oft noch unter Kontrolle gebracht werden. Dies geschieht durch sorgfältige Ausgabenplanung. Schuldnerberater suchen dabei auch Kontakt und das Gespräch mit einem seriösen Kreditinstitut. In jedem Fall gilt: Die direkte Kreditaufnahme bei einem Kreditinstitut ist immer billiger als der Umweg über einen Kreditvermittler.

Wenn billigeres Geld zu haben ist: Die Ablösung

Wie jeder Vertrag kann auch ein Kreditvertrag gekündigt werden. Dies macht Sinn, wenn man zum Beispiel einen teuren Kredit, der in einer Hochzinsphase abgeschlossen worden ist, durch einen billigeren abzulösen versucht, wenn die Zinsen niedrig stehen. Dies ist bei Verbraucherkrediten frühestens sechs Monate nach der Auszahlung möglich. Beachtet werden muß dabei allerdings eine Kündigungsfrist von drei Monaten. Dieser Schritt sollte aber sorgfältig überlegt werden, denn bei einem neuen Kreditvertrag fallen die Gebühren erneut an. Bei der Ablösung des alten Kreditvertrags werden die damals bezahlten Bearbeitungsgebühren überhaupt nicht erstattet. Die Kreditgebühren werden auch dann nur anteilig angerechnet, wenn man beim gleichen Kreditinstitut bleibt.

Die Ablösung eines alten Kredits ist nur in solchen Fällen zu empfehlen, wo der effektive Jahreszins des neuen Kredits erheblich unter dem des alten liegt.

Zur Sicherheit: Die Restschuldversicherung

Manche Kreditinstitute wollen sich zusätzlich absichern und bestehen auf dem Abschluß einer Restschuldversicherung. Dann sind beide Verträge miteinander verbunden. Die Laufzeit muß mindestens ein Jahr betragen.

Bei dieser Kreditart werden an die Bank oder an die Sparkasse nur die Zinsen bezahlt, an das Versicherungsunternehmen die monatlichen Raten. Der Kunde tritt sämtliche Ansprüche aus der Versicherung an das Kreditinstitut ab, denn am Ende der Laufzeit wird der Kredit durch das Fälligwerden der Lebensversicherung getilgt.

Bei dieser gemischten Kreditform ist die Restschuldversicherung nichts anderes als eine Risikolebensversicherung, die nur im Fall eines Todes die dann noch offenen Raten bezahlt.

Wer damit rechnen muß, in absehbarer Zeit seinen Arbeitsplatz zu verlieren, oder wer befürchtet, daß sich Lohn oder Gehalt auf andere Weise vermindern, kann in diesem Fall nicht auf die Hilfe durch eine Restschuldversicherung hoffen. Bei Arbeitslosigkeit zahlt die Restschuldversicherung nicht, denn der Verlust des Arbeitsplatzes ist nicht zu versichern. Für diesen Fall muß in anderer Form vorgesorgt werden, damit bei Verlust des Arbeitsplatzes keine dann nicht mehr tragbare finanzielle Last entsteht und die monatlichen Tilgungsraten nicht mehr bezahlt werden können.

WISO rät: In diesem Fall sollte der Haus- und Wohnungskauf so kalkuliert werden, daß Zinsen und Tilgung auch bei einem deutlich geringeren Einkommen noch getragen werden können.

In die Zukunft blicken

Wer in einer Branche beschäftigt ist, wo man mit einer Gefährdung des Arbeitsplatzes zu rechnen hat, oder wer bei einem Unternehmen tätig ist, das in wirtschaftlichen Schwierigkeiten steckt, in dem über Lohnkürzungen diskutiert wird oder wo Überstunden abgebaut werden, der sollte bei allen Kreditaufnahmen besonders vorsichtig sein. Dann ist dringend zu empfehlen, einen Beratungstermin mit dem zuständigen Kreditsachbearbeiter zu vereinbaren, um für den Fall des Falles eine Strategie zu entwickeln. Das gilt erst recht für diejenigen, die bereits unverschuldet in eine solche Situation geraten sind.

Keine Lösung jedenfalls ist es, nicht zu reagieren und den Kopf in den Sand zu stecken, abzuwarten was passiert und die Vertragsbedingungen einfach nicht einzuhalten. Das Recht ist eindeutig: Wer Kreditverträge und Fristen nicht penibel genau einhält, zieht unweigerlich den kürzeren. Wenn ein Kreditnehmer mit zwei Raten in Rückstand gerät, ist das Kreditinstitut berechtigt, den gesamten Kredit zu kündigen. Der Kreditgeber kann dann die sofortige Rückzahlung des gesamten Darlehens verlangen. Wer gegen diese Vertragsbedingungen verstoßen und die Fristen nicht eingehalten hat, befindet sich anschließend in den Händen des Kreditinstituts. Ihm werden jetzt die Bedingungen diktiert.

In dieser Situation gibt es keinen Rechtsanspruch auf Stundung oder Ratenreduzierung. Das gilt auch für Schicksalsschläge, wie den Tod des Familienoberhauptes, bei denen die Familie unverschuldet zahlungsunfähig wird. Oder wenn der Alleinverdiener wegen Arbeitslosigkeit, Berufsunfähigkeit oder schwerer Krankheit ausfällt. In diesem Fall bleibt es nicht nur bei der Forderung auf sofortige Rückzahlung des gesamten Kredits. Von diesem Zeitpunkt an erhöhen sich zusätzlich die bisherigen Kosten. In den Vertragsbedingungen steht, daß für den ausstehenden geschuldete Betrag zusätzlich Zinsen bezahlen muß, wer mit seinen Zahlungen aufgrund eines Kreditvertrages in Verzug kommt. Die zusätzlichen Zinsen liegen 5 Prozent über dem jeweiligen Diskontsatz der Bundesbank.

Das Risiko mit der Bürgschaft

Im Geschäftsleben werden oft Bürgschaften übernommen, ohne daß sich die Unterzeichner über die Folgen im klaren sind. Die meisten wissen überhaupt nicht, welches Risiko sie mit ihrer Unterschrift eingehen. Bei den meisten Krediten verlangen Kreditinstitute auch die Unterschrift des Ehegatten, bei nichtverheirateten Paaren oft auch die des Partners. Wenn diese dann eine „selbstschuldnerische Bürgschaft" unterschrieben haben, haften sie als Bürge allein. Durch den Bürgschaftsvertrag verpflichtet sich der Bürge gegenüber dem Kreditinstitut, für die Erfüllung der Verbindlichkeit des Dritten mit seinem gesamten Vermögen einzustehen. Bürgen müssen gerade dann für die volle Rückzahlung einstehen, wenn der andere nicht mehr zahlen kann oder will.

Wer eine Bürgschaft unterschreibt, muß sich bewußt sein, daß er jederzeit mit seinem vollen Vermögen haftet und in Anspruch genommen werden kann, wenn der Schuldner aus welchem Grund auch immer seinen Verpflichtungen nicht nachkommt. Diese volle Haftung gilt grundsätzlich und zeitlich unbefristet. Dabei spielt es auch keine Rolle, ob der Mitunterzeichner bei Vertragsabschluß ohne Einkommen ist oder war. Sobald er später einmal über ein eigenes Einkommen oder zum Beispiel durch eine Erbschaft über Vermögen verfügt, wird er zur Kasse gebeten.

WISO rät: Vorsicht vor Bürgschaften! Sie sind keine kleinen „Freundschaftsdienste", sondern können böse Folgen haben. Vereinbarungen zwischen den beiden Kreditnehmern, dieses Risiko einzuschränken, nützen überhaupt nichts. Auch dann nicht, wenn man dieses in einem Vertrag schriftlich festgehalten hat.

Wenn beispielsweise zwei Ehepartner miteinander schriftlich vereinbaren, daß derjenige, der den Kredit aufgenommen hat, alle Schulden übernimmt, wenn es zu einer Trennung oder Scheidung der Partner kommt, so bindet dieser Vertrag den Kreditgeber nicht. Die Bürgschaft wird gegenüber dem Kreditinstitut abgegeben und bleibt bestehen. Aus diesem Grund kann durch den internen Vertrag auch nicht verhindert werden, daß sich das Kreditinstitut sein Geld von dem Partner zurückholt, der sich als Bürge zur Rückzahlung mitverpflichtet hat.

Wer bereit ist, für andere zu bürgen, wie dies beispielsweise Eltern oft für ihre Kinder tun, sollte sich nur auf eine *Höchst*betragsbürgschaft einlassen, die zeitlich befristet ist. Die Summe der Bürgschaft sollte nie höher sein, als das Vermögen, das in diesem überschaubaren Zeitraum auch tatsächlich zur freien Verfügung steht.

Die SCHUFA darf vieles wissen

Banken und Sparkassen melden jeden Kredit an die SCHUFA, die „Schutzgemeinschaft für allgemeine Kreditsicherung". Das ist eine Gemeinschaftseinrichtung der Kreditinstitute. Zur Verhinderung von Kreditausfällen und Betrügereien werden dort Daten über Kreditnehmer gesammelt.

Jeder Kreditnehmer kann von der SCHUFA Auskunft verlangen, welche Daten über ihn gespeichert sind. Bei seiner Sparkasse oder Bankfiliale kann man erfahren, welche regionale SCHUFA zuständig ist, an die die Anfrage gerichtet werden muß. Wer sich aus bestimmten Gründen dort nicht informieren will, kann sich an die Bundes-SCHUFA in D-65185 Wiesbaden, Kronprinzenstraße 28, wenden, um die richtige Anschrift zu erfahren.

So sichern sich die Banken: Lohnabtretung

Viele Kreditinstitute verlangen als weitere Sicherheit den pfändbaren Teil des Lohnes als Abtretung. Wer diese Klausel im Kleingedruckten der meisten Kreditverträge unterschreibt, muß wissen, daß dies einschneidende Konsequenzen haben kann. Kündigt das Kreditinstitut den Kredit, ob berechtigt oder nicht, kann es sofort und ohne Gerichtsverfahren den pfändbaren Teil des Lohnes verlangen. Zur Lohnpfändung reicht ein einfacher Brief an den Arbeitgeber und eine Kopie des Vertrages. Der Arbeitgeber darf dann seinem Mitarbeiter nur noch das Existenzminimum auszahlen, den Rest muß er an den Kreditgeber weiterleiten, sonst macht er sich selber strafbar. Die möglichen Folgen können gravierend sein. Als erstes fehlt von einem Augenblick zum anderen der überwiegende Teil des bisherigen monatlichen Einkommens. Regelmäßige Verpflichtungen, wie Miete, Versicherungsbeiträge und andere Daueraufträge, werden nicht mehr ausgeführt und führen zu weiteren Konsequenzen und Kündigungsfolgen.

Dies kann neben den finanziellen Auswirkungen für den Schuldner vor allem einen persönlichen Ansehensverlust in der Firma bewirken. Erfahrungsgemäß bleibt es nicht verborgen, bei wem der Lohn gepfändet wird. In bestimmten Positionen kann dies bis zum Verlust des Arbeitsplatzes führen.

WISO rät: Wer eine Lohnabtretung unterschreiben muß, sollte darauf achten, daß der Betrag nur so hoch ist, wie der aufgenommene Kredit. Das gleiche gilt für die Laufzeit der Lohnabtretung, sie darf die Laufzeit des Kredits nicht überschreiten.

Wer einen Kredit aufnimmt, muß deshalb vorher prüfen, ob er mit seinem regelmäßigen Einkommen auch die monatlichen Belastungen für die Rückzahlung des Kredits tragen kann. Viele rechnen nur mit den effektiven Kosten, dem Kaufpreis, des Kredits und berücksichtigen nicht, daß neben den Zinsen der Kredit selbst auch wieder zurückgezahlt werden muß.

Deshalb prüft jede Sparkasse oder Bank vor einer Kreditvergabe, ob der Kunde kreditwürdig ist und die daraus resultierenden Lasten auch tragen kann, indem sie vom Kreditnehmer eine Selbstauskunft verlangt. Die Bank beurteilt dabei auch menschliche Eigenschaften, das Ansehen und die persönlichen wirtschaftlichen und finanziellen Verhältnisse. Zu letzteren zählen insbesondere das vorhandene Vermögen und bestehende Schulden, das regelmäßige Einkommen und bereits bestehende andere Kredite, die getilgt werden müssen. Das Kreditinstitut versucht durch diese Kreditprüfung herauszufinden, ob der Kreditnehmer die Schuldentilgung bis zum Ende durchhalten kann.

WISO rät: Diese Selbstauskunft muß besonders sorgfältig und wahrheitsgemäß ausgefüllt werden. Wenn es später zu Problemen und rechtlichen Auseinandersetzung kommen sollte, dann kann die Selbstauskunft bei einer Haftung der Bank eine wichtige Rolle spielen.

Das verfügbare Einkommen: Wieviel Geld ist „frei“?

In jedem Privathaushalt gibt es zwei grundsätzliche Ausgabearten: die laufenden und die einmaligen Ausgaben. Zu den ersten zählen die ständig wiederkehrenden Zahlungen für Miete, Heizung, Strom, Lebensmittel oder Kleidung sowie Ratenbeträge für Versicherungen oder andere Kredite. Diese laufenden Ausgaben lassen sich mit Hilfe des WISO-Programms „Mein Geld“ leicht erfassen. Durch eine Einnahmen-Ausgaben-Rechnung kann dann das frei verfügbare Haushaltseinkommen ermittelt werden.

Nur wenn das so ermittelte freie Einkommen ausreicht, die Raten zu zahlen, gibt ein seriöser Kreditgeber einen Kredit. Ist dies jedoch nicht der Fall, wird die Bank oder Sparkasse eine Kreditvergabe auch im Interesse des Kunden ablehnen.

Um sich eine vielleicht unangenehme Prüfung und gegebenenfalls Ablehnung des Kreditantrags zu ersparen, können die notwendigen Berechnungen mit Hilfe des PC-Programms von WISO schon durchgeführt werden, bevor der Kreditantrag gestellt wird.

Was Sie über sich erklären: Die Selbstauskunft

Wer einen Kredit beantragt, sollte immer daran denken, daß er nie das volle Darlehen ausgezahlt bekommt. Der Betrag, der letztendlich dem Kreditnehmer überwiesen wird, ist der sogenannte Nettokreditbetrag. Von der absoluten vereinbarten Kreditsumme werden Disagio, Bearbeitungsgebühren, Schätzkosten, Prämien für eine Restschuldversicherung und sonstige Kosten abgezogen. Die behält der Kreditgeber von vornherein ein. Zinsen und Nebenkosten müssen aber für die Gesamtsumme bezahlt werden. Und diese Summe verlangt die Bank am Schluß auch zurück, obwohl sie so nie ausbezahlt wurde.

Probleme entstehen immer dann, wenn ein Kredit nicht ordnungsgemäß zurückgezahlt werden kann. Dafür gibt es Gründe, die jede Familie treffen können: Krankheit, Ehescheidungen und Arbeitslosigkeit. Das sind die Fälle, die das (Familien-) Einkommen erheblich schmälern. Es sind deshalb auch die Hauptgründe für Zahlungsschwierigkeiten und dafür, daß Kreditnehmer nicht mehr in der Lage sind, ihren Verpflichtungen nachzukommen. Dann drohen dem Schuldner empfindliche Zwangsmaßnahmen.

Deshalb sollte man sich vor einer Kreditaufnahme die Frage stellen: Kriselt es in der Ehe? Wie sicher ist der Arbeitsplatz? Dies sind die statistisch ermittelten Tatsachen: Jede dritte Ehe scheitert nach fünf Jahren. 30 Prozent aller Haushalte werden innerhalb von vier Jahren für eine kürzere oder längere Zeit von Arbeitslosigkeit betroffen.

Man sollte auch solche möglichen Schicksalsschläge bei den Überlegungen nicht ausklammern. Wer derartige Möglichkeiten von vornherein bedenkt, kann sich gegen die Folgen besser absichern. Damit nicht gilt: Ein Unglück kommt selten allein.

Ihre Rechte als Verbraucher und Kreditnehmer

Seit dem 1. Januar 1991 gibt es ein neues Verbraucherkreditgesetz mit wesentlichen Verbesserungen für Verbraucher. Darin enthalten sind zahlreiche Schutzbestimmungen, die sich auf Form, Inhalt und Durchführung aller Arten von Kredit- und Darlehensverträgen beziehen, die zwischen beruflichen Kreditgebern, wie Sparkassen oder Banken, und Privatleuten geschlossen werden.

Unter das Gesetz fallen nicht nur Kredite und Darlehen an Privatleute, sondern auch solche an Geschäftsleute, die für deren private Zwecke dienen, sowie Existenzgründungsdarlehen bis 100.000 DM, die für eine noch nicht ausgeübte berufliche Tätigkeit gewährt werden.

Für eine Vielzahl von gleichartigen und häufig vorkommenden Verträgen haben die Kreditinstitute Vertragsbedingungen, die Allgemeinen Geschäftsbedingungen, bereits vorformuliert, die sie bei ihren Vertragsabschlüssen zugrunde legen. Die Allgemeinen Geschäftsbedingungen der Banken in der Fassung vom 1. Januar 1993 legen die Rechte und Pflichten des Kunden und des Kreditinstituts bei Bankgeschäften fest und sind neben den gesetzlichen Bestimmungen immer Bestandteil des Vertrages. Diese Allgemeinen Geschäftsbedingungen sehen ausdrücklich vor, daß Kunden auch Einzelabsprachen mit der Bank treffen können. Wenn diese Einzelabsprachen schriftlich festgehalten worden sind, werden sie ebenfalls Bestandteil der Vertragsbeziehungen.

Das Verbraucherkreditgesetz bestimmt: Ein Kredit- oder Darlehensvertrag ist für beide Seiten bindend, wenn er schriftlich abgeschlossen wurde und gewisse Mindestangaben enthält. Dazu gehören zum Beispiel der Nettokreditbetrag, der Gesamtkreditbetrag, der Nominal- und der Effektivzinssatz und die sonstigen Kreditkosten.

Mit der Auszahlung allerdings werden Kredit- und Darlehensverträge auch dann gültig, wenn sie vorher nur mündlich vereinbart worden sind.

Kreditverträge können vom Kreditnehmer innerhalb einer Woche widerrufen werden. Damit wollte der Gesetzgeber dem Verbraucher die Gelegenheit geben, die Tragweite der eingegangenen finanziellen Verpflichtungen zu überdenken. Über dieses Recht muß der Kreditnehmer im Vertrag ausdrücklich informiert werden.

Für die Kreditvermittlung muß nur dann eine Vergütung an den Vermittler gezahlt werden, wenn dies schriftlich und in einer anderen Urkunde als in dem Kreditantrag vereinbart wurde. Erforderlich sind die Unterschrift des Kunden und die des Kreditvermittlers. Kein Anspruch auf Vergütung besteht für die Vermittlung, wenn der Kredit zum Beispiel wegen Widerrufs nach einer Woche nicht ausgezahlt wird.

Besteht ein sogenanntes „verbundenes Geschäft“, wie im Falle eines Ratenkaufs, erstreckt sich das Widerrufsrecht von einer Woche auch auf den Kaufvertrag. Wenn der Kunde an der Ware berechtigt Mängelrügen geltend machen kann, hat der Kreditnehmer das Recht, auch die Rückzahlung des Kredites zu verweigern. Der Kreditvertrag und der Kaufvertrag sind als eine wirtschaftliche Einheit anzusehen.

Der Kreditgeber kann einen Kredit nur kündigen, wenn der Kreditnehmer mit zwei Ratenzahlungen ganz oder teilweise in Verzug ist. Oder wenn der rückständige Betrag mindestens 10 Prozent der Kreditsumme ausmacht. Bei einer Laufzeit von über drei Jahren müssen es mindestens 5 Prozent sein, mit denen der Kreditnehmer in Verzug geratenen ist. Zuvor muß dem in Verzug geratenen Kreditnehmer eine Zahlungsfrist von zwei Wochen eingeräumt worden sein.

Bargeldloser Zahlungsverkehr und Konten: Aus dem Alltag nicht mehr wegzudenken

Die Zeiten des Tauschens von Waren sind längst vorbei – Münzen und Scheine haben den Tauschhandel abgelöst. Aber auch die Bedeutung des Bargeldes geht immer weiter zurück. Heute stehen wieder alle möglichen anderen Formen des bargeldlosen Zahlungsverkehrs im Vordergrund. Nach der Urform des Zahlungsverkehrs, bei der Menschen Gegenstände und Waren tauschten, die sie selbst hergestellt hatten, sehnt sich heutzutage allerdings niemand mehr zurück. Die Schwierigkeit lag damals nicht nur darin, den Wert der einzelnen Güter festzulegen, sondern bestand auch in dem Problem, den richtigen Tauschpartner zu finden, der genau die benötigten Waren hatte und gegen das tauschen wollte, was der andere anbot.

Bereits im 12. Jahrhundert stellten italienische Banken ihren Kunden nach Prüfung des Geldes auf Gewicht und Feingehalt eine dem Wert entsprechende Gutschrift aus. Auf deren Grundlage erfolgten alle Zahlungen durch Zu- und Abschreibungen in den Büchern. So entstand das Buchgeld, das man auch Giralgeld nannte. Bald bekam auch in anderen Länder Europas jeder Quittungen oder Depositenscheine von Banken und Geldwechslern ausgestellt, wenn dort Metall hinterlegt wurde. Diese Bescheinigungen sind die Urform des Papiergelds. Aus dieser Zeit datiert auch die Urform des bargeldlosen Zahlungsverkehrs.

Heute ist dieser aus unserem Wirtschaftsleben nicht mehr wegzudenken. Lohn- und Gehaltszahlungen, Mietzahlungen per Dauerauftrag oder die Abbuchung der Telefon- und Stromrechnung im Lastschriftverfahren sind selbstverständlich. Mit Schecks und Kreditkarten wird im In- und Ausland bezahlt.

Dies alles ist ohne Girokonto nicht möglich. So hat sich dieses Bankkonto zur Selbstverständlichkeit entwickelt. In Deutschland gibt es heute rund 50 Millionen Konten, auf denen Monat für Monat Beträge in Milliardenhöhe per Überweisung oder durch Lastschrifteinzug bargeldlos von Konto zu Konto bewegt werden. Selbst staatliche Leistungen wie Arbeitslosenunterstützung, Kindergeld oder Sozialhilfe und die Steuerrückzahlung werden inzwischen bargeldlos auf ein Bankkonto überwiesen. Arbeitnehmer sind sogar verpflichtet, ein Konto zu führen und können auf keine Barauszahlung ihres Lohnes oder Gehaltes bestehen.

In den sechziger Jahren haben Banken und Sparkassen Arbeitnehmer mit dem kostenlosen Girokonto geworben. Inzwischen lassen sie sich den bequemen und sicheren Zahlungsverkehr teuer bezahlen. Kreditinstitute sind in einer starken Position, nutzen diese Abhängigkeit aus und erhöhen laufend die Preise. Im gleichen Atemzug klagen sie über hohe Kosten, die ihnen für die Kontoführung entstehen, ohne offenzulegen, wieviel das Geschäft mit den Girokonten wirklich kostet.

Im normalen Alltagsleben orientieren sich Verbraucher an Schnäppchenführern, kaufen Lebensmittel bei Discountern, nutzen die Schlußverkäufe oder besuchen Flohmärkte, um Geld zu sparen. Nur bei Banken oder Sparkassen akzeptieren sie jeden Preis. Beim Betreten der Schalterhallen der Banktempel erstarren sie immer noch in Ehrfurcht, obwohl längst bekannt ist, daß sich die Kosten für die genau gleichen Leistungen bei verschiedenen Kreditinstituten erheblich voneinander unterscheiden.

Aus diesem Grund lohnt es sich, zu prüfen, welches jeweils die kostengünstigste Kontoform für den persönlichen Gebrauch darstellt und wo diese angeboten wird.

Das Universalbanksystem

In der Bundesrepublik Deutschland gibt es heute beinahe 5.000 rechtlich selbständige Kreditinstitute, die nach Ihrer Rechtsform in drei große Institutsgruppen unterschieden werden:

- Das sind einmal die Privatbanken, rund 250 andere Institute, 100 Regionalbanken und noch einmal soviel Privatbankhäuser und Zweigstellen ausländischer Banken.
- Die zweite Gruppe sind die öffentlich-rechtlichen Sparkassen. Sie bestehen aus einem dreistufigen System von Instituten: den Sparkassen auf örtlicher Ebene, den regionalen und auf Länderebene arbeitenden Girozentralen, die zugleich die Funktion von Landesbanken wahrnehmen, und der Deutschen Girozentrale, dem Spitzeninstitut des Sparkassensektors. Auf diesen Sektor entfallen rund 38 Prozent des Geschäftsvolumens aller Kreditinstitute in der Bundesrepublik.
- Die dritte Gruppe sind die Volks- und Raiffeisenbanken. Diese genossenschaftlichen Institute sind Mitte des vorigen Jahrhunderts als Selbsthilfeeinrichtungen der Landwirtschaft und des Kleingewerbes entstanden. Heute vereinigen diese Kreditgenossenschaften rund 16 Prozent des Geschäftsvolumens aller Kreditinstitute.

Neben diesen Geschäftsbanken gibt es noch etwa 230 Spezialkreditinstitute. Zu ihnen zählen die Teilzahlungsbanken, die sich auf die Vergabe von Konsumentenkrediten an die private Kundschaft spezialisiert haben, und die Realkreditinstitute.

25 private Hypothekenbanken und zwölf öffentlich-rechtliche Grundkreditanstalten gewähren langfristige, durch Grundpfandrechte gesicherte Kredite und Darlehen. Ihr Hauptgeschäft ist die Vergabe von Hypothekendarlehen für den privaten Wohnungsbau, den gewerblichen Bau und die Finanzierung von öffentlichen Infrastrukturmaßnahmen.

Alle Kreditinstitute unterliegen einer staatliche Aufsicht, dem Bundesaufsichtsamt für das Kreditwesen in Berlin. Das ist eine organisatorisch selbständige Bundesoberbehörde, die zum Geschäftsbereich des Bundesministers der Finanzen zählt und den fachlichen Weisungen des Ministers untersteht. Das Bundesaufsichtsamt wacht darüber, daß die Geschäfte ordnungsgemäß abgewickelt werden und die Kundengelder bei den Banken gesichert sind. Im Vordergrund der Aufsicht durch das Bundesaufsichtsamt für das Kreditwesen steht die Überwachung der Eigenkapitalausstattung und Liquidität, die Prüfung der Jahresabschlüsse und der Geschäftsberichte. Das Verhältnis der Kreditinstitute zu ihren Bankkunden steht nicht im Vordergrund der Tätigkeit der Berliner Behörde. Als Ombudsmann der Verbraucher sieht sich das Bundesaufsichtsamt für das Kreditwesen leider auch nicht.

Es geht nicht mehr ohne Girokonto

Für welches Kreditinstitut soll man sich entscheiden, eine Bank oder eine Sparkasse? Ein Institut mit einer Zweigstelle in der Nachbarschaft oder eine filiallose Direktbank? Man muß eine Wahl treffen, denn ohne Girokonto kommt im Zeitalter des bargeldlosen Zahlungsverkehrs niemand aus. Buchungen und Überweisungen nehmen immer weiter zu. In einem normalen Arbeitnehmerhaushalt sind 200 Transaktionen pro Jahr und Konto keine Seltenheit. Gebühren für Wasser und Strom, Telefon und Miete, Versicherungsbeiträge und Kreditkartenabrechungen fließen jeden Monat ab und sind bisher über das Girokonto am günstigsten abzuwickeln. Die Gebühren für jede Buchung unterscheiden sich allerdings von Kreditinstitut zu Kreditinstitut erheblich. Bei einigen kostet die Buchung nichts, bei anderen zahlt man für jede einzelne Buchung zwischen 30 Pfennig und einer Mark.

Kontopreise zu vergleichen ist allerdings sehr schwierig, denn die Preise sind verwirrend unübersichtlich, und die Konditionen der einzelnen Kreditinstitute können nur mit erheblichem Aufwand verglichen werden. Viele Kreditinstitute weigern sich sogar, die umfangreichen Preisverzeichnisse auszuhändigen und verweisen auf die Aushänge in ihrer Filiale.

Die meisten Kontoinhaber nehmen die tatsächliche Kostenbelastung überhaupt nicht bewußt wahr, denn die Kreditinstitute bedienen sich monatlich oder vierteljährlich selbst, indem die Kontokosten als ein Sammelposten ohne nähere Aufschlüsselung automatisch abgebucht werden.

Der Preis für die Führung eines Girokontos, einschließlich aller Überweisungen, Lastschriften, Daueraufträge, Versand von Kontoauszügen, kann sich so im Laufe eines Jahres, von Bank zu Bank unterschiedlich, bis auf eine Summe von 800 DM addieren.

Ballast abwerfen und Kosten einsparen

Wer beim Girokonto Geld sparen will, muß zunächst prüfen, ob sich beim bereits bestehenden Konto die Kosten verringern lassen. Der erste Schritt, um Einsparungen zu erreichen, sollte sein, zu überlegen, auf welchen unnötigen Service verzichtet werden kann. Ist es tatsächlich notwendig, verschiedene Konten zu unterhalten? Eine Kontenzusammenlegung spart in jedem Fall Geld.

Als nächstes sollte derjenige, der auf seinem Konto viel bewegt, prüfen, ob er nicht besser fährt, wenn er sich statt der Einzelabrechnung für ein Konto mit einem Monatspauschalpreis entscheidet.

Es gibt noch viele andere unnötigen Leistungen, die kostentreibend sind. Aber jeder muß für sich selbst entscheiden, ob ihm alle diese Sonderleistungen das Geld wert sind. Erst richtig teuer wird es, wenn man sich bei jeder Buchung die Kontoauszüge laufend zuschicken läßt. Zur Kontoauszugsgebühr kommt dann noch das Porto für jeden Brief extra dazu. Sammel- oder Monatsauszüge sind wesentlich billiger.

WISO rät: Kostenfrei bleibt in vielen Kreditinstituten, wer sich am Kontoauszugsdrucker über seinen Kontostand selbst informiert. Diesen Auszug sollte man sich allerdings mindestens alle 30 Tage oder allerspätestens nach sechs Wochen ausdrucken lassen. Wer den Sammelauszug nicht regelmäßig in diesem Zeitraum ausdrucken läßt, bekommt in vielen Fällen einen Sammelauszug mit der Post nach Hause geschickt und muß dafür bis zu 3,50 DM bezahlen.

Das ist kein freundlicher Service. Das Kreditinstitut versucht auf diese Weise und auf Kosten ihrer Kunden nur die begrenzte Speicherkapazität auf den Kontoauszugsdruckern wieder freizubekommen.

Wer häufig unterwegs ist und, um sich mit Bargeld zu versorgen, Geldautomaten nutzt, muß zu seinen Kontokosten auch noch für jede Abhebung die Gebühren in Höhe von 3 bis 5 DM hinzurechnen. Das ist der Satz, den andere Kreditinstitute bei Barabhebungen am Automaten für sogenannte Fremdkunden in Rechnung stellen.

WISO rät: Feilschen nutzt auch bei den Kontokosten. Wer viele Konten braucht und viel bewegt, sollte mit seiner Sachbearbeiterin oder seinem Sachbearbeiter verhandeln. Oft erreicht man bereits dadurch einen erheblichen Preisnachlaß oder sogar eine kostenlose Kontoführung.

Keineswegs aus der Mode: Der Scheck

Der bequemste – und bei größeren Beträgen oft auch der günstigste Weg – ist das bargeldlose Zahlen mit Scheck. Das Konto des Ausstellers wird frühestens dann belastet, wenn der Empfänger den Scheck bei seiner Bank zur Gutschrift einreicht. Darüber hinaus verstreichen meistens noch mehrere Tage, weil der Scheck mit der Post unterwegs ist. Gehört die Bank des Empfängers zu einer anderen Kreditorganisation als die des Ausstellers, vergehen noch einmal einige weitere Tage, bis der Betrag endgültig auf dem Konto belastet wird – eine Art zinsloser Kredit, der auch noch Überziehungszinsen spart, wenn das Konto zuvor nicht über die erforderliche Deckung verfügt hat.

Für Beträge bis zur Höhe von 400 DM, oder den entsprechenden Gegenwert in ausländischer Währung, übernimmt die Bank eine Einlösungsgarantie, wenn Unterschrift, Name des Kreditinstitutes, Kontonummer auf Eurocheque und Eurochequekarte übereinstimmen. In diesem Fall muß die Nummer der Karte auf der Rückseite des Eurocheques vermerkt sein.

Ein im Inland ausgestellter Eurocheque muß innerhalb von acht Tagen, ein im Ausland ausgeschriebener Eurocheque innerhalb von 20 Tagen, gerechnet ab dem Ausstellungsdatum auf dem Scheck, der zuständigen Bank vorgelegt werden, damit die Einlösungsgarantie erhalten bleibt.

Es gibt sogar Girokonten mit Zinsen

Die meisten Kreditinstitute verzinsen ein Guthaben auf dem Girokonto nicht. In letzter Zeit führt der Wettbewerb unter den Banken aber auch hier zu Veränderungen: Manche bieten Guthabenzinsen bis zu 4,5 Prozent. Andere verzichten auf Gebühren sogar ganz, wenn im Monatsdurchschnitt mehr als 2.500 DM Guthaben auf dem Konto sind.

Dies ist ein durchaus attraktives Angebot, wenn man es einmal nachrechnet: Selbst wenn die Kontoführungsgebühren mit einem extrem niedrigen monatlichen Betrag von 15 DM angesetzt werden, macht dies im Jahr eine Einsparung von 180 DM aus. Auf den vorgeschriebenen Mindestguthabenbetrag von 2.500 DM berechnet, bedeutet dies in dem Rechenbeispiel eine Rendite von 7,2 Prozent. Diese Verzinsung bleibt dazu noch voll erhalten, denn sie ist zinsabschlagssteuerfrei.

WISO rät: Wer sehr hohe Umsätze über das Girokonto abwickelt, Kredite aufnimmt oder andere Bankgeschäfte tätigt, sollte sich nicht scheuen, mit der Hausbank über eine Gebührensenkung zu verhandeln oder versuchen zu vereinbaren, daß ihm mehr Freiposten eingeräumt, Scheckvordrucke umsonst ausgegeben werden oder andere kostenfreie Zusatzleistungen erfolgen.

Falsche Bescheidenheit ist fehl am Platz, wie zahlreiche Beispiele in der Vergangenheit zeigen, die WISO in seinen „Tresorgeschichten“ immer wieder vorstellt. Als vor einiger Zeit die Deutsche Bank für Barauszahlungen Gebühren kassierte und auch WISO den Fall aufgriff, gab die Bank nach und nahm die Forderung wieder zurück.

Auch das gibt es: Das Gratiskonto

Einige Gruppen haben, bezogen auf die Gebühren, vor allen anderen Kontoinhabern einen Vorsprung. Schüler, Lehrlinge, Studenten, Wehr- und Zivildienstpflichtige und Rentner stellen sich am allerbesten. Für die gibt es bei den meisten Instituten Gratiskonten. Die gebührenfreie Kontoführung wird aber nicht automatisch eingeräumt. Nichts bezahlen muß nur derjenige, der dies bei seinem Kreditinstitut auch schriftlich beantragt.

Die diskrete Variante: Das Nummernkonto

Wer es exklusiver haben möchte – und vor allem diskreter, der kann sich ein Nummernkonto einrichten lassen. Dann darf man sich aber nicht wundern, wenn es etwas teurer wird. In diesem Fall wird das Konto in der Bankbuchhaltung nur unter einer bestimmten Nummer geführt, während der Name und die Anschrift des Kontoinhabers vertraulich bleiben und meist nur der Direktion bekannt sind. Für diese Konten gibt es in den meisten Fällen, trotz der hohen Kontoguthaben, keine Verzinsung. Das ist eben der Preis, der bezahlt werden muß, wenn niemand danach fragt, woher das Geld kommt und wem es gehört.

Diese Art von Konten sind vor allem in der Schweiz gebräuchlich. In der Bundesrepublik Deutschland sind Nummernkonten nicht zulässig.

Gibt es ein „Recht auf Konto“?

Ohne Girokonto ist man nur ein halber Mensch – das merken vor allem die, denen ein Girokonto verweigert wird. Verbraucherverbände schätzen, daß in Deutschland davon bis zu einer Million Männer und Frauen betroffen sind. Dazu zählen Arbeitslose, Sozialhilfeempfänger, aber auch Schriftsteller und Künstler ohne ein regelmäßiges Einkommen. Bisher gibt es kein gesetzliches Recht auf ein Girokonto. Aus diesem Grund können sich Banken und Sparkassen weigern, für diese Personengruppen Konten einzurichten. Die Gründe für die Kontoverweigerung reichen vom Verlust des Arbeitsplatzes über Krankheit bis hin zu selbstverschuldetem Verhalten. Aber es gibt auch Geldinstitute, die die finanzschwachen Kunden aus der Schalterhalle verweisen, weil sie glauben, daß diese die Gruppe der Besserverdienenden stört und dadurch möglicherweise vertreibt.

Wer sich um eine neue Arbeit bewirbt oder eine Wohnung mieten will und kein Bankkonto angeben kann, hat in den meisten Fällen bereits verloren. Er ist dadurch noch weiter sozial diskriminiert und wird zusätzlich auch noch finanziell bestraft. Wer über keine Bankverbindung verfügt und Zahlungen vornehmen muß oder auch nur die Sozialhilfe als Bargeld in Empfang nehmen will, dem entstehen zusätzliche Kosten. Die entsprechende Barabwicklung frißt bei Sozialhilfeempfängern bis zu 10 Prozent ihrer Monatsbezüge auf.

Verschärft hat sich die Situation seit Anfang 1995, da seit diesem Zeitpunkt durch die Privatisierung der Postbank für dieses Geldinstitut die Verpflichtung entfiel, für jedermann ein Konto zu führen. Gegenwärtig besteht nur in sechs Bundesländern für öffentliche Sparkassen eine gesetzliche Verpflichtung zur privaten Kontoführung.

Ob in Zukunft alle Kreditinstitute vom Gesetzgeber verpflichtet werden, jedem Kunden – unabhängig von seinem sozialen und ökonomischen Status – ein Girokonto einzurichten, hängt davon ab, ob die Kreditinstitute eine Selbstverpflichtung eingehen, auf freiwilliger Basis für jeden Bürger ein Girokonto auf Guthabenbasis anzubieten.

Das Konto läßt sich kündigen

Umfragen haben ergeben: Jeder vierte Bundesbürger ist mit seiner Bank unzufrieden, fast jeder Dritte hat schon einmal über einen Wechsel nachgedacht. Wer sich dazu entschließt, sollte unbedingt vor der Kontoeröffnung mit seinem künftigen Kreditinstitut über die Kosten für das neue Konto verhandeln, um zu erreichen, daß beispielsweise für die Kreditkarte und die Höhe des Überziehungskredits bessere Konditionen zugestanden werden. Auflösungsgebühren sollte man nicht akzeptieren. Das neue Kreditinstitut soll als Service das alte Konto einziehen und die Änderungen der Daueraufträge und Abbuchungen vornehmen.

Überweisung auf Abruf: Das Abrufkonto

Für Überweisungen, Daueraufträge und Lastschriften oder Bargeldabhebungen am Geldautomat gibt es inzwischen eine Vielzahl weiterer Kontoformen. Nicht in jedem Fall sind sie ein Ersatz für das Girokonto, aber in vielen Fällen eine durchaus geldwerte und kostensparende Ergänzung.

Das gilt besonders für sogenannte Abrufkonten bei einer Direktbank. Normalerweise fallen dort überhaupt keine Gebühren an. Für die Einlagen wird ein Zins zwischen 2,5 und 5 Prozent gezahlt.

WISO rät: Diese relativ neue Kontenform ist in jedem Fall eine sinnvolle Alternative zum Sparbuch. Das Guthaben ist meistens ohne Einschränkung und täglich verfügbar. Das Abrufkonto bietet eine deutlich höhere Verzinsung als das Girokonto oder als das Sparbuch.

Überweisungsaufträge für das Abrufkonto werden telefonisch oder durch ein Telefax erteilt. Dabei muß ein vorher schriftlich vereinbartes geheimes Kennwort genannt werden. Dieses Verfahren ist risikolos. Es besteht so gut wie keine Gefahr, daß Unbefugte das Konto abräumen, denn Überweisungen werden immer nur auf ein vorher schriftlich vereinbartes Referenzkonto ausgeführt. Sinnvollerweise wählt man dafür das eigene Girokonto. Dies schränkt natürlich die Universalität der Nutzung des Kontos ein – ein Nachteil, der aus Sicherheitsgründen in Kauf genommen werden sollte. Abrufkonten eignen sich für Finanzreserven, die jederzeit verfügbar sein sollen und die man nicht längerfristig festlegen will oder die nicht längerfristig festgelegt werden können.

Das Konto bei der Kreditkartenfirma

Gebührenfreie und verzinste Guthabenkonten, die sogar überzogen werden können, bieten inzwischen auch fast alle Kreditkartenorganisationen. Der Guthabenzinssatz entspricht meistens denen der Abrufkonten, die Überziehungszinsen dagegen liegen meist deutlich höher als die für Dispositionskredite beim Girokonto oder normale Ratenkredite.

Kreditkartenkonten eignen sich insbesondere dann als Verfügungskonto für die Benutzung von Kreditkarten, wenn die Umsätze nur einmal im Monat abgebucht werden.

Das gute alte Sparbuch

Das Sparkonto oder das Sparbuch ist nach wie vor weit verbreitet, obwohl es eine relativ niedrige Verzinsung bietet. Dafür ist es allerdings gebührenfrei. Wer sein Geld braucht, muß wissen, daß das Guthaben nur sehr beschränkt zur Verfügung steht. Die Gesamtsumme, die monatlich abgehoben werden kann, darf zusammen nicht mehr als 3.000 DM betragen. Höhere Beträge müssen 90 Tage vorher gekündigt werden.

Zum Kauf von Aktien: Wertpapierkonten

Wertpapierkonten dienen vor allem zum Kauf und Verkauf von Aktien und anderen festverzinslichen Wertpapieren. In den meisten Fällen handelt es sich technisch um Verrechnungskonten, auf denen keine anderen Bankgeschäfte abgewickelt werden können. Bei der Verbuchung von Zinszahlungen und Gebühren bestehen von Bank zu Bank erhebliche Unterschiede. Wie alle anderen Gebühren sind auch diese weitgehend durch Verhandlungen beeinflußbar.

Überweisung per Anruf: Telefonbanking

Vom einfachen Abrufkonto ist es nur möglich, Überweisungen als Gutschrift auf ein festgelegtes Konto vorzunehmen. Eine Weiterentwicklung ist das Telefonbanking. Damit können alle Bankgeschäfte durchgeführt werden. Seit Einführung des Telefonbanking ist es nicht mehr erforderlich, sich auf den Weg an den Bankschalter zu machen. Die Werbung verspricht: „Bankgeschäfte können Tag und Nacht, unab-hängig von den allgemeinen Geschäftszeiten und ohne aufwendige Wege erledigt werden."

Über zwei Millionen Bundesbürger nutzen seither diesen bequemen Weg für ihre Bankgeschäfte, um per Telefon Überweisungen in Auftrag zu geben oder Daueraufträge zu ändern oder auch nur den aktuellen Kontostand zu erfragen. Telefonbanking wird mittlerweile von so gut wie allen Bankinstituten für alle Bankleistungen angeboten. Größter Anbieter ist die Postbank, bei der über 650.000 Kunden diese Serviceleistung nutzen.

Geht nur mit Decoder: Das T-Online-Konto

Noch bequemer ist das Online-Konto über T-Online, also den Bildschirmtext. Rund eine halbe Million Bankkunden nutzen den T-Online-Service ihres Geldinstituts. Das Online-Konto boomt. Wer Bankgeschäfte via T-Online erledigen will, muß bei seiner Bank oder Sparkasse einen entsprechenden Antrag stellen und erhält daraufhin eine Geheimzahl, eine persönliche Identifikationsnummer, die sogenannte PIN, und eine Liste mit bis zu 100 geheimen Transaktionsnummern, die sogenannte TAN. Um T-Online zu nutzen, braucht man entweder einen PC mit Decoder, ein T-Online-TV-Set für den Fernseher oder ein Multitel-Telefon, ein Telefon und T-Online-Gerät in einem.

Banken und Sparkassen sind an einer Ausweitung dieser Geschäftsbeziehung interessiert, denn die für die elektronische Weiterverarbeitung erforderlichen Daten werden vom Kunden selbst und dazu noch EDV-gerecht erbracht. Das spart den Sparkassen und Banken in erheblichem Ausmaß Personalkosten. Deshalb locken sie Nutzer mit günstigen Konditionen. Die Postbank übernimmt sogar die Datex-J-Anschlußgebühr und stattet ihre Kunden kostenlos mit Modem und T-Online-Decoder aus. Bei nicht wenigen Kreditinstituten zahlen T-Online-Kunden nur die Hälfte der monatlichen Kontogebühren, andere verlangen für T-Online-Buchungen überhaupt keine Gebühren.

Um über T-Online auf ein Konto zuzugreifen, muß der Kunde die Kontonummer und die persönliche Identifikationsnummer eingeben. Damit können Kontoinformationen abgerufen werden. Um eine Überweisung auszuführen oder einen Dauerauftrag einzurichten oder zu ändern, ist zusätzlich die Eingabe einer der Transaktionsnummern erforderlich. Jede Transaktionsnummer ist nur einmal verwendbar. Durch diese zwei Geheimzahlen ist das Konto gegen unberechtigten Zugriff geschützt.

WISO rät: Für Privatkunden mit wenig Kontobewegungen stellen diese Gebührensenkungen unter dem Strich aber überhaupt keine Einsparung dar, denn auf der anderen Seite steigt die Telefonrechnung entsprechend. Und manchmal beträgt dieses ein Mehrfaches dessen, was an Bankgebühren eingespart werden kann.

Der elektronische Experte: Finanzmanager

Finanzprogramme wie „WISO Mein Geld" sind komfortable Finanzmanager und können die Telefonkosten verringern. Wer sie verwendet, kann Kontoauszüge ohne Verzögerung aus dem Telekom-Btx-System übernehmen. Danach wird die Verbindung sofort wieder abgeschaltet. Anschließend können alle Kontobewegungen auf dem eigenen PC in Ruhe angesehen werden. Nachdem dort alle Überweisungsaufträge bearbeitet sind, wählt man das Konto wieder an, und alle Daten werden zusammen und vor allem verzögerungsfrei auf das T-Online-Konto übertragen. Das spart Online-Zeit und damit Telefon- und Datex-J-Gebühren.

Bis der elektronische Finanzexperte richtig funktioniert, ist aber eine mächtige Hürde zu überwinden: Jede Bank besitzt ein eigenes Btx-Programm mit individueller Menuestruktur, so daß für jede Bank die Finanzsoftware erst einzeln eingestellt werden muß. Anfänger sollten für das sogenannte Trainingsprogramm mehrere Stunden einplanen. Für Großbanken ist dieses Training oft bereits in der Software eingearbeitet. Wer dieses dann geschafft hat, kann mit dem digitalen Finanzmanager Girokonto, Kreditkarte, Vermögenswerte, Kredite und Darlehen bequem verwalten.

Kunden werben durch Vermittlungsprämien

Der Wettbewerb zwischen den verschiedenen Kreditinstituten wird immer härter. Gekämpft wird um jeden einzelnen Kunden. Nicht nur die Angestellten von Banken und Sparkassen sollen diese herbeischaffen, auch die Kunden selbst sollen neue Kunden werben. Für die Vermittlung zahlen die Geldinstitute Kopfgeld. Wer einen neuen Kunden bringt, kann zwischen einer Espressomaschine, einem Reisewecker, einem Silberteller, einem Werkzeugkasten, einem Regenschirm, einer Saftpresse oder einer Armbanduhr wählen. Freundschaftswerbung nennen das die Kreditinstitute. Manche belohnen die Vermittlung sogar mit Barem.

Noch raffinierter sind Prämiensysteme für erfolgreiche Empfehlungen, bei denen sich die Prämienpunkte addieren. Egal ob ein Girokonto, Sparbuch, Festgeldkonto oder Kredit eingerichtet oder in Anspruch genommen wird, jedesmal gibt es Punkte. Die Prämie fällt um so höher aus, je höher der dadurch vermittelte Umsatz steigt. In

Einzelfällen reicht die Prämie bis zu einem teuren Trekkingfahrrad. Für die Banken und Sparkassen lohnen sich diese Ausgaben, denn Deutsche wechseln das einmal gewählte Kreditinstitut so gut wie nie und bleiben ihm, wenn sie sich einmal entschieden haben, üblicherweise ein Leben lang treu.

Die formelle Kontoeröffnung

Die Voraussetzung zur Teilnahme am bargeldlosen Zahlungsverkehr ist die Eröffnung eines Kontos bei einer Sparkasse oder einer Bank. Dabei sind Kreditinstitute gesetzlich verpflichtet, Name, Vorname, Adresse, Beruf, Familienstand und Geburtsdatum zu prüfen, um zu verhindern, daß jemand unter anderem oder falschem Namen für sich oder eine andere Person ein Konto einrichtet und damit Mißbrauch treibt. Bei der Einzahlung von größeren Geldbeträgen sind Kreditinstitute sogar verpflichtet, das Finanzamt zu informieren. Dadurch sollen Schwarzgeldgeschäfte verhindert werden.

Regeln für die Geschäfte mit Minderjährigen

Bei Bankgeschäften mit Minderjährigen müssen Kreditinstitute sowohl die Eltern wie die Jugendlichen selbst über die geltenden Schutzvorschriften des Bürgerlichen Gesetzbuches aufklären. Eine Konteneröffnung durch Minderjährige ist nur mit schriftlicher Zustimmung beider Elternteile möglich. Die bloße Behauptung von einem der beiden, vom Vater oder der Mutter, zur alleinigen Vertretung berechtigt zu sein, oder dies geschehe auch im Namen des anderen, reicht nicht aus. Das gilt auch für die Fälle, in denen nach Scheidung oder Tod nur ein Partner allein sorgeberechtigt ist. Auch dann muß die Vertretungsberechtigung schriftlich nachgewiesen werden.

Bei der Eröffnung eines Kontos für Minderjährige legen manche Kreditinstitut den Eltern Formulierungen zur Unterschrift vor, in denen geschrieben steht: „Wir genehmigen im voraus sämtliche Geschäfte." Dies ist unzulässig, denn mit einer Zustimmung zu dieser Aussage würden die Erziehungsberechtigten die Volljährigkeit des Kindes vorwegnehmen.

WISO rät: Wenn diese gesetzlichen Bestimmungen nicht beachtet werden, sind alle folgenden Geschäfte unwirksam und müssen rückabgewickelt werden. Die Haftung und ein möglicherweise daraus entstehender Schaden trifft die Bank, die nicht auf die Einhaltung von Vorschriften für Minderjährige geachtet hat.

Unproblematisch ist hingegen, wenn Eltern eine Einwilligung für bestimmte Kontoverfügungen geben, die es beispielsweise dem Jugendlichen erlauben, Barabhebungen, Überweisungen oder Daueraufträge selbst durchzuführen.

Kaum bekannt ist, daß für viele Bankgeschäfte mit Minderjährigen die Genehmigung des Vormundschaftsgerichts erforderlich ist. Das ist sogar dann vom Gesetzgeber zwingend vorgeschrieben, wenn beide Elternteile noch leben. Dazu zählen vor allem Kreditaufnahmen und Kapitalanlagen mit der Verpflichtung zu regelmäßig wiederkehrenden Zahlungen. Es ist aber auch für die Ausgabe von Eurocheque-, Kunden- und Kreditkarten vorgeschrieben. Solange die Genehmigung des Vormundschaftsgerichts nicht vorliegt, sind diese Geschäfte schwebend unwirksam. Die Bank haftet alleine und kann daraus keine Ansprüche herleiten.

Wenn sich Jugendliche verschuldet haben und das Geld nicht mehr an die Bank zurückzahlen können, ist es unzulässig, in diesem Fall sozialen Druck auf die Eltern auszuüben oder sogar mit einer Meldung an die SCHUFA zu drohen. Eine allgemeine Haftung der Eltern für die Schulden ihrer Kinder gibt es nach deutschem Recht nicht. Aus diesem Grund können Banken und Sparkassen ihre angeblichen Forderungen auch nicht gegen die Eltern geltend machen.

Allgemeine Geschäftsbedingungen

Preise für Geldgeschäfte sind vor allem in den Allgemeinen Geschäftsbedingungen der Banken und Sparkassen geregelt. In Paragraph 12 AGB-Gesetz heißt es, daß die Höhe der Zinsen und Entgelte für die im Privatkundengeschäft üblichen Kredite und Leistungen sich aus den „Preisaushang-Regelsätzen im standardisierten Privatkundengeschäft“ und ergänzend dazu aus dem Preisverzeichnis ergeben.

Das bedeutet, wenn ein Kunde einen dort aufgeführten Kredit oder irgendeine andere dort aufgeführte Leistung des Kreditinstituts in Anspruch nimmt und dabei keine anderslautende Vereinbarung schriftlich getroffen wurde, gelten die zu diesem Zeitpunkt im Preisaushang oder Preisverzeichnis angegebenen Zinsen und Entgelte für den Kunden verbindlich.

Bei diesen Geschäften gilt der Grundsatz der Vertragsfreiheit. Das bedeutet in der Praxis, beide Seiten, Bank und Kunde, können die Leistung und die Gebühren völlig frei vereinbaren.

WISO rät: Aus diesem Grund sollte man vor allem bei allen größeren und komplizierteren Geschäften unbedingt vorher nach der Preisberechnung fragen und nicht erst danach. Bevor man die Unterschrift unter einen Vertrag setzt und es zum Abschluß des Geschäftes kommt, sollte man sich unbedingt eine Kopie des Preisaushangs oder des Preisverzeichnisses aushändigen lassen.

Wenn der Kunde versäumt, dieses Preisverzeichnis zu verlangen, kann sich dies später vielleicht zu seinen Lasten auswirken. Umgekehrt gilt aber auch: Informiert das Kreditinstitut den Kunden lückenhaft, kann dies rechtliche Folgen für das Kreditinstitut haben, denn die Bank kann später nur die Preise vom Kunden verlangen, die vorher von ihr schriftlich gefordert worden sind. Sonstige Entgelte, die in den ausgehändigten Unterlagen nicht enthalten sind und bei einer Nachfrage verschwiegen wurden, gelten als nicht vereinbart. Sie müssen vom Kunden auch nicht bezahlt werden. Selbst dann nicht, wenn sie im Preisverzeichnis, das im Schalterraum aushängt, aufgeführt sind. Auch nachträglich darf die Bank keine Preise verlangen, die erst später, nach Annahme des Auftrages, festgesetzt worden sind.

Dagegen verstoßen haben in letzter Zeit einige Kreditinstitute, indem sie beispielsweise nachträglich versucht haben, Beträge bis zu 20 DM für die Bearbeitung vom Freistellungsaufträgen im Rahmen der Zinsabschlagsteuer zu verlangen.

Manche Banken haben in ihrem Preisaushang die Formulierung: „Für nicht aufgeführte Leistungen kann die Bank die Höhe der Entgelte nach billigem Ermessen bestimmen." Auch diese „Sesam-öffne-Dich-Klausel" bietet für Kreditinstitute nur einen ganz engen Gebührenspielraum. Der Preis muß in diesem Fall in einem angemessenen Verhältnis zur Leistung und zum tatsächlichen Aufwand stehen und darf sich vor allem nicht außerhalb des Marktüblichen bewegen. Aus diesem Grunde ist es zu empfehlen, sich zum Vergleich bei anderen Instituten am Ort über deren Preise für die gleiche Leistung zu erkundigen.

Die Allgemeinen Geschäftsbedingungen schreiben vor: Sparkassen und Banken müssen bei einer Änderung der Zinsen und Entgelte für alle Dienstleistungen dies ihren Kunden vorher mitteilen. Erst danach gelten diese neuen Preise.

Bei einer Erhöhung der Preise kann jeder Kunde innerhalb eines Monats nach Bekanntgabe den Vertrag mit sofortiger Wirkung kündigen, sofern nichts anderes vereinbart worden ist. Bei einer Kündigung kann das Kreditinstitut nicht verlangen, daß die Kontoverbindung sofort aufgelöst werden muß. Dem Kunden bleibt eine angemessene Zeit, um das Konto aufzulösen. Außerdem gelten in diesem Fall die neuen Konditionen nicht.

WISO rät: In der Zwischenzeit kann man sich bei der Konkurrenz informieren, ob dort günstigere Bedingungen gelten. Wenn dies tatsächlich der Fall ist, sollte man erst dann das Institut wechseln und danach das Konto beim alten auflösen. „Strafgebühren" für das Wechseln müssen nicht akzeptiert werden.

Wenn es zum Streit kommt

Manchmal lassen sich Streitigkeiten mit dem Kreditinstitut nicht vermeiden. Wenn es dazu kommt, sollte als erster Schritt die Verständigung mit der Mit-arbeiterin oder dem Mitarbeiter hinter dem Schalter versucht werden. In einem ruhigen Gespräch unter vier Augen läßt sich dem Kontoführer so vieles klären. Es empfiehlt sich, vor dem Gespräch alle wichtigen Unterlagen zusammenzustellen. Wer sich als Gedächtnisstütze den Inhalt aller früheren Gespräche und deren Termine notiert, ist für die Unterredung bestens vorbereitet.

Wenn der Bankmitarbeiter oder die Bankmitarbeiterin auf Forderungen nicht eingeht oder sich gar stur stellen sollte, gilt es, dieses Gespräch in ruhiger Form zu beenden. In diesem Fall sollte man sofort ein weiteres Gespräch mit dem Vorgesetzten oder dem Filialleiter vereinbaren.

WISO rät: Als besonderen Service bieten inzwischen viele Sparkassen und Banken für ihre Kunden eigene Beschwerdestellen an. Meist befinden sich diese in der Hauptverwaltung. Viele unwillige Sparkassen- und Bankmitarbeiter werden oft bereits dann freundlich und entgegenkommend, wenn man sich nach der genauen Adresse und der Telefonnummer der Beschwerdestelle des Kreditinstituts erkundigt.

Privatbanken haben für Unstimmigkeiten oder Streit sogar einen eigenen Schlichter, den Kunden anrufen können. In einem genau regulierten außergerichtlichen Verfahren entscheidet der Schlichter. Sein Schiedsspruch ist bis zu einem Betrag von 10.000 DM für die Bank bindend. Ein weiterer Vorteil, der die Einschaltung der Kundenbeschwerdenstelle des Bundesverbandes Deutscher Banken in jedem Fall empfehlenswert macht, ist die Tatsache, daß das Verfahren für Bankkunden kostenlos ist. Außerdem kann der Kunde den Schiedsspruch akzeptieren, muß es aber nicht. Wenn der Bankkunde mit der Entscheidung des Schlichters nicht einverstanden ist, kann er danach in jedem Fall immer noch ein ordentliches Gericht anrufen.

Voraussetzung für das Ombudsmannverfahren der privaten Banken ist, daß der Streitfall noch nicht bei einem Gericht anhängig sein darf und die Beschwerde schriftlich und vollständig eingereicht werden muß. Dem Schlichtungsverfahren unterworfen haben sich bisher nur Mitglieder des Bankenverbandes, aber das sind fast alle Groß- und Privatbanken.

Die Anschrift der Kundenbeschwerdenstelle des Bundesverbandes Deutscher Banken: Mohrenstrasse 35–41, D-50670 Köln.

Die anderen Spitzenverbände der Kreditwirtschaft planen für ihren Bereich ähnliche Regelungen.

Das Einschalten eines Rechtsanwaltes sollte immer erst das letzte Mittel sein. Es empfiehlt sich, den Rechtsanwalt zuvor nach der Höhe der im ungünstigsten Fall möglicherweise entstehenden Kosten zu fragen. Jeder sollte daran denken, daß in dem Fall, in dem der Streit vor Gericht ausgetragen wird und die Bank gewinnt, die Kosten explodieren können. Verliert der Kunde den Rechtsstreit, muß er nicht nur seine eigenen Kosten, sondern auch die gesamten Gerichtskosten und darüber hinaus auch noch die Anwaltskosten der Bank tragen.

Plastic Money: Vom Segen der Kreditkarten

Einkaufen ohne Scheck oder ohne Bargeld? Überall zu jeder Zeit zahlungsfähig sein? Vor wenigen Jahrzehnten hörte sich das noch wie ein phantastisches Märchen an. Heute reicht dazu ein 4,5 x 8,5 cm großes Kunststoffkärtchen: die Kreditkarte. Sie ist uns inzwischen selbstverständlich und vertraut geworden. Aus unserem Alltag ist das Kärtchen nicht mehr wegzudenken. Dabei kam es erst Mitte der fünfziger Jahre in den USA auf den Markt. Die Amerikanern nennen es seither liebevoll abschätzig „Plastic Money".

In Deutschland machte das Plastikgeld im Jahr 1968 mit der Eurochequekarte den Anfang. Heute sind alleine davon bereits über 25 Millionen Exemplare im Umlauf.

Früher war diese nur eine Garantiekarte, seit einigen Jahren ist sie ebenfalls als eigenständiges Zahlungsmittel einsetzbar. In Deutschland gibt es so gut wie kein Geschäft mehr, in dem Eurocheques nicht als Zahlungsmittel angenommen werden. Die Zahl der Hotels, Restaurants, Tankstellen oder anderer Geschäfte im europäischen Ausland, die Eurocheques akzeptieren, nimmt ebenfalls immer weiter zu. Im Augenblick kann in 34 europäischen Ländern mit dem Eurocheque bargeldlos bezahlt werden. Dabei sollte man die Eurocheques aber immer in der jeweiligen Landeswährung ausstellen. In diesem Fall werden beim Bezahlen im Ausland grundsätzlich keine Gebühren berechnet. Der Geldbetrag auf dem Scheck soll gleich und genauso hoch sein, wie der Rechnungsbetrag für die Ware. Außerdem darf der für das Land geltende Höchstbetrag nicht überschritten werden. Gebühren fallen erst bei der Abrechnung in Deutschland an und werden zusammen mit dem Scheck auf dem Konto belastet. Normalerweise berechnen Sparkassen und Banken bis zu 1,75 Prozent des Scheckbetrags, mindestens jedoch 2,50 DM pro Scheck. Für die Umrechnung der ausländischen Währung gilt der Kurs des Buchungstages.

Wer Bargeld braucht und dieses am Schalter einer fremden Sparkasse oder Bank mit Eurocheque und Scheckkarte abheben will, muß im Normalfall zusätzliche Einlösungsgebühren bezahlen, die meist über den Gebühren liegen, die Fremdkunden für die Benutzung des Geldautomaten berechnet werden. Früher konnte in Einzelfällen bei Vorlage des Reisepasses oder des Personalausweises bei einem Kreditinstitut Bargeld abgehoben werden. Weil das Sicherheitsrisiko dafür zu groß und die Kosten zu hoch sind und inzwischen fast überall Bargeldautomaten stehen, verweisen die Banken gern auf die Automaten.

Die neuen Talente der Scheckkarte

Um die weitere Verbreitung der Kreditkarten abzuwehren, wurde das ehemals kleine Zusatzkärtchen zum Scheck als eigenständiges Zahlungsinstrument weiterentwickelt. Es hat dem Scheckformular längst den Rang abgelaufen. Im täglichen Zahlungsverkehr ist die Bedeutung der Scheckkarte inzwischen viel größer als die des Schecks.

Die elektronische Kasse: Electronic Cash

Nahezu jeder, der mit einer Eurochequekarte einkauft, besitzt eine Karte mit einer elektronischen Zahlungsfunktion, um bargeldlos und ohne das lästige und zeitraubende Ausfüllen von Schecks zu bezahlen. Seit 1990 ist in Deutschland als einem der ersten Länder in Europa das rein elektronische Bezahlen mit der Eurochequekarte möglich – dem Electronic Cash.

Der Kunde steckt seine Karte in das sogenannte Kassenterminal, eine Art elektronische Registrierkasse, und bestätigt den Kaufbetrag und die Zahlung durch Eingabe seiner persönlichen Geheimzahl. Die auf dem Magnetstreifen der Karte gespeicherten Daten werden sofort in verschlüsselter Form an das Rechenzentrum der kontoführenden Bank übertragen. Dabei wird automatisch geprüft, ob die Karte als gestohlen gemeldet wurde und auf einer Sperrliste steht. Gleichzeitig wird festgestellt, ob das Konto über eine ausreichende Deckung verfügt. Erst jetzt, wenn diese Prüfung durchgeführt worden ist, wird der Bezahlvorgang freigegeben und die Zahlung verbucht, die der Kunde später auf seinem Kontoauszug wiederfindet.

Durch das Eintippen der Geheimzahl durch den Kunden garantiert das Kreditinstitut dem Händler die Erstattung des Kaufbetrags. Mit dieser doppelten Sicherung gilt das System für die Banken als so zuverlässig, daß sie Händlern auch Beträge oberhalb der Eurochequesumme von 400 DM garantieren, wenn diese per Electronic Cash bezahlt werden. Auf diese Weise kann inzwischen an mehr als 50.000 Kassenterminals im Einzelhandel und an Tankstellen bezahlt werden. Die Zahl nimmt immer weiter zu.

Karten, die in dieser Form für das Electronic-cash-Verfahren benutzt werden können, tragen auf der Rückseite das Electronic-cash-Logo. Im allgemeinen sind dies grundsätzlich alle Eurochequekarten, aber in vielen Fällen können für diese Form des bargeldlosen Bezahlens auch die von den Kreditinstituten selbst herausgegebenen eigenen Bankcards verwendet werden.

Bei diesem Abrechnungsverfahren muß allerdings der Händler die Leitungskosten zum Rechenzentrum tragen. Um die Kosten für die Rechnerzeit zu sparen, sind viele Geschäfte dazu übergegangen, bei Kunden, die sie kennen oder glauben, daß sie zahlungsfähig sind, statt der Geheimzahl lediglich die Unterschrift zu verlangen. Bei diesem Verfahren wird mit Hilfe der Eurochequekarte eine Lastschrift erstellt, die der Händler später dem Konto des Kunden belastet. Der Kunde muß die Rechnung unterschreiben und bekommt eine Durchschrift, die unbedingt einige Zeit aufbewahrt werden sollte.

Die Abwicklungsgebühren sind hier für den Handel wesentlich geringer. Im Gegensatz zu Electronic Cash übernimmt die Bank bei dem für den Handel billigeren Verfahren für die Zahlung keine Garantie. Außerdem kann der Kunde der Abbuchung widersprechen, wenn der abgebuchte Betrag nicht mit der Rechnung übereinstimmt. Sollte das Kundenkonto nicht gedeckt sein, kann auch die Bank der Belastung widersprechen und die Lastschrift zurückgeben. Bei diesem Online-Lastschriftverfahren mit der vereinfachten Abwicklung und ohne Zahlungsgarantie für den Handel spricht man von elektronischen POS-Zahlungen, von Zahlungen am „Point of Sale“ also.

Europa bargeldlos mit „edc“

Seit 1993 wird eine vergleichbare europaweite Variante von Electronic Cash aufgebaut. Der Name: edc – denn bezahlt wird mit der European Debit Card. Überall, wo das edc-Zeichen angebracht ist, kann in Europa bargeldlos mit der Eurochequekarte und der persönlichen Geheimzahl bezahlt werden. In manchen Ländern wird übergangsweise anstelle der persönlichen Geheimzahl noch die Unterschrift verlangt.

Auch das edc-Zeichen findet man auf der Rückseite der Eurochequekarte. Bei außereuropäischen Kartenbesitzern, die den edc-Service nutzen können, findet man auf der Kreditkarte als Erkennungszeichen ein Logo mit dem Schriftzug „Maestro“. Spanien, Portugal, Österreich, die Türkei, Malta und Island waren die ersten Länder, die das edc-Verfahren eingeführt haben. Inzwischen sind Belgien, Frankreich, Italien, Finnland, Norwegen, Schweden, Dänemark, Großbritannien, die Niederlande, Polen, Tschechien, die Slowakei, die GUS-Staaten, Ungarn, Slowenien und Griechenland dazugekommen.

In allen Geschäften mit dem edc-Zeichen kann in der jeweiligen Landeswährung sogar bis zum Gegenwert von 1.000 DM pro Tag eingekauft werden. Wer allerdings am gleichen Tag bereits an einem internationalen Eurocheque-Geldautomaten Bargeld abgehoben hat, für den verringert sich das Verfügungslimit um den zuvor abgehobenen Betrag. Für diesen Service berechnen die Kreditinstitute mindestens 1 Prozent des so gemachten Umsatzes, meistens jedoch 1,50 DM pro Buchungsvorgang. Im Ausland ist das edc-Verfahren im allgemeinen günstiger als das Bezahlen mit einem Eurocheque in der jeweiligen Landeswährung.

Scheckkarten: Bei Dieben beliebt

Eurochequekarten sind für Diebe so gut wie Bargeld. Aus diesem Grunde sollte bei Verlust oder Diebstahl grundsätzlich so schnell wie möglich eine Sperrung der Karte veranlaßt werden. Am einfachsten geschieht dies in einem solchen Fall mit einem Telefongespräch nach Frankfurt: Unter der Tel.-Nr. 069/74 09 87 meldet sich die Firma Servodata, die im Auftrag der Deutschen Kreditwirtschaft solche Sperrmeldungen entgegennimmt. Kurze Zeit nach dem Anruf wird die jeweilige Karte für die elektronische Benutzung gesperrt und kann nicht mehr verwendet werden.

Vor dem Telefonanruf sollte man sich die folgenden Daten notieren, da diese abgefragt werden:

- den Namen der Sparkasse oder der Bank, bei der das Konto geführt wird,
- die Bankleitzahl,
- die Kontonummer und möglichst auch
- die Eurochequekarten-Nummer.

Danach sollte man auch seine eigene Bank über den Verlust der Eurochequekarte so schnell wie möglich informieren.

Kreditkarten in allen Variationen

Als große Konkurrenz zur Eurochequekarte entwickelten sich in der Bundesrepublik die verschiedenen Kreditkarten, nachdem diese zu einem Massenartikel geworden waren. Seit Anfang der siebziger Jahre haben sie sich rapide ausgebreitet. Den Nimbus des Exklusiven hat die Kreditkarte schon lange verloren.

In Deutschland besitzen bereits über zehn Millionen Bürger eine Kreditkarte, und es werden immer mehr. Experten schätzen, daß sich die Zahl derer, die das kleine Kärtchen in der Brieftasche haben, in den nächsten Jahren noch verdreifacht.

Die Zeit ist lange vorbei, in der die vier Kreditkartenunternehmen American Express International, Diners Club International, die Santander Bank mit Visa und die Gesellschaft für Zahlungssysteme (GZS) der deutschen Banken und Sparkassen mit der Eurocard den Markt alleine unter sich aufgeteilt haben. Inzwischen gibt es unzählige Kartenangebote in allen Variationen und von allen möglichen Anbietern. Die Palette ist in den vergangenen Jahren immer bunter geworden und so gut wie kaum noch überschaubar. Neben Banken und Sparkassen bieten inzwischen auch andere Unternehmen, wie Fluggesellschaften und Autohersteller, allen voran Lufthansa, Volkswagen und Daimler Benz, aber auch Clubs wie der ADAC oder große Handelsunternehmen und Hotelketten, Kreditkarten unter ihrem eigenen Namen an. Auch wenn diese Karten das Logo dieser bankbranchenfremden Organisationen tragen, handelt es sich dabei nicht um eigene Kreditkarten, sondern immer um

Kooperationen mit den klassischen Vier: American Express, Diners Club, Visa und Eurocard.

Der Preis verrät nicht alles

So vielfältig wie die Namen der verschiedenen Kreditkarten sind, so unterschiedlich sind auch die Jahrespreise, die dafür bezahlt werden müssen. Sie reichen von der kostenlosen Version, die zum Beispiel Visa in Zusammenarbeit mit der Bahn AG bei der BahnCard anbietet, bis zu Kartenpreisen von über 200 DM für die sogenannten Goldversionen. Wer Zusatzleistungen wie Bonusmeilenprogramme, Fotokarten, Telefonchips, Clubmagazine oder zusätzliche Versicherungen wünscht, für den kommt noch ein weiterer saftiger Aufpreis dazu.

Ob ein Kartenangebot besonders günstig ist, darf man nicht nach dem niedrigen Jahrespreis beurteilen. Wichtiger ist die Summe der gesamten anderen Kosten, die sich aus Gebühren und Umrechnungskursen ergeben. Diese Abrechnungsmodalitäten beeinflussen den Preis der Kreditkarte, der am Jahresende bezahlt werden muß, erheblich. Wer nachrechnet, merkt, daß sie es sind, die sich am Ende als kostentreibend herausstellen.

Bei Zahlungen im Ausland berechnen die verschiedenen Kartensysteme unterschiedlich hohe Provisionen, so daß der Vergleich noch mehr erschwert wird.

Trotz aller Unterschiede, den die einzelnen Anbieter in der Werbung herauszustellen versuchen – eines haben alle Karten gemeinsam: Sie sind ein bequemes Zahlungsmittel für Waren und Dienstleistungen. Beim Bezahlen reicht die Karte. Entweder muß ein sogenannter Leistungsbeleg unterschrieben werden, der von dem Vertragsunternehmen mit Hilfe der Kreditkarte hergestellt wird. Oder der Kunde unterschreibt einen Überweisungsträger, der – wie bei Electronic Cash – mit einem elektronischen Lesegerät hergestellt wird. Dieses zweite Verfahren setzt sich auch bei Kreditkarten in letzter Zeit immer mehr durch. Die Daten werden dann direkt an das Kreditkartenzentrum überspielt. In beiden Fällen sollte man sich unbedingt eine Kopie des Belegs aushändigen lassen.

Wer Waren oder Dienstleistungen unterschriftslos telefonisch bestellt, die sogenannte Phone Order, oder mit einem Brief, der Mail Order, muß zusätzlich seine persönliche Identifikationsnummer, die PIN, angeben.

WISO rät: Beim Bezahlen spielt es überhaupt keine Rolle, ob man eine gebührenfreie, kostenlose Kreditkarte oder eine teure und exklusive verwendet. Auch mit den Gold- oder Prestigekarten kann der Kreditkartenkunde nicht grenzenlos einkaufen. Jeder muß ein monatliches Limit einhalten, das nicht überschritten werden darf. Dieses richtet sich nicht nach dem Kartenpreis oder dem phantasievollen Kartennamen, sondern lediglich nach der Höhe des regelmäßigen monatlichen Einkommens des Kartenbesitzers.

Auch Plastikgeld hat seine Unterschiede

Charge-Cards nennt man alle Kreditkarten, bei denen der Kunde einmal im Monat eine Abrechnung erhält. Darin enthalten sind alle in der Zwischenzeit angefallenen Kartenumsätze. Sie werden in einer Gesamtsumme auf einmal in Rechnung gestellt. Die Kreditkartenunternehmen verlangen im allgemeinen bei den Charge-Cards eine Abbuchungsvollmacht, um den Rechnungsbetrag per Lastschrift vom Girokonto abzubuchen.

Der Vorteil dieses Verfahrens liegt darin, daß der Kunde vom Zeitpunkt des Kaufs einer Ware oder der Inanspruchnahme einer Dienstleistung bis zur Abbuchung vom Girokonto einen zinslosen Kredit erhält, der im günstigsten Fall bis zu sechs Wochen betragen kann.

Für die Credit-Cards gilt der gleiche Abrechnungsmodus, aber der Kunde kann sich entscheiden, ob er seine Monatsrechnung auf einmal begleichen oder in Raten abzahlen will. Wer die Teilzahlungsmöglichkeit in Anspruch nimmt, muß dann im allgemeinen zuerst 5 bis 10 Prozent des Rechnungsbetrages überweisen. Für die restliche Summe wird ein Kredit eingeräumt. Wann und in welchen Teilen der Kunde den Rest zurückbezahlt, bleibt diesem überlassen.

WISO rät: Diese Form der Teilzahlung kann nicht empfohlen werden, denn die Zinsen, die für die Restschuld erhoben werden, liegen in der Regel wesentlich über denen für einen Dispositionskredit auf dem Girokonto. Einige Kreditkartenunternehmen ziehen die Schuld sogar vorher vom eingeräumten Limit wieder ab, so daß sich der zur Verfügung stehende Kreditrahmen dadurch verringert.

Manche Kreditkartenunternehmen berechnen wie bei der Credit-Card für alle Kartenumsätze ab dem Buchungsdatum Zinsen. Diese fallen an, sobald der Karteninhaber den Kredit in Anspruch nimmt und nicht erst ab der nächsten Monatsabrechnung.

Bei der dritten Gruppe, den Debit-Cards, werden Zahlungen mit der Kreditkarte genauso behandelt, wie es bei Zahlungen mit Scheck geschieht. Das Kundenkonto wird nach einem Kreditkartenkauf sofort belastet. Aus diesem Grund sind diese Kreditkarten auch oft direkt an das Girokonto angebunden.

Zinsen vom Kartenkonto

In letzter Zeit werben immer mehr Kreditkartenanbieter mit Guthabenzinsen für das Kreditkartenkonto. In den meisten dieser Fälle werden Zahlungen mit der Karte sofort vom Guthaben abgezogen. Es findet keine Monatsabrechnung statt. Das entspricht der Abrechnung wie bei den Debit-Cards. Dadurch schwindet der Betrag, für den man Zinsen gezahlt bekommt, immer weiter. Es genügt nicht, diesen Betrag einmal auf das Konto einzubezahlen, denn die interessanten Zinssätze gibt es in der Regel erst ab Beträgen über 10.000 oder 20.000 DM, die auch im Monatsdurchschnitt überschritten sein müssen. Wenn das Guthaben unter diese Grenze sinkt, fällt die Verzinsung wesentlich niedriger aus, so daß das Geld in der Regel auf einem Abrufkonto oder als Festgeld besser angelegt ist.

Wer das Geld für andere Zwecke braucht und es vom Kartenkonto auf sein Girokonto zurücküberweisen will, zahlt bei einigen Kreditkartenkonten dafür jeweils bis zu 10 DM je Überweisung.

WISO rät: Wer eine längere Auslandsreise vor sich hat, sollte sich im Reisebüro oder Konsulat erkundigen, welche Kreditkarten im Zielland üblicherweise akzeptiert werden und für diese Zeit das entsprechende Kartenkonto aufstocken. Auf diese Weise kann der Verfügungsrahmen erhöht werden.

Zusätzliche Kosten beim Einsatz im Ausland

Kreditkartenunternehmen finanzieren sich dadurch, daß die Händler für jede Abrechnung eine Provision bezahlen. Im Inland fallen für den Kunden keine zusätzlichen Kosten an. Bei Zahlungen im Ausland berechnen die Kreditkartengesellschaften auch dem Kreditkarteninhaber 1 bis 2 Prozent des Rechnungsbetrages, indem sie entweder eine Auslandsprovision aufschlagen oder einen schlechteren Umrechnungskurs anwenden.

Bei diesen Provisionen unterscheiden sich die verschiedenen Kreditkartenunternehmen erheblich. Sie schwanken außerdem und erschweren damit den Vergleich, welches Kreditkartensystem das günstigste ist.

Die Karte als Bargeldbeschaffer

Kreditkarteninhaber können sich auch an Geldautomaten, an Bankschaltern oder speziellen Auszahlungsstellen Bargeld besorgen. Dafür verlangen die Kreditkartengesellschaften 2 bis 4 Prozent Gebühren, zu denen im Ausland noch die Umrechnungsprovision kommt, so daß von der Bargeldbeschaffung mit der Kreditkarte nur in Notfällen Gebrauch gemacht werden sollte. Diese Bargeldbeschaffung ist im allgemeinen wesentlich teurer als die mit Eurochequekarte, Eurocheque, Reisescheck oder Postsparbuch.

Ausnahmen bestehen bei manchen Kreditkarten-Guthabenkonten der Banken und Sparkassen. Dort ist die verlangte Bargeldprovision niedriger, und bei manchen Banken und Sparkassen kann am institutseigenen Geldautomat sogar kostenlos Bargeld abgehoben werden.

Zusatzleistungen: Was die Karte auch noch kann

Die teureren Kartenversionen bieten einen bunt gefächerten Strauß von Zusatzleistungen. Bei den Gold- und Premiumkarten sind in den meisten Fällen Versicherungen enthalten, auf die in der Praxis verzichtet werden kann, da sie entweder überflüssig oder in den meisten Fällen mit erheblichen Einschränkungen versehen sind.

Ein Beispiel: Leistungen aus einer Reiseunfallversicherung der Kreditkarte werden nur bezahlt, wenn der Schaden bei einer Reise entstanden ist, die mit Kreditkarte bezahlt wurde. Ähnliche Einschränkungen gibt es bei der Insassen-Unfallversicherung. Auch die zahlt nur, wenn der Versicherte innerhalb der letzten sieben Tage vor dem Unfall seine Tankrechnung mit der Kreditkarte bezahlt hat.

Für andere Zusatzleistungen muß oft noch einmal ein weiterer Extrapreis bezahlt werden. Dazu zählen Telefonchips, die sich allerdings insbesondere bei denen bezahlt machen, die viele Auslandsgespräche führen. Der Kreditkartenkunde kann in diesem Fall von besonderen Kreditkartentelefonen aus kostengünstig telefonieren.

Mit Kreditkarten, die mit einem Telefonchip ausgerüstet sind, kann in Zukunft in Deutschland von allen Kartentelefonen aus und zu den üblichen Postgebühren telefoniert werden. Zum Schutz vor Mißbrauch muß der Karteninhaber vor dem Wählen der gewünschten Telefonnummer eine individuelle Geheimnummer eingeben, die er vorher aber selbst bestimmen kann. Im Display des Telefonapparates werden dann die Einheiten für das Telefongespräch angezeigt.

Die Kreditkartentelefone, die bereits heute vor allem auf Flughäfen und an anderen zentralen Plätzen stehen, haben keine Telefonchips, sondern arbeiten auf Magnetstreifenbasis. Die Abrechnung erfolgt auch in diesem Fall mit der monatlichen Kreditkartenabrechnung.

Für Auslandsreisen bietet die Kreditkarte mit dem Telefonchip einen zusätzlichen Service an. Kreditkarteninhaber können im jeweiligen Land von einem beliebigen Telefon aus kostenlos eine zentrale Telefonnummer anwählen, über die nach Angabe der Geheimzahl und einem individuellen Codewort das gewünschte Gespräch weitervermittelt wird. Abgerechnet wird monatlich über das Kartenkonto. Damit lassen sich zum Beispiel bei Hotelaufenthalten die teuren Telefongebühren umgehen.

Zukunftsmusik: Die Chipkarte

Der Markt für bargeldloses Zahlen wird sich in den kommenden Jahren noch weiter verändern. Statt Bargeld wird der Bürger eine Chipkarte im Portemonnaie haben, von der die ersten bereits auf dem Markt sind. Die zur Zeit bestehenden, bisher eigentlich immer noch recht jungen, kartengestützten Abrechnungsverfahren werden dann bald alt aussehen. Diese Chipkarte ist die Antwort des Kreditgewerbes auf die bankbranchenfremden Kreditkartenorganisationen, die Banken und Sparkassen eine immer größere Geldmenge abziehen.

Diese völlig neue Form des bargeldlosen Zahlens wird im Handel eine Revolution auslösen. Bei der Chipkarte handelt es sich eigentlich nur um in einfaches Stück Kunststoff mit einem eingelassenen Halbmetallplättchen. Auf diesem kleinen Goldplättchen ist allerdings eine Rechnerkapazität untergebracht, wie man sie früher bei einem Personalcomputer gewohnt war. Ähnliche Siliziumplättchen findet man bisher vor allem auf Telefonkarten. Mit Sicherheit werden sie in Kürze alle bisher vorhandenen Bankkarten ablösen und die Plastikkärtchen zu einer elektronischen Geldbörse machen.

Scheckkarten, die mit diesem 24 Quadratmillimeter großen intelligenten Plättchen bestückt sind, machen es möglich, in Zukunft auf zwei Wegen bargeldlos zu bezahlen:

entweder wie bisher über das Electronic-cash-System an der Computerkasse oder mit der elektronischen Geldbörse. Die kann an einem Automaten immer wieder mit Geld vom Girokonto aufgefüllt werden.

Dann sollen nach den Vorstellungen der Kreditwirtschaft und des Handels Kleinbeträge in Cafés, im Taxi, am Kiosk, im Parkhaus oder im Schwimmbad nach dem Prinzip der heutigen Telefonkarte von der Karte bezahlt werden. Dabei wird das Geld auf die gleiche Weise abgebucht, wie heute das bargeldlose Telefonieren am Kartentelefon funktioniert: Im Einzelhandel stehen Terminals, in die man die Karten zum Abbuchen steckt. Wenn das Display anzeigt, daß das Geld verbraucht ist, wird bei diesem Verfahren die Karte nicht weggeworfen. Man muß keine neue Karte kaufen, sondern man lädt die vorhandene am nächsten Bankautomaten wieder auf.

Der Handel, aber auch Banken und Sparkassen versprechen sich von dem Plastikportemonnaie mehr Bequemlichkeit – die mühselige Geldzählerei und der abendliche Gang mit der Geldbombe zur Bank entfällt. Außerdem spart der Handel dabei auch noch die Leitungskosten für die Computerrückfrage, um sich bei der kontoführenden Bank von der Deckung des Kontos zu überzeugen. Darüber hinaus ist das elektronische Verbuchen für den Handel weitaus billiger als der personalintensive Umgang mit Kleingeld und dessen Kontrolle. Teurer wird es auf jeden Fall für die Kunden: Für jede dieser neuen Karten werden wahrscheinlich zwischen 15 oder 20 DM in Rechnung gestellt.

Diese Form der Bezahlung bleibt allerdings vorerst auf die Bundesrepublik beschränkt, denn die Technik kann bisher noch keinen Chip anbieten, der als internationales Zahlungsmittel verwendet werden kann. Aus diesem Grund bleibt es als Notlösung europaweit erst einmal bei einer Kombination von Magnetstreifen und Chip, damit mit dieser Karte auch weiterhin an den rund 80.000 Geldautomaten in Europa Bargeld abgehoben werden kann.

Für den Kunden wird das Bezahlen mit dem Brieftaschencomputer einfacher und der Geldbeutel leichter. Einen Schutz vor Mißbrauch der elektronischen Geldbörse gibt es allerdings genausowenig wie bei Bargeld. Da der Charme dieser Karte gerade darin besteht, daß mit ihr ohne die Sicherheitsstufe der Geheimnummer bezahlt werden kann, ist dies auch für jeden Dieb möglich, solange die Karte nicht gesperrt worden ist.

Die Karte mit Antenne?

Ebenfalls bereits erprobt wird die kontaktlose Chipkarte. Sie muß beim Bezahlen überhaupt nicht mehr in ein Kassenterminal gesteckt werden, sondern sie enthält eine kleine Antenne, die nur an einem Lesegerät vorbeigeführt werden muß. So wird zum Beispiel buchstäblich blitzschnell der Fahrpreis für ein öffentliches Verkehrsmittel im Vorübergehen abgebucht. Eingesetzt wird eine einfachere Variante bereits als Telecard auf verschiedenen europäischen Autobahnen, um damit die Maut zu bezahlen. In Zukunft sollen diese Möglichkeiten aber alle in einer einzigen Karte auf einem Chip zusammengefaßt sein.

Diese Plastikkarten wandeln sich derzeit immer mehr vom Zahlungs- zum Marketinginstrument. Aus diesem Grunde werden Kundenkarten mit Kreditkarten-Fazilitäten ausgestattet. Diese sogenannten Co-Branding-Karten sollen den Umsatz der eigenen Produkte fördern und die Kundenbindung verstärken.

Im Handel und anderen großen Wirtschaftszweigen, insbesondere in der Automobilindustrie und den Luftfahrtgesellschaften, liegen seit langem entsprechende Konzepte vor, um den Inhabern bei der Mehrfachnutzung handfeste Vorteile in Form von Prämien zu gewähren. Die bisher bestehende Abgabeverordnung schränkt dies allerdings ein, und das Rabattgesetz steckt diesen Anbietern immer noch enge Grenzen.

Versicherung

Die Risiken des Lebens absichern – und das möglichst günstig

Nicht weniger als sechs Versicherungen nennt im Durchschnitt jeder Deutsche sein eigen. Also alles gut versichert? Mitnichten. Sicher ist nur eins: Den „Rundum-Schutz" läßt sich der Bürger etwas kosten. Im Durchschnitt sind es 4.000 Mark pro Jahr. Doch die meisten Verbraucher zahlen zuviel – für zu wenig Schutz. Ein Grund dafür: Während Preisvergleiche beim Einkauf beispielsweise von Lebensmitteln selbstverständlich sind, wird der Preis für Versicherungen kaum verglichen – obwohl dabei oft viel zu sparen wäre. Deshalb wäre hier Vergleichen noch wichtiger als bei den Preisen für Waschmittel oder Eier – denn es geht meist um erheblich größere Summen. Aber das Thema Versicherungen ist für die meisten Kunden ein Buch mit sieben Siegeln. Die richtige Versicherung zu finden, wird deshalb meist einem „Fachmann" überlassen. Doch der ist keineswegs immer neutral. Er drängt den Kunden oft zum Kauf von Policen, die ihm, dem Vertreter, die meiste Provision erbringen, für den Kunden aber oft nicht optimal sind.

Rund 90 Prozent aller Versicherungsvertreter arbeiten nur für ein Unternehmen, die meisten davon selbständig. Sie kennen sich zwar im allgemeinen auf dem Markt gut aus, wissen meistens, wo es die günstigste Versicherung und den besten Schutz gibt. Doch der Kunde hat davon wenig: Denn diese Vertreter haben sich bei ihrem Arbeitgeber vertraglich verpflichtet, nur Produkte ihres Hauses zu verkaufen. Das gilt auch für die Mitarbeiter von Banken und Sparkassen, da diese in der Regel mit nur einem bestimmten Versicherer kooperieren.

WISO rät: Gerade für Versicherungen gilt: Selbst informieren, indem Sie möglichst viele Angebote vergleichen. Schließen Sie die Versicherung statt über einen Vertreter besser selbst ab, zum Beispiel per Post oder in einer Geschäftsstelle des Versicherers. Die meisten Versicherungsbedingungen sind – noch – nahezu identisch, auch nach der Liberalisierung des europäischen Versicherungswesens Mitte 1994. Eine Ausnahme: die private Krankenversicherung. Sehr unterschiedlich ist aber der Preis der Versicherungen. Um also herauszufinden, ob Sie optimal versichert sind, müssen Sie zweierlei prüfen:

1. Welche Versicherung brauche ich wirklich?
2. Wie zahle ich für diese Versicherung möglichst wenig?

Der optimale Versicherungsschutz ist abhängig von der persönlichen Lebenssituation. Ein Alleinstehender im Alter von 30 Jahren braucht eine andere Vorsorge als eine Familie mit zwei Kindern, und die wiederum eine andere als ein Rentnerehepaar. Doch für alle gilt: Zuerst müssen existenzbedrohende Risiken versichert sein, ob nun Vermögensschäden, Krankheit oder der Verlust des beruflichen Einkommens.

Wichtige Versicherungen

Privathaftpflichtversicherung

Die private Haftpflichtversicherung ist die notwendigste Versicherung überhaupt. Jeder kann einem anderen, unabsichtlich, einen großen Schaden zufügen. Nur als Autofahrer ist man über die gesetzliche Pflichtversicherung abgesichert. Als Fußgänger, Radfahrer oder Mieter dagegen gibt es keinen gesetzlichen Zwang zur Versicherung. Deshalb ist private Vorsorge notwendig und sinnvoll: Für einen Schaden haftet der Verursacher mit seinem gesamten Vermögen oder Einkommen – vielleicht ein Leben lang.

WISO rät: Sie sollten mindestens 2 Millionen Mark Deckungssumme vereinbaren. Der Preis für diese wichtige Versicherung ist gering: rund 100 Mark pro Jahr bei günstigen Assekuranz-Unternehmen. Ein Preisvergleich lohnt sich aber auch hier: Bei teuren Versicherungen zahlen Sie unter Umständen das Doppelte – meist ohne mehr dafür zu bekommen.

Ohne Extrakosten mitversichert sind Ehepartner und Kinder bis zum Ende der Schulzeit oder bis Ende der anschließenden Berufsausbildung. Ausgeschlossen sind vorsätzlich begangene Schäden. Auch Schäden, die der Versicherte selbst oder nahe Angehörige erleiden, sind nicht abgedeckt. Ebenfalls nicht versichert: Schäden an geliehenen oder gemieteten Sachen (Ausnahme: Mietwohnung) sowie Schäden durch Hitze, Rauch oder Nässe.

Ausgeschlossen sind auch Schäden, die im Zusammenhang mit der Berufsausübung stehen. Arbeitnehmer sind durch eine entsprechende Versicherung des Arbeitgebers abgedeckt. Selbständige sollten zusätzlich eine Berufs- bzw. Betriebshaftpflichtversicherung abschließen.

Als Mieter sollten Sie darauf achten, daß die Haftpflicht-Police auch Mietsachschäden ersetzt. Aufpassen: Das ist nicht bei allen angebotenen Haftpflicht-Policen automatisch eingeschlossen.

Als Vermieter, Tierhalter oder Besitzer eines Öltanks brauchen Sie spezielle Haftpflichtversicherungen. Auch gefährliche Sportarten (Jagen, Fliegen, Wassersport) werden von der Privathaftpflicht nicht abgedeckt. Sie sollten daher zusätzlich versichert werden. Denn auch hier können Schäden teuer für Sie werden.

WISO rät: Machen Sie den Beitrag für eine private Haftpflichtversicherung im Lohnsteuerjahresausgleich oder in der Einkommensteuererklärung als Sonderausgabe geltend. Das wird oft vergessen.

Unfallversicherung

Ein Unfall kann jeden treffen, während der Arbeitszeit, zu Hause, im Urlaub. Die gesetzliche Unfallversicherung schützt Kinder nur im Kindergarten, Schüler nur in der Schule und Studenten nur in der Universität bzw. auf dem Weg dorthin oder von dort nach Hause. Berufstätige sind am Arbeitsplatz durch die Unfallversicherung des Arbeitgebers abgesichert.

In der übrigen Zeit kann nur eine private Unfallversicherung vor den möglichen finanziellen Auswirkungen eines Unfalls schützen. Doch bedenken Sie: Als Absicherung gegen Berufsunfähigkeit ist eine Unfallversicherung nur bedingt geeignet, denn nur jede zehnte Berufsunfähigkeit ist die Folge eines Unfalls. Trotzdem gehört die Unfallpolice zu den wichtigen Versicherungen, besonders natürlich für alle nicht Berufstätigen, wie Schüler, Hausfrauen und insbesondere Kinder.

Eine Unfallversicherung zahlt – gestaffelt nach dem Grad der Invalidität – einen Einmalbetrag. Die Gesamtsumme wird nur bei 100 Prozent Invalidität gezahlt. Eine sogenannte „Gliedertaxe“ – nachzulesen in den Versicherungsbedingungen – führt auf, welchen Invaliditätsgrad der Verlust bestimmter Gliedmaßen bedeutet. Der Verlust eines Daumens zum Beispiel bedeutet eine zwanzigprozentige Teil-Invalidität. Folglich werden auch nur 20 Prozent der Versicherungssumme gezahlt.

Wenn die sogenannte Progression vereinbart wird, bedeutet das: Bei höherer Invalidität werden überproportional höhere Leistungen gezahlt, beispielsweise bei Vollinvalidität nicht nur 100, sondern 225 Prozent der Versicherungssumme – bei einigen Unternehmen auch mehr.

Verglichen mit einer Berufsunfähigkeitsversicherung hat eine Unfallversicherung zwei Vorteile: einmal die Sicherheit, daß der Versicherer wirklich zahlt; zum anderen ist sie deutlich billiger. Bei einem günstigen Versicherer kosten 200.000 Mark Versicherungssumme für den Fall der Vollinvalidität (ohne Progression und Mehrleistung, Gefahrengruppe A [wie etwa kaufmännische Tätigkeit]) rund 150 Mark im Jahr, für das minderjährige Kind sogar nur rund 90 Mark.

Auch hier lohnt der Preisvergleich: Teure Unternehmen verlangen für die gleiche Leistung bis zu 360 Mark, bei Kindern bis zu 160 Mark. Überteuerte Unfallversicherungen gehören außerdem zu den Versicherungsarten, die von Vertretern besonders gern verkauft werden, weil dort hohe Provisionen winken. Das heißt für Sie: doppelte Vorsicht walten lassen, nicht gleich unterschreiben, mehrere Angebote vergleichen. Fast immer gibt es woanders die gleiche Leistung für weniger Geld.

Achtung: Unfälle infolge Trunkenheit oder einer Schlägerei sind nicht versichert. Geld gibt es auch nicht bei Infektionen, Vergiftungen oder Selbstmord. Das Unfallrisiko bei riskanten Sportarten – wie zum Beispiel Drachenfliegen – muß zusätzlich versichert werden.

WISO rät: Auch die Beiträge für eine Unfallversicherung können als Sonderausgaben im Lohnsteuerjahresausgleich bzw. in der Einkommensteuererklärung steuermindernd geltend gemacht werden.

Risiko-Lebensversicherung

Die finanzielle Absicherung der Familie oder des Ehepartners im Falle des eigenen Todes – das ist für die meisten das Motiv, eine Lebensversicherung abzuschließen. Leider denken dabei immer noch zu viele Bundesbürger an eine Kapital-Lebensversicherung. Nicht zuletzt deshalb, weil diese Police von den Unternehmen besonders gern verkauft und beworben wird. Sie bindet den Versicherten oft langfristig und mit hohen Beiträgen an die Gesellschaft.

Billiger geht es mit einer Risiko-Lebensversicherung. Sie kostet, verglichen mit den Beiträgen für eine Kapital-Lebensversicherung, nur ein Zehntel oder noch weniger. Der Unterschied: Nach Ablauf der Versicherung gibt es im Erlebensfalle keine Auszahlung.

Wählen Sie die günstigere Risiko-Lebensversicherung mit Beitragsverrechnung. Dadurch, daß vom Unternehmen Überschüsse in die garantierte Versicherungssumme eingerechnet werden, wird der monatliche Beitrag im Verlauf immer günstiger. Für Berufstätige, die ihre Familie absichern wollen, empfiehlt sich eine Kombination von Risiko-Lebensversicherung und Berufsunfähigkeitszusatzversicherung. Beide zusammen kosten etwa soviel wie eine eigenständige Berufsunfähigkeitsversicherung.

Bedarf für eine Risiko-Lebensversicherung haben vor allem 30- bis 50jährige Ernährer(innen), da die Rentenansprüche in diesem Alter noch zu niedrig sind, um die Familie ausreichend zu versorgen. Allerdings: Der Abschluß einer solchen Versicherung macht auch für Ledige Sinn. Denn wer weiß, ob später noch die für den Abschluß notwendige Gesundheit vorhanden ist!

Faustregel für die Versicherungssumme: Ein 30jähriger sollte seine Familie mit dem Fünffachen des Bruttojahreseinkommens absichern, ein 50jähriger noch mit dem Dreifachen. In jungen Jahren sollten längere Laufzeiten gewählt werden. Vom Eintrittsalter 40 an dagegen kürzere, da die Prämien dann immer teurer werden.

Vergleichen Sie die Kosten: 300.000 Mark Versicherungssumme, für zehn Jahre abgeschlossen, kosten einen 30jährigen Mann bei einem billigen Direkt-Versicherer unter 400 Mark im Jahr, bei einem teuren Unternehmen bis zu 900 Mark. Denken Sie daran: Gespartes Geld kann man auch als Zusatzeinkommen betrachten – und zwar steuerfrei!

Für Ehepaare empfiehlt sich auch eine sogenannte Risikoversicherung auf zwei Leben – statt zweier eigenständiger Verträge. Diese Versicherung zahlt nur einmal, nämlich wenn einer der Ehepartner während der Versicherungslaufzeit verstirbt.

Wohngebäudeversicherung

Eigenheim- oder Immobilienbesitzer leben mit dem ständigen Risiko, daß ihr Besitz durch Feuer, Leitungswasser oder Sturm beschädigt oder sogar vernichtet wird. Wohngebäude-Versicherungen gibt es als Feuer/Wasser/Sturm-Paket, die Risiken können aber auch einzeln versichert werden.

Bisher waren Hausbesitzer in acht der alten Bundesländer gegen Feuer und Sturmschäden bei öffentlich-rechtlichen Monopolunternehmen zwangsversichert. Im Zuge der Liberalisierung des Versicherungswesens im EG-Binnenmarkt am 1. Juli 1994 wurden aus den Monopolisten öffentlich-rechtliche Versicherungsunternehmen. Aus den Zwangskunden wurden ganz normale Versicherungsnehmer, deren Policen zunächst weiterlaufen. Es sei denn, diese werden mit einer Dreimonatsfrist jeweils zum Jahresende gekündigt. Da jedoch die ehemaligen Monopolisten oftmals günstiger sind, ist eine Kündigung gut zu überlegen.

Was sollten Hausbesitzer versichern? Im Normalfall reicht ein Dreier-Paket mit sogenannter Grunddeckung. Nur für bestimmte Gebiete ist noch eine Elementarschädenversicherung zu empfehlen: Sie zahlt für Schäden durch Erdbeben, Erdrutsch, Lawinen und Überschwemmung. Wieviel das Dreier-Paket im Einzelfall kostet, hängt von der Bauweise des Hauses (Massiv-, Fertig-, Leichtbau), von der Größe und Nutzung, von der Entwicklung der Baupreise, von der Tarifzone und vom gewählten Versicherungsunternehmen ab.

Versichert wird üblicherweise zum „gleitenden Neuwert", das heißt: Auch wenn das abgebrannte Eigenheim schon einige Jahre alt war, gibt es Geld für einen Neubau. Voraussetzung: Der Wiederaufbau erfolgt innerhalb von drei Jahren – und es bestand keine Unterversicherung. Es ist aber auch möglich, zum „Zeitwert", das heißt zum Neuwert minus eines Betrages für Abnutzung, oder gleich nur eine feste Summe zu versichern. In beiden Fällen droht aber Unterversicherung.

Unterversicherung heißt: Ist das Haus mittlerweile 400.000 Mark wert, aber nur für 300.000 Mark versichert, ist das Haus nur zu Dreiviertel versichert. Das bedeutet, daß jeder Schaden nur bis zu einem Dreiviertel ersetzt wird.

Um eine mögliche Unterversicherung zu vermeiden, schätzen Sie den ortsüblichen Neubauwert Ihres Hauses eher etwas zu großzügig oder lassen Sie ihn durch einen Sachverständigen schätzen. Bauen Sie an, um oder aus, ist damit in der Regel eine Wertsteigerung verbunden und damit auch eine Erhöhung des Neubauwerts. Dann sollten Sie umgehend eine Erhöhung der Versicherungssumme beantragen, zumindest aber die Umbauten dem Versicherer melden. Sonst riskieren Sie Ihren Versicherungsschutz. Hier lohnt das Sparen nicht, sondern kann im Schadensfall teuer werden.

Auch bei Gebäudeversicherungen können Sie mehrere Hunderter pro Jahr sparen. Die Preise sind nämlich unterschiedlich. So können Sie beispielsweise einen Neubauwert von 600.000 Mark bei einem günstigen Unternehmen für rund 500 Mark pro Jahr versichern, bei einem teuren Versicherer müssen Sie mehr als 850 Mark hinlegen.

WISO rät: Vergleichen Sie aber nicht nur die Preise, sondern auch die Leistungen! Die sind nämlich nach der Liberalisierung nicht mehr unbedingt identisch. Achten Sie zum Beispiel darauf, daß Sturmschäden schon ab Windstärke 8 versichert sind. Zahlt der Versicherer erst ab Stärke 10 oder gar 12, gehört das in die Kategorie „Mogelpackung"!

Berufsunfähigkeitsversicherung

Für jeden Berufstätigen kann ein Unfall mit nachfolgender Invalidität neben den menschlichen auch gravierende finanzielle Folgen haben. Das gleiche gilt für krankheitsbedingtes Ausscheiden aus dem Berufsleben. Zwar gibt es die gesetzliche Rentenversicherung. Doch damit läßt sich der bisherige Lebensstandard – insbesondere bei vorzeitigem Ausscheiden aus dem Berufsleben – nicht aufrechterhalten. Das ist schon gar nicht möglich, wenn größere finanzielle Verpflichtungen bestehen. Und Freiberufler sowie Berufseinsteiger erhalten daraus überhaupt nichts.

Die Frage, die Sie sich stellen sollten, lautet: Was ist, wenn ich morgen berufsunfähig werde? Welches Vermögen bzw. welche Schulden sind vorhanden und zu tilgen? Welche regelmäßigen Geldflüsse sind zu erwarten?

Gegen dieses Risiko hilft eine Unfallversicherung, meinen viele Berufstätige. Das ist leider falsch! Rund 90 Prozent aller Fälle von Berufsunfähigkeit sind Folge einer Krankheit, nicht eines Unfalls. Dieses Risiko kann nur eine Berufsunfähigkeitsversicherung abmildern.

Zwei Varianten gibt es: eine eigenständige Versicherung oder eine Zusatzversicherung zur Lebens- oder Leibrentenversicherung. Im Fall dauernder – mindestens 50prozentiger – Berufsunfähigkeit zahlt sie eine vorher festgelegte Monatsrente bis zum ebenfalls festgelegten Ablauf der Versicherung. Zudem entfällt eine weitere Beitragszahlung.

Beim sogenannten Staffelsystem wird erst ab 66 bzw. 75 Prozent Berufsunfähigkeit die volle Rente fällig. Ab 25 bzw. 33 Prozent wird eine Teilrente, abhängig vom Grad der Berufsunfähigkeit, gezahlt. Neu ist, daß die Berufsunfähigkeitsversicherung gewöhnlich auch ein Pflegefallrisiko abdeckt. Wann wird wieviel gezahlt? Das hängt von der Dauer und der Intensität der Pflegebedürftigkeit ab. Ist der Versicherte länger als sechs Monate pflegebedürftig, liegt zumindest eine teilweise Berufsunfähigkeit im Sinne der Versicherungsbedingungen vor. Schließen Sie eine Berufsunfähigkeitsversicherung am besten nur separat oder in Verbindung mit einer Risiko-Lebensversicherung ab. Manchmal ist die Kombination sogar billiger als die separate Berufsunfähigkeitsversicherung. Weniger günstig ist die Verbindung mit einer Kapital-Lebensversicherung. In diesem Falle verteuert sich die Prämie erheblich. Diese Kombinationen werden allerdings besonders gern von Vertretern angeboten, weil damit besonders hohe Provisionen zu verdienen sind.

Der Haken bei der Berufsunfähigkeitsversicherung: Der Versicherte weiß im Falle des Falles noch nicht, ob die Versicherung wirklich zahlt. Denn diese hat die Möglichkeit, den Versicherten auf eine annehmbare andere Berufstätigkeit zu verweisen. Bedingung: Der neue Beruf darf keine deutlich geringeren Kenntnisse und Fähigkeiten erfordern. Ein Bezug zum bisherigen Beruf ist aber ebensowenig notwendig wie ein vorhandener Arbeitsplatz in der neuen Branche. Das kann im Extremfall bedeuten: Trotz Versicherung keine Arbeit und kein Geld.

WISO rät: Faustregel: Je weniger qualifiziert und spezialisiert der eigene Beruf ist, desto geringer sind die Chancen, aus einer Berufsunfähigkeitsversicherung Geld zu erhalten. Desto weniger lohnt es sich also, eine solche Versicherung abzuschließen.

Prüfen Sie auf jeden Fall die Bedingungen für die Berufsunfähigkeit! Vergleichen Sie mehrere Angebote. Und: Warten Sie nicht zu lange mit einer solchen Versicherung, denn gewöhnlich können sich nur gesunde Personen versichern.

Die Versicherungsdauer sollte bei der Berufsunfähigkeitsversicherung bis zum 60. bzw. 65. Lebensjahr vereinbart werden. Das bedeutet auch, daß die vereinbarte Rente bis zu diesem Zeitpunkt läuft. Auch möglich ist, sich nur für eine bestimmte Zeit zu versichern, zum Beispiel für zehn Jahre. Wird man in dieser Zeit mindestens zu 50 Prozent berufsunfähig, erhält man eine Rente über diese Zeit hinaus, bis zum vereinbarten Zeitpunkt, etwa dem 65. Lebensjahr.

Weniger wichtige Versicherungen

Hausratversicherung

Die Hausratversicherung ist die beliebteste Versicherung überhaupt. Sie schützt den Besitz von Mietern und Wohnungseigentümern gegen den Verlust durch Einbruch, Feuer, Vandalismus, Sturm- und Wasserschäden. Wir haben diese Versicherungsart dennoch in die Kategorie „weniger wichtig" eingestuft, weil der Verlust der teilweisen oder gesamten Einrichtung durch Brand oder Diebstahl zwar sehr ärgerlich ist, aber meistens nicht die finanzielle Existenz bedroht. Doch sind erst einmal alle existenzbedrohenden Risiken abgedeckt und Sie haben noch finanziellen Spielraum, dann lohnt es sich, über eine Hausratversicherung nachzudenken. Denn die Prämien sind relativ niedrig.

Beispiel: 100.000 Mark Versicherungssumme kosten in der Großstadt inklusive Fahrraddiebstahl bei einem günstigen Versicherer rund 260 Mark, wenn man in der teuersten Tarifzone wohnt. Auch bei der Hausratversicherung läßt sich durch Vergleiche viel sparen: Teure Versicherer verlangen für die gleiche Leistung doppelt soviel.

Für die Ermittlung der Versicherungssumme gilt: Setzen Sie 1.200 Mark pro Quadratmeter an. Dann prüft im Schadensfall der Versicherer nicht nach, ob Sie unterversichert waren, und zahlt bis zur vereinbarten Summe. Nur bei sehr teurer Einrichtung sollten Sie eine höhere Summe versichern.

WISO rät: Vereinbaren Sie die sogenannte Grunddeckung plus – falls notwendig – Schutz gegen Fahrraddiebstahl. Zusatzleistungen wie Versicherungen gegen Glasbruch oder Überspannungsschäden verteuern die Prämie, lohnen aber in der Regel nicht.

Wertsachen werden normalerweise nur bis zu 20 Prozent der Versicherungssumme ersetzt. Darunter fallen Antiquitäten, Gemälde, wertvolle Teppiche sowie Schmuck, Briefmarken, Münzen, Sparbücher und Bargeld. Letzteres muß in einem Tresor aufbewahrt werden, sonst gibt es noch weniger Schadenersatz.

WISO rät: Es empfiehlt sich, ein Verzeichnis über alle wichtigen Gegenstände anzulegen. Bewahren Sie die Rechnungen auf, denn der Versicherer kann einen Nachweis über die tatsächlichen Anschaffungskosten verlangen. Machen Sie Fotos von wertvollen Einzelstücken, insbesondere von Schmuck. Ist der Schaden erst einmal eingetreten kann der Nachweis, daß Sie die fehlenden oder zerstörten Gegenstände tatsächlich besessen haben, sonst sehr schwierig sein.

Kapital-Lebensversicherung

Bei der Kapital-Lebensversicherung werden zwei sehr verschiedene Dinge miteinander verknüpft: eine Versicherung für den Todesfall – wie bei der Risiko-Lebensversicherung –, kombiniert mit einem langfristigen Sparvertrag.

Der Löwenanteil der zu zahlenden Prämie geht in den Sparvertrag. So hat die Kapital-Lebensversicherung denn auch weniger mit Versicherung, sondern mehr mit Geldanlage zu tun. Eine Geldanlage, die dem Versicherten subjektiv das Gefühl gibt, eine gute Altersvorsorge abgeschlossen zu haben. Dieses Gefühl wird von den Anbietern kräftig unterstützt: Die Lebensversicherung wird gern als „Dritte Säule der Altersvorsorge" – neben Betriebsrente und gesetzlicher Rente – bezeichnet. Zudem ist das monatliche Abbuchen der Beiträge bequem, man muß sich um nichts mehr kümmern.

Doch ist die Lebensversicherung eine Geldanlage mit Unsicherheitsfaktor: Denn erst wenn dem Versicherten die Ablaufleistung (Versicherungssumme plus Überschüsse) ausgezahlt wird, kann er sich die tatsächliche Rendite dieser Anlage ausrechnen – wenn er dann noch lebt. Gewöhnlich ist es etwa das Doppelte der vereinbarten Summe. Das liegt daran, daß der Versicherte aus Sicherheitsgründen deutlich höhere Beiträge zahlt, als er eigentlich müßte, um seine vertraglich festgelegte Summe zu erreichen. Deswegen darf ein Versicherer diese verdoppelten Summen auch nicht garantieren.

In der Vergangenheit waren die Renditen von Lebensversicherungen oft erst durch indirekte Beihilfe von Vater Staat attraktiv. Denn die Auszahlungen von Lebensversicherungen sind steuerfrei, sofern der Vertrag zwölf Jahre oder länger läuft. Seitdem Zinserträge auch anderer Geldanlagen und Dividenden unterhalb von 6.100 bzw. 12.200 Mark pro Jahr steuerfrei sind, haben Lebensversicherungen allerdings einiges von ihrer früheren Attraktivität eingebüßt. Denn gegenüber anderen Geldanlagen hat die Kapitallebensversicherung einen großen Nachteil: Sie muß aus Renditegründen unbedingt bis zum Ende durchgehalten werden.

Die Erfahrung zeigt jedoch, daß viele Verträge vorzeitig aufgelöst und „zurückgekauft" werden, weil wegen Arbeitslosigkeit, Krankheit oder aus anderen Gründen das Geld für die Prämien anderweitig gebraucht wird. Und das heißt meistens Verlust: Beim Rückkauf nach zwei Jahren gibt es bei vielen Versicherern nicht einmal die Hälfte der eingezahlten Beträge zurück – Rendite: minus 50 Prozent! Deshalb sollte gut überlegt werden, ob der Vertrag wirklich gekündigt werden soll. Die Versicherer bieten für diesen Fall ein ganzes Bündel von Möglichkeiten an: zum Beispiel Beitragsstundung (Aussetzung der Beitragszahlung für ein halbes Jahr), Vertragsverlängerung (Beiträge werden niedriger, der Vertrag wird später fällig) oder eine Herabsetzung (Beiträge und Versicherungssumme werden niedriger), um nur einige zu nennen.

Wer eine Kapital-Lebensversicherung abschließen will, sollte nicht nur die Renditeprognose der Gesellschaft für die Zukunft als Entscheidungshilfe heranziehen. Fragen Sie nach der Vergangenheitsrendite. Diesen auch für die Zukunft oft realistischeren Wert vergleichen Sie dann mit anderen Formen der Geldanlage.

Eine abgespeckte Variante der Kapital-Lebensversicherung ist die Rentenversicherung. Sie ist nämlich um den Todesfallschutz abgespeckt worden, und das macht sie im Vergleich billiger. Daher ist die Rentenversicherung nichts anderes als ein langfristiger Sparvertrag. Zum Ablauf wird eine vorher vereinbarte monatliche Rente fällig, die gewöhnlich bis zum Lebensende gezahlt wird. Je länger der Versicherte lebt, desto lukrativer wird die Police. Aber wer weiß das schon vorher? Wenn das sogenannte „Kapitalwahlrecht" vereinbart wurde, gibt es auf Wunsch auch eine einmalige Kapitalzahlung. Im Normalfall wird auch die „Beitragsrückgewähr" vereinbart. Das ist wichtig, damit im Fall des vorzeitigen Todes die Erben nicht leer ausgehen, sondern das bis dahin angesparte Kapital ausgezahlt bekommen. Ansonsten gilt für die Rentenversicherung das schon für die Lebensversicherung Gesagte.

Vielfach werden heute auch sogenannte „fondsgebundene" Lebensversicherungen angeboten. Hier werden die Sparbeiträge, und das ist der Löwenanteil der Prämie, in Fonds angelegt. Vorsicht: Diese Fonds können im Kurs schwanken. Als risikolose Altersvorsorge ist diese Konstruktion also nicht zu empfehlen. Allerdings gibt es auch die Chance, am Ende der Vertragslaufzeit mehr zu erlösen als bei einer „normalen" Lebensversicherung.

Rechtsschutzversicherung

Auch die Rechtsschutzversicherung ist bei den Deutschen beliebt – jeder zweite Haushalt besitzt eine Police. Gleichwohl: Zwingend notwendig ist sie nicht. Wer eine Rechtsschutzversicherung hat, aber keine Versicherungen für die Privathaftpflicht, Berufsunfähigkeit und – falls Angehörige zu versorgen sind – eine Risiko-Lebensversicherung, handelt fahrlässig.

Rechtsschutz wird gewährt als Verkehrsrechtsschutz, als Familienrechtsschutz, beides zusammen im Paket, und als Mieter- oder Eigentümerrechtsschutz für die selbstgenutzte Wohnung. Das „Komplettpaket" (Familien-/Verkehrs-/Wohnungsrechtsschutz) kostet je nach Versicherer zwischen 270 und 380 Mark im Jahr.

Gerade für Rechtsschutzversicherungen gilt, daß es große Preisunterschiede bei annähernd gleichen Leistungen gibt. Die Wahl eines günstigen Unternehmens kann über Jahre hinweg gerechnet Tausende von Mark sparen. Und: Vereinbaren Sie eine möglichst hohe Selbstbeteiligung (angeboten werden zwischen 100 und 300 Mark), das senkt die Prämie nochmals – bei kleinem Risiko für Sie.

WISO rät: Beachten Sie die Risikenausschlüsse. Das betrifft besonders die Bereiche Bau-, Familien- und Erbrecht. Auch bei Vorsatz (zum Beispiel Straftaten) gibt es keinen Rechtsschutz. Ausnahme sind Bußgeldverfahren.

Wer schon mit einem Prozeß rechnet, sollte deswegen keine Rechtsschutzversicherung abschließen. Der Rechtsschutz beginnt erst drei Monate nach Vertragsabschluß und gilt auch nur dann, wenn Beginn und Grund des Rechtsstreits nach dieser Frist liegen.

Meist überflüssige Versicherungen

Reiseversicherungen

Besonders überflüssig: Versicherungen, die man schon hat und unwissentlich ein zweites Mal abschließt. Das geschieht öfter, als Sie vielleicht denken. Zum Beispiel beim Antritt einer Urlaubsreise. Im Reisebüro wird Ihnen ein „Sorglospaket" angeboten. Es enthält: Auslandskrankenversicherung, Reiserücktritts-, Haftpflicht-, Unfall- und Reisegepäckversicherung. Wichtig sind allein die Kranken- und die Reiserücktrittsversicherung. Haftpflicht- und/oder Unfallversicherung haben Sie vielleicht bereits und brauchen Sie daher nicht ein zweites Mal. Denn beide Versicherungen gelten weltweit. Und: In den heutigen Gepäckversicherungen wird mehr ausgeschlossen als versichert. Wenn Sie nicht nachweisen können, daß Sie Ihren Koffer am Bahnhof, auf dem Flughafen oder an anderen öffentlichen Stellen nicht nur ständig im Auge hatten, sondern sogar festhielten, haben Sie kaum eine Chance, von der Versicherung bei Verlust oder Diebstahl Geld zu bekommen. Gepäckversicherungen sind daher nicht zu empfehlen. Besser ist es, so wenig wertvolle Gegenstände wie möglich mitzunehmen. Aber keine Faustregel ohne Ausnahme. Trotz überflüssiger Versicherungen kann das „Sorglospaket" billiger sein als einzeln abgeschlossene Policen. Erkundigen Sie sich danach.

Versicherung über Kreditkarten

Neben dem bargeldlosen Einkauf bieten Kreditkarten heute eine Reihe zusätzlicher Dienstleistungen: Bargeldservice, Mietwagen ohne Kaution oder bargeldloses Telefonieren. Dazu kommen meist diverse Versicherungsleistungen, besonders bei den „Gold-Cards" – ein häufig gebrauchtes Werbeargument der Kartenanbieter.

Dabei sollten Sie folgendes bedenken: Eine Reisehaftpflicht brauchen Sie dann nicht, wenn Sie bereits eine Privathaftpflichtversicherung abgeschlossen haben. Eine Auslands-Autoschutzbriefversicherung brauchen Sie dann nicht, wenn Sie bereits einen Autoschutzbrief haben.

Prüfen Sie, ob die Versicherungsleistung an die Benutzung der Karte gebunden ist. So nutzt Ihnen die eingeschlossene Unfallversicherung für die Benutzung öffentlicher Verkehrsmittel vielleicht nichts, wenn Sie die Fahrt bar bezahlt haben. In der Regel greift die im Kartenpreis eingeschlossene Versicherung ohnehin nur dann, wenn der Schaden durch keine andere Versicherung gedeckt wird. Auch sonst sind die Ausnahmebestimmungen meist zahlreich.

Insassen-Unfallversicherung

Die Insassen-Unfallversicherung ist ein Paradebeispiel dafür, daß ein an sich unsinniges Produkt dennoch gut verkauft werden kann. Nur rund 20 Prozent der Prämien werden wieder ausgeschüttet, der große Rest verbleibt beim Unternehmen für Vertreterprovisionen, Verwaltungskosten und Gewinne. Das liegt daran, daß das abzusichernde Risiko fast immer schon durch andere Versicherungen gedeckt ist. Die Kraftfahrzeug-Haftpflicht kommt zum Beispiel für die Unfallschäden der Mitfahrer auf. Ausnahme: Unfälle durch „höhere Gewalt", zum Beispiel durch einen geplatzten Reifen. Und der Fahrer bekommt natürlich für sich nichts aus seiner Haftpflichtversicherung. Doch für ihn wie für die Mitfahrer gilt: Die bessere Wahl ist die normale Unfallversicherung und/oder die Berufsunfähigkeitsversicherung.

Für Autofahrer

Die Kraftfahrzeug-Haftpflichtversicherung

Keine Wahlmöglichkeit haben Autohalter: Sie müssen bereits vor der Zulassung eines Autos den Abschluß einer Autohaftpflichtversicherung nachweisen – mittels der sogenannten Doppelkarte. Die Autohaftpflicht ist also eine Zwangsversicherung.

Seit 1. Juli 1996 gibt es eine neue Tarifstruktur. War bisher unter anderem die Motorstärke ein Maßstab für die Höhe der Prämie, gelten ab sofort für Neuverträge die sogenannten Typklassen. Sie sind bereits von der Kaskoversicherung her bekannt. Der Hintergrund: Je größer die Unfallhäufigkeit bzw. die Unfallwahrscheinlichkeit, desto häufiger kommt es auch zu Haftpflichtschäden. Schlechter gestellt werden Vielfahrer mit Dieselfahrzeugen, aber auch Besitzer von Geländewagen. Dagegen profitieren zum Beispiel Cabrio-Besitzer, da diese Fahrzeuge nur wenige tausend Kilometer im Jahr gefahren werden. Die niedrigste Typklasse ist zehn, die höchste 25.

Generell bezahlen Fahranfänger am meisten: nämlich 260 Prozent der Grundprämie. Ältere Fahrer bekommen einen Bonus, den sogenannten Schadenfreiheitsrabatt – natürlich nur, wenn auch kein Haftpflichtschaden eintritt. So sinkt die Prämie im Laufe der Jahre auf zur Zeit minimal 35 Prozent der Grundprämie.

Junge Fahrer können noch die 260-Prozent-Prämie umgehen, indem ihr Auto als Zweitwagen des Vaters oder der Mutter zugelassen wird. Das kostet nur 125 Prozent. Allerdings wollen verschiedene Versicherungsunternehmen den erworbenen Rabatt des Fahranfängers später nicht mehr auf dessen Namen übernehmen – wie in der Vergangenheit immer geschehen. Also erkundigen Sie sich bei dem Unternehmen, wie es verfahren will.

Doch nicht nur der Schadenfreiheitsrabatt entscheidet über die Höhe der zu zahlenden Prämie. Hinzu kommt die sogenannte Regionalklasse, in der Sie wohnen, ob Sie Viel- oder Wenigfahrer sind, oder ob Sie als Frau einen Frauentarif bekommen können.

WISO rät: Achtung! Ein angeblich günstiger „Frauentarif" der Gesellschaft X kann teurer sein als der „allgemeine" Tarif der Gesellschaft Y.

Nach einem Schadensfall, der von der Versicherung reguliert wird, erfolgt im Normalfall eine Zurückstufung im Schadenfreiheitsrabatt. Achtung: Die Rückstufung erfolgt unabhängig von der Höhe des eingetretenen Schadens. Es ist daher möglich und zu überlegen, ob es im Einzelfall nicht günstiger ist, den Schaden selbst zu bezahlen und den erreichten Rabatt zu behalten. Ob sich das lohnt, können Sie aus Tabellen ablesen, die es zum Beispiel beim ADAC gibt.

Doch das wichtigste, um Kosten zu sparen, ist die (richtige) Wahl der Versicherungsgesellschaft. Das ist – neben der Wahl des Fahrzeugs – Ihre einzige Wahlmöglichkeit überhaupt. Denn damit lassen sich auch in Zukunft mehrere hundert Mark pro Jahr sparen. Eine weitere Wahlmöglichkeit ist die Höhe der Versicherungssumme. Am besten, Sie vereinbaren die „unbegrenzte" Deckungssumme.

Teilkaskoversicherung

Kaskoversicherungen für das Auto sind freiwillig und nur für denjenigen notwendig, der auf das Auto angewiesen ist.

Die sogenannte Teilkaskoversicherung versichert Schäden am Auto durch Diebstahl, Brand, Überschwemmung, Hagel, Sturm, Glasbruch oder – wie es so schön heißt – Haarwild. Die Prämien richten sich nicht nur nach dem gewählten Versicherungsunternehmen, sondern auch nach der sogenannten Typklasse des Fahrzeuges. Je höher diese Typklasse, desto höher die Prämie. Am höchsten zur Zeit: Typklasse 40. In dieser Kennziffer schlagen sich die Diebstahlhäufigkeit und die Reparaturkosten des betreffenden Autotyps nieder.

Meistens ist es sinnvoll, eine Selbstbeteiligung von mindestens 300 Mark zu vereinbaren. Das verbilligt die Prämie erheblich, natürlich auch deswegen, weil in diesem Bereich viele Schäden anfallen (Autoradio gestohlen, Frontscheibe gesprungen). In der Teilkasko gibt es keinen Schadenfreiheitsrabatt. Da eine Kaskoversicherung bei Gebrauchtwagen höchstens den Zeitwert des Fahrzeugs ersetzt, lohnt sich eine Kaskoversicherung bei Altautos nicht mehr.

WISO rät: Bei der Regulierung eines Autodiebstahls ziehen die meisten Versicherer 10 Prozent vom Zeitwert ab, wenn der Wagen nicht mit einer vom Versicherer genehmigten Wegfahrsperre ausgerüstet war. Erkundigen Sie sich danach!

Vollkaskoversicherung

Über die Teilkaskoversicherung hinaus ersetzt die Vollkasko auch selbstverschuldete Schäden am Auto sowie Schäden, deren Verursacher nicht zu ermitteln ist. Wann Vollkasko? Faustregel: Neuwagen werden vollkasko, ältere Autos teilkasko versichert. Allerdings: Im Gegensatz zur Teilkasko gibt es (bis heute) bei Vollkasko den Schadenfreiheitsrabatt aus der Haftpflichtversicherung. Außerdem gelten oft nicht die gleichen Typklassen wie in der Teilkaskoversicherung. Folge: Manchmal ist es sogar billiger, seinen Wagen vollkasko zu versichern – zusätzlich mit besserem Versicherungsschutz.

Auch bei Vollkasko empfiehlt sich die Vereinbarung einer Selbstbeteiligung, zum Beispiel 1.000 oder 2.000 Mark, denn dadurch verbilligt sich die Prämie erheblich.

Krankenversicherung

Jeder berufstätige Angestellte mit einem Bruttojahresentgelt unter der sogenannten Pflichtversicherungsgrenze ist automatisch versicherungspflichtig. Das heißt, er muß sich in der AOK oder einer der Ersatzkassen (Barmer, DAK) versichern. Die Bemessungsgrenze wird jährlich neu festgelegt. Erst wer (brutto) darüber hinaus verdient, wer gar nicht arbeitet oder wer selbständig ist, ist von der Versicherungspflicht frei. Wenn er vorher Mitglied einer gesetzlichen Krankenkasse (GKV) war, kann er sich dort freiwillig weiterversichern. Oder er wechselt in eine private Krankenkasse (PKV). Während die GKV überall annähernd gleiche Leistungen anbietet, sind diese bei den privaten Krankenversicherungen unterschiedlich. Das liegt zum Teil an den Angeboten, zum Teil daran, daß ein individueller Schutz ausgehandelt wurde. Während die GKV ihre Prämien nach dem Einkommen des Kunden berechnet, werden die PKV-Prämien nach Alter und Geschlecht ermittelt. Während bei der GKV alle nicht erwerbstätigen Familienmitglieder beitragsfrei mitversichert sind, muß bei der PKV jeder seine Prämie entrichten.

Mehr dazu im Kapitel „Soziale Sicherheit“ ab Seite 180.

Das Beispielpaket: So sind Sie gut versichert!

Nachfolgend ein Beispiel, wie ein sinnvolles Versicherungspaket aussehen könnte. Als Versicherungsnehmer ist ein 35jähriger Familienvater angenommen, der nur die größeren Risiken absichern will – und das möglichst günstig. In diesem Paket sollten enthalten sein:

- Privathaftpflichtversicherung: Versicherungssumme: 2 Millionen DM pauschal, vereinzelt auch schon 7,5 bis 10 Millionen Mark, Kosten pro Jahr: ca. 100 DM;
- Risikolebens- plus Berufsunfähigkeits-Zusatzversicherung: Versicherungssumme: 100.000 DM, monatliche Rente: rund 2.000 DM, Kosten pro Jahr: ca. 850 DM bei Laufzeit + Rente bis Alter 60, ca. 1.200 DM bei Laufzeit + Rente bis Alter 65 Jahre;
- Unfallversicherung für Ehefrau und Kind: Versicherungssumme: 100.000 DM bei Invalidität, Kosten pro Jahr: ca. 120 DM;
- Wohngebäude- oder Hausratversicherung (Neubauwert: 600.000 DM/Wert Hausrat: 100.000 DM): Kosten pro Jahr: ca. 500 DM/ca. 150 DM.

Dieser Versicherungsschutz gegen die wichtigsten Risiken kostet bei günstigen Direktversicherern nicht mehr als rund 1.400 Mark (bzw. 1.750 Mark) im Jahr.
Hinzu kommen noch (Zwangs-)Versicherungen wie die gesetzliche/private Krankenversicherung und – falls ein Auto vorhanden – die Autohaftpflichtversicherung. Weitere spezielle Haftpflichtversicherungen sind bei entsprechenden Risiken unverzichtbar: zum Beispiel Tierhalter-Haftpflicht, Öltank-Haftpflicht oder Haus- und Grundbesitzer-Haftpflicht für Vermieter.

Erst wenn diese Risiken abgedeckt sind, sollten Sie über weitere Versicherungen nachdenken: zum Beispiel über eine Unfallversicherung für sich selbst, über eine Rechtsschutzversicherung für sich oder die Familie, eine Fahrzeugteil- oder Kaskoversicherung, eine Kapital-Lebensversicherung, eine Kranken-Zusatzversicherung usw. ...

WISO rät: Grundsätzlich gilt, daß Sie nicht das erstbeste Angebot akzeptieren sollten. Meist ist es zu teuer. Prüfen Sie immer auch die Angebote von sogenannten Direktversicherern. Diese haben keinen Außendienst und sind dadurch fast immer billiger. Und: Unterschreiben Sie nur Verträge, die Sie jedes Jahr wieder kündigen können!

Bei einer Beratung durch einen Versicherungsvertreter lassen Sie sich auf jeden Fall den grün-weißen BWV-Ausweis zeigen. Er dokumentiert die bestandene Prüfung beim Berufsbildungswerk der Deutschen Versicherungswirtschaft. Eine Garantie für eine optimale Beratung ist der Ausweis allerdings nicht.

Unser Rat: Aktuell und sorgfältig informieren

Die Ratschläge können keinen Anspruch auf Vollständigkeit erheben. Dazu sind die Bedürfnisse nach Versicherungsschutz zu vielfältig und das Angebot an unterschiedlichen Leistungen zu groß. Nicht gegen *was* alles Sie sich versichern können, sondern was aus unserer Sicht *sinnvoll* ist, sollte hier dargestellt werden.

Seit der Liberalisierung auf dem europäischen Versicherungsmarkt im Jahr 1994 ist es allen Versicherern des EG-Auslandes möglich, in Deutschland Verträge anzubieten – und umgekehrt. Das heißt für den einzelnen: noch mehr Möglichkeiten, Preisvergleiche anzustellen, aber auch mehr Möglichkeiten, sich falsch zu versichern.

Mehr als bisher lohnt sich auch jetzt ein Blick auf die Versicherungsbedingungen, denn die sind nicht mehr bei jedem Anbieter gleich. Gleichzeitig ist die Kontrolle der Versicherungsbedingungen und der Prämien durch das Bundesaufsichtsamt für das Versicherungswesen weggefallen. Vorsicht vor Mogelpackungen – also Versicherungsschutz, der nur auf dem Papier steht!

Wenn Sie sich auch noch aus anderen Quellen informieren wollen, hier ein paar Empfehlungen:

- Verbraucherzentralen-Broschüre „Richtig versichert – viel Geld gespart", 8 Mark, erhältlich bei: Versandservice, Adersstraße 78, 40 215 Düsseldorf.
- Finanztest-Sonderheft „Versicherungen", 14 Mark, erhältlich im Buchhandel und bei Stiftung Warentest Vertrieb, Postfach 81 06 60, 70 523 Stuttgart.

- „Ratgeber Versicherung“ von Hans Dieter Meyer, 15 Mark, erhältlich im Buchhandel.

Versicherungsberatung bieten zudem alle Verbraucherzentralen an. Adressen von nicht firmengebundenen Maklern gibt es über den „Verband verbraucherorientierter Versicherungs- und Finanzmakler“ (VVV), Otto-Brenner-Straße 38, 33607 Bielefeld, Telefon 0521/270 02 23.

Nicht firmengebundene Makler arbeiten auch in den „FAIRsicherungsläden”. Adressen gibt es beim „Verbund der FAIRsicherungsläden”, Rembertistraße 31, 28203 Bremen, Telefon 0421/32 77 51 oder 337 87 91.

Daneben gibt es auch in vielen Städten Versicherungsberater. Sie verkaufen keine Versicherungen, sondern beraten gegen ein vorher ausgehandeltes Honorar. Dafür erhalten Sie einen Versicherungsplan. Beim „Bund der Versicherten“ bekommen Sie Rat, wenn Sie dort Mitglied werden. Die Adresse: Postfach 1153, 24547 Henstedt-Ulzburg. Wenn Sie sich über ein Versicherungsunternehmen beschweren wollen, können Sie sich an das Bundesaufsichtsamt für das Versicherungswesen, Ludwigkirchplatz 3–4, 10719 Berlin, wenden.

Mieten und Wohnen

Die Zusatzkosten nicht vergessen

Vom Umgang mit dem Makler

Jeder Bundesbürger steht in seinem Leben – häufig mehrmals – vor der Aufgabe, eine Wohnung zu mieten. Der Beruf erfordert meist Mobilität. Nicht jeder verfügt über ausreichend viel Geld, um sich ein Eigenheim zu kaufen.

Wenn Sie dann nicht zufällig über Verwandte oder Freunde die passende Wohnung finden und auch private Zeitungsinserate nicht zum Abschluß eines Mietvertrages geführt haben, führt oft kein Weg am Makler vorbei.

WISO rät: Vergleichen Sie die Konditionen der Makler. Erkundigen Sie sich wenn möglich bei Ortskundigen nach ihren Erfahrungen mit den ansässigen Maklern. Wie engagiert und solide sind sie? Wenn ein Makler Ihnen gegenüber Geldforderungen erhebt, überprüfen Sie zuerst, ob er darauf auch wirklich Anspruch hat. Nicht jede Provisionsforderung ist rechtsgültig.

Das Wohnungsvermittlungsgesetz hat den Provisionswünschen der Makler seit September 1993 klare Grenzen gesetzt. Für ihre Bemühungen dürfen Makler maximal zwei Monatsmieten plus Mehrwertsteuer in Rechnung stellen (Betriebs- und Heizkostenvorauszahlungen werden dabei nicht mitgerechnet). Ein Anspruch auf die Maklergebühr besteht erst dann, wenn Mieter und Makler einen Vertrag abgeschlossen haben, und nur dann, wenn durch das Tätigwerden des Maklers wirklich ein Mietverhältnis zustandegekommen ist. Wenn Ihnen ein Makler verschiedene Wohnungen gezeigt hat, ohne daß Sie sich für eine dieser Wohnungen entscheiden konnten, hat der Makler kein Anrecht auf eine Provision. Der Makler darf auch keine Gebühren erheben, wenn mit seiner Hilfe ein bestehender Mietvertrag erneuert oder verlängert wird. In keinem Fall darf er eine Provision erheben, wenn er mit dem Mietobjekt wirtschaftlich bzw. juristisch verbunden oder gar selbst der Vermieter oder Verwalter der Wohnung ist. Bei der Vermittlung von Sozialwohnungen kann dem Mieter ebenfalls keine Vermittlungsgebühr in Rechnung gestellt werden.

WISO rät: Wenn Sie eine Maklerrechnung erhalten, überprüfen Sie genau, ob ein Anrecht auf Provision seitens des Maklers besteht und ob die Höhe der Rechnung korrekt ist. Sollten Sie Gelder von einem Makler zurückfordern wollen, so dürfen seit der Zahlung maximal vier Jahre verstrichen sein, da das Rückforderungsrecht des Mieters nach dieser Zeit verjährt. In diesem Fall ist es empfehlenswert, juristischen Rat einzuholen, zum Beispiel bei Mietervereinen oder Juristen, die sich auf Mietrecht spezialisiert haben.

Die Sache mit den Nebenkosten

Wenn Sie in einer Mietwohnung leben, müssen Sie fast immer Neben- bzw. Betriebskosten zahlen. Grundsätzlich gilt: Nebenkosten (bis auf Strom und Wasser, wenn separate Zähler vorhanden sind, sowie Heizung) sind in der Miete enthalten, wenn Sie nichts anderes mit Ihrem Vermieter vereinbart haben. Fordert der Vermieter zusätzlich zur Miete Nebenkosten, so muß das ausdrücklich im Mietvertrag stehen. Nicht jeder Posten kann allerdings auf Mieter abgewälzt werden.

Nebenkosten sind: Grundsteuer (öffentliche Lasten des Grundstücks), Wasser, Entwässerung, Heiz- und Warmwasserkosten, Aufzugskosten, Straßenreinigung und Müllabfuhr, Hausreinigung und Ungezieferbekämpfung, Gartenpflege, Beleuchtung, Schornsteinreinigung, Sach- und Haftpflichtversicherung, Hausmeisterkosten, Kosten für Gemeinschaftsantennenanlage oder Kabelanschluß, maschinelle Wascheinrichtung und Betriebskosten, zum Beispiel für eine Sauna, ein Schwimmbad oder weitere Gemeinschaftseinrichtungen. Nicht zu den Betriebskosten gehören unter anderem: Portokosten des Vermieters, Instandhaltungsrücklagen und Wartungskosten, Bankgebühren fürs Mietkonto.

Seit dem 1. September 1993 hat der Vermieter das Recht, den Mieter aufzufordern, daß er sich wegen Abwasser, Frischwasser und Müllabfuhr direkt mit dem jeweiligen Versorgungsunternehmen in Verbindung setzen muß.

Wenn der Mieter monatliche Vorauszahlungen für bestimmte Nebenkosten zahlt, muß der Vermieter einmal im Jahr über die wirklich entstandenen Kosten abrechnen.

Die Nebenkostenabrechnung muß dabei bestimmte Kriterien erfüllen:

- sie darf Ihnen nicht zu spät, also zum Beispiel nicht erst nach Jahren dargeboten werden,
- sie muß übersichtlich und für Sie auch dann nachvollziehbar sein, wenn Sie darin nicht so geübt sind,
- sie muß genau eingrenzen, von wann bis wann die Nebenkostenabrechnungsperiode läuft, dabei muß sie sich auf zwölf Monate beziehen,
- sie muß die Zusammenstellung der Nebenkosten (gesamt) enthalten und Ihren Anteil daran erkennen lassen – und zwar nach einem zumeist im Mietvertrag vereinbarten Schlüssel (zum Beispiel Pro-Kopf-Verbrauch oder Pro-Quadratmeter-Verbrauch),
- die Posten müssen einzeln ausgewiesen sein,
- und natürlich müssen von Ihrem Nebenkostenanteil gegebenenfalls die monatlichen Vorauszahlungen abgezogen werden.

Reichen die Vorauszahlungen nicht aus, müssen Sie als Mieter die Differenz zahlen. Haben Sie bei Ihren monatlichen Raten höhere Vorauszahlungen bezahlt als die Summe der tatsächlichen Betriebskosten, muß der Vermieter Ihnen Geld zurückerstatten. Außerdem darf sich der Vermieter bei Nachzahlungsforderungen nicht unendlich lange Zeit lassen, denn die Nachzahlungsforderung verjährt vier Jahre nach Rechnungsvorlage.

WISO rät: Nutzen Sie Ihr Recht als Mieter, die Nebenkostenabrechnung genau und persönlich zu studieren. Verlangen Sie Originalbelege für die in Rechnung gestellten

Kosten – insbesondere wenn Ihnen einige Summen zu hoch erscheinen. Sie können die Zahlung verweigern, solange Sie keine ordnungsgemäße Aufstellung erhalten haben. Es geht schließlich um Ihr Geld. Tausende Betriebskostenabrechnungen sind falsch! Also: Rechnen Sie genau, bevor Sie zahlen!

Von den aufgezählten Nebenkosten, die ein Vermieter auf seine Mieter umlegen kann, sind die *Heiz- und Warmwasserkosten* besonders interessant, denn sie werden durch den eigenen Verbrauch mitbestimmt. Sie können also Einfluß nehmen auf die Höhe dieser Positionen in Ihrer Betriebskostenabrechnung. Schon geschlossene Türen bei beheizten Räumen können Geld sparen. Heiz- und Warmwasserkosten werden in der Praxis immer zusätzlich zu der Miete gezahlt.

Seit 1981 schreibt die Heizkostenverordnung in den meisten Fällen eine verbrauchsabhängige Abrechnung vor. Diese Verordnung ist dann zwingend und kann nicht durch einen entsprechenden Passus im Mietvertrag geändert werden. (Auch hier gibt es Gesetzesausnahmen.)

Zu den Heizungskosten werden unter anderem gezählt:

- verbrauchte Brennstoffkosten,
- Kosten für Pflege, Überwachung, Bedienung und Einstellung der Anlage,
- Reinigungskosten,
- Schornsteinreinigungskosten,
- Kosten für die Messung der Schadstoffe.

Der Vermieter kann jedoch folgende Kosten im Zusammenhang mit der Heizung nicht weitergeben:

- Trinkgelder, zum Beispiel für die Öllieferfirma,
- Finanzierungskosten, die eventuell anfallen, wenn er das Geld für das Heizmaterial nicht „flüssig" hat.

Die Heizkosten müssen zu mindestens 50 Prozent verbrauchsabhängig abgerechnet werden, maximal zu 70 Prozent. Die verbleibenden 30 bis 50 Prozent werden dann nach einem festen Verteilerschlüssel – meistens nach Quadratmetern – auf die Mietparteien umgelegt. Einmal im Jahr muß der Verbrauch, häufig durch vom Vermieter beauftragte Wärmemeßdienste, abgelesen werden. Dabei schreibt das Gesetz vor, daß alle beheizbaren Räume mit ablesbaren Erfassungsgeräten ausgestattet sein müssen.

WISO rät: Schreiben Sie sich den Stand der Heizungsmeßgeräte auf, kurz bevor der Verbrauchsablesetermin ansteht. Vergleichen Sie Ihre Werte mit denen, die der Ableser ermittelt. Wenn große Unterschiede bestehen, verweigern Sie Ihre Unterschrift bzw. gehen Sie alles gemeinsam mit dem Ableser durch. Bestehen Sie darauf, eine Kopie des Ableseprotokolls zu bekommen. So können Sie später die Abrechnung Ihres Vermieters besser kontrollieren und zugleich Ihren Verbrauch abschätzen.

Die *Warmwasserkosten* sind meist mit denen der Heizungsanlage verbunden, sie können aber auch – bei getrennten Systemen – von der Heizungsanlage unabhängig erhoben werden. Es gilt wieder: Der Warmwasserverbrauch muß zwischen 50 und 70 Prozent verbrauchsabhängig abgerechnet werden. Die übrigen Anteile werden entsprechend der Wohnfläche berechnet.

Zu den Warmwasserkosten können gehören:

- die Kosten für Wasserversorgung und Wassererwärmung,
- die Kosten, die bei der Wartung von eichfähigen Warmwasserzählern anfallen,
- die Kosten von Zwischenzählern, soweit vorhanden, und
- die Betriebskosten einer Wasserversorgungs- und Wasseraufbereitungsanlage.

WISO rät: Bestehen Sie darauf, daß Heizung und Warmwasser verbrauchsabhängig abgerechnet werden. Wenn nicht, nehmen Sie notfalls Ihr Kürzungsrecht wahr. Reklamationen müssen Sie an Ihren Vermieter richten, nicht etwa an die Wärmemeßfirma.

Miete: Wie hoch darf sie denn sein?

Fast jeder Mieter hat es schon erlebt: Plötzlich erhält man einen Brief seines Vermieters, der dazu auffordert, ab einem bestimmten Zeitpunkt eine höhere Miete zu zahlen. Dann entsteht oft Unsicherheit: Darf der Vermieter das überhaupt? Ist die geforderte Erhöhung rechtmäßig? Was kann ich tun, um die Forderung zu überprüfen?

WISO rät: Stimmen Sie nicht sofort dem Verlangen Ihres Vermieters zu – schließlich geht es um Ihr Geld! Das Gesetz schreibt vor, daß der Vermieter nicht ohne Ihre Zustimmung die Miete erhöhen kann. Für diese Zustimmung können Sie sich nach Erhalt der Mieterhöhungsforderung bis zum Ende des zweiten Monats Zeit lassen.

Im Mieterhöhungsgesetz ist festgeschrieben, wann und in welchem Rahmen Mieterhöhungen zulässig sind. Möglich sind sie in folgenden Fällen:

- bei der Erhöhung bis zur ortsüblichen Vergleichsmiete,
- beim Anstieg von Betriebs- oder Kapitalkosten,
- bei Modernisierungen,
- bei Staffelmieten und
- bei Indexmieten.

Grundsätzlich gilt: Der Vermieter muß sein Begehren schriftlich mitteilen und eine Begründung für die erhöhte Forderung angeben.

Begründet der Vermieter seine Erhöhungsforderung mit der „ortsüblichen Vergleichsmiete“, so kann er das jeweils nur im Abstand von einem Jahr tun. Unter der ortsüblichen Vergleichsmiete wird ein statistischer Durchschnittswert verstanden. Dieser muß ermittelt werden. Üblicherweise gibt es drei Möglichkeiten, diesen Preis zu ermitteln:

- durch den sogenannten „Mietspiegel“,
- durch Vergleichswohnungen,
- durch ein Gutachten.

Der Mietspiegel existiert in etwa 200 Gemeinden und Städten in Deutschland. Er ist eine ausführliche Tabelle, unterteilt in verschiedene Faktoren, wie zum Beispiel Wohnungsgröße, Baujahr, Lage und Austattung der Wohnung. Ab September dieses Jahres dürfen nur die Mieterhöhungen und Vertragsabschlüsse der vergangenen vier Jahre berücksichtigt werden. Das Gesetz sieht vor, daß dieser Mietspiegel alle zwei

Jahre aktualisiert wird. Oftmals enthält er Spannen, zum Beispiel einen Quadratmeterpreis zwischen 10,20 und 11,50 DM.

Häufig begründen Vermieter ihre Mieterhöhungsforderung mit dem Hinweis auf drei Vergleichswohnungen. Auch legt der Vermieter seiner Forderung oftmals ein Sachverständigengutachten zugrunde. Die beiden letzten Methoden werden von Vermietern häufig dann angewendet, wenn die Forderung über dem Mietspiegel(durchschnitts)-wert liegt oder es für den betreffenden Ort keinen Mietspiegel gibt.

WISO rät: Überprüfen Sie genau, ob eine solche Begründung zur Mieterhöhung wirklich rechtmäßig ist. Denn nicht immer reichen vor Gericht drei Vergleichswohnungen als Begründung. Wenn es für Ihren Ort einen Mietspiegel gibt, erkundigen Sie sich selbst nach den Spannen (beispielsweise beim Mietverein oder beim Wohnungsamt). Weicht der Vermieter vom dort berechneten Mittelwert ab, sollte dies begründet sein. Fragen Sie Bekannte und Freunde mit vergleichbaren Wohnungen nach deren Miethöhe. Vielleicht können Sie so die Mieterhöhung reduzieren!

Begründet der Vermieter seine Mieterhöhung mit gestiegenen Betriebs- oder Kapitalkosten, sollten Sie sich diesen Erhöhungsgrund genau anschauen.

Betriebskosten (etwa für den Aufzug, die Gartenpflege, die Beleuchtung, den Hausmeister) müssen vertraglich als Mietbestandteil vereinbart sein. Ohne eine solche Vereinbarung können Betriebskosten nicht einfach vom Vermieter weitergegeben werden. Wenn der Mieter eine Betriebskostenpauschale zahlt, sind diese Kosten abgegolten: Eine Anpassung kann dann nur über die Betriebskostenpauschale erfolgen, wenn diese nachweislich nicht ausreicht.

Hat ein Vermieter vor Mietbeginn einen gesicherten Kredit aufgenommen, kann er unter bestimmten Bedingungen gestiegene Kapitalkosten (zum Beispiel höhere Zinsen) auf den Mieter umlegen. Dies allerdings nur, wenn diese höheren Kosten nicht von dem Vermieter verschuldet sind.

WISO rät: Bevor Sie einer Mieterhöhung auf einer solchen Basis zustimmen, achten Sie darauf, ob die Forderung schriftlich mitgeteilt und so begründet wird, daß Sie die Gründe überprüfen können. Sind wirklich alle Bedingungen erfüllt? Achten Sie auch darauf, daß der Vermieter die Miete dann auch senken muß, wenn sich die Betriebskosten reduzieren und zum Beispiel die Zinsen wieder sinken.

Oftmals kündigen Vermieter Modernisierungsarbeiten bei einer Mietwohnung und zugleich eine damit einhergehende Mieterhöhung an. (Modernisierungsarbeiten sind zum Beispiel Maßnahmen zur Energieversorgung, zum Schallschutz, zur Verbesserung der sanitären Anlagen.) Doch auch bei dieser Erhöhungsbegründung sind Sie nicht gleich zum Mehrzahlen verdammt – denn der Vermieter muß sich an diverse Regeln halten. So muß er Sie beispielsweise rechtzeitig – mindestens zwei Monate vor Arbeitsbeginn – von seinen konkreten Plänen in Kenntnis setzen. Dabei gibt es genaue Regeln, was wirklich Modernisierungen sind und nicht etwa Instandhaltungen oder Reparaturen, die grundsätzlich nicht der Grund für Mietsteigerungen sein können. Auch sagt das Gesetz, daß der Mieter nicht alle Modernisierungen dulden muß. Schließlich können Sie auch Einspruch erheben, wenn die Mieterhöhung nach den Modernisierungsarbeiten um über 10 Prozent höher ausfällt als angekündigt.

WISO rät: Nehmen Sie Modernisierungsarbeiten und folgende Mieterhöhungen nicht einfach hin. Lassen Sie sich von Fachleuten in Ihrem Einzelfall genau beraten, ob es sich wirklich um Modernisierungsmaßnahmen handelt und ob die geplante Höhe der Mietsteigerung zulässig ist.

Mietverträge mit Staffelmieten sehen auch Mieterhöhungen vor, und zwar zu genau im Mietvertrag festgelegten Zeiten. Ein Staffelmietvertrag muß folgende Regeln einhalten:

- Die Staffelmiete muß schriftlich festgelegt sein,
- der Steigerungsbetrag muß im Mietvertrag genau ausgewiesen sein,
- die Vereinbarung für die Staffelmiete darf nicht über einen längeren Zeitraum als zehn Jahre gehen,
- eine Mieterhöhung kann nur greifen, wenn mindestens ein Jahr Abstand zur letzten Erhöhung besteht.

WISO rät: Bevor Sie einen Staffelmietvertrag unterschreiben, überlegen Sie genau, ob Ihre Wohnung auch noch bezahlbar ist, wenn die Miete regelmäßig erhöht wird. Gerade in der letzten Zeit stagnieren die Quadratmeterpreise in manchen Städten. Dann ist man mit einem Staffelmietvertrag nicht gut beraten. Ist der Erhöhungsbetrag angemessen? Lesen Sie in jedem Fall das Kleingedruckte!

WISO rät: Egal, welche Ursachen für eine Mieterhöhung bei Ihnen bestehen: Sie müssen nicht jeder Forderung nach Mieterhöhung nachgeben! Es gibt eine Kappungsgrenze, die festlegt, wie stark die Miete bei bestimmten Wohnungen in bestimmten zeitlichen Abständen steigen darf. Erkundigen Sie sich genau über Ihren Einzelfall und rechnen Sie in jedem Fall nach, ehe Sie Verträge unterschreiben oder womöglich mehr Miete bezahlen als nötig.

Neues Mietrecht erlaubt Indexmieten

Am 1. September 1993 ist das Vierte Mietrechtsänderungsgesetz in Kraft getreten. Eine der wichtigsten Neuerungen war die Zulassung von sogenannten „Indexklauseln" in Mietverträgen. Bei gewerblichen Vermietungen war das schon vor Inkrafttreten des Vierten Mietrechtsänderungsgesetzes möglich. Aber erst seit der Novellierung des Mietrechts können sogenannte Indexmieten auch für Wohnungsmietverträge vereinbart werden.

Indexklauseln legen die künftigen Mieterhöhungen fest, die sich am Index der Lebenshaltungskosten orientieren. Man spricht in solchen Fällen auch von Mietanpassungsvereinbarungen, von Wertsicherungsklauseln oder von Mietgleitklauseln. Da es unterschiedliche Lebenshaltungsindizes gibt, muß in einem Indexmietvertrag festgeschrieben werden, welcher dieser Indizes für die Mieterhöhungen gelten soll. Bei einer Indexklausel orientiert sich die Mieterhöhung üblicherweise am Index der Lebenshaltungskosten aller privaten Haushalte, auch als sogenannte „Inflationsrate" bekannt.

Die durchschnittliche Inflationsrate des vergangenen Jahres wird normalerweise Mitte bis Ende Januar des neuen Jahres vom Bundesamt für Statistik in Wiesbaden bekanntgegeben. Diese Prozentzahl zeigt die Veränderung gegenüber dem Vorjahr an, das heißt um wieviel Prozent der Preisindex für die Lebenshaltung aller privaten Haushalte (Inflationsrate) gestiegen ist.

Hintergrund: Einerseits wollte der Gesetzgeber künftige Wohnungsbauinvestoren vor Inflationsverlusten schützen, das heißt den Vermietern eine größere Planungssicherheit für wenigstens zehn Jahre geben; andererseits glaubte man, dieses System der Mieterhöhungen sei dem Mieter begreiflicher zu machen als das schwer durchschaubare Vergleichsmietenrecht.

Vor- und Nachteile von Indexmietverträgen

Bevor Sie als Mieter einen Indexmietvertrag unterschreiben, sollten Sie allerdings die Vor- und Nachteile in Ruhe abwägen:

- Nachteil: Regelmäßige Mieterhöhungen, die jährlich vorgenommen werden, sind programmiert. Andererseits steigen Ihre Mietkosten auch bei vereinbarter Staffelmiete oder Anpassung an die ortsübliche Vergleichsmiete.
- Vorteil: Bei Indexmietverträgen genießen Sie einen zehn Jahre währenden Kündigungsschutz und sind vor Mieterhöhungen aus anderen Gründen geschützt. Weitere Vorteile für den Abschluß einer Indexmiete ergeben sich aus Bedingungen, die an die gesetzliche Zulassung solcher Mietverträge geknüpft sind:
  1. Die Vereinbarung einer Indexmiete zwischen Vermieter und Mieter ist nur dann wirksam, wenn diese von der jeweiligen Landeszentralbank genehmigt wurde. Diesem Verfahren liegen die Genehmigungsgrundsätze der Deutschen Bundesbank zugrunde. Nach § 10 a MHG, der mit dem Vierten Mietrechtsänderungsgesetz in das Miethöhegesetz (MHG) eingefügt wurde, können von Vermietern und Mietern vertraglich sogenannte „Wertsicherungsklauseln“ vereinbart werden, die nach § 3 WährG der Genehmigung bedürfen. Darin wird davon ausgegangen, daß es sich um Klauseln handelt, bei denen die Veränderung der Miethöhe von der Entwicklung eines Lebenshaltungsindex abhängt. Andere Bezugsgrößen scheiden demnach aus.
  2. Die Landeszentralbank erteilt nur dann ihre Genehmigung, wenn ein Indexmietvertrag über mindestens zehn Jahre abgeschlossen wird. Das heißt, für mindestens ein Jahrzehnt ist eine Kündigung ausgeschlossen. Nach den Grundsätzen der Deutschen Bundesbank setzt die Genehmigung von Indexmietverträgen voraus, daß die Mietdauer für die Lebenszeit einer Partei, für mindestens zehn Jahren oder mit dem Recht des Mieters, die Vertragsdauer auf mindestens zehn Jahre zu verlängern, abgeschlossen wird. Nach Ziffer 1 b der Grundsätze der Deutschen Bundesbank ist eine Indexklausel auch genehmigungsfähig, wenn der Mietvertrag auf bestimmte Zeit abgeschlossen wird, der Mieter jedoch eine Option erhält, die zu einer Vertragsverlängerung auf mindestens zehn Jahre führt.

Die Sache mit der Kündigung

Durch den Abschluß eines Mietvertrages auf beispielsweise zehn Jahre wird die fristlose Kündigung während dieser Laufzeit allerdings nicht ausgeschlossen. Entsprechendes gilt für die ordentliche Kündigung wegen nicht unerheblicher schuldhafter Vertragsverletzungen durch den Mieter, gemäß § 564 b Abs. 2 S. 1 Nr. 1 BGB.

Der Mieter dagegen behält bei Indexmietverträgen sein gesetzliches Kündigungsrecht, das heißt, der Mieter *kann* vorzeitig aussteigen. Dabei brauchen Mieter keinen Kündigungsgrund, müssen jedoch die Kündigungsfrist einhalten. Diese verlängert sich von anfangs drei Monaten je nach Dauer des Mietverhältnisses auf maximal zwölf Monate. Abweichende Kündigungsfristen im Mietvertrag gelten nur, wenn sie für den Mieter günstiger ausfallen.

Allerdings gibt es Sonderkündigungsrechte, die von den gesetzlichen Kündigungsfristen abweichen. Zum Beispiel können Mietverhältnisse mit gekürzter Frist beendet werden, wenn eine Mieterhöhung ansteht, wenn der Vermieter modernisieren will und wenn Soldaten oder Beamte aus dienstlichem Anlaß versetzt werden.

Als Bezugsgröße für eine Indexmiete muß der offizielle Lebenshaltungsindex gewählt werden. Eine willkürliche Bezugsgröße sowie der ostdeutsche Lebenshaltungsindex dürfen *nicht* vereinbart werden. Auch eine Begrenzung des im Mietvertrag gewählten Index nach oben oder nach unten ist nicht zulässig.

Weitere Mieterhöhungen, etwa eine Anhebung auf die ortsübliche Vergleichsmiete oder wegen gestiegener Kapitalkosten, sind ausgeschlossen. Das gilt jedoch nicht für Betriebs- oder sogenannte Nebenkosten. Auch Modernisierungsmaßnahmen, sofern sie nicht vom Gesetz neu vorgeschrieben werden (die Installation von Wasserzählern wäre solch ein Ausnahmefall), dürfen zu keiner Mieterhöhung führen.

Wenn Sie einen Indexmietvertrag abschließen wollen, dann muß dieser schriftlich zwischen Vermieter und Mieter vereinbart, von der Landeszentralbank bestätigt, vollständig ausgefüllt und von beiden Mietparteien, also Vermieter und Mieter, unterschrieben und dann an die Rechtsabteilung der jeweils zuständigen Landeszentralbank geschickt werden. Dort wird geprüft, ob dieser Mietvertrag den Grundsätzen der Deutschen Bundesbank gemäß der Wertsicherungsklausel entspricht. Ist das der Fall, wird die Genehmigung erteilt, das heißt, dieser Indexmietvertrag wird von der Landeszentralbank abgestempelt und erhält erst dadurch seine Gültigkeit. Das ist besonders wichtig, falls es zu einem Rechtsstreit kommen sollte.

Mieterhöhung und Index

Bestehende Mietverträge können nur auf die Indexmiete umgestellt werden, wenn die Mieter zustimmen. Gegen den Willen der Mieter kann eine Indexmiete also nicht durchgesetzt werden. Sollten Sie bereits einen Indexmietvertrag vor dem 1. September 1993 besessen haben, dann verliert dieser seine Geltung. Er wird auch nicht automatisch mit dem neuen Mietrecht wirksam, sondern muß noch einmal abgeschlossen und von der Landeszentralbank genehmigt werden.

Bei einem Indexmietvertrag erhöht sich die Miete nicht automatisch um den offiziellen Lebenshaltungsindex. Der Vermieter muß die Mieterhöhung schriftlich ankündigen, die maßgebliche Bezugsgröße nennen und darf dies nur im Abstand von mindestens einem Jahr tun. Wirksam wird die Mieterhöhung zum Ersten des übernächsten Monats. Wird Ihre Miete also am 15. Januar erhöht, so müssen Sie ab 1. März mehr Miete zahlen.

Für Vermieter kann der Abschluß von Indexmietverträgen insofern interessant sein, als es zunehmend schwieriger werden könnte, Mieterhöhungen auf anderer Basis durchzusetzen. Je höher die Anfangsmiete und je höher die Inflationsrate, desto attraktiver wird es für Eigentümer, einen Indexmietvertrag abzuschließen.

Es ist natürlich immer schwer, beiden Seiten – also Vermieter und Mieter – gerecht zu werden. Zusätzliche Wohnungen werden dringend gebraucht: Von 2,5 bis 3 Millionen fehlenden Wohnungen ist die Rede. Wenn in Zukunft nicht ausreichender und bezahlbarer Wohnraum geschaffen wird, dann wird sich die Wohnungsnot noch weiter verschärfen. Und private Investoren werden sich nur engagieren, wenn ihre Rendite stimmt. Je stärker aber Mieterhöhungen begrenzt und Kündigungen erschwert werden, desto weniger entsteht privat finanzierter Wohnraum. Ein Teufelskreis.

Mit der Zulassung von Indexmietverträgen hat der Gesetzgeber versucht, beiden Seiten gerecht zu werden. Ob die Zulassung von Indexmietverträgen zu mehr Investitionen im Wohnungsbau führen wird, sei allerdings dahingestellt. Wer bei einer starken Nachfrage auf der Anbieterseite steht, wird die für sich attraktivste Form der Mietvertragsgestaltung wählen und auch durchsetzen können. Ob Indexmietverträge dazu zählen, muß sich erst zeigen.

Auskünfte zur Indexmiete und zum Mietrecht erhalten Sie bei den örtlichen Mietervereinen oder beim Zentralverband der Deutschen Haus-, Wohnungs- und Grundeigentümer e.V., Postfach 32 12 20, D-40474 Düsseldorf, Telefon 0211/43 45 55-7.

Wer haftet für Schäden an der Wohnung?

Im Mietgesetz steht eindeutig, daß alle Reparaturen, seien sie nun klein oder groß, von dem Vermieter getragen werden müssen. Das heißt, der Vermieter muß die Reparatur in Auftrag geben und auch bezahlen. Der Mieter muß in keinem Fall selbst handwerklich tätig werden. Das Gesetz verlangt auch vom Vermieter, die Wohnung in einem dem Vertrag entsprechenden Zustand zu übergeben und sie zu erhalten. Nutzt ein Mieter die Wohnung „normal“ ab, so kann er nicht belastet werden. Dennoch stehen in vielen Mietverträgen Klauseln über Reparaturen oder Kleinreparaturen. Dabei gilt: In Mietverträgen darf höchstens ein Passus stehen, wonach der Mieter sogenannte Bagatellschäden bzw. kleinere Reparaturen selbst bezahlen muß. Bagatellschäden sind definiert als Schäden, deren Behebung maximal 150 DM kosten darf. Außerdem gilt ein jährlicher Höchstbetrag für alle Reparaturen in Höhe von 8 Prozent der jeweiligen Jahresmiete, maximal aber 300 DM. Der Vermieter darf nur Kostenbeteiligung oder -übernahme an solchen Bestandteilen der Wohnung verlangen, die dem regelmäßigen und direktem Zugriff des Mieters unterliegen. Das sind zum Beispiel Tür- und Fensterschlösser, Elektrizitäts-, Gas- und Wasserinstallationen.

Unter Schönheitsreparaturen versteht man beispielsweise das Streichen von Wänden und Heizkörpern. Dennoch ergibt sich nicht automatisch eine Renovierungspflicht, wenn im Mietvertrag eine Schönheitsreparaturklausel steht. Schönheitsreparaturen sind an einen bestimmten Turnus, zum Beispiel alle fünf Jahre, gebunden und dürfen einen gewissen Umfang nicht überschreiten.

WISO rät: Lassen Sie sich genau beraten, wenn Ihr Vermieter Ihnen Reparaturkosten in Rechnung stellt. Solche Forderungen wurden vor Gericht häufig abgewiesen. In jedem Fall ist es sinnvoll für Mieter und Vermieter, bei Einzug ein Wohnungsübergabeprotokoll zu erstellen. So sichern sich beide Parteien ab. Es können unnötige Streitigkeiten verhindert und Kosten gespart werden.

Wohnungsmängel und Mietminderung

Obwohl das Gesetz vorsieht, daß der Vermieter seine Wohnung in einem fehlerfreien und somit ordnungsgemäßen Zustand vermieten muß, sieht die Praxis oft ganz anders aus. Lärmbelästigungen, Feuchtigkeit, Umweltgifte und ähnliches belasten viele Mieter. Wer sich da nicht wehrt, zahlt unter Umständen mehr Miete als notwendig. Denn der Mieter hat das Recht, die Miete zu mindern, wenn Fehler vorliegen – und das ohne die Zustimmung des Vermieters.

Dieses Mietminderungsrecht kann auch im Mietvertrag nicht ausgeschlossen werden. Die Rechtsprechung sagt: Ein Fehler liegt dann vor, wenn der Ist-Zustand des Mietobjektes negativ von dem Soll-Zustand abweicht. Das hört sich komplizierter an als es ist. Der Ist-Zustand beschreibt den tatsächlichen, realen Zustand der Wohnung, der Soll-Zustand den, in dem sich das Mietobjekt dem Vertrag und den Gesetzen entsprechend befinden sollte. Liegt also ein Fehler vor, kann der Mieter die Wohnung nicht so nutzen, wie geplant. Man spricht zum Beispiel von Fehlern bei Feuchtigkeitsschäden, undichten Fenstern, defekten Dächern, extremer Hellhörigkeit, einer nicht wirtschaftlich oder mangelhaft arbeitenden Heizung.

Auch Belästigungen von außen können Fehler einer Wohnung sein. In jedem Fall gilt: Es spielt keine Rolle, ob der Vermieter die Fehler des Mietobjektes verschuldet hat. Entscheidend ist, daß der Mieter solche Mängel nicht selbst verursacht hat. Allerdings: Nicht jeder Fehler berechtigt gleich zur Mietminderung. Es müssen spürbare Beeinträchtigungen sein. Als Mieter können Sie – wenn ein Fehler in Ihrer Wohnung vorliegt – bis zur Fehlerbeseitigung die Miete kürzen. Sie sind allerdings verpflichtet, eine herabgesetzte Miete zu zahlen.

Haben Sie als Mieter in Unkenntnis des Schadens die Miete vollständig bezahlt, kann in Einzelfällen sogar rückwirkend gekürzt werden. Probleme kann es aber geben, wenn der Mieter einen Mangel bewußt anmahnt und erst wesentlich später die Miete wegen dieses Mangels mindert. Mietminderungen sind laut Gesetz grundsätzlich ausgeschlossen, wenn der Mieter den Mangel der Wohnung schon zum Zeitpunkt des Mietvertragsabschlusses kannte.

WISO rät: Wenn Sie gravierende, von Ihnen unverschuldete Mängel in Ihrer Mietwohnung entdecken, unterrichten Sie Ihren Vermieter schnellstmöglich davon. Und das in jedem Falle schriftlich, mit Kopie für Ihre eigenen Unterlagen. Setzen Sie eine angemessene Frist, in der dieser Fehler beseitigt werden soll, und kündigen Sie vorsorglich an, daß Sie bei Nichtbeseitigung von Ihrem Mietminderungsrecht Gebrauch machen werden. Bevor Sie die Miete kürzen, informieren Sie sich genau bei Mieterverbänden oder Rechtsanwälten über die Höhe der möglichen Kürzung. Es herrscht in der Rechtsprechung Uneinigkeit darüber, was überhaupt Ausgangspunkt für eine Mietminderung ist. Einige Gerichte gehen von der Kaltmiete aus, andere kürzen auf Basis der Kaltmiete plus Betriebskosten. Die Höhe der Mietminderung wird generell an dem Umfang der vorliegenden Beeinträchtigung gemessen. Je gravierender der Schaden, um so stärker darf gekürzt werden. Da im gerichtlichen Streitfall die Höhe der Mietkürzung vom jeweiligen Richter festgelegt wird, sind Sie gut beraten, im Vorfeld sachgerechte Auskünfte einzuholen.

Ein Mietzuschuß für viele Berechtigte: Das Wohngeld

Das Wohngeld – ein Mietzuschuß der Gemeinde – ist im Laufe der letzten Jahre ein immer wichtigeres Thema geworden. Denn die Mieten sind gestiegen und viele Menschen sind zudem von Gehalts- oder Lohnkürzungen, gar Arbeitslosigkeit bedroht. Es gibt Wohngeld für Wohnungen, die öffentlich gefördert werden und auch für freifinanzierte Wohnungen. Und das für Eigentümer und Mieter.

Voraussetzung für Wohngeld ist, daß man einen Wohngeldantrag bei der Gemeinde-, Stadt-, Amts-, oder Kreisverwaltung stellt. Beantragt werden kann der Mietzuschuß von Mietern von Wohnräumen, Bewohnern, die ein mietähnliches Dauerwohnrecht oder eine Genossenschaftswohnung haben, Untermietern, Bewohnern bestimmter Heime, Bewohnern, die im eigenen Mehrfamilienhaus Wohnraum bewohnen. (Eigentümer können einen Lastenzuschuß beantragen. Er unterliegt wiederum anderen Kriterien.)

Ob ein Bewohner einen Anspruch auf Wohngeld hat und in welcher Größenordnung, hängt vom Einzelfall ab. Maßgeblich sind dabei

- die Mietbelastung,
- das monatliche Einkommen (der Familie),
- die Familiengröße.

Die Mietbelastung errechnet sich aus den Kosten, die der Mieter für seine Wohnung zahlen muß. Nicht in die Rechnung einbezogen werden unter anderem Heiz- und Warmwasserkosten.

Das monatliche Einkommen (der Familie) errechnet sich aus allen Einkünften und Geldern – ungeachtet der Quelle – die in den folgenden zwölf Monaten erwartet werden. Dabei werden die Familienmitglieder getrennt abgerechnet. Einbezogen werden nur verläßliche Einkünfte. Kann man die Einnahmen der folgenden zwölf Monate nicht absehen, werden die der letzten zwölf Monate zugrundegelegt. Von dem ermittelten Jahreseinkommen können dann Freibeträge abgezogen werden, wie etwa Werbungskosten oder Familienfreibeträge.

Schließlich wird die Familiengröße auch mit einbezogen. Die Familienmitglieder müssen im selben Haushalt des Antragstellers leben. Das können sein: der Antragsteller selbst, sein(e) Ehepartner(in), Kinder, Eltern, Großeltern, Enkel, Nichten/Neffen, Tanten/Onkel, Schwiegerkinder, Schwiegereltern, Geschwister. Personal und Verlobte dürfen nicht mitgezählt werden. Die eingerechneten Familienmitglieder müssen in einer Wohn- und Wirtschaftsgemeinschaft leben. Diese ganzen Faktoren werden individuell mit Hilfe von amtlichen Tabellen berechnet. So kann man ermitteln, ob ein Anspruch auf Wohngeld besteht bzw. wie hoch er ausfällt.

WISO rät: Wenn Sie glauben, Anrecht auf Wohngeld zu haben, scheuen Sie sich nicht, einen Antrag zu stellen – auch wenn Sie sich nicht ganz sicher sind. Denn es gibt bei den Berechnungen viele Sonderfälle, etwa für Schwerbehinderte und Arbeitslose, und außerdem Sonderregelungen, etwa bei Wohngemeinschaften und Untervermietungen.

Lassen Sie sich von Fachleuten helfen, die häufig Umgang mit Wohngeldberechnungen haben. Stellen Sie den Antrag rechtzeitig, denn im Normalfall wird das Geld erst ab Beginn des Monats gewährt, in dem Sie den Antrag gestellt haben. Fragen Sie nach, ob Sie vielleicht Recht auf eine Sozialwohnung haben. Und wenn ein Recht auf Unterstützung bei Ihnen besteht: Trauen Sie sich! Denn nur wer einen Antrag stellt, hat eine Chance auf Wohngeld.

Neues Mietrecht ändert vieles: Abstandszahlung, Mieterhöhung und Kündigung

Wohnraum ist knapp, besonders in den Ballungsgebieten, und folglich teuer. Der Anteil vom Einkommen, der für die Miete ausgegeben werden muß, ist in den vergangenen Jahren kräftig gestiegen: Fast ein Viertel des verfügbaren Einkommens wird im Bundesdurchschnitt dafür ausgegeben. In Städten wie Frankfurt, München oder Stuttgart liegt dieser Anteil sogar noch höher und erreicht teilweise 40 Prozent. Die Mietkosten schlagen bei den Lebenshaltungskosten kräftig zu Buche. Es lohnt sich also wirklich, auf jede Mark zu achten, die eingespart werden kann, um den Kostenblock „Wohnung" zu entlasten. Und dabei sollte sich Ihr Augenmerk nicht nur auf Miethöhe und Nebenkosten richten, sondern auch auf solche Kosten, die im Zusammenhang mit der Wohnungsübernahme oder der Mietkaution anfallen und sich eventuell reduzieren lassen. Allerdings müssen Sie über Ihre Rechte genau Bescheid wissen. Auch wenn Ihre Mietwohnung in eine Eigentumswohnung umgewandelt wird, kann es sich für Sie in barer Münze auszahlen, wenn Sie informiert sind.

Mit dem Inkrafttreten der Vierten Mietrechtsnovelle gab es Änderungen in fast allen Bereichen – unter anderem bei Abstandszahlungen und Maklerprovisionen, bei der Kappungsgrenze sowie bei dem Vorkaufsrecht und dem Kündigungsschutz des Mieters bei Umwandlung seiner Mietwohnung in eine Eigentumswohnung. Die Vierte Mietrechtsnovelle vom 1. September 1993 war ursprünglich als reines „Gesetz zur Begrenzung des Mietanstiegs" gedacht. Erst nachdem der Vermittlungsausschuß vom Bundesrat eingeschaltet worden war, wurden in die Novelle auch gesetzgeberische Maßnahmen zur Erleichterung und Förderung des Wohnungsbaus aufgenommen. Ergebnis: Das Mietrechtsänderungsgesetz sollte den Interessen der Mieter stärker als bisher Rechnung tragen, ohne allerdings dem dringend erforderlichen Bau von Mietwohnungen Investitionshemmnisse entgegenzusetzen.

Abstandszahlungen

Preiswerte Wohnungen, vor allem in Großstädten und Ballungsgebieten, sind Mangelware. Das Geschäft mit der Wohnungsnot blüht. Nicht nur Eigentümer und Makler verdienen an dem Umstand, daß in Deutschland Wohnraum knapp ist. Auch immer mehr Mieter versuchen, Kapital aus ihrer Mietwohnung zu schlagen, und zwar wenn sie ausziehen. Dann nämlich verlangen sie von ihrem Nachmieter kräftige Abstandszahlungen.

Doch mit solchen Praktiken ist seit September 1993, dem Inkrafttreten des neuen Mietrechts, endgültig Schluß. Der Wohnungssuchende oder Nachmieter muß also nicht mehr länger einige 1.000 Mark nur dafür bezahlen, daß die Wohnung freigemacht wird. Der Umstand, daß der bisherige Mieter einen Nachmieter präsentiert, um etwa seine Kündigungsfrist abzukürzen, soll ihn nicht in die Lage versetzen, daraus Kapital zu schlagen. Also: Hat der Wohnungssuchende in Unkenntnis der gesetzlichen Regelung einen Abstand an den Vormieter gezahlt, dann kann er nach dem neuen Mietrecht sein Geld zurückverlangen. Der Rückforderungsanspruch verjährt erst nach vier Jahren und kann notfalls auch per Klage vor Gericht durchgesetzt werden. Wichtig: Der Wohnungssuchende sollte Belege oder Zeugen für die Abstandszahlungen vorweisen können.

Das neue Mietrecht – seit 1. September 1993 gültig – schreibt im § 4 a des Wohnungsvermittlungsgesetzes vor, daß Abstandsvereinbarungen grundsätzlich unwirksam sind. Diese neue gesetzliche Regelung kann auch nicht mehr mit dem Verkauf von eigentlich wertlosen Einrichtungsgegenständen umgangen werden, auch gerne als Abstand oder Übernahme bezeichnet. Wenn der Kaufpreis in einem auffälligen Mißverhältnis zum tatsächlichen Wert steht, dann hat der Verkaufende Pech. Ein Beispiel: Kaufpreisvereinbarungen von 4.000 Mark für einen kleinen Einbauschrank sind ab sofort unwirksam – trotz der Unterschrift des Käufers oder der vor Zeugen getätigten Zustimmung.

Andererseits kann natürlich die zwei Jahre alte Einbauküche für 8.000 Mark an den Nachmieter verkauft werden – wenn sie ihr Geld wert ist. Um überhaupt an eine Mietwohnung zu kommen, mußten viele Wohnungssuchende bisher unverschämte

Zahlungsverlangen akzeptieren. Die Perspektive für den Nachmieter hat sich jetzt verbessert – zumindest sieht das Gesetz es so vor.

WISO rät: Haben Sie zu Unrecht einen unangemessen hohen Abstand – zum Beispiel 3.000 Mark für drei Regalbretter – an den Vormieter gezahlt, so können Sie Ihr Geld zurückverlangen – notfalls durch Klage vor Gericht.

Ihr Rückforderungsanspruch verjährt erst nach vier Jahren. Lassen Sie sich bei einer Übernahme von Einbauten oder Einrichtungsgegenständen also entweder die Rechnung, die beim Kauf ausgestellt wurde, aushändigen, oder lassen Sie sich schriftlich bestätigen, wann dieser Gegenstand zu welchem Preis erworben wurde. Wenn der Vormieter einen angemessenen Preis verlangt, braucht er schriftliche Belege nicht zu scheuen. Falls Sie sich, um überhaupt an eine Wohnung zu kommen, gezwungen sehen, auf unangemessene Forderungen einzugehen, sollten Sie zumindest Zeugen für die Zahlungen haben. Der geforderte Abstand – entweder für das „Freimachen" der Wohnung oder für die mehr oder weniger freiwillige „Übernahme" von Einbauten oder Einrichtungsgegenständen – kann nach dem neuen Mietrecht nicht mehr als „Maklerprovision" bezeichnet werden. Denn auch dahingehend wurde das Gesetz geändert: Mieter dürfen für die von ihnen bewohnte Wohnung nicht als „Makler" tätig werden.

Zusammengefaßt: Egal, ob nun von einer Maklerprovision oder einer Auszugsprämie die Rede ist, ein Mieter darf für die Vermittlung „seiner" Wohnung kein Geld verlangen. Tut er es trotzdem, und Sie gehen darauf ein, um die Wohnung zu bekommen, dann haben Sie auch hier ein Rückforderungsrecht. Für zu Unrecht gezahlte Maklerprovision gilt ebenfalls die Vierjahresfrist. In diesem Fall lautet unser Rat: Für Zahlungen, die der Vormieter verlangt, sollten Sie Belege oder die Anwesenheit von Zeugen verlangen. Übrigens: Reguläre Makler dürfen laut neuem Gesetz nur noch maximal zwei Monatsmieten als Maklerprovision verlangen, zuzüglich Umsatzsteuer. Gesondert abzurechnende Nebenkosten gehören nicht zur Monatsmiete (neuer § 3 Abs. 2 des Wohnungsvermittlungsgesetzes).

Diese Regelung gilt bundeseinheitlich. Aufgehoben wurde eine entsprechende Sonderregelung für Berlin, die nur 1,2 Monatsmieten zuließ. Das Entgelt für die Vermittlung von Mietwohnungen darf für den Wohnungssuchenden in Berlin – wie im gesamten Bundesgebiet – höchstens zwei Nettomonatsmieten betragen.

Kappungsgrenze

Seit 1. September 1993 gibt es eine neue Kappungsgrenze. Um den rasanten Mietanstieg zu dämpfen, wurde die Kappungsgrenze für Mieterhöhungen von 30 auf 20 Prozent gesenkt, zunächst für die Dauer von fünf Jahren. Die neue Kappungsgrenze von 20 Prozent bedeutet, daß die Miete innerhalb von drei Jahren um maximal 20 Prozent steigen darf. Sie gilt jedoch nur für Wohnungen, die vor dem 1. Januar 1981 fertiggestellt worden sind und deren Mietzins ohne Betriebskostenanteil über 8 Mark je Quadratmeter Wohnfläche liegt. Bei den Kappungsgrenzen ist die 8-Mark-Schwelle für die Nettomiete maßgebend. In der Miete enthaltene Betriebskosten sind herauszurechnen. Ausnahme: Wenn beide Vertragspartner, also Vermieter und Mieter, eine Inklusiv- oder Teilinklusivmiete vereinbart haben, darf sich eine Mieterhöhung darauf beziehen.

In den neuen Bundesländern weicht das Fertigstellungsdatum ab – hier ist der 2. Oktober 1990 maßgebend.

Bei einem Mietzins, der weniger als 8 Mark je Quadratmeter beträgt, bleibt es bei der 30-Prozent-Kappungsgrenze. Auch für neueren Wohnraum, der nach dem 1. 1. 1981 fertiggestellt wurde, liegt die Kappungsgrenze unverändert bei 30 Prozent, auch wenn der Wohnraum durch den Ausbau von älteren Gebäuden geschaffen worden ist. Die Miete darf also auch in diesem Fall innerhalb von drei Jahren maximal um 30 Prozent erhöht werden, selbst wenn die ortsübliche Vergleichsmiete für diese Neubauwohnungen höher liegen sollte.

Ausnahme: Sozialwohnungen

Achtung! Für Sozialwohnungen, die nach der Rückzahlung der öffentlichen Mittel als freifinanzierte Wohnungen gelten, gibt es eine modifizierte Kappungsgrenze, wenn der Mieter bisher eine Fehlbelegungsabgabe gezahlt hat. Der Vermieter einer solchen Wohnung darf nach Auslaufen der öffentlichen Bindung den Mietzins bis zur ortsüblichen Vergleichsmiete erhöhen. Verlangt der Vermieter jedoch mehr als der Mieter bisher an Miete plus Fehlbelegungsabgabe gezahlt hat, gilt wieder die Kappungsgrenze von 20 bzw. 30 Prozent.

Kündigungsschutz bei Umwandlung in Wohneigentum

Wenn Mietwohnungen in Eigentumswohnungen umgewandelt werden, müssen viele Mieter mit Modernisierungen, Mieterhöhungen und/oder Kündigung rechnen. Seit der Novellierung des Mietrechts sollen Mieter, deren Mietwohnung in eine Eigentumswohnung umgewandelt wurde, besser geschützt sein.

Zunächst durch das gesetzliche Vorkaufsrecht des Mieters: Wird die Mietwohnung als Eigentumswohnung an einen Dritten verkauft, dann kann der Mieter in den Kaufvertrag einsteigen – zum selben Preis, den der Dritte zu zahlen bereit ist. Also: Wenn Sie Ihr Vorkaufsrecht nutzen und Ihre bisher gemietete Wohnung kaufen wollen, müssen Sie den genannten Kaufpreis nicht überbieten oder zu sonstigen anderen Bedingungen kaufen. Der Verkäufer muß Sie über den Inhalt des Kaufvertrages unterrichten und dabei auch auf Ihr Vorkaufsrecht hinweisen. Das Vorkaufsrecht darf nur bis zum Ablauf von zwei Monaten seit dem Empfang der Mitteilung über die Verkaufsabsicht ausgeübt werden.

Ausnahme: Für öffentlich geförderte Mietwohnungen, die in Eigentumswohnungen umgewandelt und verkauft werden sollen, gilt eine Sechs-Monats-Frist. Der Mieter kann also ein halbes Jahr lang überlegen, ob er die Wohnung selber kaufen möchte.

Noch eine Besonderheit: Bei einer nicht preisgebundenen Wohnung hat der Mieter nur dann kein Vorkaufsrecht, wenn der Vermieter die Wohnung an eine zu seinem

Hausstand gehörende Person oder an einen Familienangehörigen verkauft. Dieses Vorkaufsrecht ist nicht übertragbar.

Außerdem gibt das Gesetz dem Mieter für den Umwandlungsfall teilweise einen stärkeren Kündigungsschutz als bisher, und zwar sowohl gegenüber dem bisherigen Vermieter als auch gegenüber dem Neuerwerber. Für den verstärkten Kündigungsschutz im Falle der Umwandlung gilt folgender Grundsatz: Der Käufer einer Eigentumswohnung muß drei Jahre warten, ehe er dem Mieter wegen Eigenbedarf kündigen kann. Die Kündigungssperrfrist beginnt mit vollendetem Eigentumserwerb, also mit der Grundbucheintragung. Außerdem ist die jeweilige Kündigungsfrist, die sich nach der Dauer des bestehenden Mietverhältnisses richtet, der Kündigungssperrfrist zuzurechnen.

Kündigungsfrist

Die Kündigungsfrist sind die Monate, die zwischen der Kündigung und dem Tag liegen, an dem der Mieter tatsächlich ausziehen muß. Die Kündigungsfrist richtet sich nach der vertraglich festgelegten Mietdauer. Beträgt die Mietdauer bis zu fünf Jahre, gilt eine Kündigungsfrist von drei Monaten; bei mehr als fünf Jahren sind es sechs, bei mehr als acht Jahren neun und bei mehr als zehn Jahren zwölf Monate.

In zwei Ausnahmefällen kann die Kündigungssperrfrist noch länger ausfallen. Die erste Ausnahme: Seit August 1990 kann die jeweilige Landesregierung Gebiete festlegen, in denen die ausreichende Versorgung mit Mietwohnungen zu angemessenen Bedingungen besonders gefährdet ist. Dort gilt dann eine fünfjährige Kündigungssperrfrist – nicht nur für die Eigenbedarfskündigung, sondern auch für eine Kündigung wegen „Hinderung angemessener wirtschaftlicher Verwertung". Diese fünfjährige Kündigungssperrfrist findet aber nur Anwendung, wenn der neue Eigentümer die Wohnung nach August 1990 erworben hat.

Die zweite Ausnahme: Seit Mai 1993 kann die jeweilige Landesregierung nach dem sogenannten „Wohnbaulandgesetz" Gebiete festlegen, in denen die ausreichende Versorgung mit Mietwohnungen zu angemessenen Bedingungen in einer Gemeinde – oder wenigstens in einem Teil – besonders gefährdet ist. Hier greift eine zehnjährige Kündigungssperrfrist zu den gleichen Bedingungen wie bei der ersten Ausnahme.

Falls Sie Ihre Mietwohnung, die in eine Eigentumswohnung umgewandelt wurde, nicht kaufen wollen oder können, und der neue Eigentümer möchte, daß Sie früher aus dieser Wohnung ausziehen, als es die gesetzlichen Kündigungsfristen erlauben, dann haben Sie zwei Möglichkeiten. Die erste: Sie gehen auf dieses Ansinnen nicht ein und bleiben so lange in Ihrer bisherigen Mietwohnung, wie es das Gesetz erlaubt. Zweite Möglichkeit: Sie zeigen Ihre Bereitschaft für einen früheren Auszug. Dann sollten Sie allerdings einen angemessenen finanziellen Ausgleich fordern. Das sogenannte „Entmieten" kann Maklerkosten für die Suche einer neuen Wohnung, Umzugskosten und entsprechende Mehrkosten umfassen, die durch eine höhere Miete in der neuen Wohnung anfallen – üblicherweise für den Zeitraum, in der der alte Mietvertrag fortbestanden hätte.

Das Mietrecht mit der Vierten Mietrechtsnovelle ist mittlerweile vielschichtig und kompliziert. Falls Sie sich intensiver mit dem neuen Mietrecht befassen wollen, können Sie sich an den Deutschen Mieterbund oder an die örtlichen Mietervereine wenden. Wenn Sie in Ihrem örtlichen Telefonbuch keine Eintragung unter „Mieterverein", „Mieterschutz" oder ähnliches finden, dann wenden Sie sich bitte an: Deutscher Mieterbund e.V., Aachener Straße 313, D-50933 Köln, Telefon 0221/40083-0. Die Kostenbeiträge für Broschüren des Deutschen Mieterbundes, die es nicht nur zum neuen Mietrecht, sondern auch zu speziellen Themen, wie zum Beispiel den Nebenkosten gibt, liegen zwischen 2 und 7,50 Mark.

Mietkaution – Streitigkeiten inklusive

Was Sie über Höhe, Verzinsung und Rückzahlung wissen sollten

Wer heutzutage eine Wohnung oder ein Haus mieten möchte, muß meist tief in die Tasche greifen, ehe er oder sie tatsächlich dort einziehen kann: Oft genug hält ein Makler die Hand auf und verlangt für die Vermittlung eine saftige Provision. Und ehe dann der Mieter wirklich in seine neue Wohnung einziehen kann, kommt er um die Hinterlegung einer Mietkaution kaum herum. Der Vermieter sichert sich mit der Kaution gegen finanzielle Risiken ab, falls der Mieter eines Tages die Miete schuldig bleibt oder beim Auszug ein zerschlagenes Waschbecken oder einen mit Brandflecken übersäten Teppichboden zurückläßt. Für den Mieter dagegen ist die Kaution ein großer Batzen Geld, den er eigentlich nur ungern aus der Hand gibt. Schließlich kann er während seiner gesamten Mietzeit nicht über diesen Geldbetrag verfügen, es sei denn, der Vermieter ist mit einer Bankbürgschaft einverstanden.

Wenn Sie als Mieter sicher gehen wollen, daß Ihr Kautionsbetrag eine möglichst hohe Rendite bringt, sollten Sie mit Ihrem Vermieter die Hinterlegung einer Bankbürgschaft vereinbaren. Dann können Sie dieses Geld längerfristig – zum Beispiel in Form von Bundesschatzbriefen – anlegen und sicher sein, daß Sie wirklich in den Genuß der höheren Zinsen kommen.

Eine alternative Kautionsmöglichkeit: die Aval-Bürgschaft. Bei dieser Form haftet die Bank mit ihrem Geld; der Kunde zahlt dafür 3,5 Prozent des Bürgschaftsbetrags, mindestens aber 50 Mark pro Jahr, an die Bank. Bei Beträgen ab 10.000 Mark sind es nur 2,5 Prozent. Vorteil: Der Mieter behält sein Kapital, zahlt nur Provision. Eine Aval-Bürgschaft nehmen aber fast nur Geschäftsleute für ihre Büros in Anspruch oder Mieter im sehr gehobenen Bereich.

Die Höhe der Mietkaution

Wieviel darf ein Vermieter an Kaution verlangen? Die Rechtslage ist eindeutig: Höchstens drei Monatsmieten dürfen als Sicherheit gefordert werden, und zwar nur die sogenannte „Grundmiete". Das heißt, bei der Berechnung der Kaution dürfen solche Umlagen nicht dazugerechnet werden, die verbrauchsabhängig sind und regelmäßig erst am Jahresende abgerechnet werden, also beispielsweise Heizung- und Warmwasservorauszahlungen.

Bei den heute üblichen Mietpreisen, die besonders in Großstädten und Ballungsgebieten teilweise bei 20 Mark pro Quadratmeter liegen können, erreichen auch Mietkautionen eine Größenordnung, die viele Mieter schmerzt. Und deshalb gilt das Gesetz: Der Mieter kann die Kaution in drei gleichen Monatsraten zahlen. Die erste Rate ist gleich zu Beginn des Mietverhältnisses fällig. Eine Ratenzahlung ist auch dann möglich, wenn im Mietvertrag etwas anderes steht. Das Gesetz hat hier in jedem Fall Vorrang. Sie können ohne Sorge einen Mietvertrag unterschreiben, der zum Beispiel eine Kaution in Höhe von 3.600 Mark vorsieht. Bevor Sie einziehen, müssen Sie 1.200 Mark hinterlegen und in den folgenden zwei Monaten dann jeweils noch einmal den gleichen Betrag. Wenn Ihr Vermieter damit nicht einverstanden ist und im nachhinein, also nach der Unterzeichnung des Mietvertrages, diesen für ungültig erklärt – das Recht ist auf Ihrer Seite.

Allerdings: Angesichts der angespannten Lage auf dem Wohnungsmarkt ist es für Mieter oftmals nicht leicht, ihre Rechte auch wirklich durchsetzen zu können. Es besteht die Gefahr, daß Mieter, die auf ihre gesetzlichen Rechte pochen, gar nicht erst an einen Mietvertrag herankommen.

Aber auch Vermieter kommen unter Umständen in eine Zwangslage; nämlich dann, wenn der Mieter die monatlichen Zahlungen über einen längeren Zeitraum schuldig bleibt. Bis eine Zwangsräumung durchgesetzt wird, vergehen meistens zehn bis zwölf Monate, und da wird eine Kaution von drei Monatsmieten relativ schnell zu einer vergleichsweise geringen Sicherheit.

WISO rät: Leisten Sie auf keinen Fall eine Kaution ohne Quittung. Belege über Kautionszahlungen sollten Sie unbedingt zusammen mit Ihrem Mietvertrag aufheben.

Bleibt die Frage, was ein Vermieter mit dem Geld seiner Mieter machen darf. Auf gar keinen Fall darf der Vermieter dieses Geld „verbrauchen“, das heißt, es darf nicht in sein Vermögen eingehen. Das würde nämlich bedeuten, daß im Falle eines Konkurses oder einer Zahlungsunfähigkeit die Mietkaution verlorenginge. Bereits seit 31. Dezember 1982 gilt deshalb, daß der Vermieter eine Kaution „getrennt von seinem Vermögen“ aufbewahren muß. Das bedeutet: Der Vermieter muß ein Extrakonto bei einem Geldinstitut einrichten und dieses Konto besonders bezeichnen, beispielsweise als „Sonderkonto Mietkaution“. Allerdings gewährleistet ein solches Sonderkonto allein noch nicht, daß die Mietkaution wirklich sicher vor einem unbefugten Zugriff des Vermieters ist. Wer sich also als Mieter vor überraschenden Abhebungen durch den Vermieter schützen will, sollte vereinbaren, daß nur beide gemeinsam – also Vermieter und Mieter zusammen – über die hinterlegte Summe verfügen können. Unter Umständen erleichtert eine solche Vereinbarung auch eine Einigung, wenn es beim Auszug zu Streitigkeiten kommen sollte, weil weder Mieter noch Vermieter allein über dieses Geld verfügen können. Also: Vergewissern Sie sich, daß Ihr Vermieter Ihre hinterlegte Kaution auch wirklich getrennt von seinem Vermögen aufbewahrt. Nach

Gerichtsurteilen kann ein Mieter den Nachweis verlangen, daß sein Vermieter die Kaution auch wirklich „konkursfest angelegt hat" (LG Düsseldorf WM 93, 400 oder AG Langenfeld WM 87, 350). Falls der Vermieter diesen Nachweis schuldig bleibt, darf der Mieter seine Mietzahlungen so lange zurückhalten, bis die Höhe der Kaution erreicht ist. Unter Umständen kann ein Vermieter, der eine Kaution nicht dem Gesetz entsprechend anlegt, wegen Untreue bestraft werden (LG Hamburg WM 90, 206 oder OLG Frankfurt WM 89, 138 oder LG Aachen WM 89, 292 oder a. A. OLG Düsseldorf WM 89, 291).

Kautionszinsen stehen dem Mieter zu

Streit gibt es immer wieder um die Zinsen, die es für eine hinterlegte Kaution von der Bank gibt. Wem stehen sie zu? An der Rechtslage gibt es nichts zu deuteln: Zinsen und Zinseszinsen stehen allein dem Mieter zu. Der Vermieter muß eine Kaution verzinsen, und zwar mindestens mit dem üblichen Zinssatz für Guthaben mit dreimonatiger Kündigungsfrist. Allerdings: Der Vermieter muß die jährlich angefallenen Zinsen nicht auszahlen. Die Zinsen bleiben auf dem Sonderkonto Mietkaution und erhöhen somit im Zuge der allgemeinen Preissteigerungsraten seine finanzielle Absicherung. Erst mit Beendigung des Mietverhältnisses müssen Kaution und Zinsen zurückgezahlt werden. Legt der Vermieter das Geld nicht auf ein normales Sparbuch, sondern gewinnbringender an, dann stehen auch die höheren Zinsen ausschließlich dem Mieter zu. Wenn in Ihrem Mietvertrag etwas anderes steht, dann ist das null und nichtig, wenn Sie den Vertrag nach dem 31. Dezember 1982 unterschrieben haben. Die Zinsen gehören ausschließlich dem Mieter. Das gilt auch, wenn Sie einen Mietvertrag vor diesem Datum abgeschlossen und in diesem die Frage der Verzinsung nicht geregelt haben bzw. wenn die Verzinsung in diesen Altverträgen formularmäßig ausgeschlossen wurde.

Aber es gibt Ausnahmen: Der Mieter hat keinen Anspruch auf die Zinsen, wenn er einen Mietvertrag vor dem 31. Dezember 1982 unterschrieben und darin ausdrücklich auf eine Verzinsung seiner Kaution verzichtet hat. Wer in einem Studenten- oder Jugendwohnheim untergebracht ist, muß zwar meistens auch eine Kaution hinterlegen. Aber hier muß der Vermieter darauf keine Zinsen zahlen.

Mietkaution und Zinsabschlagsteuer

Achtung! Wie andere Kapitalerträge auch unterliegen Zinsen für Mietkautionen grundsätzlich der Zinsabschlagsteuer. Das bedeutet, daß Geldinstitute generell verpflichtet sind, von anfallenden Zinsen einen Betrag in Höhe von 30 Prozent als Abschlag an das Finanzamt abzuführen. Diese Regelung gilt ab dem Veranlagungszeitraum 1993. Obwohl die Zinsen auf Mietkautionen nicht jährlich ausgezahlt, sondern der Kaution zugeschlagen werden, muß sie der Mieter unter Berücksichtigung der für ihn geltenden Freibeträge versteuern. Denn ihm allein – dem Mieter – stehen ja die Zinsen zu. Um den Zinsabschlag zu vermeiden, können entweder Vermieter oder

Mieter einen Freistellungsauftrag erteilen. Wer von den beiden den Freistellungsauftrag erteilen muß, hängt von der Anlageart der Kaution ab.

Läuft das Konto zum Beispiel mit einem Sperrvermerk auf den Namen des Mieters, dann ist es ganz einfach: Der Mieter erteilt den Freistellungsauftrag beim betreffenden Geldinstitut. Läuft das Konto auf den Namen des Vermieters, dann läßt sich der Zinsabschlag nicht vermeiden, weil Kontoinhaber (Vermieter) und Steuerschuldner (Mieter) auseinanderfallen. In diesem Fall wird das Geldinstitut den Zinsabschlag einbehalten und die Steuerbescheinigung an den Kontoinhaber weiterleiten. Der wiederum ist verpflichtet, die Steuerbescheinigung über den Zinsabschlag seinem Mieter auszuhändigen, damit dieser dann im Rahmen seiner Steuererklärung den einbehaltenen Betrag geltend machen kann.

Etwas komplizierter gestaltet sich der Zinsabschlag, wenn der Vermieter mehrere Wohnungen vermietet und die Kautionen auf einem Sammelkonto angelegt hat. Zwar behält das Geldinstitut auch bei einem Sammelkonto den Zinsabschlag ein und erteilt dem Kontoinhaber (Vermieter) eine Steuerbescheinigung, aber diese Steuerbescheinigung lautet auf den Gesamtbetrag. Die Aufteilung der auf die einzelnen Mieter entfallenden Beträge muß der Vermieter vornehmen. Der Mieter kann den auf ihn entfallenden Betrag im Rahmen seiner Steuererklärung geltend machen, muß aber eine Kopie der Steuerbescheinigung des Geldinstituts über den Gesamtbetrag beilegen. Also unbedingt darauf achten, daß der Vermieter diese Kopie aushändigt.

Wann muß der Vermieter die Kaution zurückzahlen?

Grundsätzlich dann, wenn der Mieter ausgezogen ist und dem Vermieter nichts mehr schuldet. Aber so einfach geht das nicht immer ab. Es gibt Mieter, die ein Jahr lang auf die Rückzahlung ihrer Kaution warten. Das ist auf gar keinen Fall zulässig.

Was kann der Mieter tun, wenn der Vermieter die Abrechnung der Mietkaution über Gebühr verzögert? Ein Beispiel aus der Praxis: Die Mieterin einer Zwei-Zimmer-Wohnung zieht im Juni aus. Im Dezember hat sie ihre Kaution noch immer nicht zurückerhalten. Sie fragt beim früheren Vermieter nach, und der behauptet, die Heizkostenabrechnung stünde noch aus und könnte frühestens im April kommenden Jahres vorgenommen werden.

Der Vermieter ist in diesem Beispiel gleich mehrmals im Unrecht. Normalerweise gehen Vermieter und Mieter zum Abschluß des Mietverhältnisses noch einmal gemeinsam durch die Wohnung. Wenn beide feststellen, daß die Übergabe ordnungsgemäß erfolgt ist – also weder Schönheits-, Wiederherstellungsreparaturen noch Heizkosten- oder Warmwasserabrechnungen ausstehen –, dann muß der Vermieter sofort die Kaution übergeben. Stehen zum Beispiel noch Schönheitsreparaturen aus – Bad und Küche müssen frisch gestrichen oder beschädigte Kacheln ausgewechselt werden –, dann muß der Vermieter spätestens zu dem Zeitpunkt, wenn der neue Mieter eingezogen ist, dem alten Mieter mitteilen, was er noch zu bekommen hat. Die Kaution muß danach sofort abgerechnet werden. Laut diverser Gerichtsurteile darf nicht die gesamte Kaution zurückgehalten werden, um den Mieter zur Erfüllung von Herstellungsansprüchen zu zwingen (LG Mannheim WM 88, 362 oder LG Hamburg WM 91, 95).

Steht, wie im genannten Beispiel, noch die Heizkostenabrechnung aus, dann darf der Vermieter nicht die gesamte Kaution zurückhalten, sondern nur den entsprechenden Anteil. Aber spätestens neun bis zwölf Monate nach Ablauf der Abrechnungsperiode muß der Vermieter abgerechnet haben. Die restliche Kaution jedoch hat er sofort nach dem Auszug des alten Mieters zu überweisen.

In anderen Fällen hat der Vermieter eine angemessene Frist, um sich in Ruhe zu überlegen, welche finanziellen Ansprüche er gegenüber seinem ausgezogenen Mieter noch geltend machen kann. Was eine „angemessene" Frist ist, haben die einzelnen Gerichte unterschiedlich beurteilt. Obwohl mögliche Ersatzansprüche des Vermieters spätestens nach sechs Monaten verjähren, kann diese Frist auch länger sein, wenn besondere Umstände vorliegen. Allerdings müssen dann die Ersatzansprüche konkret beziffert und belegt werden. Pauschale Behauptungen müssen Sie als Ex-Mieter nicht hinnehmen (AG Köln, WM 87, 258).

Fazit: Nach der angemessenen Überlegungsfrist muß der Vermieter die Kaution abrechnen. Tut er es nicht, und kann er seine Ansprüche nicht belegen, dann muß er sofort die gesamte Kaution zurückzahlen.

WISO rät: Mahnen Sie Ihren Vermieter schriftlich, und setzen Sie ihm eine angemessene Frist. Zum Beispiel können Sie ihn auffordern, innerhalb von 14 Tagen die Kaution zurückzuzahlen. Kommt der Vermieter Ihrer Aufforderung nicht nach, dann haben Sie Anspruch auf Schadenersatz in Form von Zinsen.

Es gibt genügend Beispiele, daß sich Vermieter nicht an die gesetzlichen Regelungen halten und sich nur ungern von den Kautionen ihrer Mieter trennen. Sie machen oft Rechnungen über zahlreiche Gegenforderungen auf, um die Mieter einzuschüchtern. In solchen Fällen sollten Sie sich unbedingt an einen Mieterschutzverein wenden. Dort kennt man die aktuelle Rechtslage genau, kann Ihnen zum Beispiel helfen, einen Mahnbescheid an Ihren Vermieter zu schicken, oder man nennt Ihnen gegebenfalls einen kundigen Anwalt.

Sozialversicherung und außergewöhnliche Belastungen

Ob es um außergewöhnliche Belastungen oder unzumutbare Eigenbelastung, um private oder gesetzliche Krankenversicherung, um die sogenannte 58er-Regelung, Arbeitslosengeld und Nebenverdienst oder Abfindung geht – nur wenn Sie gut informiert sind, können Sie wirklich die für Sie optimale Entscheidung treffen und dabei so manche Mark sparen. Die wichtigsten Informationen zum Thema „Sozialversicherung" und „außergewöhnliche Belastungen" geben wir Ihnen in diesem Kapitel. Auch wenn es einige Mühe macht, sich mit dieser teilweise komplizierten Materie auseinanderzusetzen: Denken Sie daran, daß eine gesparte Mark mindestens ebensoviel wert ist, wie eine verdiente Mark. In vielen Fällen sogar erheblich mehr.

Außergewöhnliche Belastungen: Steuerlich absetzbar – aber auf den Zahlungszeitpunkt kommt es an

Sie können jeden von uns treffen: außergewöhnliche Belastungen, die in einem einzigen Jahr anfallen. Zahlungen für Krankheit oder Zahnersatz, Scheidung, Unterhalt oder Sterbefall erreichen manchmal Höhen, die die zumutbare Eigenbelastung eines Steuerpflichtigen übersteigen und dann vom Gesamtbetrag der Einkünfte abgezogen werden können. Doch Vorsicht! Die außergewöhnlichen Belastungen vermindern nur dann Ihr zu versteuerndes Einkommen, wenn *alle* Zahlungen für das zugrundeliegende Ereignis in das Veranlagungsjahr fallen.

Beispiel: Ein Scheidungsverfahren zieht sich kostspielig über mehrere Jahre hin. Der Rechtsanwalt bittet während dieses Zeitraumes mehrmals um Abschlagszahlungen. Als der Scheidungswillige schließlich das zugrundeliegende Ereignis – sein Scheidungsverfahren mit sämtlichen Anwalts- und Gerichtskosten – als außergewöhnliche Belastung steuerlich absetzen möchte, hat er Pech. Die im Prinzip vom Finanzamt anerkannten Aufwendungen übersteigen nicht die Grenze seiner zumutbaren Eigenbelastung, weil die in unterschiedlichen Kalenderjahren geleisteten Anwaltskosten nicht addiert werden können. Sprich: Die gesamten Kosten dieses Scheidungsverfahrens wirken sich nicht steuermindernd aus.

Eine Ungerechtigkeit – so das Empfinden des Betroffenen. Da ist was dran. Doch durch geschickte Wahl des Zahlungszeitpunkts hätte er sich einen steuerlichen Vorteil verschaffen können.

WISO rät: Fordern Sie von Ihrem Anwalt bei Abschluß des Verfahrens eine Gesamtkostenrechnung. Das Anfordern von Abschlagszahlungen ist keinesfalls als

Regelfall anwaltlicher Tätigkeit anzusehen. Sollte Ihr Anwalt trotzdem – angesichts eines offensichtlich zeitraubenden Verfahrens – auf Abschlagszahlungen bestehen, um seines Honorars sicherzugehen, schlagen Sie ihm anstelle von mehreren Abschlagszahlungen Alternativen vor: zum Beispiel für die Höhe der gewünschten Vorschußzahlung eine Bankbürgschaft beizubringen oder einen Scheck über diese Summe zu hinterlegen. Bei Begleichung der Gesamtkostenrechnung zum Abschluß des Verfahrens erhalten Sie Ihre gestellten Sicherheiten – Bankbürgschaft oder Scheck – zurück. „Abgeflossen" ist die Gesamtsumme in einem Veranlagungszeitraum; die Sicherheiten wurden nur hinterlegt.

Eine andere Möglichkeit ist die einmalige Vorauszahlung der absehbaren Endsumme (vorweggenommene Ausgaben). Bei festgelegtem Streitwert läßt sich die Höhe der Anwaltskosten in etwa abschätzen. Eventuelle Differenzen bei der Schlußrechnung sind dann – steuerlich gesehen – relativ unerheblich.

Die Zahlung der gesamten Anwaltskosten zu einem einzigen Zeitpunkt bewirkt, daß die tatsächlich entstandene außergewöhnliche Belastung – zum Beispiel Scheidungskosten – Ihre Steuerlast mindern kann.

Weitere Beispiele: Hinterbliebene bestellten im November desselben Jahres, in dem ein Angehöriger gestorben war, einen Grabstein. Die Rechnung kam jedoch erst im Januar des folgenden Jahres und wurde umgehend beglichen. Zusammen mit den anderen Aufwendungen machten sie die Kosten für den Grabstein in ihrer Einkommensteuererklärung für das Jahr des Todesfalls als außergewöhnliche Belastung geltend. Das Finanzamt addierte die Kosten für den Grabstein nicht zu den übrigen Kosten im Zusammenhang mit dem Todesfall, weil der Grabstein in einem anderen Veranlagungszeitraum – also im folgenden Jahr – bezahlt worden sei. Die Folge: In beiden Jahren überstieg die außergewöhnliche Belastung nicht die Grenze der zumutbaren Eigenbelastung.

Genauso kann es sich auch bei eventuellen Zuzahlungen für Zahnersatz verhalten, gerade wenn aufwendiger Zahnersatz für beide Ehepartner oder mehrere Familienmitglieder ansteht. Wenn diese Zuzahlungen möglichst im selben Jahr erfolgen, erhöht sich Ihre Chance, daß sie Ihre zumutbare Eigenbelastung übersteigen und als außergewöhnliche Belastung Ihr zu versteuerndes Einkommen vermindern. Ungünstig wäre es beispielsweise, wenn Sie Ihre Zuzahlung im Dezember des einen Jahres leisten, Ihr Ehepartner aber erst im Januar des folgenden Jahres zuzahlt.

WISO rät: Bestimmte Aufwendungen können sich nur dann zu einer außergewöhnlichen Belastung addieren, wenn sie in demselben Jahr, also in *einem* Veranlagungszeitraum erbracht worden sind. Es kommt allein darauf an, *wann* die Zahlungen geflossen sind. Und darauf haben Sie entscheidenden Einfluß, wenn Sie das Abflußprinzip stets im Auge behalten.

Von den Finanzämtern werden im Regelfall folgende Aufwendungen als außergewöhnliche Belastungen anerkannt: Kosten für Krankheit (allerdings können Aufwendungen, die durch Diätverpflegung entstehen, nicht als außergewöhnliche Belastung berücksichtigt werden); Kosten, die im Zusammenhang mit Zahnersatz, Scheidung, Unterhalt, Todesfällen, mit einer Behinderung oder die durch Betrugsverluste oder Katastrophen entstanden sind. Als außergewöhnliche Belastungen wurden auch schon Lösegeldzahlungen, Fluchthilfegelder oder Adoptionskosten anerkannt. Aber diese Fälle sind die großen Ausnahmen und jeweils umstritten bzw. vor Gericht erstritten worden.

Außergewöhnliche Belastungen werden um eine zumutbare Eigenbelastung gekürzt, die wiederum von der individuellen Höhe Ihres Familieneinkommens abhängt. Die zumutbare Belastung wird prozentual zu dem Gesamtbetrag der Einkünfte festgelegt und beträgt:

Gesamteinkünfte brutto	bis 30.000 DM	über 30.000 DM	über 100.000 DM
1. Bei Steuerpflichtigen, die keine Kinder haben und bei denen die Einkommensteuer zu berechnen ist:			
a) nach § 32 a Abs. 1	5 %	6 %	7 %
b) nach § 32 a Abs. 5, 6	4 %	5 %	6 %
2. Bei Steuerpflichtigen mit:			
a) 1 oder 2 Kindern	2 %	3 %	4 %
b) 3 oder mehr Kindern	1 %	1 %	2 %

Als Kinder des Steuerpflichtigen zählen die, für die ein Kinderfreibetrag gewährt wird.

Beispiel: Eventuelle Zuzahlungen für Zahnersatz sowie für Behandlungen im Krankheitsfall können als außergewöhnliche Belastung steuerlich geltend gemacht werden. Dies gilt, wenn die Summe die festgelegte zumutbare Eigenbelastung übersteigt. Die beläuft sich beispielsweise für einen Familienvater mit drei Kindern und einem Jahresbruttoeinkommen von 40.000 DM auf 1 Prozent, also 400 DM jährlich. Konkret bedeutet dies: Betragen die Zuzahlungen für Zahnersatz von Familienmitgliedern 1.000 DM, so kann in diesem Fall der die zumutbare Eigenbelastung (400 DM) übersteigende Betrag (hier: 600 DM) vom zu versteuernden Einkommen abgesetzt werden.

Zumutbare Eigenbelastung im Krankheitsfall: Nur wer richtig rechnet, vermeidet unnötige Zuzahlungen

Kranksein wird immer teurer. Nicht nur die Beiträge zur gesetzlichen Krankenkasse steigen. Auch bei Zuzahlungen müssen Sie immer tiefer in die Tasche greifen. Die Höhe Ihres Einkommens entscheidet über die Höhe Ihrer Zuzahlung bei Zahnersatz oder bei Arznei-, Heil- und Hilfsmitteln sowie bei Fahrtkosten. Verschiedene Regelungen sollen aber zu vermeiden helfen, daß Versicherte finanziell überfordert werden, wenn sie einen Teil der Kosten selber tragen müssen. Um sie zu nutzen, muß man diese Regelungen aber kennen.

Überforderungsklausel

Trifft auf Sie die sogenannte Überforderungsklausel zu, dann können Sie von einer Selbstbeteiligung teilweise befreit werden. Die Überforderungsklausel besagt: Zuzahlungen müssen nur bis zur – individuell verschiedenen – Zumutbarkeitsgrenze erbracht werden.

Beispiel: Sie gehören zu dem Personenkreis, der sich mit einem bestimmten Prozentsatz des jährlichen Bruttoeinkommens an den Kosten für sein Kranksein beteiligen muß. Die Grenze liegt bei einem jährlichen Bruttoeinkommen von 72.000 DM in den alten Bundesländern und bei 61.200 DM in den neuen Bundesländern. Wenn das Jahreseinkommen darüber liegt, beträgt die Zumutbarkeitsgrenze 4 Prozent des maßgebenden Familieneinkommens. Liegen Sie unter dieser Grenze, dann müssen Sie sich nur mit 2 Prozent an den Kosten beteiligen. Wenn Sie errechnen wollen, wie hoch Ihre individuelle Selbstbeteiligung ausfällt, wird das leider ziemlich kompliziert. Zudem gibt es Unterschiede zwischen Ost und West.

Die individuelle Selbstbeteiligung bezieht sich nicht allein auf das jährliche Bruttoeinkommen. Maßgebend ist das Familieneinkommen, das heißt auch Einnahmen des Ehepartners und der familienversicherten Kinder werden dazugerechnet. Für jeden dieser Familienangehörigen wird jedoch ein Freibetrag von dem Familieneinkommen abgezogen, und zwar für Familienangehörige, die kein eigenes Einkommen haben (abweichende Freibeträge in den neuen Bundesländern).

Bei Anwendung der Überforderungsklausel, also einer teilweisen Befreiung von der Selbstbeteiligung, gelten folgende Freibeträge: für den ersten Angehörigen 15 Prozent, für jeden weiteren jeweils 10 Prozent der geltenden jährlichen Bezugsgröße.

Für das Jahr 1996 liegt diese Bezugsgröße bei 49.560 DM in den alten und bei 42.000 DM in den neuen Bundesländern, wobei der östliche Teil Berlins inzwischen zu den alten Bundesländern zählt.

Beispiel: Sie verdienen in den alten Bundesländern 50.000 DM brutto im Jahr. Für Ihren Ehepartner haben Sie einen Freibetrag von 7.434 DM (15 Prozent der geltenden Bezugsgröße von 49.560 DM) und für zwei weitere Familienangehörige, zum Beispiel für Ihre beiden Kinder, jeweils einen Freibetrag von 4.956 DM (10 Prozent der Bezugsgröße von 49.560 DM). Diese Freibeträge addieren sich auf 17.346 DM und reduzieren Ihr Bruttoeinkommen auf das maßgebende Familieneinkommen in Höhe von 32.654 DM. Als zumutbare Selbstbeteiligung von 2 Prozent ermitteln Sie also rund 653.08 DM, die Sie im Jahr für Arznei-, Heil- und Hilfsmittel sowie für Fahrtkosten aus Ihrer eigenen Tasche zuzahlen müssen. Alles, was Sie darüber hinaus an Aufwendungen für Krankheiten haben, erstattet Ihnen auf Antrag Ihre Krankenkasse.

WISO rät: Damit Sie den Überblick darüber behalten, was Sie selber bereits an Kosten übernommen haben, sollten Sie ein Nachweisheft über Zuzahlungen führen.

Angenommen, Sie haben Ihre individuelle Zumutbarkeitsgrenze bereits im ersten Halbjahr erreicht, dann können Sie bei Ihrer Krankenkasse einen Antrag auf Befreiung von Zuzahlung für den Rest des Jahres stellen. Akzeptiert die Krankenkasse Ihren Antrag, dann erhalten Sie einen Ausweis, der Sie von allen Zuzahlungen befreit, das heißt, Sie müssen erst gar nicht in Vorlage treten. Anderenfalls: Reichen Sie alle Ihre quittierten Zuzahlungen (Nachweisheft) am Ende des Jahres bei Ihrer Krankenkasse ein. Was Sie über Ihre zumutbare Selbstbeteiligung hinaus gezahlt haben, wird Ihnen auf Antrag – also nicht automatisch – erstattet.

Die Kosten für Ihren Zahnersatz gehören nicht zu den Krankheitskosten. Im Klartext: Diese Kosten werden nicht berücksichtigt, wenn es um die Errechnung Ihrer individuellen Zumutbarkeitsgrenze im Zusammenhang mit Arznei-, Heil- und Hilfsmitteln geht. Dann gibt es noch eine Besonderheit, die für all jene Versicherten interessant sein kann, die chronisch krank sind und eine permanente medizinische Versorgung benötigen.

WISO rät: Bei einzelnen Krankenkassen, zum Beispiel bei der DAK, ist es möglich, den individuellen Eigenanteil gleich am Anfang des Jahres einzuzahlen, um sich sofort bis zum Ende des Jahres von jeglicher Selbstbeteiligung befreien zu lassen. Sie müssen also gar nicht erst in Vorlage treten und haben dieses Geld sofort zu Ihrer Verfügung.

Sozialklausel

Falls Sie unter die sogenannte Sozialklausel fallen, sind Sie von Zuzahlungen sogar gänzlich befreit. Die Sozialklausel gilt zum Beispiel für Bezieher von Ausbildungsförderung, von Arbeitslosen- oder Sozialhilfe, von Kriegsopferfürsorge oder BAföG, sowie für Kinder und Jugendliche unter 18 Jahren (Ausnahme bei Fahrtkosten und Zahnersatz). Aber auch für Versicherte, die bestimmte Einkommensgrenzen nicht überschreiten, entfällt jegliche Selbstbeteiligung.

Beispiel: Diese Grenze wurde - falls Sie alleinstehend sind - bei monatlich 1.652 DM brutto gezogen. Sie kann aber je nach Anzahl der mitversicherten Familienangehörigen auch höher liegen (mit einem Ehepartner bei 2.272 DM monatlich, für jeden weiteren Angehörigen zuzüglich 413 DM).

Für die neuen Bundesländer gilt die gleiche Grenze bei Arznei- und Verbandmitteln, sie weicht jedoch für Fahrtkosten, Zahnersatz, Vorsorge- und Rehabilitationsmaßnahmen ab: Der Grenzwert für Alleinstehende liegt hier bei 1.400 DM (mit einem Ehepartner bei 1.925 DM monatlich, für jeden weiteren Angehörigen zuzüglich 350 DM).

WISO rät: Damit eine Selbstbeteiligung für Arznei-, Heil- und Hilfsmittel sowie Fahrtkosten nicht erhoben wird und Sie erst gar nicht in Vorlage treten müssen, sollten Sie einen Befreiungsausweis bei Ihrer Krankenkasse beantragen.

Im Falle eines Krankenhausaufenthalts muß *jede* und *jeder*, auch wenn die Sozial- oder Überforderungsklausel zutrifft, täglich 12 DM in den alten und 9 DM in den neuen Bundesländern zuzahlen, allerdings begrenzt auf maximal 14 Tage im Jahr.

Zahnersatz

Beim Zahnersatz funktioniert alles ein wenig anders als beim Krankheitsfall. Eine generelle Befreiung von Zuzahlung gibt es nicht. Vielmehr muß für jeden neuen Zahnersatz zunächst ein Kostenvoranschlag (Heil- und Kostenplan) des Zahnarztes an Ihre Krankenkasse geschickt werden. Diese prüft den Antrag. Wenn sie ihn bewilligt, trägt sie 50 Prozent der Kosten. Falls sich der Versicherte nachweislich (Bonusheft) den vorgeschriebenen jährlichen Untersuchungen zur Zahnerhaltung unterzogen hat, übernimmt die Kasse noch weitere 10 Prozent der Kosten, also insgesamt 60 Prozent. Den Rest trägt der Versicherte selber, allerdings nur in einem zumutbaren Maße.
Eine eventuelle Befreiung muß jedesmal neu beantragt werden. Inwieweit die Krankenkasse einen Teil von der Selbstbeteiligung für Ihren Zahnersatz übernimmt, wird relativ kompliziert errechnet. Aber auch hier ist das Familieneinkommen maßgebend.

Die individuelle Zumutbarkeitsgrenze ist für Ost und West unterschiedlich und wird folgendermaßen ermittelt: Jeder Versicherte muß das Dreifache der Differenz zwischen der maßgeblichen monatlichen Einkommensgrenze (West: 1.652 DM, Ost: 1.400 DM für Alleinstehende) und den tatsächlichen Bruttoeinnahmen zum Lebensunterhalt selber tragen.

Sie kann aber je nach Anzahl der mitversicherten Familienangehörigen auch höher liegen: mit einem Ehepartner bei 2.272 DM monatlich, für jeden weiteren Angehörigen zuzüglich 413 DM (Ost: mit einem Ehepartner bei 1.925 DM monatlich, für jeden weiteren Angehörigen zuzüglich 350 DM).

Die Berechnung der individuellen Zumutbarkeitsgrenze muß für jeden einzelnen Versicherten durchgeführt werden.
Beispielrechnung für ein Ehepaar mit einem Kind

	West	Ost
Monatliche Einnahmen zum Lebensunterhalt	4.000 DM	3.000 DM
Maßgebliche Einnahmegrenze im Jahr 1996	2.685 DM	2.275 DM
Differenz der monatlichen Einnahmen zur maßgeblichen Einnahmegrenze	1.315 DM	725 DM
Zumutbare Eigenbeteiligung (dreifache Differenz)	3.945 DM	2.175 DM
		→

Berechnung des Eigenanteils		
Zahnersatzkosten	4.400 DM	7.400 DM
Anteil der Krankenkasse 60% (da Untersuchung zur Verhütung von Zahnerkrankung per Bonusheft nachgewiesen werden kann)	2.640 DM	4.440 DM
Vom Versicherten zu tragende Kosten	1.760 DM	2.960 DM
Minus Ihrer zumutbaren Eigenbeteiligung (dreifache Differenz)	3.945 DM	2.175 DM
Restbetrag, den die Krankenkasse von Ihrem Eigenanteil übernimmt	0 DM	785 DM

WISO rät: In den Genuß des 10-Prozent-Bonus kommt nur, wer sich als Erwachsener mindestens einmal in jedem Kalenderjahr einer Untersuchung zur Zahnerhaltung unterzogen hat. Bei Jugendlichen sind halbjährliche Untersuchungsintervalle vorgeschrieben. Der Zahnarzt trägt diese Untersuchungen in einem sogenannten Bonusheft ein, das Sie bei Ihrer Krankenkasse zusammen mit dem Heil- und Kostenplan einreichen müssen. Das Bonusheft erhalten Sie von Ihrem Zahnarzt. Bitte achten Sie darauf, daß Ihre jährlichen bzw. halbjährlichen Zahnarztbesuche auf jeden Fall eingetragen werden. Diese Eintragungen entscheiden über den 10-Prozent-Bonus. Sie sind also bares Geld wert.

Gesetzliche oder private Krankenversicherung: Eine Entscheidung mit Folgen

Wer als Privatpatient zum Arzt gehen kann, tut das mit dem Gefühl, wahrscheinlich besser als ein Kassenpatient behandelt zu werden. Schließlich besteht nur für Selbständige und für „Besserverdienende“ die Möglichkeit, sich einer gesetzlichen Krankenkasse zu entziehen und sich statt dessen privat zu versichern. Wenn Sie bisher mit Ihrem Lohn oder Gehalt unterhalb der Versicherungspflichtgrenze lagen, waren Sie automatisch in einer gesetzlichen Krankenkasse pflichtversichert und hatten gar keine andere Wahl. Erst wenn Sie 1996 im Monatsdurchschnitt mehr als 6.000 DM brutto verdienen (Ost: 5.100 DM), können Sie wählen, ob Sie weiterhin als freiwilliges Mitglied in der gesetzlichen Krankenversicherung bleiben oder in eine private Krankenversicherung wechseln.

WISO rät: Wenn Sie die Wahlmöglichkeit haben und sich zwischen gesetzlicher oder privater Krankenkasse entscheiden können, dann sollten Sie sich Zeit für eine solch weitreichende Entscheidung lassen. Denn: einmal privat, immer privat versichert. Der Gesetzgeber schließt eine Rückkehr in die gesetzliche Krankenversicherung nachdrücklich aus. Ein Wechsel ist nur in wenigen Ausnahmefällen möglich und bringt erhebliche Nachteile gegenüber denjenigen, die in der gesetzlichen Krankenkasse als freiwillig versicherte Mitglieder geblieben sind.

Der Unterschied zwischen privater und gesetzlicher Kasse

Private Krankenversicherer locken zunächst mit günstigen Tarifen und hoher Leistung. Solange dieser Werbeslogan der Privaten stimmt, solange ist der Versicherte glücklich und zufrieden. Ob er das auch bleibt, hängt entscheidend von seiner Familienplanung ab. Zwar müssen auch gesetzlich Versicherte steigende Beiträge verkraften und bei notwendigen Behandlungen immer mehr zuzahlen. Aber die große Trumpfkarte der gesetzlichen Krankenversicherung ist nach wie vor die kostenlose Mitversicherung des Ehepartners und der Kinder. Ob das allerdings auch auf längere Sicht so bleibt, vermag heute mit absoluter Sicherheit niemand zu sagen.

Zur Zeit ist es noch so, daß spätestens dann, wenn aus den gutverdienenden Singles Familienväter geworden sind, viele Privatversicherte reuevoll auf die kostenlose Mitversicherung von Familienangehörigen blicken, wie sie die gesetzlichen Krankenkassen bieten. Gern würden sie dann wieder unter das Dach der Solidargemeinschaft zurückkehren. Entscheidend bei der Wahl zwischen „gesetzlich" oder „privat" ist also die Familienplanung des Versicherten.

Ob die mehr als sechs Millionen Menschen, die gegenwärtig bei privaten Versicherungsunternehmen eine Vollversicherung unterhalten, wirklich eine gute Wahl getroffen haben, läßt sich mit Sicherheit immer erst im nachhinein sagen. Denn nicht nur für alleinverdienende Familienväter kann eine private Krankenversicherung ins Geld gehen. Besonders für ältere Versicherte stiegen die Beiträge – risikobedingt – überproportional. Bei den zunächst günstig erscheinenden Tarifen blieben spätere Beitragsanpassungen nicht aus und fielen in den vergangenen Jahren teilweise sogar zweistellig aus. Zahlreiche ältere WISO-Zuschauer haben sich hilfesuchend an die WISO-Redaktion gewandt, weil sie mit ihrer Rente die ständig steigenden Prämien für ihre private Krankenversicherung kaum noch aufbringen können.

Verkennen Sie also nicht, daß das, was Ihnen beim Eintritt in eine Privatversicherung vorgerechnet wird, nur zu diesem Zeitpunkt stimmt.

Beispiel: Hauptzielgruppe der privaten Krankenversicherer sind alleinstehende 28- bis 35jährige, die gut verdienen. Die Beitragshöhe ergibt sich unter anderem aus Eintrittsalter, Geschlecht und Gesundheitszustand. Entsprechend günstig sind meistens die Tarife für junge Erwachsene und, gemessen an der Einkommenshöhe, auch günstiger als bei den gesetzlichen Krankenkassen.

Andererseits werden die Beiträge in vielen Fällen heraufgesetzt, wenn Versicherte eine kostspielige Krankheit entwickeln sollten oder aufgrund ihres zunehmenden

Alters einer intensiveren medizinischen Betreuung bedürfen. Bei den privaten Kassen tragen Versicherte verstärkt ihr eigenes Gesundheitsrisiko. Es gibt nicht eine dem Solidarprinzip entsprechende Struktur, die den gesetzlichen Kassen vergleichbar wäre: Die können sich ihre Versicherten nämlich nicht aussuchen, müssen auch Kranke aufnehmen und ohne eine Wartezeit sofort medizinische Leistungen erbringen. Die Gesetzlichen müssen Familienväter aufnehmen, bei denen Ehefrau und Kinder beitragsfrei mitversichert sind. Das heißt, Alleinstehende zahlen für Familien mit Kindern, Gesunde für Kranke, Gutverdienende für Schlechtverdienende und die Jungen für die Alten.

Private Krankenversicherungen dagegen können sich Ihre „Kunden" aussuchen und verschaffen sich mittels eines Gesundheits-Checks vor der Aufnahme ein detailliertes Gesundheitsbild des Neuzugangs. Wenn Sie also schon älter und/oder nicht mehr ganz gesund sind, müssen Sie mit höheren Prämien rechnen. Bei der gesetzlichen Krankenkasse entscheidet allein die Höhe Ihres Verdienstes, unabhängig von Ihrem Gesundheitszustand, über die Höhe Ihres Krankenversicherungsbeitrags.

Wie finden Sie die günstigste private Kasse?

Was bedeutet das nun wirklich für Sie und Ihren Geldbeutel, wenn Sie die Wahl haben und sich entscheiden müssen, ob Sie in einer gesetzlichen Krankenversicherung bleiben wollen oder lieber zu einer privaten wechseln? Der bloße Beitragsvergleich sagt noch gar nichts aus. Entscheidend sind Ihre persönlichen Vorgaben: Wollen Sie möglichst wenig zahlen oder möglichst umfangreiche Leistungen? Ziehen Sie einen hohen Selbstbehalt (Eigenanteil) und dafür niedrigere Beiträge vor? Alles auf einmal können auch die Privaten nur leisten, wenn es sehr teuer wird.

Wer die preisgünstigsten, für sich zweckmäßigsten Leistungen der Privaten herausfinden möchte, muß sich deren Versicherungsbedingungen erschließen. Und wie bei Versicherungen allgemein üblich, sind sie in schwer verständlichem Juristendeutsch abgefaßt, umfangreich und kaum miteinander zu vergleichen. Im Gegensatz zu den Gesetzlichen, die *allen* Versicherten die gleichen Leistungen anbieten, gilt bei den Privaten das Baukastenprinzip.

WISO rät: Suchen Sie ein unternehmensunabhängiges Versicherungsbüro, das Ihnen hilft, die jeweils günstigste Beitrags-Leistungs-Kombination im Computervergleich herauszufinden. Falls Sie ein lediger Mann sind, sollten Sie sich vorrechnen lassen, was die Privatversicherung für Sie, eine künftige Ehefrau und eventuell noch hinzukommende Kinder kosten würde. Vergleichen Sie, was Sie als Familienvater statt dessen in einer gesetzlichen Krankenkasse zahlen müßten. Nur wenn Sie beide „Rechnungen" kennen, sollten Sie Ihre Entscheidung treffen, die sich weit in die Zukunft auswirken und erst dann in barer Münze auszahlen wird.

Individuelle Lebensplanung ist entscheidend

Obwohl vom Grundgesetz die Gleichstellung von Mann und Frau garantiert wird, müssen Frauen in einer Privatkasse höhere Beiträge als Männer leisten. Begründung: das „Risiko" einer Schwangerschaft und eine größere „Anfälligkeit" der Frauen.

Beispiel: Bei einem Eintrittsalter von 30 Jahren beträgt der monatliche Beitrag für eine Vollversicherung bei einer privaten Krankenkasse für einen Mann ca. 320 Mark, für eine Frau dagegen ca. 450 Mark. Außerdem müssen Frauen während der Mutterschutzfrist den vollen Beitrag, also Arbeitnehmer- plus Arbeitgeberanteil zahlen, sechs Wochen vor und acht Wochen nach der Geburt. Angenommen, der monatliche Beitrag für eine Privatversicherung beträgt 450 Mark, dann zahlen Sie während der gesamten Mutterschutzfrist 1.500 Mark. Das gleiche gilt, wenn Sie Erziehungsurlaub nehmen: Während der 36 Monate zahlen Sie, wieder 450 Mark monatlicher Beitrag vorausgesetzt, insgesamt ca. 16.200 Mark für Ihre private Krankenversicherung. Außerdem fallen Beiträge für jedes Kind an: bei den Privaten durchschnittlich ca. 80 Mark – pro Kind und Jahr also ca. 960 Mark.

Dagegen zahlen in einer gesetzlichen Krankenversicherung Frauen und Männer grundsätzlich die gleichen Beiträge. Außerdem sind Familienmitglieder, die nicht über ein eigenes versicherungspflichtiges Einkommen verfügen, automatisch mitversichert, das heißt, für sie müssen keine zusätzlichen Beiträge entrichtet werden. Zudem sind die Zeiten des Mutterschutzes und des Erziehungsurlaubes beitragsfrei.

Wenn Sie sich dafür entscheiden, als freiwillig versichertes Mitglied in einer gesetzlichen Krankenkasse zu bleiben, dann müssen Sie den Höchstbeitrag zahlen, der von der Beitragsbemessungsgrenze berechnet wird – auch wenn Sie mehr verdienen. 1996 liegt der Höchstbeitrag bei 804 DM (West) bzw. 678,30 DM (Ost).

WISO rät: Es gibt keine Schnittstelle mehr, an der gesagt werden könnte, hier ist eine private, dort eine gesetzliche Krankenkasse günstiger. Sie müssen sehr individuell nach Ihrer eigenen Lebensplanung entscheiden. Beziehen Sie auch in Ihre Überlegungen mit ein, ob es vielleicht die günstigere Variante ist, wenn Sie in der gesetzlichen Krankenversicherung bleiben, aber Zusatzversicherungen bei den Privaten abschließen, zum Beispiel für ein Zwei- oder Einbettzimmer bei einem Krankenhausaufenthalt, für eine Chefarztbehandlung und dergleichen.

Arbeitgeberzuschuß zur privaten Krankenversicherung

Eine wichtige Änderung ist am 1. Juli 1994 für Arbeitnehmer eingetreten, die einer privaten Krankenversicherung angehören. Diese haben nur noch unter bestimmten Voraussetzungen Anspruch auf einen Beitragszuschuß durch Ihren Arbeitgeber. Das Gesundheitsstrukturgesetz (GSG) hat sich nämlich der Problematik angenommen, daß die Beiträge bei den Privaten, besonders für ältere Versicherte, überproportional gestiegen sind und manchmal sogar einen Großteil der Rente aufzehren.

Das GSG verlangt, daß ein privates Versicherungsunternehmen die Krankenversicherung nach Art der Lebensversicherung betreibt. Darüber hinaus muß sich das Versicherungsunternehmen verpflichten, für Versicherte, die das 65. Lebensjahr vollendet haben und über eine Vorversicherungszeit von mindestens zehn Jahren verfügen (also schon zehn Jahre bei diesem Unternehmen krankenversichert sind), einen Standardtarif anzubieten, dessen Leistungen mit denen der gesetzlichen Krankenversicherung vergleichbar sind. Weiter muß sich das private Versicherungsunternehmen verpflichten, den überwiegenden Teil der Überschüsse zugunsten der Versicherten zu verwenden und ausdrücklich auf ein Kündigungsrecht des Versicherungsvertrages zu verzichten (was manchmal vorgekommen ist, wenn der Versicherte mit seiner Krankheit „zu teuer" wurde). Nur wenn Ihr privates Versicherungsunternehmen diesen Anforderungen entspricht, was durch das Bundesaufsichtsamt für das Versicherungswesen festgestellt wird, haben Sie Anspruch auf einen Beitragszuschuß durch Ihren Arbeitgeber.

WISO rät: Achten Sie darauf, daß Sie eine entsprechende Bescheinigung Ihres Versicherungsunternehmens erhalten, wenn Sie sich für eine private Krankenversicherung entschieden haben. Diese Bescheinigung müssen Sie Ihrem Arbeitgeber vorlegen. Wer diese Bescheinigung nicht vorweisen kann, hat keinen Anspruch auf einen Beitragszuschuß seines Arbeitgebers zur privaten Krankenversicherung. Und das kann mehrere 100 Mark im Monat ausmachen.

Falls Sie bei Ihrer Entscheidung für eine private Krankenversicherung darauf bauen, daß Sie im Alter, wenn die Prämien voraussichtlich stark ansteigen werden, in den Standardtarif wechseln können, dann sollten Sie die Leistungen dieses sogenannten „Seniorentarifs" kennen.

Notanker „Standardtarif"

Der Standardtarif für Senioren darf den durchschnittlichen Höchstbeitrag der Gesetzlichen, der 1996 bei monatlich 804 DM (West) bzw. 678,30 DM (Ost) liegt, nicht übersteigen. Bei den Leistungen wird auf jeden Fall abgespeckt, das heißt, sie werden weitgehend denen der gesetzlichen Krankenkassen entsprechen. Das bedeutet unter anderem, daß bei einem Krankenhausaufenthalt Einzelzimmer und die Visite des Chefarztes entfallen und für die ersten 14 Tage eines Kalenderjahres im Krankenhaus pro Tag 12 DM (neue Länder 9 DM) zugezahlt werden müssen. In den Kernbereichen entsprechen die Leistungen des Standardtarifs denen der gesetzlichen Kassen. Wie hoch die Prämie für den einzelnen Versicherten ausfällt, hängt auch davon ab, wie lange schon das Versicherungsverhältnis besteht und welche Altersrückstellungen – sie werden in den Standardtarif mitgenommen – gebildet wurden. Das bedeutet: Die Prämien für den angebotenen Standardtarif können für Versicherte gleichen Alters unterschiedlich ausfallen. Wichtig: Wer den Standardtarif wählt, kann keine Zusatzversicherungen abschließen.

Vorher rechnen

Wenn Sie sich einmal für eine private Krankenversicherung entschieden haben, dann steht Ihnen eine Rückkehr in die gesetzliche Krankenversicherung nicht mehr offen, sondern nur ein Wechsel in eine andere Privatversicherung. Allerdings müssen Sie dann wahrscheinlich höhere Beiträge zahlen, weil Sie ein höheres Beitrittsalter und womöglich inzwischen noch eine Krankengeschichte haben.

WISO rät: Rechnen Sie vor einer Entscheidung beide Varianten – also gesetzliche und private Krankenversicherung – genau durch. Wichtige Anhaltspunkte sind die persönliche Familienplanung, das heißt die wahrscheinliche Anzahl von Familienangehörigen und die Höhe des Familieneinkommens. Dabei gibt es eine Faustregel: Je größer die Familie und je geringer die Anzahl der Einkommen, desto empfehlenswerter, das heißt finanziell günstiger ist es, in der gesetzlichen Krankenkasse auch als „besserverdienender" Arbeitnehmer zu bleiben. Dagegen sind zum Beispiel Doppelverdiener ohne Kinder in einer privaten Krankenversicherung wahrscheinlich besser aufgehoben.

Die Vorteile einer privaten Krankenversicherung haben natürlich auch damit zu tun, wieviel Sie für Ihre Versicherungsprämie ausgeben. Das Preis-Leistungs-Verhältnis muß stimmen. Natürlich können die Leistungen besser sein als bei einer gesetzlichen Krankenkasse – bei gleichzeitig weniger Geld, das Sie für Ihren Versicherungsschutz aufwenden müssen. Aber dieses teilweise günstigere Preis-Leistungs-Verhältnis bleibt meist nicht so. Diesen Gesichtspunkt müssen Sie in Ihre Überlegungen mit einbeziehen. Und natürlich sollten Sie auch die Pflegeversicherung nicht vergessen, die ja an die Krankenversicherung gekoppelt ist. Das bedeutet: Wenn Sie als freiwilliges Mitglied in einer gesetzlichen Krankenkasse bleiben, können Sie sich dort auch pflegeversichern. Der Beitrag für die Pflegeversicherung beträgt seit 1. Juli 1996 1,7 Prozent des Bruttoarbeitsentgelts und wird je zur Hälfte von Arbeitgeber und Arbeitnehmer getragen. Dabei gibt es einen Höchstbeitrag, der sich an der Beitragsbemessungsgrenze für die Kranken- bzw. Pflegeversicherung richtet: 1996 liegt diese Grenze bei 1,7 Prozent eines monatlichen Bruttoentgelts von 6.000 DM (Ost: 5.100 DM). Zwar gilt diese Begrenzung auch für Privatversicherte, aber die kostenlose Familienmitversicherung gibt es nur bei den gesetzlichen Kassen. Bei den privaten Kassen muß für den Ehepartner extra berappt werden; nur Kinder sind auch bei den Privaten kostenfrei in der Pflegeversicherung.

Nur wenige Wege führen zurück

Wer sich einmal für eine Privatversicherung entschieden hat, für den gibt es in der Regel keinen Weg zurück in die gesetzliche Krankenkasse. Vom Gesetzgeber wurde eine Rückkehr in die Gesetzliche aus gutem Grund nachdrücklich ausgeschlossen. Die Rückkehr in die gesetzliche Krankenkasse ist nur in wenigen Ausnahmefällen und dann auch nur über Umwege möglich.

Erste Möglichkeit: Sie fallen mit Ihrem Bruttogehalt wieder unter die Beitragsbemessungsgrenze. Das kann zum Beispiel geschehen, indem Sie mit Ihrem Arbeitgeber ein monatliches Bruttogehalt von maximal 6.000 DM in Deutschland-West oder 5.100 DM in Deutschland-Ost vereinbaren. In diesem Fall könnten Sie Ihre private Krankenversicherung sofort kündigen und in die gesetzliche zurückkehren. Allerdings dürfen Sie ein Jahr lang mit Ihrem Gehalt die Beitragsbemessungsgrenze nicht übersteigen, wenn Sie sich anschließend als freiwilliges Mitglied in der gesetzlichen Krankenkasse weiterversichern möchten. Dieser Gehaltsverzicht lohnt sich also nur, wenn Ihre Beiträge zur privaten Krankenversicherung deutlich über den Höchstbeiträgen der gesetzlichen Kassen liegen. Es sei denn, Ihr Arbeitgeber gleicht Ihren Gehaltsverzicht nach zwölf Monaten wieder aus.

Zweite Möglichkeit: Wenn Sie Ihren Arbeitsplatz verlieren und Arbeitslosengeld beziehen, sind Sie automatisch in der gesetzlichen Krankenkasse versichert. Ihre Privatversicherung ruht während dieser Zeit. Dauert Ihre Arbeitslosigkeit mindestens ein Jahr, dann können Sie bei erneuter Arbeitsaufnahme in der gesetzlichen Krankenversicherung bleiben, auch wenn Sie mit Ihrem Bruttogehalt wieder über der Beitragsbemessungsgrenze liegen sollten.

Dritte Möglichkeit: Wenn Sie eine neue Stelle suchen und vorübergehend kein eigenes Einkommen erzielen, sind Sie automatisch bei Ihrem Ehepartner mitversichert, wenn dieser Mitglied in einer gesetzlichen Krankenkasse ist.

Bei einer Mitversicherung über den Ehepartner entfällt die Einjahresfrist. Das heißt, der ursprünglich privatversicherte Ehepartner kann in der gesetzlichen Krankenversicherung bleiben, auch wenn er oder sie zum Beispiel bereits nach zwei Monaten wieder ein eigenes Einkommen erzielt. Doch Achtung! Es gibt Ausnahmen, bei denen es nicht möglich ist, über diesen Umweg in die gesetzliche Krankenversicherung zurückzukehren.

Die Ausnahmen: Wie Beispiele von WISO-Zuschauern zeigen, bleibt es in manchen Fällen trotzdem beim: „einmal privat, immer privat". Privat versicherte Beamtinnen oder Beamte zum Beispiel, die Erziehungsurlaub nehmen, erhalten für die Dauer von 18 Monaten ein Erziehungsgeld von 600 DM monatlich, wovon sie den Eigenanteil ihres Versicherungsbeitrages bezahlen müssen. Die andere Hälfte übernimmt der Dienstherr in Form von Beihilfen. Für Beamte, die anschließend noch Familienurlaub nehmen, wird es dann problematisch. Nach Ablauf des anderthalbjährigen Erziehungsurlaubs stellt der Dienstherr, also der Arbeitgeber, die Beihilfezahlungen ein, weil die betreffenden Beamten – während des Familienurlaubs ohne eigenes Einkommen – bei ihren Ehepartnern familienversichert seien. Das, so berichten uns die Zuschauer, sei gängige Praxis.

Die betroffenen Beamten staunten nicht schlecht, als sich die gesetzliche Krankenkasse weigerte, Beamte zur Familienversicherung zuzulassen. Die Begründung: Sie hätten ja nie in den Beitragstopf eingezahlt und könnten somit auch nicht zu Lasten der Beitragszahler in die gesetzliche Krankenkasse aufgenommen werden. Für die Familien bedeutet das, daß derjenige Ehepartner, der als Beamter Familienurlaub nimmt, für seine private Krankenversicherung den ganzen Beitrag aus der eigenen

Tasche zahlen muß – eine große Belastung für Familien mit Kindern, die während dieser Zeit ohnehin mit nur einem Einkommen auskommen müssen.

Ähnlich ergeht es Menschen, die von ihrem Ehepartner geschieden werden, der bei einer gesetzlichen Krankenkasse versichert ist. In solchen Fällen lehnen es die gesetzlichen Krankenkassen ab, den geschiedenen Ehepartner als freiwillig versichertes Mitglied aufzunehmen, wenn dieser zum Zeitpunkt der rechtskräftigen Ehescheidung bei einer privaten Krankenkasse versichert war.

Vierte Möglichkeit: Wenn Sie Rentner sind, entkommen Sie der Beitragsspirale Ihrer privaten Krankenversicherung, indem Sie eine versicherungspflichtige Tätigkeit aufnehmen. Dabei genügt es schon, wenn Ihr Einkommen die sogenannte „Geringfügigkeitsgrenze" überschreitet: 590 DM im Westen, 500 DM im Osten Deutschlands.

WISO rät: Dieses zusätzliche Einkommen kann sich unter Umständen auf Ihre Rente auswirken. Erkundigen Sie sich also bei Ihrer Rentenversicherung. Außerdem müssen Sie die Tätigkeit mindestens ein Jahr lang ausüben, wenn Sie anschließend als freiwillig versichertes Mitglied in der Gesetzlichen bleiben möchten.

Doch über eines sollten Sie sich im klaren sein: Selbst wenn es Ihnen gelingt, in die gesetzliche Krankenkasse zurückzukehren – wenn Sie einmal privat krankenversichert waren, dann können Sie immer nur freiwillig versichertes Mitglied in einer gesetzlichen Krankenkasse sein. Und das hat für Sie im Rentenalter finanzielle Folgen: Bei der Beitragsberechnung werden dann nämlich alle monatlichen Einkünfte zugrundegelegt.

Beitragsberechnung für Rentner

Seit 1. Januar 1993 hat sich die Beitragsberechnung für Rentner, die freiwillig in der gesetzlichen Krankenkasse versichert sind, geändert. Neben der Rente werden zum Beispiel auch Betriebsrente, Zinseinkünfte oder Mieteinnahmen berücksichtigt, so daß Sie unter Umständen schnell den Höchstbeitrag für die Gesetzliche zahlen müssen. Bei der Beitragszahlung wirkt sich das dann wie folgt aus: Einkünfte aus der gesetzlichen Rente – halber Beitragssatz; Einkünfte aus Versorgungs- und Arbeitsbezügen – voller Beitragssatz; Einkünfte aus Kapitalerträgen (Zinsen) und Mieteinnahmen – voller Beitragssatz.

Seit 1. Januar 1994 sind Rentner nur noch dann in der gesetzlichen Kasse krankenversicherungspflichtig, wenn sie in der zweiten Hälfte ihres Berufslebens mindestens 90 Prozent dieses Zeitraums Mitglied in einer gesetzlichen Krankenkasse waren. Freiwillig versicherte Rentner haben keinen Zugang mehr in die Krankenversicherung der Rentner.

Wenig tröstlich, daß diejenigen, die der gesetzlichen Krankenversicherung treu geblieben sind, obwohl Sie zu einer privaten Krankenversicherung hätten wechseln können, von dieser Art der Beitragsberechnung für Rentner genauso betroffen sind. Doppelt ärgerlich, seit die Privaten einen günstigen Standardtarif für Senioren anbieten müssen, der den Höchstbeitrag der Gesetzlichen nicht übersteigen darf.

Privatversicherte, die älter als 65 Jahre sind und über eine Vorversicherungszeit von mindestens zehn Jahren bei derselben Versicherungsgesellschaft verfügen, können seit 1. Juli 1994 in diesen Standardtarif wechseln. Der Standardtarif darf den durchschnittlichen Höchstsatz der gesetzlichen Krankenkassen nicht übersteigen, der zur Zeit bei 804 DM (Ost: 678,30 DM) monatlich liegt. Allerdings werden die Leistungen in dieser Tarifklasse abgespeckt und entsprechen in etwa denen der gesetzlichen Krankenkassen.

WISO rät: Wägen Sie gut ab, ehe Sie eine Entscheidung treffen, deren Auswirkungen Sie erst in vielen Jahren oder gar Jahrzehnten zu spüren bekommen. Holen Sie möglichst unabhängige Informationen ein. Denn neue Gesetze, Anpassungen, Umstrukturierungen und viele andere Faktoren führen zu ständigen Veränderungen im deutschen Versicherungswesen. Gebühren- und Beitragsvielfalt, Laufzeiten, Leistungsunterschiede – der Markt wird immer undurchschaubarer. Agenten und Vertreter vieler Versicherungsunternehmen nutzen das aus und versuchen, unter anderem auch private Krankenversicherungen zu vermitteln, egal, ob diese nun den Anforderungen des betreffenden Menschen entsprechen oder nicht. Informieren Sie sich bei unabhängigen Versicherungsagenturen, die Leistungen möglichst vieler Versicherungen anbieten.

Neues Wahlrecht für Kassenpatienten: Beitragsvergleich lohnt sich

Das Wahlrecht für Kassenpatienten wurde zwar bereits 1992 mit dem Gesundheitsstrukturgesetz beschlossen, tritt aber erst Anfang 1996 in Kraft. Ab sofort können also gesetzlich Versicherte grundsätzlich selbst bestimmen, bei welcher Krankenkasse sie sich versichern lassen möchten. Bisher gab es für die Versicherten in der gesetzlichen Krankenversicherung nämlich eine Art „Zweiklassen-Gesellschaft". Der einen Klasse – zu der die meisten gewerblich tätigen Arbeitnehmer zählen – wurde die Krankenkasse per Gesetz zugewiesen. Diese Arbeitnehmer mußten entweder der AOK oder einer Betriebs- bzw. Innungskrankenkasse angehören. Die andere Klasse – zu ihr gehören Angestellte und einige wenige Arbeitergruppen – konnte statt dessen unterschiedlichen Ersatzkrankenkassen angehören. Teilweise machten Ersatzkrankenkassen – wie zum Beispiel die DAK, die BEK oder die TK – berufsbezogene Einschränkungen. So stand die TK bisher offiziell nur Frauen und Männern aus technischen Berufen offen, die DAK nur Angestellten. Das war so bis Ende 1995.

Seit dem 1. Januar 1996 ist das alles anders: Gesetzlich Versicherte können jetzt in weit größerem Maße als bisher ihre Krankenkasse selber wählen. Es gibt keine Unterschiede mehr zwischen Arbeitern und Angestellten, und auch die berufsbezogene Bindung an eine Krankenkasse ist entfallen. Für gesetzlich Versicherte bedeutet das: Sie haben freie Krankenkassenwahl. Achtung: Die neue Wahlfreiheit bedeutet nicht, daß Privatversicherte in die gesetzliche Krankenkasse wechseln können.

Der Vollständigkeit halber: Einzig und allein Mitglieder der Bundesknappschaft sowie der See-Krankenkasse und der Landwirtschaftlichen Krankenkasse sind von der freien Krankenkassenwahl ausgeschlossen. Sie müssen weiterhin versichert bleiben, wo sie sind – ob sie wollen oder nicht. Ansonsten heißt das: Auch kaufmännische Angestellte können jetzt beispielsweise Mitglied der TK werden. Und in der Regel darf sich die gewählte Krankenkasse gegen Neuzugänge nicht sperren, das heißt, jede gesetzliche Krankenkasse muß jeden aufnehmen, der bei ihr Mitglied werden will.

Der sogenannte „Kontrahierungszwang“: Nur Betriebs- und Innungskassen müssen nicht „jeden“ nehmen

Für Betriebs- und Innungskrankenkassen gilt der sogenannte Kontrahierungszwang nur eingeschränkt. Trotz genereller Wahlfreiheit können Sie also nicht jede Ihrer „Wunschkassen“ wählen. Im Prinzip müssen alle gesetzlichen Krankenkassen jeden aufnehmen, der Mitglied bei ihnen werden will – seit Einführung der freien Kassenwahl mit Anfang diesen Jahres.

Einzige Ausnahme: Betriebs- und Innungskrankenkassen. Diese unterliegen nur dann dem sogenannten Kontrahierungszwang, wenn sie sich „geöffnet“ haben. Immerhin haben sich bereits 47 Betriebskrankenkassen für eine totale Öffnung entschieden, das heißt, sie nehmen jeden Versicherten auf, der bei ihnen Mitglied werden will. Allerdings haben die meisten sich nicht bundesweit geöffnet, sondern auf das jeweilige Bundesland begrenzt.

Regionale Zuständigkeit bleibt

Die regionale Zuständigkeit wird beibehalten. Das bedeutet, daß Sie sich als AOK-Mitglied, das in Flensburg lebt und arbeitet, nicht einfach in Passau anmelden können, falls der Beitragssatz dort günstiger sein sollte. Allerdings haben Sie freie Wahl zwischen den verschiedenen Ersatzkassen, Betriebs- oder Innungskrankenkassen, wenn Sie nicht in der AOK bleiben wollen. Regionalität bedeutet bei den großen Ersatzkassen, daß sich der Geltungsbereich meist über das ganze Bundesgebiet erstreckt, das heißt, bei DAK oder TK zum Beispiel ist der Beitragssatz bundesweit einheitlich. Betriebs- und Innungskrankenkassen können selber bestimmen, ob sie sich auch für Außenstehende (also auch für Nicht-Familienangehörige) und ob sie sich nur regional oder bundesweit öffnen.

Die regionale Zuständigkeit gilt jedoch nicht immer. Eine Allgemeine Ortskrankenkasse, Ersatzkasse, Betriebs- oder Innungskrankenkasse ist dann unabhängig vom Wohn- oder Beschäftigungsort oder von der Betriebszugehörigkeit wählbar, wenn dort der Ehepartner versichert ist, wenn dort zuletzt vor Beginn der Versicherungspflicht oder -berechtigung eine Mitgliedschaft oder Familienversicherung bestanden hat oder für versicherungspflichtige Behinderte, Jugendliche in Jugendhilfeeinrichtungen, Teilnehmer an berufsfördernden Maßnahmen zur Rehabilitation oder Waisenrentner, wenn dort ein Elternteil versichert war oder ist.

Studenten können zusätzlich die Ortskrankenkasse oder jede Ersatzkasse an dem Ort wählen, an dem die Hochschule ihren Sitz hat.

Wenn Sie Ihre Kasse wechseln möchten

Was bedeutet das nun für Sie, wenn Sie Ihre gesetzliche Krankenkasse wechseln möchten? Zunächst müssen Sie beachten, daß Unterschiede zwischen Pflichtversicherten und freiwillig Versicherten gemacht werden, wenn es um Kündigungsfristen und Bindungsfristen geht. Natürlich haben auch Azubis, Berufsanfänger und Studenten sowie Rentner oder Arbeitslose freie Krankenkassenwahl.

Sie gehören zu den pflichtversicherten Arbeitnehmern, wenn Sie bestimmte Grenzwerte in der Sozialversicherung nicht überschreiten. Das heißt, wenn Sie in diesem Jahr monatlich nicht mehr als 6.000 DM brutto (in den alten Bundesländern; in den neuen liegt die Grenze bei 5.100 DM) verdienen, dann bleibt Ihnen gar keine andere Wahl: Sie können sich nur bei einer gesetzlichen Krankenkasse versichern. Erst wenn Sie mit Ihrem Monatseinkommen diese Beitragsbemessungsgrenze in der Krankenversicherung überschreiten, können Sie sich entscheiden, ob Sie sich fortan privat krankenversichern oder lieber als freiwilliges Mitglied weiterhin in einer gesetzlichen Krankenkasse bleiben möchten.

Sie gehören zu den freiwillig Versicherten, wenn Sie die Beitragsbemessungsgrenze in der Krankenversicherung überschreiten und trotz Wahlmöglichkeit zwischen privater und gesetzlicher Krankenkasse in der gesetzlichen geblieben sind. In diesem Jahr liegt der Grenzwert bei einem monatlichen Bruttoverdienst von 6.000 DM in den alten und 5.100 DM in den neuen Bundesländern. Wenn Sie also monatlich mehr verdienen, zahlen Sie als freiwilliges Mitglied den Höchstbetrag, der sich an diesen Grenzwerten orientiert. Auch wenn Sie wesentlich mehr verdienen, müssen Sie keinen höheren Beitrag an Ihre Krankenversicherung zahlen.

Beitragsbemessungsgrenze entscheidet

Jedes Jahr werden die Grenzwerte in der Sozialversicherung neu festgesetzt. Sie gelten jeweils ab 1. Januar des betreffenden Jahres. 1996 wurden folgende Grenzwerte festgesetzt:

- In der Krankenversicherung liegt die Beitragsbemessungsgrenze jetzt bei 6.000 DM brutto monatlich (Ost: 5.100 DM);
- in der Renten- und Arbeitslosenversicherung liegen die Beitragsbemessungsgrenzen jeweils bei 8.000 DM brutto monatlich (Ost: 7.800 DM);
- in der Pflegeversicherung liegt die Beitragsbemessungsgrenze jetzt bei 6.000 DM brutto monatlich (Ost: 5.100 DM).

In der Krankenversicherung entscheidet die Beitragsbemessungsgrenze darüber, ob Sie als pflichtversichertes Mitglied einer gesetzlichen Krankenkasse angehören müssen oder ob Sie die Möglichkeit haben, sich einer privaten Krankenversicherung zuzuwenden bzw. als freiwilliges Mitglied in der gesetzlichen bleiben. Liegen Sie mit

Ihrem durchschnittlichen Monatseinkommen unter der Beitragsbemessungsgrenze, dann sind Sie pflichtversichert. Liegen Sie mit Ihrem Einkommen über diesem Grenzwert, dann haben Sie die Wahl zwischen privater und gesetzlicher Kasse.

Beispiel: Beträgt Ihr monatliches Bruttoeinkommen 9.500 DM, so legt Ihre Krankenkasse trotzdem nur die 6.000 DM bzw. 5.100 DM zugrunde, entsprechend dem jeweiligen Beitragssatz. Die Höhe des Beitragssatzes schwankt zur Zeit zwischen 9,5 und 14,5 Prozent, das heißt, von den 6.000 DM bzw. 5.100 DM würden zwischen 9,5 und 14,5 Prozent als Krankenkassenbeitrag erhoben.

Kündigungs- und Bindungsfristen für Pflichtversicherte

Wenn Sie zum Kreis der sogenannten Pflichtversicherten gehören, dann gelten für Sie folgende Fristen: Ihrer bisherigen Krankenkasse können Sie frühestens zum 1. Januar 1997 den Laufpaß geben. Die Vorbereitungen müssen Sie jedoch bereits im Jahr zuvor treffen, weil die Kündigung einer Mitgliedschaft für Pflichtversicherte jeweils nur zum Jahresende möglich ist. Eine Kündigung muß spätestens bis zum 30. September des Vorjahres, also 1996, ausgesprochen werden, wenn Sie zum 1. Januar 1997 in eine andere Krankenkasse wechseln möchten. Die Kündigungsfrist beträgt in der Regel drei Monate. Wenn Sie als Pflichtversicherter neu ins Berufsleben eintreten, haben Sie ein sofortiges Wahlrecht. Ganz wichtig: Das gilt bereits für alle Arbeitsverhältnisse, die in diesem Jahr, also 1996, neu geschlossen werden.

Wenn Sie als pflichtversichertes Mitglied Ihre Krankenkasse gewechselt haben, dann gilt eine zwölfmonatige Bindungsfrist. Das heißt, Sie müssen mindestens zwölf Monate lang Mitglied bleiben, ehe Sie wieder wechseln können. In der Praxis können Sie allerdings wesentlich länger gebunden sein, weil die Kündigungsfrist ja jeweils nur zum Jahresende gilt.

Es gibt allerdings eine Ausnahme: Wenn Sie Ihren Arbeitgeber wechseln, gilt keine zwölfmonatige Bindungsfrist. Das bedeutet: Immer, wenn Sie ein neues Arbeitsverhältnis eingehen, können Sie mit sofortiger Wirkung Ihre Kasse wechseln. Wenn Sie 1996 Ihren Arbeitgeber wechseln, haben Sie noch nicht ein sofortiges Wahlrecht, da diese Regelung erst ab 1. Januar 1997 gilt.

WISO rät: Sorgen Sie in jedem Fall dafür, daß Ihr Arbeitgeber innerhalb von zwei Wochen die Mitgliedsbescheinigung der gewählten Krankenkasse bekommt, damit er Sie bei der neuen Krankenkasse offiziell anmelden kann.

Kündigungs- und Bindungsfristen für freiwillig Versicherte

Versicherte, die als freiwilliges Mitglied in einer gesetzlichen Krankenkasse geblieben sind, müssen nicht die dreimonatige Kündigungsfrist zum Jahresende einhalten. Sie können jederzeit eine neue Krankenkasse wählen, also nicht nur dann, wenn sie den Arbeitgeber wechseln. Für freiwillig Versicherte gilt lediglich eine Zweimonatsfrist, das heißt, zwischen Kündigung und neuer Mitgliedschaft müssen zwei volle Kalendermonate liegen.

Beispiel: Wenn Sie am 21. März 1997 Ihrer bisherigen Krankenkasse kündigen, dann müssen die beiden Monate April und Mai dazwischenliegen, ehe Sie dann mit Wirkung zum 1. Juni freiwilliges Mitglied in der neu gewählten Krankenkasse werden können.

Die Möglichkeit, jederzeit eine neue Krankenkasse – unter Einhaltung der Zweimonatsfrist – zu wählen, besteht bereits in diesem Jahr (1996).

Für freiwillig Versicherte bei einer gesetzlichen Kasse gibt es die zwölfmonatige Bindungsfrist überhaupt nicht. Das heißt, sie müssen einer Krankenkasse nicht mindestens zwölf Monate angehören, ehe sie dann in eine andere wechseln können. Diese Ausführungen gelten auch für freiwillig versicherte Rentner.

Freie Krankenkassenwahl für Azubis und Berufsanfänger

Sowohl Azubis als auch Berufsanfänger (allerdings nicht, wenn sie von ihrem Ausbildungsbetrieb übernommen werden) können mit Beginn ihrer Ausbildung oder ihres Beschäftigungsverhältnisses sofort, das heißt schon in diesem Jahr (1996), ihre Krankenkasse frei wählen. Das gilt also für alle, die erstmals versicherungspflichtig werden. Sie müssen der Krankenkasse ihrer Wahl schriftlich oder mit einem Formular, das die Kassen bereithalten, mitteilen, daß sie Mitglied werden möchten. Die Kasse schickt ihnen daraufhin eine Mitgliedsbescheinigung, die sie dann dem Arbeitgeber innerhalb von zwei Wochen aushändigen müssen, damit er sie bei der Krankenkasse anmelden kann. Legen sie diese Mitgliedsbescheinigung nicht rechtzeitig vor, entscheidet ihr Arbeitgeber, bei welcher Kasse er sie anmeldet, und sie müssen dann die üblichen Bindungsfristen einhalten, ehe sie wechseln können. Der Versicherungsschutz beginnt in jedem Fall und unabhängig vom Zeitpunkt der Kassenwahl am ersten Tag der Versicherungspflicht.

Freie Krankenkassenwahl auch für Studenten

Für Studenten besteht ein Sonderbeitrittsrecht: Sie können nicht nur einer Betriebs- oder Innungskrankenkasse beitreten, bei der eine Familienversicherung besteht, falls diese sich die BKK nicht sowieso „geöffnet" hat, sondern auch einer AOK oder Ersatzkasse am jeweiligen Hochschulort. Sie können aber auch eine Krankenkasse an ihrem Wohnort wählen. Studenten haben sofortiges Wahlrecht, wenn sie mit ihrem Studium beginnen, also bereits in 1996. Die sonst üblichen Kündigungsfristen entfallen. Es gelten die üblichen Verfahrensabläufe.

Auch für Rentner freie Krankenkassenwahl

Rentenantragsteller oder Rentner können ihre Krankenkasse frei wählen. Außerdem können Rentner (hier geht es hauptsächlich um diejenigen, die eine Waisen- oder Halbwaisenrente beziehen) einer AOK, Ersatzkasse oder BKK oder IKK beitreten, bei der ein Elternteil versichert war oder ist. Beim Übergang von der Beschäftigung in die Rente haben sie sofortiges freies Wahlrecht, also auch schon 1996. Danach können versicherungspflichtige Rentner frühestens nach Ablauf des Monats, in dem sie ihren Rentenbescheid erhalten haben, ihr Wahlrecht ausüben. Es gelten die üblichen Verfahrensabläufe. Die gleichen Bestimmungen gelten auch bei Eintritt in den Vorruhestand.

Freie Krankenkassenwahl natürlich auch für Arbeitslose

Empfänger von Arbeitslosengeld oder -hilfe sowie Teilnehmer an berufsfördernden Rehabilitationsmaßnahmen können wie alle anderen Pflichtversicherten ihre Krankenkasse frei wählen. Beim Übergang von einer Beschäftigung in die Arbeitslosigkeit und umgekehrt besteht die Möglichkeit, das freie Wahlrecht sofort auszuüben, also bereits 1996. Die sonst üblichen Kündigungsfristen entfallen. Das Wahlrecht muß spätestens zwei Wochen nach Beginn oder nach erneuter Arbeitsaufnahme ausgeübt werden. Es gelten die üblichen Verfahrensabläufe.

Ein Krankenkassenwechsel ist auch dann möglich, wenn Sie am Beginn oder Ende der Kündigungsfrist krank oder arbeitsunfähig sind oder wenn Sie Krankengeld, Mutterschafts- oder Erziehungsgeld beziehen. Gleiches gilt bei stationärer Krankenhausbehandlung oder wenn Sie sich einer längeren Arzt- bzw. Zahnarztbehandlung unterziehen. Die gewählte Krankenkasse darf Ihre Mitgliedschaft nicht ablehnen, nur weil Sie aus deren Sicht ein „schlechtes Versicherungsrisiko" sind. Hierin unterscheiden sich die gesetzlichen Krankenkassen auch weiterhin von der privaten Krankenversicherung.

Verfahrensabläufe: So wählen Sie Ihre Krankenkasse

Wenn Sie eine Krankenkasse wählen – sei es, daß Sie wechseln möchten oder daß für Sie zum ersten Mal eine Versicherungspflicht beginnt –, müssen Sie bestimmte Verfahrensabläufe einhalten. Wenn Sie sich für eine bestimmte Krankenkasse entschieden haben, dann können Sie das der gewählten Kasse schriftlich mitteilen. Die meisten Kassen halten hierfür auch entsprechende Formulare bereit. Die gewählte Krankenkasse muß Ihnen dann eine Mitgliedsbescheinigung ausstellen, die für den Arbeitgeber bestimmt ist. Ihr Arbeitgeber meldet Sie dann – wie bisher auch schon üblich – bei der Krankenkasse Ihrer Wahl an.

Besonders wichtig für Berufsanfänger oder bei Arbeitgeberwechsel

Achten Sie auf die Anmeldefrist! Wenn Sie die Mitgliedsbescheinigung Ihrer neuen Krankenkasse bekommen haben, müssen Sie diese Ihrem Arbeitgeber innerhalb von zwei Wochen vorlegen. Geschieht das nicht, dann wird Ihr Arbeitgeber Sie bei der Krankenkasse anmelden, bei der für Sie zuletzt eine Mitgliedschaft oder Familienversicherung bestanden hat. Sie können seine Entscheidung nicht einfach wieder rückgängig machen, sondern sind dann mindestens zwölf Monate an diese

Kasse gebunden, ehe Sie wieder wechseln können. Diese Fristen gelten auch in den Fällen, wenn Sie sich arbeitslos melden oder wenn Sie Ihren Rentenantrag stellen und von Ihrer sofortigen Wechselmöglichkeit Gebrauch machen möchten. Das gleiche gilt, wenn Sie von einer Kasse in die andere wechseln. Nachdem Ihr Arbeitgeber Sie bei der Krankenkasse Ihrer Wahl angemeldet hat, erhalten Sie und eventuell mitversicherte Familienangehörige von der Krankenversicherung jeweils eine Krankenversichertenkarte.

Entscheidungskriterien: Worauf kommt es an?

Worauf sollten Sie achten, wenn Sie sich für eine andere Krankenkasse entscheiden? Schwer zu sagen. Natürlich ist die Höhe des Beitragssatzes ein Argument: Zur Zeit bewegt er sich in den alten Bundesländern durchschnittlich zwischen 9,5 Prozent und 14,5 Prozent und wird bis zur Beitragsbemessungsgrenze in der Krankenversicherung berechnet. Betriebs- und Innungskrankenkassen bieten teilweise wesentlich günstigere Beitragssätze als AOK und Ersatzkassen: Nach unserem Kenntnisstand liegt die günstigste BKK zur Zeit bei einem Beitragsatz von 9,5 Prozent!

WISO rät: Verschaffen Sie sich einen Überblick über die Beitragssätze, denn schließlich entscheiden Sie mit der Kassenwahl auch über die Höhe Ihrer Beitragsbelastung.

Pro Jahr können Sie so unter Umständen mehrere hundert Mark sparen. Auch Ihren Arbeitgeber, der ja die Hälfte Ihres Krankenkassenbeitrags übernehmen muß, selber aber keinen Einfluß auf die Wahl der Krankenkasse hat, würde es sicher freuen, wenn Sie die günstigste Krankenkasse wählen.

Entscheidungsfindung: Welche Krankenkasse ist für Sie die „richtige“?

Worauf kommt es also an? Kundenfreundlichkeit und Serviceverhalten könnten für Versicherte eine Rolle bei ihrer freien Entscheidung für eine bestimmte Kasse spielen. Für Versicherte wirkt sich der neue Wettbewerb sicher auch im Servicebereich vorteilhaft aus. Beitragssätze ändern sich unter Umständen von Jahr zu Jahr. Trotzdem wird ein günstiger Beitragssatz zur Zeit noch das Hauptargument sein, in eine andere Krankenkasse zu wechseln. Denn Leistungsunterschiede zwischen den einzelnen Kassen darf es noch nicht geben.

Es gibt keine gesetzliche Krankenkasse, die für ihre Versicherten ein „Bonbon“ bereithalten kann, das andere Kassen nicht auch anbieten dürfen. Trotzdem gibt es schon jetzt unterschiedliche Angebote im Rahmen der Gesundheitsförderung. Zum Beispiel macht die AOK – wahrscheinlich schon im Hinblick auf die freie Kassenwahl und den damit verbundenen Konkurrenzdruck unter den gesetzlichen Kassen – ihren Versicherten ein vielfältiges Angebot für Rückengymnastik, Step-Aerobic oder Fitneßtraining. Diese Kurse können in dafür qualifizierten Fitneßstudios besucht werden. Bei Konkurrenten sind diese Angebote teilweise auf Kritik gestoßen und als reine Werbung abqualifiziert worden, die mit den eigentlichen Aufgaben einer Krankenkasse nichts zu tun habe. Mittlerweile bietet aber auch die DAK solche Kurse an. Diese Reaktionen zeigen, daß mit der freien Kassenwahl vom Gesetzgeber bewußt etwas in Gang gesetzt wurde, das vermutlich in einem richtigen Wettbewerb münden soll. Kritiker sehen hier bereits den Anfang vom Ende einer solidarischen gesetzlichen Krankenversicherung.

Falls es in Zukunft im Leistungsbereich zu Unterschieden kommen sollte, dann hätte der einzelne Versicherte noch mehr Wahlfreiheit als jetzt schon: Er könnte sich entscheiden, ob er einen möglichst niedrigen Beitragssatz vorzieht oder ob ihm umfangreichere Leistungen einen höheren Beitragssatz wert sind. Letztendlich könnte jeder Versicherte die Krankenkasse mit dem für ihn günstigsten Preis-Leistungs-Verhältnis wählen.

Erstmals in der über hundertjährigen Geschichte der gesetzlichen Krankenversicherung wird gleiches Recht für fast alle Versicherten hergestellt – unabhängig von Berufs- oder Betriebszugehörigkeit und sozialem Status. Ermöglicht wird das durch eine Neuregelung des Gesundheitsstrukturgesetzes, die am 1. Januar 1996 in Kraft getreten ist. Allerdings wird diese Neuregelung erst ab 1. Januar 1997 einen tiefgreifenden Strukturwandel in der gesetzlichen Krankenversicherung auslösen, weil erst dann ein Großteil der Versicherten tatsächlich von der freien Krankenkassenwahl Gebrauch machen kann.

Künftig werden sich die Krankenkassen nicht nur mit ihrem Leistungs- und Serviceangebot, sondern auch mit attraktiven Beitragssätzen mehr als bisher um die Versicherten bemühen müssen. Deshalb können Sie mit der Wahl einer bestimmten Kasse zum Wettbewerb beitragen und damit auch teilweise Einfluß nehmen auf die Wirtschaftlichkeit unseres Gesundheitssystems. Dieser Wettbewerb unter den gesetzlichen Krankenkassen ist politisch gewollt. Entsprechendes sehen nämlich die Eckpunkte zur Gesundheitsreform im ambulanten Bereich vor.

Weil Anreize zu einem verantwortungsbewußten Umgang mit den Ressourcen des Krankenkassensystems für notwendig erachtet werden, erhalten die Kassen das Recht, beispielsweise Beitragsrückerstattung zu gewähren oder Sonderbeiträge für zusätzliche Leistungen zu erheben. Allerdings soll der einzelne Versicherte die Kassenleistungen nicht individuell zu- oder abwählen können. Er kann nur das gesamte Versicherungspaket akzeptieren, oder er muß die Kasse wechseln. Am Leistungskatalog der Krankenkassen soll jedoch nichts geändert und auch die Teilung der Beiträge zwischen Arbeitgeber und Arbeitnehmer je zur Hälfte soll beibehalten werden.

Ihr Geld bei Arbeitslosigkeit

Abfindung oder Nebenverdienst: Wer nicht Bescheid weiß, riskiert Nachteile

Arbeitslos zu sein, ist kein Einzelschicksal mehr. Und zunehmend trifft es auch solche Arbeitnehmer, die glaubten, einen relativ sicheren Arbeitsplatz zu haben. Wenn Sie arbeitslos werden, dann büßen Sie etwa die Hälfte Ihres Einkommens ein. Seit 1994 beträgt Ihr Arbeitslosengeld nur noch 60 Prozent Ihres Nettolohnes, wenn Sie kein Kind haben. Haben Sie als Arbeitsloser ein oder mehrere Kinder zu versorgen, dann erhalten Sie 67 Prozent Ihres Nettolohnes. Da der zugrundegelegte Nettolohn jedoch weder Weihnachts- noch Urlaubsgeld oder sonstige Zusatzentgelte Ihres Arbeitgebers berücksichtigt, fällt das tatsächlich vom Arbeitsamt ausgezahlte Arbeitslosengeld für viele arbeitslos gewordene Menschen überraschend niedrig aus. Für viele Betroffene ist es daher wichtig, eine Abfindung zu bekommen oder zum Arbeitslosengeld hinzuzuverdienen, um finanziell über die Runden zu kommen.

Abfindung, Aufhebungsvertrag und Sperrzeit: Wie sich finanzielle Nachteile vermeiden lassen

Für viele Arbeitnehmer, denen die Entlassung droht, scheint es ein Lichtblick zu sein, wenn der Arbeitgeber nicht nur einfach kündigen will, sondern einen Aufhebungsvertrag und eine Abfindung anbietet. Dadurch wird das unfreiwillige Ausscheiden aus dem Arbeitsverhältnis etwas „vergoldet". Doch es ist nicht alles Gold, was glänzt.

Die Höhe der Abfindung

Es besteht in vielen Fällen zwar kein Rechtsanspruch auf eine Abfindung, sie ist aber inzwischen üblich. Wenn ein Arbeitnehmer gegen seine Kündigung klagt, sind die Richter am Arbeitsgericht verpflichtet, möglichst eine gütliche Einigung zwischen Arbeitnehmer und Arbeitgeber zu erreichen. Das geschieht üblicherweise mittels Vergleich. Und das bedeutet in der Regel die Zahlung einer Abfindung. Als Faustregel für die Höhe dieser Abfindung gilt: ein halbes Monatsgehalt für jedes Beschäftigungsjahr im Unternehmen. Da es sehr unterschiedliche Kriterien wie Alter, Betriebszugehörigkeit, Behinderung oder soziale Situation der Betroffenen gibt, die bei einem Vergleich eine Rolle spielen, können die Abfindungssummen entsprechend unterschiedlich ausfallen. Dennoch kommen bei einem Vergleich sehr schnell mehrere 10.000 Mark als Abfindung zusammen.

Doch kann eine Abfindung mit schwerwiegenden Nachteilen verbunden sein. Daher sollte sich jeder betroffene Arbeitnehmer fragen: Nehme ich einen Aufhebungsvertrag überhaupt an, und wie wirkt sich eine angebotene Abfindung auf den Bezug und auf die Höhe des zu erwartenden Arbeitslosengeldes aus?

Grundsätzlich gilt: Eine Abfindung wird dann nicht auf Ihren Anspruch auf Arbeitslosengeld angerechnet, wenn die ordentliche Kündigungsfrist eingehalten wird. Sie können deshalb in der Regel nur dann mit Ihrem Arbeitgeber ohne Bedenken einen Aufhebungsvertrag schließen, wenn Ihr Beschäftigungsverhältnis dadurch nicht vor dem Zeitpunkt endet, der unter Einhaltung der für den Arbeitgeber geltenden Kündigungsfrist möglich gewesen wäre. Denn nur dann riskieren Sie weder eine Sperrzeit beim Bezug von Arbeitslosengeld noch die Anrechnung Ihrer Abfindung auf das Arbeitslosengeld.

WISO rät: Wer einen Aufhebungsvertrag abschließt, um damit einer betriebsbedingten Kündigung durch den Arbeitgeber zuvorzukommen, braucht beim Bezug von Arbeitslosengeld im Prinzip keine Sperrzeit zu befürchten. Voraussetzung ist allerdings, daß beim Abschluß des Aufhebungsvertrages die Kündigungsfrist eingehalten wurde. Und gerade das ist meistens nicht der Fall. Achten Sie daher auf die Kündigungsfrist!

Vorsicht, Kündigungsfrist!

Ein Beispiel: Am 5. April bietet Ihr Arbeitgeber Ihnen eine Abfindung an, wenn Sie innerhalb des nächsten Vierteljahres aus seinem Betrieb ausscheiden und kündigen. Da Ihre tarifliche Kündigungsfrist sechs Wochen beträgt, kündigen Sie daraufhin am 12. Mai zum 30. Juni, in Ihren Augen also fristgerecht. Wenn Sie einen anderen Arbeitsplatz in Aussicht haben, ist das auch in Ordnung. Wenn Sie dagegen anschließend arbeitslos sind und Leistungen vom Arbeitsamt beanspruchen müssen, haben Sie einen Fehler gemacht. Denn der Arbeitgeber hätte das Arbeitsverhältnis mit Ihnen erst zum 30. September kündigen können. Die Kündigungsfrist Ihres Arbeitgebers ist nämlich aufgrund des geltenden Tarifvertrags länger und beträgt drei Monate zum Vierteljahresschluß. Da das Arbeitsverhältnis mit Ihnen ohne Einhaltung der tariflichen Kündigungsfrist, zu der Ihr Arbeitgeber verpflichtet gewesen wäre, beendet wurde, hat das für Sie negative Folgen: Die Zahlung einer Abfindung bewirkt, daß Ihr Anspruch auf Arbeitslosengeld ruht – und zwar maximal bis zum Ablauf der Kündigungsfrist, die für Ihren Arbeitgeber gegolten hätte. In diesem Fall also bis zum 30. September. Damit geht Ihnen ein Teil der Abfindung wieder verloren.

Und Vorsicht! Mit der Annahme der Abfindung können auch finanzielle Nachteile für den Arbeitnehmer verbunden sein. Denn in solchen Fällen hängt der Beginn der Zahlung von Arbeitslosengeld davon ab, wie hoch der „anrechnungsfreie Betrag" ist, der nicht beim Arbeitslosengeld berücksichtigt wird.

Was wird angerechnet?

Grundsätzlich bleiben 30 Prozent der Abfindung anrechnungsfrei. Dieser Freibetrag erhöht sich jeweils um 5 Prozent für je fünf Lebensjahre nach Vollendung des 35. Lebensjahres und um weitere 5 Prozent für je fünf Jahre Betriebszugehörigkeit. Wenn Sie als 49jähriger nach einer Betriebszugehörigkeit von 13 Jahren eine Abfindung in

Höhe von 20.000 DM von Ihrem Arbeitgeber erhalten, dann bleiben insgesamt 50 Prozent davon (also 10.000 DM) anrechnungsfrei. Die Rechnung sieht in diesem Fall nämlich so aus:

- 30 Prozent grundsätzlich anrechnungsfrei: 6.000 DM
- 10 Prozent für die Lebensjahre über 35: 2.000 DM
- 10 Prozent für die Betriebszugehörigkeit: 2.000 DM

WISO rät: Wenn Ihnen eine Abfindung für den Verlust Ihres Arbeitsplatzes angeboten wird, sollten Sie zunächst die Höhe des Ihnen zustehenden anrechnungsfreien Betrags errechnen. Er beträgt mindestens 30 Prozent und höchstens 70 Prozent des Bruttobetrages der Abfindung. Erst dadurch erfahren Sie, was die Abfindung wirklich wert ist.

Dabei muß vor allem auch einkalkuliert werden, daß bei der Zahlung einer Abfindung mit einer Sperrzeit gerechnet werden muß. Wenn Sie eine Sperrzeit für den Bezug von Arbeitslosengeld erhalten, entscheidet die Höhe des nicht „anrechnungsfreien Betrages" der Abfindung über die Dauer dieser Sperre. Konkret führt das zum zeitweisen Ruhen Ihres Anspruchs auf Arbeitslosengeld. Offiziell wird diese Zeit als „Ruhenszeitraum" bezeichnet. Das bedeutet: In der Zeit, in der Sie aufgrund Ihrer Abfindung kein Arbeitslosengeld erhalten, ruht auch Ihr Anspruch. Das heißt aber nicht, daß Sie danach entsprechend länger Geld vom Arbeitsamt bekommen können. Trotz des irreführenden Begriffs „Ruhen" handelt es sich in Wirklichkeit um eine Verkürzung. Denn die Anspruchsdauer auf Arbeitslosengeld vermindert sich um diese Zeit. Diese Regelung gilt seit 1995.

„Ruhenszeitraum": Achtung, weniger Geld!

Der nicht „anrechnungsfreie Betrag" führt zum Ruhen des Anspruchs auf Arbeitslosengeld. Ein Beispiel: Sie sind 49 Jahre alt, waren 13 Jahre im selben Betrieb beschäftigt und haben zuletzt monatlich 4.200 DM brutto verdient. Der Betrieb zahlt Ihnen eine Abfindung in Höhe von 20.000 DM, von denen aufgrund Ihres Alters und Ihrer Betriebszugehörigkeit 10.000 DM anrechnungsfrei sind. Es bleiben 10.000 DM übrig, die auf das Arbeitslosengeld angerechnet werden.

Das Arbeitsamt rechnet so: Der monatliche Bruttoverdienst wird durch 30 Tage geteilt. Das ergibt in diesem Fall ein kalendertägliches Entgelt von 140 DM. Durch diese Summe wird dann wieder der nicht anrechnungsfreie Teil der Abfindung (hier also 10.000 DM) dividiert. Daraus ergibt sich der Zeitraum in Tagen, für den der Anspruch auf Arbeitslosengeld ruht. In dem Beispielsfall ist er 71 Tage lang.

Die Regelungen für die Berücksichtigung von Abfindungen werden von den Arbeitsämtern seit einiger Zeit verschärft angewendet. Danach können Abfindungen auch dann zu einer Ruhenszeit des Arbeitslosengeldes führen, wenn die geltende Kündigungsfrist sowohl vom Arbeitgeber als auch vom Arbeitnehmer eingehalten wurde. Zum Beispiel erhalten Arbeitnehmer eine Sperrzeit, wenn Sie mittels

Aufhebungsvertrag oder Eigenkündigung das Arbeitsverhältnis „ohne wichtigen Grund“ beenden.

WISO rät: Ein wichtiger Satz sollte auf jeden Fall in den Vertrag hineingeschrieben werden: Falls Sie einen Aufhebungsvertrag akzeptieren, müssen Sie dem Arbeitsamt gegenüber den Nachweis erbringen, daß andernfalls tatsächlich eine betriebsbedingte Kündigung „zum gleichen Zeitpunkt in arbeitsrechtlich zulässiger Weise“ ausgesprochen worden wäre.

Achten Sie darauf, daß dieser Nachweis schon auf der Arbeitsbescheinigung geführt wird, die Ihr Arbeitgeber sowieso ausstellen muß, damit Sie Arbeitslosengeld erhalten. Auf dieser Bescheinigung wird unter anderem danach gefragt, wie das Arbeitsverhältnis beendet wurde. Dort sollte dann zum Beispiel ein Satz stehen wie: „Wäre der Aufhebungsvertrag nicht zustande gekommen, hätte der Arbeitgeber aus betriebsbedingten Gründen gekündigt.“

In der Sperrzeit keine Krankenversicherung

Bei einer Sperrzeit gilt auch: In den ersten vier Wochen nach Beendigung des Arbeitsverhältnisses sind Sie nicht krankenversichert. Wegen des einmonatigen Nachversicherungsschutzes haben Sie Anspruch auf die Regelleistungen der Krankenkasse, nicht jedoch Anspruch auf Krankengeld. Wurde die Sperrzeit für einen längeren Zeitraum, zum Beispiel für zwölf Wochen, verhängt, bleiben Sie auch während dieser Zeit krankenversichert – ohne Krankengeldanspruch.

Für den Ruhenszeitraum gilt: In den ersten vier Wochen nach Beendigung des Arbeitsverhältnisses sind Sie im Zuge der sogenannten „Nachversicherung“ noch krankenversichert, danach jedoch nicht mehr. Weil das kompliziert ist, ein Beispiel: Sie haben eine Sperrzeit von drei Monaten bekommen. Die Höhe Ihres nicht anrechnungsfreien Betrags aus der Abfindung führt zu einem Ruhenszeitraum von fünf Monaten. Das bedeutet, daß Sie nach Ablauf der Sperrzeit, also nach drei Monaten, für die folgenden zwei Monate unter Umständen nicht krankenversichert sind. Für Sie besteht während dieser Zeit nämlich weder ein Arbeitsverhältnis noch erhalten Sie Leistungen vom Arbeitsamt. Deshalb führt das Amt auch keine Beiträge für Ihre Krankenversicherung ab.

WISO rät: Nehmen Sie in einem solchen Fall umgehend Kontakt mit Ihrer Krankenkasse auf, um festzustellen, ob Sie wirklich noch krankenversichert sind. Falls nicht, vereinbaren Sie mit Ihrer Kasse eine freiwillige Weiterversicherung.

Fordern Sie unter Hinweis auf die drohenden Nachteile vom Arbeitgeber dafür einen angemessenen Ausgleich. Wenn er sieht, daß Sie die Rechtslage kennen, wird er eher zu Zugeständnissen bereit sein. Da es handfeste betriebliche Gründe für den Abbau von Arbeitsplätzen gibt, hat der Arbeitgeber auch ein Interesse daran, sich mit Ihnen zu einigen. Verantwortungsbewußte Arbeitgeber belassen es auch nicht einfach bei einer finanziellen Abfindung. Sie bieten ihren gekündigten Mitarbeitern auch Qualifizierungs- und Beratungshilfe für den beruflichen Neuanfang an. Auch wenn bei Annahme solcher Angebote die Höhe der Abfindungszahlungen oft etwas niedriger als sonst üblich ausfällt, weil auch die Qualifizierungsmaßnahmen finanziert werden müssen: Die Vorteile solcher Maßnahmen können diesen Nachteil schnell wieder wettmachen. Das gilt vor allem dann, wenn der Ruhestand noch in weiter Ferne liegt. **WISO rät:** Denken Sie in einem solchen Fall immer daran, daß eine berufliche Weiterbildung oder Umschulung dazu beitragen kann, wieder eine dauerhafte Beschäftigung zu finden. Eine Abfindung – auch wenn sie auf den ersten Blick hoch erscheint – ist dagegen meist schnell verbraucht.

Aufhebungsvertrag

Das Bundesarbeitsgericht in Kassel hat im Mai 1994 ein grundsätzliches Urteil zu Aufhebungsverträgen zwischen Arbeitgebern und Beschäftigten getroffen: Danach ist ein Aufhebungsvertrag, durch den das Arbeitsverhältnis in gegenseitigem Einvernehmen beendet wird, nicht allein deshalb unwirksam, weil dem Arbeitnehmer keine Bedenkzeit und auch kein Widerrufsrecht eingeräumt wurde. Zudem ist der Aufhebungsvertrag auch dann nicht unwirksam, wenn dem Arbeitnehmer das Thema des Gesprächs, das zu dem Aufhebungsvertrag führte, vorher nicht mitgeteilt wurde (Aktenzeichen: 2 AZR 268/93).

Wichtiger Hinweis: Die Anrechenbarkeit einer Abfindung auf Ihr zu erwartendes Arbeitslosengeld, wie in diesem Kapitel besprochen, hat nichts damit zu tun, wie eine Abfindung steuerlich behandelt wird, welcher Teil also „anrechnungsfrei" und welcher von Ihnen zu versteuern ist.

Arbeitslosengeld und Nebenverdienst: Geht das überhaupt?

Wer von heute auf morgen als Folge von Arbeitslosigkeit fast die Hälfte seines Einkommens einbüßt und nicht sofort eine neue Anstellung findet, ist wahrscheinlich froh, wenn sich die Möglichkeit eines Nebenverdienstes ergibt. Viele arbeitslose Menschen sind aber unsicher, ob Sie das überhaupt dürfen oder wie sich das auf die Höhe Ihres Arbeitslosengeldes auswirkt. Aber auch Arbeitgeber sind nicht immer darüber informiert, ob sie ohne Risiko einen Arbeitnehmer beschäftigen können, der weiterhin Leistungen vom Arbeitsamt bezieht. Deshalb ist es für beide Seiten wichtig, darüber Bescheid zu wissen, was in einem legalen Rahmen möglich ist.

Wer beim Arbeitsamt als arbeitslos gemeldet ist und nebenher dazuverdient – sei es als Verkäuferin, Aushilfefahrer, Praxishilfe, Gärtner, Sekretärin oder Reinigungskraft – gerät leicht in den Verdacht, ein „Schwarzarbeiter" zu sein. Tatsächlich gibt es viele Arbeitslose, die einer Beschäftigung „schwarz" nachgehen. Das sorgt für großen Unmut unter den Arbeitnehmern, die brav ihre Steuern und Sozialabgaben zahlen. Und es sind die schwarzen Schafe, die immer wieder mal in die Schlagzeilen geraten.

Meldepflicht: Die nimmt das Arbeitsamt sehr ernst

Während der Zeit, für die Anspruch auf Arbeitslosengeld oder Arbeitslosenhilfe erhoben wird, besteht die Verpflichtung, sich persönlich beim Arbeitsamt zu melden, falls dazu aufgefordert wird. Auch wenn der Anspruch auf Leistungen des Arbeitsamtes ruht, weil eine Sperrzeit ausgesprochen wurde oder weil der Arbeitslose Widerspruch eingelegt hat und ein sozialgerichtliches Verfahren läuft, gilt diese Meldepflicht – eben solange Leistungen beansprucht werden oder beantragt sind.

WISO rät: Falls Sie als Arbeitsloser zum gewünschten Zeitpunkt nicht bei Ihrem Arbeitsamt erscheinen können, dann sollten Sie das umgehend Ihrem Arbeitsamt mitteilen und natürlich auch den Grund Ihrer Verhinderung angeben. Denn wer diesen Termin ohne wichtigen Grund nicht wahrnimmt, riskiert, zwei Wochen lang keine Leistungen vom Arbeitsamt zu erhalten. Diese sogenannte „Säumniszeit" verlängert sich, wenn auch die folgende Aufforderung zum persönlichen Erscheinen beim Arbeitsamt nicht beachtet wird.

Seit die Arbeitsämter verstärkt dazu übergegangen sind, Fällen von Leistungsmißbrauch nachzugehen, ist es nicht mehr nur eine Frage des schlechten Gewissens, sondern auch riskant, irgendwann doch einmal beim „Schwarzarbeiten" erwischt zu werden. Durch Datenabgleich kann das mittlerweile sehr leicht herauskommen, und dann müssen Sie mit vielen Nachteilen – wie Sperrzeit oder Anzeige wegen Leistungsmißbrauchs – rechnen.

Leistungsmißbrauch kann teuer werden

Wer zu Unrecht Leistungen erhalten hat, muß sie zurückzahlen. Nach den Vorschriften des Sozialgesetzbuches ist eine Leistungsbewilligung, also die Zahlung von Arbeitslosengeld oder -hilfe, dann aufzuheben, wenn die bewilligten Leistungen dem Betroffenen nicht zustanden und er insbesondere vorsätzlich oder grob fahrlässig falsche oder unvollständige Angaben gemacht bzw. eine Änderung seiner Verhältnisse – zum Beispiel die Aufnahme einer Nebenbeschäftigung – nicht rechtzeitig mitgeteilt hat. In diesem Fall wäre Einkommen erzielt worden, das zum Wegfall oder zur Minderung des Anspruchs geführt haben würde.

Zu Unrecht bezogene Leistungen müssen nicht nur zurückgezahlt werden. Es kann auch sein, daß das Arbeitsamt laufende Leistungen ganz oder teilweise entzieht. Außerdem besteht die Gefahr, daß ein Bußgeld- oder gar ein Strafverfahren eingeleitet wird.

Nebenbeschäftigung – was ist denn überhaupt erlaubt?

Dabei ist die Nebenbeschäftigung eines Arbeitslosen keineswegs in jedem Fall illegal. Die Rechtslage ist eindeutig: Wer Arbeitslosengeld oder Arbeitslosenhilfe bezieht, darf trotzdem einer oder sogar mehreren Nebenbeschäftigungen nachgehen oder auch eine selbständige Tätigkeit ausüben. Denn die Leistungen des Arbeitsamtes ersetzen nur teilweise den Lohn und dürfen deshalb in einem bestimmten Umfang durch Nebentätigkeiten aufgebessert werden. Wichtig ist nur, daß dabei die vom Gesetzgeber festgelegten „Spielregeln" – vor allem bei den meldepflichtigen Veränderungen – eingehalten werden.

Meldepflichtige Veränderungen: Das Arbeitsamt will vieles wissen!

Insbesondere in den nachstehenden Fällen ist es wichtig, das Arbeitsamt sofort zu benachrichtigen:

1. wenn Sie aus einer früheren Beschäftigung noch Arbeitsentgelt, Abfindungen, Entschädigungen oder ähnliche Leistungen erhalten;
2. wenn Sie eine Arbeit aufnehmen – auch als Selbständiger oder mithelfender Familienangehöriger (eine Mitteilung des Arbeitgebers an die Krankenkasse über Ihre Arbeitsaufnahme reicht nicht aus; verlassen Sie sich auch nicht auf eine eventuelle Zusage dritter Personen, zum Beispiel Ihres Arbeitgebers, Ihre Beschäftigungsaufnahme dem Arbeitsamt anzuzeigen – hierzu sind ausschließlich die Arbeitnehmer verpflichtet, wenn sie Leistungen vom Arbeitsamt in Anspruch genommen haben);
3. wenn Sie arbeitsunfähig erkranken und wenn Sie wieder arbeitsfähig sind;
4. wenn Sie Mutterschaftsgeld oder ähnliche Leistungen, Übergangsgeld (zum Beispiel wegen einer Kur oder einer medizinischen Rehabilitation) oder Renten aller Art erhalten oder beantragen;
5. wenn Sie Nebenverdienst erzielen;
6. wenn Sie als Schüler oder Student eine Schule, Hochschule oder ähnliche Ausbildungsstätte besuchen;
7. wenn Sie für mehrere Tage Ihren Wohnort verlassen;
8. wenn sich Ihre Anschrift ändert;
9. wenn Sie heiraten oder eine Ehe endet;
10. wenn sich – aus welchem Grund auch immer – Ihre Steuerklasse ändert;
11. wenn auf Ihrer Lohnsteuerkarte oder der Ihres Ehepartners ein Kind oder mehrere Kinder eingetragen sind und die Voraussetzungen für die Eintragung bei keinem der Kinder mehr vorliegen (zum Beispiel wenn das einzige bisher eingetragene 16 Jahre alte Kind die Berufsausbildung beendet hat).

Wer arbeitslos wird, büßt etwa die Hälfte seines bisherigen Einkommens ein. So beträgt das Arbeitslosengeld nur noch 60 Prozent des Nettolohnes, wenn kein Kind auf der Lohnsteuerkarte eingetragen ist. Hat ein Arbeitsloser ein Kind oder mehrere Kinder zu versorgen, dann beträgt das Arbeitslosengeld 67 Prozent des letzten regulären Nettolohnes. Die Leistungen des Arbeitsamtes orientieren sich am Entgelt, das in den letzten sechs Monaten vor Beginn der Arbeitslosigkeit gezahlt wurde.

Oft soll ein Nebenverdienst die finanzielle Situation verbessern. Wichtig ist dabei zunächst: Ein als arbeitslos gemeldeter Arbeitnehmer darf auch während des Bezugs von Arbeitslosengeld *einer* oder sogar *mehreren* Nebenbeschäftigungen nachgehen oder eine selbständige Tätigkeit aufnehmen. Allerdings: Die Nebenbeschäftigung darf eine gewisse Stundenzahl nicht überschreiten. Die Grenze liegt bei 18 Stunden pro Woche. Genau gesagt: Einem als arbeitslos gemeldeten Arbeitnehmer ist es nicht erlaubt, wöchentlich mehr als 17 Stunden und 59 Minuten „nebenher" zu arbeiten. Wird diese Grenze überschritten, gelten die Betroffenen nicht mehr als arbeitslos. Damit erlischt auch der Anspruch auf Arbeitslosengeld.

Nebenverdienst: Was wird angerechnet? Was bleibt übrig?

Eine Frage, die für Arbeitslose sehr wichtig ist: Wie wirkt sich ein Nebenverdienst auf den Bezug von Arbeitslosengeld oder Arbeitslosenhilfe aus? Die Antwort ist zunächst recht einfach: Der Nebenverdienst wird zum Teil auf das Arbeitslosengeld angerechnet.

Bereinigtes Einkommen wird angerechnet

Vom Verdienst aus einer Nebenbeschäftigung wird das sogenannte „bereinigte Nettoeinkommen" in gewissem Umfang auf das Arbeitslosengeld angerechnet. „Bereinigtes Nettoeinkommen" bedeutet, daß vom Bruttoeinkommen zunächst Sozialversicherungsbeiträge, Steuern, Kirchensteuer und Werbungskosten, wie Fahrtkosten oder Aufwendungen für Berufskleidung, abgezogen werden.

Für die Anrechnung des „bereinigten Netto-Nebeneinkommens" gibt es drei Stufen. Sie hängen von der Höhe der Nebeneinnahmen ab. Dazu drei Beispiele:

- Wenn das wöchentliche Nebeneinkommen, auch wenn es an einem Tag erzielt wird, bis zu 30 DM beträgt, entfällt eine Anrechnung auf das Arbeitslosengeld.
- Verdient jemand mit einer Nebenbeschäftigung mehr als 30 DM wöchentlich (zum Beispiel 80 DM), dann wird der übersteigende Betrag (also 50 DM) zur Hälfte (demnach 25 DM) vom Arbeitslosengeld abgezogen.
- Das bereinigte Nettoeinkommen aus einer Nebenbeschäftigung wird nur dann voll auf das Arbeitslosengeld angerechnet, wenn das nach dem zweiten Beispiel verbleibende Arbeitslosengeld zusammen mit dem wöchentlich bereinigten Netto-Nebeneinkommen 80 Prozent des früheren wöchentlichen Einkommens übersteigt, das für die Berechnung des Arbeitslosengeldes maßgebend ist.

Zum besseren Verständnis: Während seines regulären Arbeitsverhältnisses hatte ein Arbeitsloser ein wöchentliches Nettoeinkommen von 400 DM. Als Arbeitslosengeld erhält er 200 DM pro Woche. Er verdient aber durch Nebenbeschäftigung von weniger als 18 Stunden in der Woche 280 DM netto dazu. Davon werden 30 DM als Freibetrag abgezogen. Von den verbleibenden 250 DM noch einmal die Hälfte, also 125 DM.

Zusammen mit dem Arbeitslosengeld addiert sich dies zu einem Einkommen von 325 DM. Damit erreicht der Arbeitslose über 80 Prozent seines früheren wöchentlichen Einkommens, das 400 DM betragen hatte. Das bedeutet: Die 280 DM Nebenverdienst werden voll auf das Arbeitslosengeld angerechnet. In diesem Fall würde also kein Arbeitslosengeld mehr gezahlt.

WISO rät: Arbeitslose müssen darauf achten, daß der Nebenverdienst auch wirklich auf das Arbeitslosengeld in den Wochen angerechnet wird, in denen es erarbeitet wurde. Es kommt also nicht darauf an, wann man das Geld erhielt. Es kann nämlich sein, daß das Arbeitsamt den Nebenverdienst verspätet anrechnet – mit der Folge, daß dann zeitweise überhaupt kein Arbeitslosengeld ausbezahlt wird.

Die Anrechnung hat zwar den Nachteil, daß das Nettoeinkommen gekürzt wird. Sie bringt gleichzeitig aber auch Vorteile. Arbeitslose büßen das vom Arbeitsamt angerechnete Geld nicht ohne Gegenleistung ein. Die Anrechnung führt nämlich zu einer Verlängerung der Anspruchsdauer auf Arbeitslosengeld.

Beispiel: Sie erhalten ein wöchentliches Arbeitslosengeld in Höhe von 200 DM. Wegen Ihres Nebeneinkommens wird es um 40 DM gekürzt. Für jede Woche, in der Sie sich Ihr Nebeneinkommen anrechnen lassen, bekommen Sie zusätzlich einen Tag Arbeitslosengeld, das heißt, Ihre Anspruchsdauer verlängert sich. Errechnen läßt sich das so: Sie teilen Ihr wöchentliches Arbeitslosengeld durch sechs (200 DM : 6 = 33,33 DM) und dann noch den Kürzungsbetrag durch den Arbeitslosengeld-Tagessatz (40 DM : 33,33 DM = 1,2 Tage). Verlängern würde sich der Anspruch auf Arbeitslosengeld in diesem Fall nur einen Tag, weil nur ein voller Tagessatz gilt.

Im Amtsdeutsch: Für jedes Sechstel des Arbeitslosengeldsatzes, um den das Arbeitslosengeld gekürzt wurde, verlängert sich der Anspruch um einen Tag. Vereinfacht ausgedrückt bedeutet dies: Wenn wegen des Nebenverdienstes das Arbeitslosengeld um einen oder mehrere volle Tagessätze gekürzt wird, werden entsprechend viele Tage bei der Anspruchsdauer gutgeschrieben.

WISO rät: Nutzen Sie im Fall einer Arbeitslosigkeit die Möglichkeit, etwas nebenher zu verdienen, wenn sich eine günstige Gelegenheit dazu bietet. Sie haben dann nicht nur ein zusätzliches Einkommen und verlängern gleichzeitig Ihre Anspruchsdauer auf Arbeitslosengeld. Sie bleiben außerdem – wenn auch nur „mit einem Bein" – im Erwerbsleben. Das kann sich im Hinblick auf die Vermittlungschancen positiv auswirken. Denn wenn der Arbeitgeber die Auswahl zwischen mehreren Bewerbern hat, wird sich der Personalchef unter sonst gleichen Bedingungen meist für den entscheiden, der mehr Aktivität gezeigt und eventuell auch zusätzliche Erfahrungen gesammelt hat. Künftige Arbeitgeber werten in der Regel ein solches Engagement positiv und sehen darin ein Zeichen von Energie und Ausdauer.

Es gibt oft auch die Möglichkeit, über eine Nebenbeschäftigung wieder einen Vollzeitarbeitsplatz zu finden. Denn ein Arbeitgeber stellt natürlich lieber eine Person ein, die er kennt und mit der er schon gute Erfahrungen gemacht hat, als neue Bewerber, bei denen man sich allein auf Zeugnisse und den Eindruck beim Vorstellungsgespräch verlassen muß.

WISO rät: In jedem Fall ist es wichtig, Nebeneinkommen dem Arbeitsamt zu melden.

Arbeitslose sind dazu verpflichtet, ohne daß sie dazu aufgefordert werden. Vordrucke für die Bescheinigung von Nebeneinkommen sind beim Arbeitsamt erhältlich. Falls dem Arbeitgeber ein solcher Vordruck nicht vorgelegt wird, um das erzielte Einkommen eintragen zu lassen, ist das Arbeitsamt berechtigt, die bewilligte Leistung ganz oder teilweise zu versagen, und das kann Sie teuer zu stehen kommen.

Die Nebenbeschäftigung: Risiken, Rechte und Pflichten

Viele Menschen in Deutschland wollen oder müssen „nebenher" noch ein paar Mark dazuverdienen, um finanziell über die Runden zu kommen oder um sich etwas Zusätzliches leisten zu können. Zu 85 Prozent sind es Frauen, die sich als „geringfügig Beschäftigte" ein Zubrot verdienen. Sie sind als Putzhilfen im Haushalt oder in einer Praxis beschäftigt, als Aushilfe in Gaststätten oder im Verkauf. Aber auch Männer gehen im Wachdienst oder bei Reinigungsfirmen, als Aushilfsfahrer und in vielen anderen Tätigkeiten einer sogenannten „Nebenbeschäftigung" nach.

Nebenbeschäftigung und Sozialabgaben

Wer einer Nebentätigkeit nachgeht, will meist „brutto für netto" verdienen – das heißt, Sozialabgaben sollen nicht anfallen und Steuern den Nebenverdienst nicht schmälern. Das kann oft zu Problemen führen, deren Tragweite die Betroffenen zu spät erkennen. Denn das Thema „geringfügig Beschäftigte" umfaßt ein weites Feld. Es ist einerseits kompliziert und andererseits in vielen Punkten nicht eindeutig geregelt. In vielen Fällen „kommt es darauf an", wie in einem Streitfall letztlich entschieden wird.

Grundsätzlich ist eine Nebenbeschäftigung frei von Sozialabzügen. Das gilt aber nur, solange mit einer Neben- oder Aushilfstätigkeit nicht mehr als 590 DM monatlich verdient werden. In den neuen Bundesländern liegt die Grenze bei 500 DM (siehe Geringfügigkeitsgrenze). Auch Beiträge für eine Krankenversicherung fallen nicht an. Die meisten der geringfügig Beschäftigten sind beim Ehepartner mitversichert.

Doch speziell wegen der Sozialbeiträge kann es zu unliebsamen Überraschungen kommen. Was ist, wenn zum Beispiel eine Buffethilfe nicht nur am Wochenende irgendwo aushilft, sondern wenn sie über Wochen in – jeweils geringfügigen – Beschäftigungsverhältnissen steht und dadurch mit ihrem Gesamtverdienst die sogenannte „Geringfügigkeitsgrenze" überschreitet? Diese Grenze liegt 1996 bei 590 DM in den alten und 500 DM in den neuen Bundesländern. Soviel darf verdient werden, ohne daß Sozialabgaben fällig werden. Unbegrenzt kann verdienen, wer einer Beschäftigung nachgeht, die im Jahr zwei Monate nicht überschreitet. Die Grenze liegt bei 50 Arbeitstagen.

Wer die Geringfügigkeitsgrenze überschreitet, muß Sozialabgaben entrichten. Wenn mit einer Nebenbeschäftigung monatlich mehr als 590 und bis zu 610 DM (500 und

520 DM in den neuen Bundesländern) verdient werden, muß der Arbeitgeber die Sozialabgaben alleine tragen. Bringt die Nebenbeschäftigung einen Verdienst von mehr als 610 DM (520 DM) im Monat ein, werden die Sozialabgaben je zur Hälfte von Arbeitgeber und Arbeitnehmer getragen.

Schwierig wird es für den Arbeitgeber, wenn eine Aushilfe beispielsweise 500 Mark monatlich sozialabgabenfrei einnimmt, aber gleichzeitig noch bei zwei anderen Arbeitgebern ebenfalls je 500 DM dazuverdient. In solch einem Fall würden für die Aushilfe Sozialabgaben fällig. Das gilt auch – was immer wieder übersehen wird – für private Arbeitgeber, wenn sie Hilfen im Haushalt und Garten beschäftigen.

Im genannten Beispiel müßte der Arbeitgeber ein Drittel des Arbeitgeberanteils übernehmen. Falls sich rückwirkend herausstellt, daß eine Aushilfe durch die Summe ihrer Einkünfte aus verschiedenen Nebenbeschäftigungen eigentlich sozialversicherungspflichtig gewesen wäre, dann werden die geschuldeten Sozialbeiträge bei den Arbeitgebern eingefordert – und zwar in vollem Umfang, das heißt auch die Arbeitnehmerbeiträge. Denn rückwirkend zu entrichtende Sozialabgaben trägt der Arbeitgeber alleine.

WISO rät: Sie können sich dagegen – wenn auch nur teilweise – absichern, indem Sie sich von Ihrer Aushilfe möglichst schriftlich bestätigen lassen, daß sie insgesamt nicht mehr verdient, als die Geringfügigkeitsgrenze zuläßt. Nur dann haben Sie – wenn Ihre Aushilfe andere Nebenbeschäftigungen verschwiegen hat – die Möglichkeit, von ihr die Arbeitnehmeranteile für die Sozialversicherung zurückzufordern.

Wer zahlt bei Unfällen?

Vielleicht noch gravierender wegen der unabsehbaren Folgen: Was passiert, wenn eine Putzfrau während des Saubermachens in der Wohnung, in einer Arztpraxis oder Kanzlei verunglückt? Das kann für beide Seiten böse Folgen haben. Wenn eine Putzhilfe in einem Haushalt verunglückt, weil sie zum Beispiel von der Leiter rutscht und sich einen komplizierten Beinbruch zuzieht, ist das vor allem für den Arbeitgeber peinlich. Die Aushilfe dagegen fällt zumindest finanziell nicht ins Bodenlose, sondern ins soziale Netz. Denn alle in Privathaushalten beschäftigten Personen – auch Rentnerinnen und Rentner – sind ohne Rücksicht auf Alter, Geschlecht und Höhe des Einkommens kraft Gesetz gegen die Folgen von Arbeitsunfällen und Berufskrankheiten nach der Reichsversicherungsordnung (RVO) versichert. Dabei spielt es keine Rolle, ob es sich um eine ständige oder nur vorübergehende Tätigkeit handelt. Die Voraussetzung für den Unfallversicherungsschutz ist ein Beschäftigungsverhältnis zum Haushaltungsvorstand. Versicherungspflicht besteht auch dann, wenn es sich nur um eine stundenweise Beschäftigung handelt. Die Anzahl der wöchentlichen Arbeitsstunden spielt hierbei ebensowenig eine Rolle wie die Steuer- oder Krankenversicherungspflicht.

WISO rät: Damit ein Unfall der Aushilfe nicht auch für Sie als Arbeitgeber „zum Beinbruch" wird, sollten Sie für Ihren dienstbaren Geist unbedingt eine gesetzliche Unfallversicherung abgeschlossen haben.

Sicherer ist „versichert"

Die gesetzliche Unfallversicherung ist ein Zweig der Sozialversicherung, die zusätzlich auch die gesetzliche Kranken-, Renten- und Arbeitslosenversicherung umfaßt. Die gesetzliche Unfallversicherung ist – ebenso wie die anderen Versicherungszweige – eine Pflichtversicherung. Gesetzliche Grundlage der Unfallversicherung ist das Sozialgesetzbuch (SGB) mit der Reichsversicherungsordnung (RVO: §§ 537 ff.). Träger der gesetzlichen Unfallversicherung sind 34 gewerbliche Berufsgenossenschaften, die Seeberufsgenossenschaft und 20 landwirtschaftliche Berufsgenossenschaften; ferner der Bund, die Länder, die Gemeinde-Unfallversicherungsverbände, Städte mit Eigenunfallversicherung, die Feuerwehr-Unfallkassen sowie die Landesunfallkassen der Freien und Hansestadt Hamburg.

Die Zuständigkeit der gesetzlichen Unfallversicherung richtet sich nach dem Tätigkeitsfeld der Aushilfen: Entweder sind Berufsgenossenschaften, Gemeindeunfall-Versicherungsverbände oder spezielle Unfallkassen zuständig.

Um diese etwas komplizierte Angelegenheit an einem einfachen Beispiel praxisnah zu verdeutlichen: Wenn eine Aushilfe in einem gewerblichen Unternehmen – Metzgerei, Gastwirtschaft, Wachdienst, Gärtnerei oder Reinigungsfirma – tätig ist, so ist als gesetzlicher Unfallversicherer die entsprechende Berufsgenossenschaft zuständig. Für Personen, die in einem Haushalt tätig sind, ist das grundsätzlich der Träger der kommunalen Unfallversicherung.

Eine „Eigenunfallversicherung" der Stadt finden Sie unter diesem Begriff im Telefonbuch der folgenden Städte: Berlin, Bremen, Dortmund, Düsseldorf, Essen, Frankfurt/Main, Hamburg, Köln und München. Die Adressen der übrigen Gemeinde-Unfallversicherungsverbände können Sie beim örtlichen Versicherungsamt erfragen. In den neuen Bundesländern befinden sich die Gemeinde-Unfallversicherungsverbände in Frankfurt/Oder, Gotha, Meißen, Schwerin und Zerbst.

Eine Putzhilfe muß also entweder bei der „Eigenunfallversicherung" der Stadt oder beim Gemeinde-Unfallversicherungsverband angemeldet werden. Ein Anmeldeformular wird auf telefonische oder formlose schriftliche Anfrage zugeschickt.

WISO rät: Falls Sie selber Arbeitgeber sind, setzen Sie sich am besten innerhalb einer Woche mit dem zuständigen Unfallversicherungsträger in Verbindung, wenn Sie eine Aushilfe oder Arbeitskraft stundenweise beschäftigen wollen. Einige Unfallversicherungen verzichten wegen des hohen Verwaltungsaufwands zwar ganz auf Beitragszahlungen. Andere verzichten sogar auf eine namentliche Nennung. Aber üblicherweise müssen Sie mit 60 bis 140 DM pro Jahr für Ihre stundenweise tätige Haushaltshilfe rechnen. Die Summe richtet sich nach der Anzahl der Stunden, die in einer Nebenbeschäftigung geleistet werden. Die Beiträge hat ausschließlich der Arbeitgeber zu zahlen. Der Versicherungsschutz umfaßt medizinische Versorgung und Lohnersatz, gegebenenfalls auch Rente.

Soweit der Rat für den Arbeitgeber – der in diesem Fall nicht nur ein Freiberufler oder Kleingewerbetreibender, sondern auch ein privater Haushalt sein kann. Und für alle, die selber einer Nebenbeschäftigung nachgehen und sich

Sorgen über ihre soziale Absicherung im Falle eines Unfalls machen, gilt der folgende Rat.

WISO rät: Wenn Sie als Aushilfe arbeiten, sind Sie auf jeden Fall versichert, auch wenn der Arbeitgeber Sie nicht bei der staatlichen Unfallversicherung angemeldet hat. Falls das allerdings bei einem Unfall – der auch auf dem Arbeitsweg passieren könnte – nachträglich heraus-kommt, muß der Arbeitgeber Beiträge nachzahlen. Unter Umständen wird er auch noch mit einem Bußgeld belegt.

Falls es sich bei dem Nebenjob allerdings um „Schwarzarbeit" handelt und Steuern hinterzogen wurden, kann das aber auch für die oder den Beschäftigten unangenehme Folgen haben. Dies gilt vor allem dann, wenn gleichzeitig auch noch Arbeitslosengeld oder Sozialhilfe bezogen wurden. Die Behörden verfolgen diese Form des Sozialmißbrauchs inzwischen sehr viel nachdrücklicher als früher.

Wer annimmt, eine gesetzliche Unfallversicherung sei nur für „richtige" Arbeitnehmer zwingend vorgeschrieben, liegt falsch. Auch eine private Unfall- oder Haftpflichtversicherung beeinflußt oder ersetzt nicht die gesetzliche Unfallversicherung.

Ein anderes Problem wird ebenfalls häufig übersehen: Was ist, wenn Sie als Arbeitgeber den vollen Nettolohn von 590 DM (500 DM in den neuen Ländern) pro Monat für Ihre Verkaufs- oder Haushaltshilfe ausschöpfen und ihr freiwillig beispielsweise noch ein Urlaubs- oder Weihnachtsgeld zahlen? Vielfach ist weder den großzügigen Arbeitgebern noch den über die zusätzliche Zahlung erfreuten Aushilfen klar, daß sie dadurch in die Abgabenfalle tappen. Denn auch wer monatlich nicht mehr als 590 DM (500 DM) verdient, kann auf einmal sozialversicherungspflichtig werden; nämlich dann, wenn der Arbeitgeber Sonderzuwendungen wie Urlaubs- oder Weihnachtsgeld zahlt – so hat das Bundessozialgericht schon vor einiger Zeit entschieden (Urteil: Aktenzeichen 12 RK 21/83).

Wenn auf diese Sonderzahlungen ein Rechtsanspruch besteht, dann sind sie bei der Feststellung des monatlichen Arbeitsentgelts zu berücksichtigen. Kommen dann im Monatsdurchschnitt mehr als 590 DM (500 DM) heraus, tritt Sozialversicherungspflicht ein. Für Arbeitgeber und Arbeitnehmer ein schlechtes Geschäft, weil für das gesamte Jahresentgelt Sozialbeiträge fällig werden und nicht nur für die Summe, die über der Geringfügigkeitsgrenze liegt.

Steht Teilzeitkräften eigentlich ein Weihnachtsgeld zu? Eine eindeutige Antwort gibt es nicht. Ein gesetzlicher Anspruch auf Weihnachtsgeld besteht nämlich nicht. Jedoch ist der Anspruch auf Weihnachtsgeld meistens in Tarif- oder in Arbeitsverträgen geregelt. Ist das nicht der Fall, dann besteht nur dann ein Anspruch, wenn zuvor der Arbeitgeber dreimal hintereinander ohne Vorbehalt diese Sonderzahlung geleistet hat.

Teilzeitkräfte haben einen Rechtsanspruch auf anteiliges Weihnachtsgeld, wenn sie das vertraglich vereinbart haben oder wenn die Vollbeschäftigten eines Betriebes Weihnachtsgeld erhalten. Laut Beschäftigungsförderungsgesetz dürfen Teilzeitbeschäftigte nicht benachteiligt werden. Wer also eine Putzfrau in einem Privathaushalt stundenweise beschäftigt, muß ihr keine Weihnachtsgratifikation zukommen lassen.

Frei von Sozialabgaben ist der Nebenverdienst nur solange, wie die gesetzlich gezogenen Grenzen nicht überschritten werden. Wie die Gesamtzahlung aufgeteilt wird – wie hier also in Lohn, Urlaubs- und Weihnachtsgeld – interessiert den Fiskus nicht. Und selbst wenn die Sozialabgaben wegfallen: Um die pauschale Lohnsteuer von 15 Prozent des vereinbarten Entgelts kommen die Arbeitgeber nicht herum. Diese Steuer muß der Arbeitgeber alleine tragen, es sei denn, er vereinbart schriftlich etwas anderes. Beim Abführen der pauschalen Lohnsteuer an das Finanzamt muß der Name des „Nebenbeschäftigten" in der Regel nicht angegeben werden.

Wenn nun ein Mann oder eine Frau mehreren Nebenbeschäftigungen gleichzeitig nachgehen, werden von allen Arbeitgebern jeweils 15 Prozent vom vereinbarten Entgelt als pauschale Lohnsteuer entrichtet. Das könnte in Einzelfällen dazu führen, daß solche Beschäftigten zwar sozialabgabenpflichtig werden, weil sie die Geringfügigkeitsgrenze überschreiten, selber aber keine Steuer bezahlen, weil diese von den verschiedenen Arbeitgebern pauschal abgeführt wird.

Arbeitsrechtliche Konsequenzen

Solche Nebenbeschäftigungen sind also nicht ohne Tücken. Wenn Sie zum Beispiel eine Putzhilfe beschäftigen, die einmal wöchentlich für vier Stunden in Ihren Haushalt kommt und saubermacht, dann haben Sie das mit ihr wahrscheinlich nur mündlich vereinbart. Was viele nicht wissen: Auch ohne eine schriftliche Abmachung besteht mit Ihrer Putzhilfe ein Arbeitsvertrag. Das hat für den Arbeitnehmer wie auch für den Arbeitgeber zum Teil weitreichende Folgen. Denn das Vertragsverhältnis bringt Verpflichtungen, über deren Konsequenz sich viele private Arbeitgeber ebensowenig im klaren sind wie deren Hilfen. Es bedeutet, daß auch Beschäftigte im Nebenjob vielfach ähnliche Ansprüche haben wie Voll- oder Teilzeitkräfte. Das gilt insbesondere für einen Anspruch auf bezahlten Urlaub und auf Lohnfortzahlung im Krankheitsfall. Auch bei Beschäftigungsverhältnissen „ohne Steuerkarte" besteht Anspruch auf Urlaub und auf Urlaubsentgelt. Drei Wochen sind das Minimum. Sieht der geltende Tarifvertrag für die Vollbeschäftigten desselben Betriebes einen längeren Urlaub vor, dann gilt das natürlich auch für Teilzeitkräfte. Dabei kommt es nicht auf die Anzahl der Arbeitstage oder -stunden pro Woche an.

Beispiel „Putzfrau": In einem Privathaushalt macht sie wöchentlich vier Stunden sauber. Sie hat dann Anspruch auf Urlaubsgeld in Höhe von dreimal vier bezahlten Arbeitsstunden. Das heißt, sie bekommt den Lohn fortbezahlt, den sie sonst verdient hätte. Arbeitet eine Teilzeitkraft in der Filiale einer Reinigungskette wöchentlich acht Stunden und sieht der Tarifvertrag für Vollzeitkräfte sechs Urlaubswochen pro Jahr vor, dann hat die Teilzeitkraft Anspruch auf sechsmal acht bezahlte Arbeitsstunden. Auch ein privater Arbeitgeber muß das Geld weiterzahlen, das die Aushilfe während der Urlaubszeit eigentlich bei ihm verdient hätte – und zwar für mindestens drei Wochen im Jahr.

Auch wenn Teilzeitkräften eine Feiertagsbezahlung immer wieder streitig gemacht wird: korrekt ist das nicht. Denn das Gesetz zur Regelung der Lohnzahlung an Feiertagen macht – wie beim Urlaubs- oder Weihnachtsgeld – keinen Unterschied zwischen Vollzeit- und Teilzeitkräften. Der § 1 des Gesetzes zur Regelung der Lohnzahlung an Feiertagen sagt: „Für die Arbeitszeit, die infolge eines gesetzlichen Feiertages ausfällt, ist vom Arbeitgeber den Arbeitnehmern der Arbeitsverdienst zu zahlen, den sie ohne Arbeitsausfall erhalten hätten."

Voraussetzung für den Anspruch auf Bezahlung eines Feiertags ist, daß es sich um einen „gesetzlichen" Feiertag handeln muß, der durch Bundes- oder Ländergesetze festgelegt wurde. Der Arbeitgeber muß aber nur dann zahlen, wenn dieser Feiertag auf einen Tag fällt, an dem der oder die Beschäftigte hätte arbeiten müssen. Wer also nur montags und dienstags in einer Reinigung aushilft, kann nicht die Bezahlung des immer auf einen Donnerstag fallenden „Christi-Himmelfahrts-Tages" verlangen. Der Ostermontag dagegen muß bezahlt werden.

Unabhängig von der wöchentlichen Zahl der Arbeitsstunden besteht bei Krankheit Anspruch auf Fortzahlung des vereinbarten Arbeitsentgelts. Am 1. Juni 1994 ist das Entgeltfortzahlungsgesetz in Kraft getreten und hat geltende Vorschriften anderer Gesetze abgelöst. Das zuvor geltende Lohnfortzahlungsgesetz für Arbeiter hatte den Arbeitgeber ausdrücklich von der Weiterzahlung des Entgelts im Krankheitsfall befreit, wenn der Beschäftigte weniger als zehn Stunden wöchentlich oder 45 Stunden monatlich arbeitete. Doch diese Regelung hatte bereits der Europäische Gerichtshof sowie das Bundesarbeitsgericht als verfassungswidrig verurteilt. Aber der Gesetzgeber hatte den entsprechenden Paragraphen zunächst nicht gestrichen. Das führte zu Unsicherheiten auf beiden Seiten. Diese Zweifel sind jetzt ausgeräumt: Arbeitnehmer bekommen Lohn oder Gehalt fortgezahlt, wenn sie wegen Krankheit, Kur oder eines erlaubten Schwangerschaftsabbruchs nicht arbeiten können. Sie haben Anspruch auf Fortzahlung bis zu sechs Wochen. Das gilt unabhängig davon, wie viele Stunden sie wöchentlich arbeiten, ob sie Mitglied in einer Krankenkasse sind und ob sie mit oder ohne Steuerkarte arbeiten.

Wird zum Beispiel Ihre Putzfrau krank, kann sie sechs Wochen lang die Weiterzahlung ihres üblichen Nebenverdienstes von Ihnen beanspruchen. Das gilt nach einem Urteil des Oberlandesgerichts Karlsruhe – mit Ausnahme von Schwarzarbeit.

Eine Putzfrau, deren Tätigkeit mit deren Einverständnis von den Arbeitgebern nicht gemeldet wurde, hat bei einem Unfall keinen Anspruch auf Ersatz des Verdienstausfalls (Urteil: Aktenzeichen 18a U 132/92).

Kündigungsschutz auch ohne Vertrag

Auch ohne schriftlichen Arbeitsvertrag genießt Ihre Aushilfe Kündigungsschutz. Eine Verkaufs- oder Küchenhilfe kann nicht ohne weiteres fristlos „gefeuert" werden. Das gilt auch für private Arbeitgeber. Sie können sich also nicht einfach von heute auf morgen beispielsweise von einer Haushaltshilfe oder einem regelmäßig in Ihrem Garten beschäftigten Helfer trennen – es sei denn, es gäbe Gründe für eine fristlose Kündigung. Der Kündigungsschutz beträgt normalerweise vier Wochen. Er kann je nach Dauer des Beschäftigungsverhältnisses jedoch auf bis zu sieben Monate steigen.

Ein Urteil des Bundesarbeitsgerichts aus dem Jahr 1991 hat den Unterschied zwischen Beschäftigten, die mehr oder eben weniger als zehn Stunden pro Woche bei einem Arbeitgeber beschäftigt sind, aufgehoben. Der Tatbestand: Die Klägerin ist seit vielen Jahren in einem Krankenhaus als Putzhilfe beschäftigt. Sie arbeitet zehn Stunden pro Woche und erhält einen Stundenlohn von 9,27 DM netto. Als sie erkrankt und für mehrere Wochen nicht arbeiten kann, erhält sie keine Lohnfortzahlung von ihrem Arbeitgeber. Die Putzhilfe klagt ihren Anspruch auf Lohnfortzahlung im Krankheitsfalle ein, obwohl zum Zeitpunkt der Klage im Lohnfortzahlungsgesetz noch § 1 Abs. 3.2 gültig ist. Darin steht, daß Arbeiter in einem Arbeitsverhältnis, in dem die regelmäßige Arbeitszeit wöchentlich zehn Stunden nicht übersteigt, keinen Anspruch auf Lohnfortzahlung im Krankheitsfall haben. Die Putzhilfe begründete ihre Klage folgendermaßen: Die Tatsache, daß geringfügig Beschäftigte keine Sozialversicherungsbeiträge abzuführen brauchten, rechtfertige es nicht, sie von der Lohnfortzahlung im Krankheitsfall auszuschließen. Der 5. Senat des Bundesarbeitsgerichts gab der Klägerin recht. In der Entscheidungsbegründung heißt es unter anderem: Der Ausschluß geringfügig Beschäftigter von der Lohnfortzahlung im Krankheitsfalle stelle eine mittelbare Diskriminierung weiblicher Arbeitnehmer dar, da hiervon weitaus mehr Frauen als Männer betroffen würden (Urteil 3: Aktenzeichen 5 AZR 598/90).

Rente

Neue Altersgrenzen und neue „Rente wegen Arbeitslosigkeit und nach Altersteilzeit"

Schon längst beschlossene Sache seit dem Rentenreformgesetz 1992 ist, daß wir alle – Männer wie Frauen – länger arbeiten müssen. Vorgesehen war die stufenweise Anhebung der Altersgrenzen für Frauen von 60 auf 65 Jahre, und auch die Rente für langjährig versicherte Männer sollte von 63 auf 65 Jahre angehoben werden. Dabei bleibt es auch beim neuen Gesetz für Wachstum und Beschäftigung, nur daß der Zeitraum der stufenweisen Umstellung gestrafft wurde, das heißt, die Anhebung der Altersgrenzen für Männer und Frauen erfolgt schneller, und zwar bereits ab dem Jahr 2000. Bereits zum Ende des Jahres 2001 wird die Umstellung für langjährig versicherte Männer abgeschlossen sein, bei den Frauen dagegen dauert es drei Jahre länger, also bis zum Ende des Jahres 2004.

Trotzdem bleibt die Möglichkeit sowohl für Frauen als auch für Männer bestehen, bereits vor Erreichen der jeweils gültigen Altersgrenzen ihre Altersrente in Anspruch zu nehmen. Allerdings mindert sich die Höhe der Rente entsprechend, nämlich um 0,3 Prozent für jeden Monat, den die Rente früher als die Regelaltersgrenze es vorsieht, in Anspruch genommen wird. Das sind 3,6 Prozent pro Jahr.

WISO rät: Rechnen Sie alles gründlich durch, ehe Sie Entscheidungen hinsichtlich der Inanspruchnahme Ihrer Rente treffen, und lassen Sie sich möglichst fachkundig beraten. Falls Sie ein Jahr vor Erreichen der regulären Altersgrenze Ihre Rente in Anspruch nehmen möchten, dann müssen Sie abwägen: Angenommen, Ihre monatliche Rente betrüge 1.000 DM, dann würde sich Ihre Rente um monatlich 36 DM auf 964 DM verringern. Falls Sie wegen der monatlichen Einbuße von 36 Mark auf die vorzeitige Inanspruchnahme Ihrer Rente verzichten und ein Jahr länger arbeiten, dann „kostet" Sie das 11.668 DM – das ist die Summe, die in einem Rentenjahr trotz der Minderung für Sie an Rente zusammenkommt. Sie müßten fast 27 Jahre lang Rente beziehen, damit es sich auszahlt, wenn Sie Ihre Altersrente nicht um ein Jahr vorziehen und statt dessen dieses eine Jahr noch arbeiten.

Auch die Altersgrenze für die neu eingeführte „Rente wegen Arbeitslosigkeit und nach Altersteilzeit" wird ab dem Jahr 2000 stufenweise auf 65 Jahre erhöht und bereits Ende des Jahres 2001 abgeschlossen sein, nachdem bereits in den Jahren 1997 bis 1999 die schrittweise Erhöhung von 60 auf 63 Jahre erfolgt.

58er-Regelung passé, jetzt gibt es die „Rente wegen Arbeitslosigkeit und nach Altersteilzeit"

Wer Mitte fünfzig ist und seinen Arbeitsplatz verliert, den trifft das besonders hart. Die über 50jährigen müssen mit dem Vorurteil rechnen, nicht mehr ausreichend belastbar, flexibel und leistungsfähig zu sein. Außerdem sind Arbeitnehmer mit langjähriger Berufserfahrung für einen Arbeitgeber auch relativ teuer. Die Vermittlungschancen stehen für diese Altersgruppe, besonders in der gegenwärtigen Wirtschaftslage, eher schlecht.

Nach den Zahlen der Bundesanstalt für Arbeit sind in Deutschland gegenwärtig rund vier Millionen Menschen offiziell arbeitslos gemeldet. Und es muß davon ausgegangen werden, daß die Zahl der Arbeitslosen nicht abnehmen wird – selbst dann, wenn die Wirtschaft wieder in Schwung kommt. Zudem reichen die Folgen der anhaltenden Arbeitslosigkeit weit in andere Bereiche hinein.

Vor allem die Rentenversicherung ist unmittelbar davon betroffen. Obwohl es Aufgabe der Rentenversicherungsträger ist, erwerbstätige Menschen nur im Alter oder nur bei Minderung ihrer Erwerbsfähigkeit wirtschaftlich abzusichern, decken sie heute einen nicht unerheblichen Teil des Arbeitsmarktrisikos ab.

Allerdings: Das Problem ist nicht neu und reicht bis in das Jahr 1929 zum Angestelltenversicherungsgesetz zurück. Das Risiko der Arbeitslosigkeit bei älteren Versicherten wurde bereits 1929 in das Angestelltenversicherungsgesetz einbezogen. Hintergund damals: die akute Weltwirtschaftskrise. Die große Not gerade älterer arbeitsloser Menschen sollte in dieser Situation gemildert werden. Die Regelung war ursprünglich zeitlich begrenzt bis zum Ende des Jahres 1939. Die Geltungsdauer wurde jedoch ständig verlängert und diese Regelung dann auch auf die Rentenversicherung der Arbeiter ausgedehnt.

Die Altersrente wegen Arbeitslosigkeit (§ 105 c AFG) ermöglichte es der Bundesanstalt für Arbeit bis zum 14. Februar 1996, ältere und schwer vermittelbare Arbeitslose auszusteuern und sich damit finanziell zu entlasten. Auf der anderen Seite führte das zu einer Mehrbelastung der gesetzlichen Rentenversicherung, denn in der Regel wurde durch die Inanspruchnahme der „Altersrente wegen Arbeitslosigkeit" der Rentenbeginn um drei Jahre vorverlegt.

Der Abbau der Beschäftigung in den Unternehmen erfolgte in der Vergangenheit teilweise über die Freisetzung älterer Arbeitnehmer, die dann zum frühestmöglichen Zeitpunkt ihre Rente beziehen konnten. Diese Regelung wurde jedoch im vergangenen Jahr dermaßen intensiv genutzt, daß allein 1995 fast 300.000 ältere Arbeitnehmer vorzeitig die Rentenversicherung in Anspruch nahmen. Das ganze System drohte zu kollabieren.

Aus § 105 c AFG wird die „Altersrente wegen Arbeitslosigkeit und nach Altersteilzeit“

Die bekannteste vorzeitige Rente, die von Arbeitslosen in Anspruch genommen werden kann, ist die „Altersrente wegen Arbeitslosigkeit“, die kürzlich vom Gesetzgeber neu geregelt wurde. Sie wurde in „Altersrente wegen Arbeitslosigkeit und nach Altersteilzeit“ umbenannt und soll zur Korrektur der Frühverrentungspraxis beitragen.

Bisher war es so, daß die „Altersrente wegen Arbeitslosigkeit“ schon vor Erreichen der Regelaltersgrenze von 65 Jahren gewährt werden konnte, im Regelfall schon mit dem 60. Lebensjahr.

Wenn Arbeitslose, die das 58. Lebensjahr vollendet hatten, die „Erklärung nach § 105 c AFG“ unterschrieben, bekamen sie keine Vermittlungsangebote mehr vom Arbeitsamt, waren also auch nicht gezwungen, die meist aussichtslosen Vorstellungsgespräche auf sich zu nehmen.

Weiterer Vorteil: Sie konnten beispielsweise bis zur Dauer von 17 Wochen ortsabwesend sein. Einer Überwinterung auf Mallorca oder einem mehrwöchigen Aufenthalt bei den in einer anderen Stadt lebenden Kindern stand dann nicht mehr die sonst von Arbeitslosen erwartete „ständige Verfügbarkeit“ im Wege.

Mit dieser Praxis ist jetzt weitgehend Schluß.

Altergrenzen werden schrittweise angehoben

Ab 1. Januar 1997 bis Ende 1999 wird der frühestmögliche Zeitpunkt, zu dem die Rente wegen Arbeitslosigkeit und nach Altersteilzeit beantragt werden kann, in Monatsschritten auf 63 Jahre angehoben. Wer trotzdem mit 60 Jahren in Rente gehen muß, zum Beispiel wegen Arbeitslosigkeit, muß eine Rentenminderung hinnehmen. Und zwar für jedes Jahr, das er früher in Rente geht, um 3,6 Prozent.

Beispiel:

	Altersgrenze angehoben auf	Rentenminderung bei Rente ab 60 Jahren
1997	61 Jahre	3,6 %
1998	62 Jahre	7,2 %
1999	63 Jahre	10,8 %

Die Anspruchsvoraussetzungen für eine Rente wegen Arbeitslosigkeit und nach Altersteilzeit sehen folgendermaßen aus: Wer zum frühestmöglichen Zeitpunkt in Rente gehen möchte, muß

- entweder arbeitlsos sein (nach geltendem Recht muß das 60. Lebensjahr vollendet sein; er oder sie muß zu diesem Zeitpunkt und innerhalb der letzten eineinhalb Jahre vor Beginn der Rente insgesamt 52 Wochen lang arbeitslos gewesen sein, und in den letzten zehn Jahren vor Beginn der Rente müssen die in Frage kommenden Arbeitnehmer/innen acht Jahre lang Pflichtbeiträge geleistet und außerdem die Wartezeit von 15 Jahren erfüllt haben) oder
- mindestens 24 Monate lang nach Altersteilzeit im Sinne des neuen Gesetzes zur „Förderung der Teilzeitarbeit älterer Arbeitnehmer" gearbeitet haben.

WISO rät: Sie können die Minderung Ihrer Rente durch vorzeitige Inanspruchnahme mit Hilfe zusätzlicher Beitragszahlungen mildern oder ausgleichen. Die zusätzlichen Beitragszahlungen können Sie bereits vor Vollendung des 60. Lebensjahres leisten. Sie werden jeweils bei der nächsten Neuberechnung Ihrer Rente wirksam. Wenn Sie älter als 65 Jahre alt sind, ist eine zusätzliche Beitragszahlung ausgeschlossen.

Übergangsregelung: Der alte § 105 c AFG gilt weiter

Auch wenn ein neues Gesetz zur „Altersrente wegen Arbeitslosigkeit und nach Altersteilzeit" beschlossen wurde: Es gilt eine Übergangsregelung, so daß der „alte" § 105 c AFG (die sogenannte „58er-Regelung") für bestimmte Arbeitslosenversicherte noch Gültigkeit hat. Die Gewerkschaften setzten durch, daß aus Gründen des Vertrauensschutzes folgende Versicherte von der Anhebung der Altersgrenzen nicht betroffen sein werden:

1. Versicherte, die vor dem 14. Februar 1996 das 55. Lebensjahr vollendet haben und an diesem Tag bereits arbeitslos waren oder Anpassungsgeld für entlassene Arbeitnehmer des Bergbaus bezogen.
2. Versicherte, die vor dem 14. Februar 1996 das 52. Lebensjahr vollendet haben und deren Arbeitsverhältnis aufgrund einer Kündigung oder Vereinbarung, die vor dem 14. Februar erfolgte, beendet wurde und die daran anschließend arbeitslos wurden oder Anpassungsgeld für entlassene Arbeitnehmer des Bergbaus bezogen.
3. Versicherte, die vor dem 14. Februar 1996 das 52. Lebensjahr vollendet haben und die aufgrund einer vor diesem Tag genehmigten Maßnahme nach Artikel 56 § 2 Buchstabe b des Vertrages über die Gründung der Europäischen Gemeinschaft für Kohle und Stahl aus einem Betrieb der Montanunion ausgeschieden sind oder noch ausscheiden.

Nur für diesen Personenkreis gilt noch die sogenannte 58er-Regelung, der § 105 c AFG. Wer die Voraussetzungen erfüllt, um noch den „alten" Paragraphen in Anspruch zu nehmen, sollte sich trotzdem gut überlegen, die Erklärung nach § 105 c AFG zu unterschreiben. Denn damit verpflichten Sie sich zugleich, falls Sie die Voraussetzungen erfüllen, zum frühestmöglichen Zeitpunkt in Rente zu gehen, also in der Regel mit Vollendung des 60. Lebensjahres.

WISO rät: Lassen Sie sich nicht übereilt und unbedacht zu einer Unterschrift verleiten. Denn den Bezug von Arbeitslosenunterstützung zu „erleichterten Bedingungen" erkaufen Sie sich unter Umständen recht teuer. Hier die Nachteile:

Erstens: Es kann sein, daß Ihre Rente, die Sie bereits mit Erreichen des 60. Lebensjahres bekommen, niedriger ausfällt als die zuvor bezogene Arbeitslosenunterstützung.

Zweitens: Wenn Sie nicht in den vorzeitigen Ruhestand gehen, dann erwerben Sie weitere beitragspflichtige Zeiten für Ihre Rentenversicherung, die sich rentenerhöhend auswirken. Das heißt, während der Zeit Ihrer Arbeitslosigkeit erwerben Sie Anrechnungszeiten für Ihre Rente.

Beispiel: Wenn Sie ein durchschnittlich hohes Einkommen hatten (1994 lag ein Durchschnitts-Jahresverdienst bei 50.972 DM) und keine Versicherungslücken aufweisen, dann bringt Ihnen jedes Jahr Ihrer Arbeitslosigkeit eine Rentensteigerung von derzeit rund 45 DM pro Monat. Würden Sie also statt mit 60 Jahren erst mit 63 Ihre Rente beantragen, dann hätte sich Ihre spätere monatliche Rente durch diese drei Jahre Wartezeit um mindestens 135 DM erhöht.

Betroffene können sich also sehr gut ausrechnen, was für sie die finanziell günstigere Variante ist: Eventuelle Einbußen, die durch einen längeren Bezug von Arbeitslosenunterstützung entstehen, können unter Umständen sehr schnell durch den rentensteigernden Effekt eines späteren Übergangs in den Ruhestand kompensiert werden. Was im Einzelfall besser ist, muß jeder für sich selber entscheiden.

WISO rät: Lassen Sie sich auf jeden Fall bei Ihrem Rentenversicherungsträger über die Höhe Ihrer zu erwartenden Rente informieren, ehe Sie die Erklärung nach § 105 c AFG Ruhestand unterschreiben.

Die Arbeitslosigkeit von Versicherten führt nämlich nicht nur zur vorzeitigen Inanspruchnahme von Renten, sondern die Zeiten von Arbeitslosigkeit werden auch bei der Rentenberechnung berücksichtigt.

Was viele Arbeitnehmer nicht wissen: Arbeitslose Versicherte können – genauso wie beschäftigte Arbeitnehmer – Beitrags- und Anrechnungszeiten in der gesetzlichen Rentenversicherung erwerben. Sie sind sogar kraft Gesetzes rentenversicherungspflichtig. Das ergibt sich aus der seit dem 1. Januar 1992 gültigen Rechtslage und umfaßt allle Leistungen der Bundesanstalt für Arbeit, also neben Arbeitslosengeld auch Arbeitslosenhilfe, Übergangs- und Unterhaltsgeld.

Ab 1. Januar 1995 wird folgendermaßen berechnet: Die Höhe des zugrundeliegenden Arbeitsverdienstes ist ausschlaggebend für die Höhe der Leistung des Arbeitsamtes. Die Beiträge zur Rentenversicherung werden dann auf der Basis von 80 v. H. des zugrundegelegten Arbeitsverdienstes berechnet. Auch das müssen Sie bei Inanspruchnahme der sogenannten „58er-Regelung“ bedenken.

Und wenn Sie wissen möchten, wie sich Ihre Arbeitslosigkeit über das 60. Lebensjahr hinaus auf Ihre spätere Rente auswirkt, dann lassen Sie sich von Ihrem Rentenversicherungsträger beraten oder fragen Sie nach einem Rentenberater in Ihrer Nähe. Gegebenenfalls müssen Sie mit einer Honorarforderung rechnen. Aber angesichts der Beträge, um die es dabei für Sie geht, ist das sicher eine lohnende Investition.

Falls Sie schon unterschrieben haben und es sich nach Prüfung aller Informationen noch einmal anders überlegen: Sie haben ein Widerrufsrecht innerhalb von drei

Monaten. Danach gibt es allerdings kein Zurück mehr. Deshalb unbedingt vorher Gewißheit über die Auswirkung auf die Höhe Ihrer Rente verschaffen!

WISO rät: Berücksichtigen Sie bei Ihrer Entscheidung aber auch, daß Sie nur eine begrenzte Zeit Arbeitslosengeld beziehen können. Danach setzt die niedrigere Arbeitslosenhilfe ein. Der Bezug von Arbeitslosenhilfe setzt jedoch Bedürftigkeit des Arbeitslosen voraus, das heißt, das Einkommen des Ehe- oder Lebenspartners sowie „verwertbares Vermögen" werden angerechnet und können dazu führen, daß Arbeitslosenhilfe entfällt.

Als „verwertbares Vermögen" gilt, was über 8.000 DM an Bargeld oder bei einer Bank vorhanden ist. Ebenso wird eine Eigentumswohnung angerechnet, wenn Sie nicht selber darin wohnen. Das gleiche gilt für ein eigenes Haus: Wohnt der Arbeitslose selber darin, bleibt es anrechnungsfrei. Ist aber noch eine Einliegerwohnung oder eine Dachwohnung vermietet, wird es kritisch. Eine private Rentenversicherung oder eine Versicherung, die zur Altersvorsorge vorgesehen ist, dürfen nicht verwertet werden, auch wenn in letzter Zeit seitens des Arbeitsamtes versucht wurde, auf dieses Vermögen zuzugreifen.

Auch Bundesschatzbriefe oder Wertpapiere müssen bei einem Antrag auf Arbeitslosenhilfe angegeben werden. Übersteigt ihr Wert die 8.000-Mark-Grenze, dann werden sie auf die Arbeitslosenhilfe angerechnet, das heißt, sie wird insgesamt um diesen Betrag gekürzt bzw. gar nicht erst gewährt. In solchen Fällen macht es keinen Sinn, auf eine durch Arbeitslosigkeit gesteigerte spätere Rente zu achten.

Nach Angaben des Verbandes Deutscher Rentenversicherungsträger (VDR) hat der weitaus größte Teil der arbeitslosen Versicherten, die das 58. Lebensjahr erreicht haben, von der Möglichkeit des § 105 c AFG Gebrauch gemacht und beim Arbeitsamt die Erklärung unterschrieben, wonach sie zur uneingeschränkten Arbeitsvermittlung nicht mehr zur Verfügung stehen. Er oder sie erhält dann so lange Leistungen vom Arbeitsamt, wie ein Anspruch darauf besteht oder bis die Inanspruchnahme der Altersrente zum frühestmöglichen Zeitpunkt möglich ist. Das Arbeitsamt fordert dann den Arbeitslosen auf, innerhalb eines Monats die Rente zu beantragen. Wird die Rente nicht beantragt, obwohl die Voraussetzungen dafür vorliegen, stellt das Arbeitsamt daraufhin seine Zahlungen ein.

Neuregelung: Mit 55 Jahren in die Altersteilzeit

Mit der Quasi-Abschaffung des § 105 c AFG, der Versicherte zwang, zum frühestmöglichen Zeitpunkt in Rente zu gehen, geht die Neuregelung einher, die Teilzeitarbeit für ältere Arbeitnehmer zu fördern. Das neue Ziel: Altersteilzeit gegen Frühverrentung. Es kommt allerdings darauf an, inwieweit sich Unternehmen in ihrer Personalpolitik und Planung auf die Neuregelungen einstellen. Unternehmen können nämlich nicht per Gesetz einfach dazu gezwungen werden.

Das Gesetz schafft lediglich die Rahmenbedingungen: Danach fördert die Bundesanstalt für Arbeit die Teilzeitarbeit von Arbeitnehmern, die nach Vollendung des 55. Lebensjahres ihre Arbeitszeit auf die Hälfte vermindern. Dabei bleibt es

Arbeitgebern und Arbeitnehmern selber überlassen, wie die Arbeitszeit verteilt wird: Die Möglichkeiten reichen von täglich reduzierter Stundenzahl über bestimmte Wochentage bis hin zum wöchentlichen oder monatlichen Wechsel.

Arbeitgebern werden für ältere Arbeitnehmer, die in den nächsten fünf Jahren in die Altersteilzeit wechseln, folgende Leistungen aus Mitteln der Bundesanstalt für Arbeit gewährt:

- Aufstockungsbetrag in Höhe von 20 Prozent des Arbeitsentgelts für die Teilzeitbeschäftigung. Der Aufstockungsbetrag ist steuer- und sozialabgabenfrei, so daß der Arbeitnehmer in der Regel mindestens 70 Prozent seines letzten Vollzeit-Nettoarbeitsentgelts erhält. Soweit in den unteren Lohngruppen die 70 Prozent nicht erreicht werden, wird ein entsprechend höherer Aufstockungsbetrag erstattet.
- Aufstockungsbeträge zur Rentenversicherung auf der Basis von mindestens 90 Prozent des Vollzeit-Arbeitsentgelts.

Damit der Arbeitgeber die oben genannten Leistungen erhält, müssen folgende Voraussetzungen erfüllt sein: Die Arbeitszeit des älteren Arbeitnehmers muß auf die Hälfte reduziert werden, darf allerdings die durchschnittliche wöchentliche Arbeitszeit von 18 Stunden (Kurzzeitigkeitsgrenze in der Arbeitslosenversicherung) nicht unterschreiten, und der (nur zum Teil) freiwerdende Arbeitsplatz muß durch einen Arbeitslosen oder durch die Übernahme eines Ausgebildeten wiederbesetzt werden.

Die Bundesanstalt für Arbeit gewährt die oben genannten Leistungen für längstens fünf Jahre, und zwar vor Eintritt in die Altersteilzeit, die frühestens ab Vollendung des 55. Lebensjahres möglich ist, bis zum Bezug einer „Altersrente wegen Arbeitslosigkeit und nach Altersteilzeit" oder einer anderen Altersrente als Teil- oder Vollrente, längstens bis zum frühestmöglichen Bezug einer Altersrente ohne Minderung (die Altersgrenze steigt von 1997 bis 1999 um zwei Jahre).

Nachzahlung von Rentenbeiträgen

So bessern Sie Ihr Rentenkonto auf, wenn Ausbildungszeiten nicht angerechnet werden

Wer sich beizeiten Gedanken um seine Altersversorgung macht, kann zum Beispiel in der gesetzlichen Rentenversicherung seine spätere Rente erhöhen, wenn er oder sie die Möglichkeit nutzt und freiwillige Rentenbeiträge nachzahlt. In bestimmten Fällen hat nämlich der Gesetzgeber mit der Rentenreform 1992 diese Möglichkeit unter anderem denjenigen Versicherten eingeräumt, die besonders lange Ausbildungszeiten hatten. Mit dem neuen „Wachstums- und Beschäftigungsgesetz" wurden die anrechenbaren Ausbildungszeiten in der Rentenversicherung und die Bewertung dieser Zeiten noch stärker reduziert, so daß eine Nachzahlung freiwilliger Rentenbeiträge noch wichtiger als vorher sein kann. Zum besseren Verständnis einige Informationen vorab:

Bis zum 31. Dezember 1991 galt, daß bei der Rentenberechnung in den alten Bundesländern beitragsfreie Zeiten nur dann berücksichtigt wurden, wenn entweder eine Vorversicherung, eine Anschlußpflichtversicherung oder die Halbbelegung mit Pflichtbeiträgen gegeben war. Das „Alles-oder-nichts-Prinzip" der Halbbelegung, bei dem unter Umständen ein einziger fehlender Pflichtbeitrag über die Anrechnung oder Nichtanrechnung von vielen Jahren entscheiden konnte, wurde mit dem Rentenreformgesetz 1992 aufgegeben. Grund: Dieses System, das eigentlich der Leistungsbezogenheit verpflichtet sein sollte, erschien als nicht beitragsgerecht.

Leistungsbezogenheit

„Leistungsbezogenheit" bedeutet, daß das Versicherungsprinzip gilt. Nur derjenige (bzw. seine Hinterbliebenen) hat Anspruch auf eine gesetzliche Rente, der in die Versicherung auch eingezahlt hat. Dabei richtet sich die Höhe der Rente hauptsächlich nach der Höhe der eingezahlten Beiträge während des gesamten Versicherungslebens. Aber auch bestimmte beitragsfreie Zeiten sind anrechenbar, steigern also die Rentenhöhe, und zwar abhängig von den in der übrigen Zeit gezahlten Beiträgen.

Mit dem Rentenreformgesetz 1992 wurde zwar am Prinzip der Lohn- und Beitragsbezogenheit der Rente festgehalten, jedoch sollen ohne einschränkende Voraussetzungen auch bestimmte Zeiten im Berufsleben berücksichtigt werden – sogenannte Anrechnungszeiten, während denen keine Beiträge gezahlt wurden.

Anrechnungszeiten

Anrechnungszeiten sind Zeiten, in denen Sie aus bestimmten, gesetzlich definierten Gründen an der Zahlung von Beiträgen gehindert waren. Diese Zeiten sind rentenrechtliche Zeiten und werden bei der Rentenberechnung berücksichtigt.

Anrechnungszeiten im rentenrechtlichen Sinn sind unter anderem Ausbildungszeiten (nach bisher geltendem Recht nach dem 16. Lebensjahr, nach dem neuesten Gesetz nach dem 17. Lebensjahr), Zeiten der Arbeitslosigkeit, der krankheitsbedingten Arbeitsunfähigkeit, der Schwangerschaft einschließlich der Mutterschutzfristen.

Beitragsfreie Zeiten, das sind Anrechnungszeiten, Ersatzzeiten und die Zurechnungszeit, werden grundsätzlich entsprechend der durchschnittlichen Beitragshöhe in der übrigen Zeit bewertet. Man spricht hier von der sogenannten „Gesamtleistungsbewertung". Dieses Verfahren ordnet beitragsfreien Zeiten einen Durchschnittswert zu, der sich nach dem Gesamtwert aller gezahlten Beiträge eines Versicherungslebens bemißt. Das heißt, alle Beiträge, auch freiwillig gezahlte oder nachgezahlte, werden in die Bewertung einbezogen. Dabei werden aber nicht alle Anrechnungszeiten mit dem vollen Gesamtleistungswert berücksichtigt: Für Zeiten der Krankheit oder Arbeitslosigkeit wird der Wert bei einem Rentenbeginn ab 1998 auf 80 Prozent begrenzt.

Nach neuestem geltendem Recht erhalten Versicherte, die eine Schule, Fachhochschule oder Hochschule nach dem 17. Lebensjahr besucht haben, für diese anrechenbare Ausbildungszeit 75 Prozent des Gesamtleistungswertes, höchstens jedoch 75 Prozent des durchschnittlichen Verdienstes aller Versicherten. Ursprünglich sollte die Begrenzung auf diese 75 Prozent bis zum Jahr 2004 durch stufenweise Reduzierung erreicht werden. Das neue Wachstums- und Beschäftigungsförderungsgesetz strafft den Zeitraum, so daß die Begrenzung bereits Ende des Jahres 2000 abgeschlossen sein wird.

Übergangsregelung bei Ausbildungszeiten

Wer 1996 in Rente geht, für den gilt noch das alte Recht. Es liegt aber bereits das neue Gesetz vor, das zum 1. 1. 1997 gesetzlich in Kraft treten soll. Doch die neuen gesetzlichen Regelungen sind besser verständlich, wenn Sie das Prinzip der bisherigen Regelung kennen. Die Begrenzung des Gesamtleistungswertes für Ausbildungszeiten sollte in einer Übergangszeit stufenweise eingeführt werden, und ausschlaggebend sollte der Beginn der Rente sein.

Die Übergangsregelung soll von 1992 bis zum Jahr 2003 reichen. Bei einem Rentenbeginn in diesem Zeitraum sollen länger als sieben Jahre dauernde Ausbildungszeiten jedes Jahr um ein Zwölftel gekürzt, sowie der Wert stufenweise vermindert werden.

Beispiel: Wer 1992 in Rente ging, hat bei der Berechnung seiner Rente noch 99 Prozent seines individuellen Gesamtleistungswertes bekommen. Wer 1993 in Rente ging, bekam 97 Prozent. Wer 1995 in Rente ging, bekam noch 93 Prozent. Der individuell anrechenbare Gesamtleistungswert soll bis zum Jahr 2004 bis auf 75 Prozent gesenkt werden – allerdings begrenzt auf höchstens 75 Prozent des Durchschnittsverdienstes aller Versicherten.

Für Versicherte mit langen Ausbildungszeiten hat das Rentenreformgesetz von 1992 zweierlei Nachteile gebracht: Erstens wurden die Ausbildungszeiten stufenweise von maximal 13 auf sieben Jahre verkürzt, und zweitens verminderte sich die

Gesamtleistungsbewertung von 100 Prozent im Jahr 1991 auf 75 Prozent im Jahr 2004.

Im Zuge des Wachstums- und Beschäftigungsgesetzes, kurz auch „Bonner Sparpaket" genannt, werden die anrechenbaren Ausbildungszeiten weiter gekürzt, und zwar um weitere vier Jahre. Außerdem läuft die Übergangsregelung bereits am 31. Dezember 2000 aus, das heißt, die stufenweise Begrenzung der Gesamtleistungsbewertung für die anrechenbaren Ausbildungszeiten wurde ebenfalls um vier Jahre gekürzt.

Das neue Gesetz sieht vor, daß diejenigen, die ab 2001 in Rente gehen, nur noch maximal drei Jahre ihrer Ausbildungszeit nach dem 17. Lebensjahr rentenrechtlich angerechnet bekommen. Einzig positiv: Die Ausbildung muß nicht mehr abgeschlossen sein. Nach geltendem Recht war das bisher Voraussetzung, damit Ausbildungszeiten überhaupt von den Rentenversicherungsträgern anerkannt wurden. Das Wachstums- und Beschäftigungsförderungsgesetz sieht eine Übergangsregelung ab 1997 bis zum Jahr 2000 vor: Wer während dieses Zeitraums in Rente geht, muß je Monat eine Kürzung um 1/48 hinnehmen.

Für viele Arbeitnehmer mit langen Ausbildungszeiten hat eine Verkürzung der anrechenbaren Ausbildungszeiten um weitere vier Jahre beträchtliche Folgen. Warum, zeigt folgendes Beispiel: Anerkannt werden nur noch drei Jahre als Ausbildungzeit. Diese drei Jahre gelten als beitragsfreie Zeit und werden mit dem durchschnittlichen Wert der übrigen rentenrechtlich relevanten Zeiten bewertet. Es ist also von erheblicher Bedeutung, diverse Lücken im Versicherungsverlauf, die sich wegen einer möglichen, aber unterbliebenen Beitragszahlung ergeben haben, zu schließen. Weil die Auswirkungen so gravierend sind, besteht für einen relativ großen Personenkreis die Möglichkeit, freiwillige Beiträge nachzuzahlen.

Dieses „Lückenschließen" ist für Versicherte mit sehr langen Ausbildungszeiten schon interessant, da im Rahmen der Rentenreform und des neuen Wachstums- und Beschäftigungsförderungsgesetzes die ursprünglich anrechenbare Ausbildungszeit von maximal 13 Jahren stufenweise auf nur noch drei Jahre gekürzt wird. Die Folge: Viele gesetzlich rentenversicherte Menschen haben eine Lücke von mehreren Jahren in ihrer Rentenbiographie. Durch die Kürzung der anrechenbaren Ausbildungszeiten auf drei Jahre kann unter Umständen eine Lücke von maximal zehn Jahren entstehen. Wenn nun diese „Nullzeit" mit Beiträgen belegt wird, erhöhen diese nachgezahlten Beiträge den durchschnittlichen Gesamtleistungswert.

Daraus ergibt sich: Wenn Sie freiwillige Beiträge nachzahlen, tragen Sie gleich zweifach zur Rentensteigerung bei; erstens nach dem Grundsatz, daß jeder Beitrag die Rente erhöht, und zweitens dadurch, daß Sie mit den nachgezahlten Beiträgen den Wert der beitragsfreien Zeiten erhöhen. Wichtig: Auch wenn Sie sich nur für die Nachzahlung von Mindestbeiträgen entscheiden, erhöhen Sie dadurch Ihre Rente.

WISO rät: Auf jeden Fall sollte vor einer Nachzahlung von freiwilligen Beiträgen eine Beratung stehen, damit Sie die Höhe der Nachzahlung optimal wählen. Denn unter Umständen können Ihnen Nachteile dadurch entstehen, daß für Sie ohnehin schon die Begrenzung des Gesamtleistungswertes auf 75 Prozent vorzunehmen ist und Sie auch mit einer Nachzahlung den Wert nicht mehr steigern können. Ferner kann die

Nachzahlung unzweckmäßig sein, wenn aufgrund der Rentenhöhe andere Leistungen gekürzt werden; beispielsweise Renten der Versorgungsanstalt des Bundes und der Länder (betriebliche Altersversorgung für Arbeiter und Angestellte im öffentlichen Dienst) oder beim Zusammentreffen mit einer Unfallrente.

Aus Gründen des Vertrauensschutzes sollte für die Reduzierung der Ausbildungszeiten und deren Bewertung ursprünglich eine Übergangszeit von zwölf Jahren gelten. Nach dem neuen Gesetz wird diese Übergangszeit gestrafft und reicht nur noch bis zum 31. Dezember 2000. Betroffenen bleibt also nur ein relativ kurzer Zeitraum, diese Lücken im Rentenversicherungsverlauf durch freiwillige Nachzahlungen zu schließen.

Pflichtbeiträge in der gesetzlichen Rentenversicherung

Der Beitragssatz für pflichtversicherte Angestellte und Arbeiter beträgt seit 1. Januar 1996 19,2 Prozent des beitragspflichtigen Arbeitsverdienstes. Dabei gilt die Beitragsbemessungsgrenze, die der allgemeinen Einkommensentwicklung jährlich angepaßt wird. Sie liegt 1996 bei 96.000 Mark jährlich bzw. 8.000 Mark monatlich. In den neuen Bundesländern liegen die Grenzen bei 81.600 Mark jährlich bzw. 6.800 Mark monatlich.

Nur bis zu diesen Grenzbeträgen müssen Beiträge zur Rentenversicherung gezahlt werden. Der darüber hinausgehende Verdienst unterliegt nicht der Beitragspflicht und wird somit auch bei der späteren Rentenberechnung nicht berücksichtigt. Für versicherungspflichtig Beschäftigte gibt es keinen Mindestbeitrag, sondern nur einen Höchstbeitrag, der sich aus der Beitragsbemessungsgrenze errechnet: 1996 liegt der Höchstbeitrag bei 1.536 DM – also 19,2 Prozent von 8.000 DM (neue Bundesländer: 1.305,60 DM – also 19,2 Prozent von 6.800). Hiervon tragen Arbeitgeber und Arbeitnehmer je die Hälfte.

Für Selbständige, die sich in der gesetzlichen Rentenversicherung auf Antrag pflichtversichert haben, wird ohne Nachweis des tatsächlichen Einkommens ein Betrag in Höhe der Bezugsgröße, somit also das Durchschnittsentgelt der gesetzlichen Rentenversicherung zugrunde gelegt. 1996 liegt der Regelbeitrag bei 792,96 DM monatlich (neue Bundesländer: 672 DM).

Für freiwillig Versicherte in den alten und neuen Bundesländern ergibt sich für dieses Jahr (1996) ein Mindestbeitrag von 113,28 DM monatlich. Der Höchstbeitrag für freiwillig Versicherte ist identisch mit dem Höchstbeitrag für Pflichtversicherte.

Zur Aufrechterhaltung der Anwartschaft auf eine Berufs- oder Erwerbsunfähigkeitsrente gilt für Versicherte in den neuen Bundesländern unter bestimmten Voraussetzungen ein niedrigerer freiwilliger Beitrag.

WISO rät: Wer sich entschließt, diese Lücken zu schließen, sollte das möglichst bald tun. Denn in Zukunft wird der Beitragssatz wahrscheinlich weiter ansteigen, das heißt, auch die Nachzahlung von freiwilligen Beiträgen kommt teurer.

Bei freiwilliger Nachzahlung von Rentenbeiträgen können Sie 1996 wählen zwischen dem Mindestbeitrag von 113,28 DM und dem Höchstbeitrag von 1.536 DM.

Es gilt also nicht der Beitragssatz und die Beitragshöhe des Jahres, für das nachgezahlt wird, sondern der aktuelle Beitragssatz und die Beitragshöhe zum Zeitpunkt der Nachzahlung.

Nachzahlung von Rentenbeiträgen

Für bestimmte Personengruppen hat der Gesetzgeber die Nachzahlung von Beiträgen für die Vergangenheit zugelassen. Dazu berechtigt sind unter anderem Versicherte, denen Ausbildungszeiten nicht oder nicht in vollem Umfang angerechnet werden können. Mit einer Nachzahlung kann ein Rentenanspruch erworben und/oder die Rente gesteigert werden. Allerdings sollten Sie *vor* einer Nachzahlung Aufwand und Ertrag abwägen.

Grundsätzlich können nur solche Versicherte nachzahlen, die entweder versicherungspflichtig oder zur freiwilligen Versicherung berechtigt sind. Nachgezahlt werden kann frühestens für Zeiten nach Vollendung des 16. Lebensjahres, nach dem neuen Gesetz erst nach Vollendung des 17. Lebensjahres. Außerdem können nur freiwillige Beiträge nachgezahlt werden. Deren Höhe richtet sich nach den Werten (Beitragssatz und Beitragshöhe) zum Zeitpunkt der Nachzahlung. Wie bereits gesagt: 1996 kann der oder die Versicherte pro nachzuzahlendem Monat jeden Betrag zwischen dem Mindestbeitrag von 113,28 DM und dem Höchstbeitrag von 1.536 DM frei wählen. Es kommt also nicht darauf an, für welches Jahr die Beiträge verwendet werden.

Die Nachzahlung müssen Sie vorher beantragen. In der Regel genügt es, wenn Sie den Nachzahlungsbetrag innerhalb von drei Monaten nach Erhalt des Zulassungsbescheides direkt an den Rentenversicherungsträger überweisen. Eine Teilzahlung ist für einen Zeitraum von bis zu fünf Jahren möglich, das heißt, Sie können eine bestimmte Anzahl von Monaten oder Jahren zum Zeitpunkt X nachzahlen, zum Zeitpunkt Y eine weitere Anzahl. Eine Ratenzahlung dagegen ist nicht möglich.

Ob Sie sich für den Mindest- oder Höchstbeitrag oder einen Wert dazwischen entscheiden, liegt zunächst an Ihren finanziellen Möglichkeiten. Faustregel: Je höher Sie den Nachzahlungsbeitrag wählen, desto höher wird Ihre spätere Rente ausfallen. Aber Achtung: In Einzelfällen kann eine Nachzahlung hoher Beiträge für nichtanrechenbare Ausbildungszeiten unwirtschaftlich sein.

Ihren Antrag für die Nachzahlung von Rentenbeiträgen können Sie bis Ende des Jahres 2000 jederzeit und ohne jede weitere Voraussetzung stellen. Allerdings: Ab dem Jahr 2005 gilt als Voraussetzung für eine freiwillige Beitragsnachzahlung für nicht anrechenbare Ausbildungszeiten, daß Sie nicht älter als 45 Jahre alt sein dürfen.

Den Antrag auf Nachzahlung müssen Sie bei Ihrem Rentenversicherungsträger stellen, auf einem Formblatt oder formlos. Der Antrag sollte aber unbedingt folgendes enthalten: erstens, daß Sie die Nachzahlung von freiwilligen Beiträgen für nichtanrechenbare Ausbildungszeiten beantragen, und zweitens, für welchen Zeitraum und in welcher Höhe Sie freiwillige Beiträge nachzahlen wollen, also zum Beispiel vom 1. April 1973 bis zum 30. September 1975 für jeden Monat den Mindestbeitrag.

WISO rät: Damit Sie die Beitragshöhe für die Nachzahlung optimal wählen und damit Sie feststellen können, welche Ausbildungszeiten bei der Anrechnung nicht berücksichtigt werden, sollten Sie sich zuvor unbedingt von Ihrem Rentenversicherungsträger beraten lassen. Denn in Einzelfällen stehen Aufwand – also die Nachzahlung – und Ertrag – die Steigerung Ihrer Rente – nicht im richtigen Verhältnis. Eine konkrete Aussage zu den Auswirkungen im Einzelfall kann nur anhand des individuellen Versicherungsverlaufs gemacht werden. Wenn Sie also längere beitragsfreie Zeiten, zum Beispiel wegen Ihrer Ausbildung, haben, sollten Sie fachmännische Beratung in Anspruch nehmen.

Beratung

Falls Sie Lücken durch freiwillige Nachzahlung von Beiträgen schließen wollen, weil Ihnen Ihre Ausbildungszeit nicht vollständig als Anrechnungszeit anerkannt wird, dann können Sie sich wegen einer fachgerechten Beratung wenden:

- an Ihre Landesversicherungsanstalt (LVA),
- an die Bundesversicherungsanstalt für Angestellte (BfA),
- an eine Auskunfts- und Beratungsstelle der LVA/BfA (in den neuen Bundesländern sind daneben auch Geschäftsstellen sowie örtliche Beratungsstellen der LVA/BfA zuständig).

Die Beratung erfolgt kostenfrei. Hilfreich für eine umfassende Beratung ist, wenn Sie Ihre kompletten Versicherungsunterlagen sowie insbesondere Schulzeugnisse bzw. Schul- oder Studienabschlußzeugnisse mitbringen. Sofern Sie von Ihrem Rentenversicherungsträger schon einen Versicherungsverlauf erhalten haben, sollten Sie diesen ebenfalls mitbringen. Für eine Beratung sollten Sie zuvor einen Termin vereinbaren.

Wie sich Nachzahlungen auswirken

Es ist fast unmöglich auszurechnen, wie sich eine Nachzahlung von Beiträgen auf die spätere Rente auswirken kann. Je weiter der Rentenbeginn in der Zukunft liegt, desto schwieriger wird es. Wenn Sie freiwillige Rentenbeiträge für nicht anrechenbare Ausbildungszeiten zahlen, dann erhöht sich dadurch nicht nur Ihre Rente an sich. Ihre Nachzahlung hat einen doppelten Effekt, weil diese Werte dynamisch sind, das heißt, sie erhöhen sich Jahr für Jahr bis zum eigentlichen Rentenbeginn, und zwar in dem Umfang, wie auch die Renten erhöht werden.

Das „Lückenschließen“ ist außerdem so wichtig, weil sich die Belegungsdichte auf die Höhe der späteren Rente auswirkt – übrigens nicht nur auf Ihre Altersrente, sondern auch – und das wird oft vergessen – auf die Höhe einer Berufs- oder Erwerbsunfähigsrente sowie auf die Höhe einer Hinterbliebenenrente. Neben den Rentenleistungen gewährt die gesetzliche Rentenversicherung aber auch medizinische (zum Beispiel Kuren) oder berufliche (zum Beispiel Umschulung) Leistungen zur Rehabilitation. Und weil in der gesetzlichen Rentenversicherung das Solidarprinzip gilt, gibt es diese Leistungen ohne Aufpreis, im Gegensatz zu einer privaten Rentenversicherung.

Beispielrechnungen sind immer etwas problematisch, weil sehr viele – auch individuell unterschiedliche – Faktoren eine Rolle spielen. Deshalb wird an dieser Stelle auch keine vorgenommen. Die Entscheidung für die freiwillige Nachzahlung für nichtanrechenbare Ausbildungszeiten muß sich immer an Ihren persönlichen Voraussetzungen orientieren.

Gesetzliche Rentenversicherung und zusätzliche Altersvorsorge: Ein Blick in die Zukunft

Der gegenwärtige Zustand und die Zukunft unseres Rentensystems sind zur Zeit in der Diskussion. Seit Generationen konnten sich in Deutschland die Menschen nach ihrem Berufsleben in der Regel auf einen finanziell abgesicherten Lebensabend verlassen. Das galt erst recht, nachdem 1957 die Dynamisierung der Renten eingeführt, das heißt, die Erhöhung der Renten an die allgemeine Lohnentwicklung gekoppelt wurde. Viele Jahrzehnte lang galt das gesetzliche Rentensystem in Deutschland als vorbildlich: Ständiges Wirtschaftswachstum, Jahre der Vollbeschäftigung und langes Berufsleben, in denen 45 Beitragsjahre – zumindest für die Männer – meist die Regel waren, bewahrten die Rentenversicherungsträger vor Problemen. Außerdem stiegen während des wirtschaftlichen Aufschwungs der Nachkriegsjahre die Löhne jedes Jahr. Und damit wuchsen nicht nur die Arbeitnehmereinkommen stetig, sondern auch die Beiträge zur gesetzlichen Rentenversicherung.

Seit einigen Jahren jedoch gerät dieses Rentensystem zunehmend in Schieflage. Unsere gegenwärtige Rentenversicherung wird im Umlageverfahren finanziert. Zur Zeit gibt es, von einer Schwankungsreserve abgesehen, kein Deckungskapital mehr. Mit den eingehenden Beiträgen werden sofort die laufenden Renten finanziert. Die heutigen Beitragszahler sorgen also für die vorangehende Generation und erwerben damit ihrerseits einen Anspruch, von der dann erwerbstätigen Generation im Alter versorgt zu werden.

Problem Nummer eins: Unsere Bevölkerungsstruktur verändert sich. Die Lebenserwartung steigt ständig, die Geburtenrate sinkt. Die Folge davon ist, daß der Anteil der älteren Menschen an der Gesamtbevölkerung in Deutschland wächst. Die Zahl derer, die heute 60 Jahre und älter sind, liegt bundesweit bereits bei 20 Prozent – Tendenz steigend. Bis zum Jahr 2040 wird der Anteil der über 60jährigen an der Bevölkerung auf rund 33 Prozent gestiegen sein. Dann werden 100 Beitragszahler bis zu 70 Rentner finanzieren müssen. Heute kommen 100 Beitragszahler für 36 Rentner auf. Immer weniger junge Arbeitnehmer müssen also eine immer größer werdende Anzahl älterer Menschen unterhalten, die ja aufgrund ihrer eigenen Beiträge einen entsprechenden Anspruch erworben haben. Es gibt Experten, die damit rechnen, daß bereits in 15 Jahren junge Beitragszahler gegen die steigende Belastung rebellieren und verlangen werden, daß der sogenannte Generationenvertrag auf eine neue Grundlage gestellt wird. Was das bedeutet, kann sich jeder denken: Einschnitte bei der Rentenhöhe. Es scheint unwahrscheinlich, daß Politiker auf Dauer das heutige Rentenniveau garantieren können. Damit es besser verdaulich ist, kommt sicher nicht der große Schnitt, sondern es wird in kleinen Häppchen serviert. Mit der Rentenreform 1992 wurde schon damit angefangen. Mit der Heraufsetzung des Rentenalters geht es jetzt weiter.

Problem Nummer zwei: Der demographischen Entwicklung – hier immer mehr ältere Menschen, dort immer weniger junge Beitragszahler – steht entgegen, daß die Altersrenten immer früher in Anspruch genommen werden. Die normale Altersgrenze von 65 Jahren ist beinahe schon zum Ausnahmefall geworden. Heute arbeitet nur noch ein knappes Drittel der über 59jährigen. Eine der Ursachen ist die zunehmende Arbeitslosigkeit. 1992 waren es erst 54.000, 1995 aber bereits 290.000 Arbeitnehmer, die wegen Arbeitslosigkeit vorzeitig ihre Rente angemeldet haben. Allein diese 290.000 kosten die Sozialkassen insgesamt 70 Milliarden Mark. Frührentner nehmen ja nicht nur vorzeitig Leistungen in Anspruch, auch wenn diese dann etwas reduziert sind, sondern fallen auch als Beitragszahler aus.

Problem Nummer drei sind die versicherungsfremden Leistungen, die der Rentenversicherung aufgebürdet werden. Vom Volumen her erreichen sie inzwischen etwas mehr als 30 Prozent der Rentenausgaben. Das heißt: Fast jede dritte Mark wird für versicherungsfremde Dinge ausgegeben, obwohl die Beitragszahler in die Rentenversicherung einzahlen, um die gegenwärtigen Renten zu finanzieren und einen eigenen Anspruch zu erwerben. Zur Veranschaulichung hat das der Verband Deutscher Rentenversicherungsträger für 1993 in absoluten Zahlen beziffert: Insgesamt wurden an Arbeiter und Angestellte rund 262 Milliarden Mark an Renten ausgezahlt, nicht mitgerechnet die Zuschüsse zur Krankenversicherung der Rentner und die Kosten infolge des 2. SED-Unrechtsbereinigungsgesetzes. Von diesen 262 Milliarden Mark, die 1993 an Renten gezahlt wurden, waren rund 83 Milliarden Mark sogenannte Fremdleistungen. Das heißt, es wurden Leistungen gewährt, für die keine Beiträge eingezahlt worden sind. Allerdings muß gesagt werden, daß der Bund einen Zuschuß in Höhe von 49,6 Milliarden Mark geleistet hat. Trotzdem bleiben unter dem Strich insgesamt noch 33 Milliarden Mark, mit denen die Rentenversicherung den Staat bei der Erfüllung seiner gesamtgesellschaftlichen Aufgaben in einem einzigen Jahr subventioniert hat.

Das bedeutet für jeden einzelnen Beitragszahler, daß er am Ende nicht die Rente ausgezahlt bekommt, die dem Äquivalent seiner Einzahlungen entspricht. Natürlich liegt es in der Natur der Sache, daß eine Versicherung bestimmte Risiken abdeckt; die gesetzliche Rentenversicherung zum Beispiel das Risiko der Berufs- oder Erwerbsunfähigkeit oder die Absicherung von Hinterbliebenen. Nur haben die meisten Arbeitnehmer gar keine andere Wahl und sind sozusagen zwangsverpflichtet in der gesetzlichen Rentenversicherung, die als Solidargemeinschaft bestimmte Risiken des

Lebens abdeckt. Neben einer Berufs- und Erwerbsunfähigkeit sowie der Hinterbliebenenversorgung finanziert die Rentenversicherung beispielsweise noch Rehabilitationsmaßnahmen, um die Arbeitsfähigkeit zu erhalten oder wieder herzustellen.

Was aber nicht die originäre Aufgabe einer Rentenversicherung sein kann, ist zum Beispiel die Absicherung des Risikos, arbeitslos zu werden. Die Rentenversicherung versichert lediglich den Ausfall der Erwerbsfähigkeit. Dennoch muß sie in großem Umfang die Arbeitslosenversicherung entlasten, mittelbar also den Bund, der eigentlich für das Defizit der Bundesanstalt für Arbeit haftbar ist. Gegen das Risiko der Arbeitslosigkeit gibt es ja eine eigene Versicherung. Doch das ist nicht alles, was der gesetzlichen Rentenversicherung und damit ihren Beitragszahlern an versicherungsfremden Leistungen aufgebürdet wird. Sie müssen zum Beispiel den Bestandsschutz für Renten in den neuen Bundesländern finanzieren. Die Gewährleistung dieses Bestandsschutzes für die in den neuen Bundesländern vor der Umwertung am 31. Dezember 1991 gezahlten Renten sind eine direkte Folge der deutschen Wiedervereinigung und müßten eigentlich von allen Bundesbürgern und damit aus Steuermitteln finanziert werden.

Weiter gibt es die „Rente nach Mindesteinkommen“, bei der Pflichtbeiträge bis Ende 1991 eine höhere Bewertung erfahren haben, wenn ihr Schnitt unter 75 Prozent des Durchschnittsverdienstes aller Versicherten lag. In diesen Fällen ging es darum, daß die Rentenversicherung individuelle Versicherungsverläufe aufbessern mußte, um den betroffenen Menschen – meistens waren das Frauen mit niedrigen Löhnen – eine angemessene Alterssicherung zu gewährleisten. Dadurch wurde zwar die staatliche Sozialhilfe entlastet. Trotzdem handelt es sich um versicherungsfremde Leistungen, wenn die Rentenzahlung schließlich höher ausfällt, als es durch die vorher eingezahlten Rentenbeiträge gerechtfertigt wäre.

Versicherungsfremd sind auch Aufwendungen der gesetzlichen Rentenversicherung für Kindererziehungs- und Kinderberücksichtigungszeiten. Warum? Weil die Notwendigkeit, einen Ausgleich zu schaffen zwischen denen, die Kinder erziehen, und denen, die keine Kinder haben, nicht auf die Rentenversicherung begrenzt werden kann. Dies ist eine gesamtgesellschaftliche Aufgabe.

Ein besonders gutes Beispiel sind die sogenannten Kriegsfolgelasten, die eigentlich Entschädigungscharakter haben. Im Sommer 1994 wurde entschieden, daß die Rentenversicherung auch noch für die rentenrechtlichen Folgen des Unrechts kommunistischer Machthaber der früheren DDR aufzukommen hat. Zwar wurde von den Finanzpolitikern anerkannt, daß es sich um Lasten handelt, die die gesamte Gesellschaft tragen müßte. Weil aber die dafür notwendigen Steuermittel nicht eingesetzt waren, dem Bund also das Geld für diese Aufgabe fehlte, wurde auch hier wieder in die Rentenkasse gegriffen.

Es gibt noch mehr Beispiele, aber diese Aufzählung genügt wohl, um einen Eindruck zu vermitteln, was alles mit den Beiträgen zur gesetzlichen Rentenversicherung finanziert wird und was den Beitragszahlern selber dann nicht mehr zur Verfügung steht.

Ist unser Rentensystem reformierbar?

In Zukunft wird der finanzielle Spielraum des Bundes wahrscheinlich noch enger werden, als er jetzt ohnehin schon ist. Aus diesem Grund ist wohl kaum damit zu rechnen, daß der Bund die gesetzliche Rentenversicherung von den versicherungsfremden Leistungen befreien könnte, die ihn bisher finanziell entlasteten. Wahrscheinlicher ist, daß bis jetzt übliche Leistungen der Rentenversicherungsträger gekürzt werden.

Ein Versuch, die gesetzliche Rentenversicherung zu reformieren, wurde 1992 mit der Rentenreform gemacht. Es gelang allerdings nicht, im großen Interessenstreit die Rentenversicherung von den vielen versicherungsfremden Leistungen zu befreien. Zwar sollte allein mit diesen genannten Maßnahmen der prognostizierte Anstieg des Beitragssatzes bis zum Jahre 2010 mehr als halbiert werden. Aber daß die Rentenreform 1992 allein nicht ausreicht, um längerfristig die Probleme, zum Beispiel im Jahre 2030, zu lösen, beweist die aktuelle Diskussion. Die Verantwortlichen vertreten allerdings die Meinung, daß – wenn weitere Maßnahmen notwendig werden – auch die Rentenversicherung im Rahmen des bestehenden Systems getroffen wird, also die sogenannte „Grundrente" für alle Bürger, die immer wieder einmal in Diskussionen auftaucht, kein Thema sein darf.

Wer sich all diese Fakten vor Augen hält, muß eigentlich zwangsläufig davon ausgehen, daß die demographische Entwicklung, die immer längeren Rentenlaufzeiten und die versicherungsfremden Leistungen sehr wahrscheinlich dazu führen werden, daß die gesetzliche Rentenversicherung ihre Leistungen auf Dauer nicht mehr im bisherigen Umfang aufrechterhalten kann.

In Zukunft mehr Eigenverantwortung notwendig: Alterssicherung selbst in die Hand nehmen

Immer weniger Beitragszahler für die Rentenversicherung: Das wird wahrscheinlich nicht nur mit demographischen Gründen zusammenhängen, sondern auch mit der sich wandelnden Arbeitswelt. Bewahrheitet sich, daß immer mehr Menschen nicht mehr in abhängigen Beschäftigungsverhältnissen ihr Geld verdienen werden, dann stehen sie auch nicht mehr als Zwangsmitglieder für die gesetzliche Rentenversicherung zur Verfügung.

Was kann das für Menschen bedeuten, die in 20 oder 30 Jahren in Rente gehen werden? Sie werden Abschläge hinnehmen müssen. Außerdem können Arbeitnehmer nicht mehr damit rechnen, daß es eine betriebliche Altersversorgung, die bisher als zweite Säule der Alterssicherung angesehen wurde, im bisherigen Umfang geben wird: Zum Beispiel werden schon jetzt reihenweise Betriebsrenten nicht mehr erhöht, weil die Ertragslage der Unternehmen das angeblich nicht zuläßt. Wer heute irgendwo neu anfängt, wird oft von der betrieblichen Zusatzversorgung ausgeschlossen, oder sie wurde bereits erheblich reduziert. Mit der Großzügigkeit der Unternehmen ist es vorbei; der Wettbewerbsdruck erlaubt keine deutschen Extrawürste mehr. Die Anzahl der Beschäftigten mit betrieblichen Pensionsansprüchen ist seit Jahren rückläufig. Also wird auch dieses „zweite Bein“ der Altersversorgung zunehmend schwächer. Noch etwas, das vielen Arbeitnehmern nicht unbedingt so bewußt ist: Sie zahlen Beiträge in die Rentenversicherung nur bis zur Beitragsbemessungsgrenze. Wenn Sie mehr verdienen – 1996 liegt die Grenze bei 8.000 Mark –, dann schlägt das, was Sie darüber hinaus verdienen, rentenmäßig nicht zu Buche. Das heißt, daß gerade die sogenannten Besserverdienenden als Rentner größere Einkommenseinbußen hinnehmen werden müssen. Die sogenannte Versorgungslücke wird um so größer, je mehr Sie über diese Bemessungsgrenze hinaus verdient haben.

WISO rät: Sorgen Sie für eine zusätzliche Alterssicherung, wenn Sie den gewohnten Lebensstandard im Alter aufrechterhalten wollen. Je früher Sie damit anfangen, desto günstiger. Streuen Sie Ihr Kapital, das Sie für eine zusätzliche Alterssicherung aufwenden wollen bzw. können. Und gehen Sie nicht irgendwelchen Anlageberatern auf den Leim, die Ihnen Superrenditen versprechen. Faustregel: Renditen, die deutlich über dem Zinsniveau zehnjähriger Bundesanleihen liegen sollen, sind entweder äußerst risikoreich, oder es handelt sich um unseriöse Versprechungen.

Immer noch die sicherste und beste Alterssicherung ist Wohneigentum. Die Schaffung von Wohneigentum wird nicht nur vom Staat gefördert, hilft also Steuern sparen, sondern entlastet vor allen Dingen im Ruhestand von ständig steigenden Mietzahlungen. Untersuchungen haben ergeben, daß Wohneigentümer nur 2 Prozent ihrer Rente für das Wohnen ausgeben. Diejenigen, die zur Miete wohnen, geben dagegen rund 20 Prozent dafür aus.

Schuldenfreies Wohneigentum im Alter kommt also einer Art „Zusatzrente“ gleich.

Neben Wohneigentum sollten solide Kapitalanlagen eine weitere Säule der privaten Alterssicherung bilden. Dabei kommt es vor allen Dingen darauf an, daß diese Kapitalanlagen sicher sind, daß sie eine akzeptable Rentabilität haben und dem Bedarf entsprechend verfügbar sind.

Ob Sie sich nun für langfristige Sparverträge oder für Fondssparpläne, für den Kauf von Bundesschatzbriefen oder -anleihen entscheiden oder ob Sie lieber auf Aktien-, Investment-, Renten- oder Geldmarktfonds setzen, hängt entscheidend von Ihrer persönlichen Situation ab.

WISO rät: Wählen Sie für Vorsorgezwecke nur erstklassige Schuldner aus. Achten Sie auf Anlagensicherheit, das heißt, daß Ihnen garantiert wird, mindestens Ihr eingesetztes Kapital zurückzuerhalten. Weiters sollten Sie darauf achten, daß auch die Erträge garantiert werden, weil Sie sich darauf eingerichtet haben, im Alter ein zusätzliches Einkommen aus den Erträgen zu erzielen oder weil Sie fest mit der Rückzahlung Ihres eingesetzten Kapitals rechnen. Achten Sie deshalb bei Kaiptalanlagen, die Sie für Ihre private Alterssicherung vorsehen, auf Einlagensicherung, Zinsgarantien und Kurssicherheit.

Angesichts der Probleme und Herausforderungen, denen sich unser gesetzliches Rentensystem gegenüber sieht, werden Sie in Zukunft stärker für sich selber sorgen müssen.

Am besten fangen Sie möglichst bald damit an, wenn Ihnen bis Rentenbeginn noch genügend Zeit dazu bleibt. Gehören Sie zu den sogenannten „Besserverdienenden“, dann sollten Sie vorsichtig sein, wenn Ihnen Abschreibungsspezialisten vorrechnen, mit welchen Geldanlagen Sie möglichst viele Steuern sparen können. Es gibt nicht gerade wenige Menschen, die auf diese Weise viel Geld in den Sand gesetzt haben.

Urlaub

Preiswert reisen mit Auto, Bahn, Flugzeug

Flexibilität ist das Zauberwort im Privatleben und im Beruf. Dienstreisen stehen auf der Tagesordnung, Konferenzen, Vorträge und Seminare in anderen Städten – oft sogar im Ausland – gehören zum „business as usual“. Reisen ist Teil unseres Alltags! Darüber hinaus fahren über zwei Drittel aller Bundesbürger auch privat gerne weg: Mindestens zweimal im Jahr zieht es uns in den Urlaub. Dabei wählen mehr als die Hälfte der Deutschen einen Ort im Ausland als Reiseziel. Aber auch in der Zwischenzeit ist der Deutsche reisefreudig. Kurzurlaube und verlängerte Wochenenden stehen hoch im Kurs.

Vor Antritt einer Reise stellt sich jeder die Frage nach den Reisekosten. Da denkt man nach über das richtige Verkehrsmittel, das einen dem Urlaubsziel näherbringen soll, preiswerte Tickets, einen Mietwagen, über Reiseveranstalter, Unterbringungskosten, und nicht zuletzt über das zusätzliche „Taschengeld“, das für die Reise benötigt wird. Wer hier rechnet und gut informiert ist, kann viel Geld sparen. Die WISO-Redaktion gibt Ihnen Anregungen, wie Sie Ihren Geldbeutel beim Reisen nicht überstrapazieren und den Schnäppchen auf die Spur kommen!

Bei allen Urlaubsreisen müßen Sie sich entscheiden, ob Sie pauschal reisen wollen, das heißt ein Reiseangebot inklusive An- und Abfahrt sowie Unterbringung buchen, oder ob Sie lieber auf eigene Faust planen, also Individualreisender sind. Haben Sie sich für die Individualreise entschieden, beginnen die Überlegungen bei der Wahl des Verkehrsmittels. Um sich für das preisgünstigste Fortbewegungsmittel zu entscheiden, bedarf es genauer individueller Nachforschungen.

Auto: Mit dem eigenen fahrbaren Untersatz ans Ziel

Will man die Kosten für das Auto errechnen, muß man zunächst die Strecke festlegen und so die Kilometer ermitteln. Dabei kann zum Beispiel der ADAC behilflich sein. Von den zu fahrenden Kilometern lassen sich die Benzinkosten ableiten. Wenn Sie über die Landesgrenze hinausfahren, vergessen Sie nicht, die im jeweiligen Land bestehenden Benzinpreise miteinzurechnen. Doch diese Kosten alleine entsprechen nicht dem Endpreis für die Autofahrt, denn der Verschleiß, die Abnutzung muß auch kalkuliert werden. Automobilclubs oder Verbraucherverbände können Ihnen zu diesen Kosten Schätzwerte nennen.

WISO rät: Errechnen Sie ganz genau, was Sie die Fahrt mit dem Auto kosten wird. Entscheidend bei der Berechnung ist dabei auch, wie viele Personen mitreisen. Vielleicht können Sie sogar Fahrgemeinschaften bilden, das reduziert die Kosten noch mehr und ist umweltfreundlicher! Außerdem: Erkundigen Sie sich bei den Mitfahrzentralen in Ihrer Nähe. Manchmal will es der Zufall, daß andere Personen zur selben Zeit zum selben Ort wollen und noch Plätze im Auto frei haben bzw. gerne bei jemandem mitfahren würden.

WISO hat ein PC-Programm im Angebot, mit dem Sie Reisen mit allen Verkehrsmitteln genauestens berechnen können, dazu einen Streckenplaner für Fahrten mit dem Auto und einen Hotelführer („WISO Reise + Kosten", siehe Schluß dieses Buches!)

Die Bahn: Es muß nicht immer teuer sein

Wenn Sie planen, mit der Bahn zu fahren, informieren Sie sich genau über die Preise. Die Agentur für Kommunikation hat eine Berechnungstabelle erarbeitet. Aufgeführt sind dabei innerdeutsche Geschäftsreisen mit den Abfahr- bzw. Zielorten Berlin, Dresden, Düsseldorf, Frankfurt a. M., Hamburg, Hannover, Köln, Leipzig, München, Nürnberg. Bezüglich Preis und Zeit wurden Zug, Flugzeug und Auto verglichen. Nach dieser Tabelle schneidet der Zug oftmals sehr positiv ab – er ist schnell, günstig und vor allem bequem.

Allerdings läßt sich das so pauschal nicht für jede Reise sagen – denn es wurden keine Sondertarife bei den Fluglinien einbezogen. Und schon wenn sich mehrere gemeinsam mit gleichem Ziel auf den Weg machen, kann die Berechnung ganz anders aussehen.

Die Deutsche Bahn AG hält – wie die Fluggesellschaften – wechselnde Sonderangebote für Sie bereit. Ob es die „rosaroten Zeiten" waren, oder aktuell die günstigen „Guten-Abend-Tickets" (von 19.00 bis 2.00 Uhr nachts für 49 DM in der zweiten und für 99 DM in der ersten Klasse quer durch Deutschland, Zuschlag für ICE: jeweils 10 DM) – Rabatte gibt es immer!

Der absolute Knüller zur Zeit ist das 30-Mark-Ticket. Ursprünglich für 15 DM angeboten, führte es zum Chaos auf deutschen Bahnhöfen. Jetzt zum doppelten Preis ist es immer noch ein sehr attraktives Angebot, wenn man das Wort „Komfort" vergißt. Das Ticket gilt auf Nahverkehrsstrecken für maximal fünf Personen. Wer viel Zeit hat, flexibel ist und das Gedränge nicht scheut, kann so zum Beispiel von Hamburg nach München zu fünft für 30 Mark fahren.

WISO rät: Erkundigen Sie sich bei der Deutschen Bahn AG nach den aktuellen Sondertarifen. Es gibt immer wieder viele preissparende Angebote! Vergleichen Sie die einzelnen Zugtypen (EC, IC, ICE), und rechnen Sie genau, ob der teurere auch wirklich der bessere und schnellere für Sie ist!

Auch erteilt die Deutsche Bahn AG Sondertarife etwa für Gruppen und kinderreiche Familien. Junge Leute unter 23 Jahre oder Schüler und Studenten unter 27 Jahre können ein sogenanntes Tramper-Monatsticket kaufen bzw. auf einigen Strecken Nachttrampertickets. Außerdem gibt es eine Art Neuauflage des „Interrail-Tickets". Fragen Sie genau nach – das kostet nichts und spart Geld! Passen Sie außerdem auf, daß bei einer Zugbuchung auch die richtige Streckenführung gebucht wird und nicht versehentlich eine teurere!

Wer häufig Zug fahrt, fährt richtig mit der „Bahncard". Diese bekommt man in verschiedenen Ausführungen: für die erste und zweite Klasse und für unterschiedliche Personengruppen (zum Beispiel Senioren, Ehepaare), inzwischen sogar in Verbindung mit Visa als Kreditkarte. Gültig ist sie für ein volles Jahr – kein Kalenderjahr! Kostenlos bekommt man auch noch den „Familienpaß". Er gilt für Ehepaare mit drei – und mehr – Kindern unter 18 Jahren.

Lassen Sie sich die Vorzüge der einzelnen Tickets und Cards genau erklären. Rechnen Sie nach, ob Sie häufig genug fahren, so daß sich die Investition in die Bahncard auch wirklich lohnt.

Wegweiser durch den Tarifdschungel: Wie Sie mit günstigen Flugtickets Geld sparen

Es ist noch gar nicht so lange her, da gab es einmal – zumindest theoretisch – festgelegte Tarife für Flugtickets in Deutschland. Daneben existierte ein Graumarkt, auf dem Flugtickets angeboten wurden, die preislich teilweise erheblich unter diesem offiziellen Standardtarif lagen. Inzwischen hat sich im Rahmen der Europäischen Union viel geändert: Die IATA-Tarife werden heute von den Airlines generell unterboten, indem die Fluggesellschaften mit Ticketagenten völlig legal exklusive Vereinbarungen über sogenannte Discount-Tickets treffen. Allerdings: Bei den Fluggesellschaften selber können Sie Discount-Tickets weder kaufen noch solche Tarife erfragen, sie verkaufen ausschließlich zu ihren regulären Preisen oder ihren offiziellen Sondertarifen, beispielsweise dem Wochend-Spezialtarif „Super-Flieg-und-Spar". Wenn Sie günstiger fliegen wollen, können Sie in fast jedem Reisebüro oder in Flugbüros, die auf Billigflüge spezialisiert sind, ein preisgünstiges Ticket erstehen. „Grau" ist daran nichts mehr, das heißt, Sie müssen nicht mehr – wie noch vor einigen Jahren – befürchten, daß Sie mit einem Discount-Ticket unter Umständen am Boden bleiben müssen.

So finden Sie die günstigen Tickets

Für den Flugreisenden hat sich das Tarifgestrüpp bei den Flugtickets zu einem dichten Dschungel ausgewachsen. Wer einen Fernflug buchen möchte, um im Zielland seinen Urlaub auf eigene Faust zu gestalten oder vielleicht eine Tante auf einem anderen Kontinent besuchen will, tut sich schwer, den preisgünstigsten Flug herauszufinden. Denn: Die Preise wechseln oft und kurzfristig, gehen rasch nach oben und nach unten und können binnen kürzester Zeit branchenüblich sein. Es ist also nicht einfach, ein wirkliches „Schnäppchen" zu machen. Und wie im Sommerschlußverkauf: Die richtig guten „Schnäppchen" sind eher rar, besonders auf gefragten Strecken, und sehr schnell ausverkauft. Denn die Fluggesellschaften, die natürlich möglichst viele Normalzahler an Bord haben möchten, reservieren zunächst nur wenige Plätze für Billigflieger.

Auf dem Flugticketmarkt funktioniert das Wirtschaftsprinzip „Angebot und Nachfrage" hervorragend. Für den Flugreisenden bedeutet das: Je besser bei den Airlines der Ticketverkauf zum offiziellen Tarif läuft, desto kleiner wird das Kontingent an

Discount-Tickets. Aus diesem Grund gibt es auch keine Kataloge mehr, in denen die Günstigpreise für die verschiedenen Flugziele aufgeführt wären: Sie ändern sich einfach zu schnell.

Allein findet sich ein Flugreisender im Tarifgestrüpp kaum noch zurecht. Um so wichtiger wird eine gute Beratung beim Ticketkauf. Denn ein günstiger Preis sagt noch längst nicht alles. Um wirklich vergleichen zu können, sollten Sie das Preis-Leistungs-Verhältnis kennen.

WISO rät: Holen Sie in verschiedenen Reisebüros oder speziellen Flugreisebüros Discount-Angebote für Ihr geplantes Flugziel ein. Dabei werden Sie feststellen, daß bei gleichem Leistungsangebot die Preisunterschiede um maximal 100 Mark variieren – eine Folge des wesentlich härteren Wettbewerbs zwischen den Fluglinien.

Es genügt also, wenn Sie bei etwa drei Reisebüros Angebote einholen, um festzustellen, was Sie für Ihre Flugreise ungefähr ausgeben müssen. Die Zeiten eklatanter Preisunterschiede bei Discount-Tickets sind vorbei.

Um Irrtümern vorzubeugen: Dieser geringe Preisunterschied bezieht sich ausschließlich auf die Differenzen zwischen Discount-Tickets. Gegenüber den normalen Tickets oder den offiziellen Sondertarifen besteht natürlich ein großer Preisunterschied. Beispiel: Der günstigste offizielle Sondertarif einer Airline nach Honolulu/Hawaii liegt zur Zeit bei 2.459 Mark. Mit einem Discount-Ticket können Sie Ihr Flugziel jedoch schon für 1.750 Mark, wenn Sie Glück haben, sogar für nur 1.443 Mark erreichen – macht eine Differenz von fast 1.000 Mark.

Beachten Sie das Preis-Leistungs-Verhältnis

Achten Sie beim Ticketkauf nicht nur auf den Preis, sondern – ganz wichtig – auch auf die Bedingungen. Sie können einen Preisvorteil schnell zunichte machen. Fragen Sie deshalb vor dem Ticketkauf: Wie sieht es bei einer Stornierung aus? Ist eine Umbuchung möglich? Wird ein Mindest- oder Höchstaufenthalt vorgeschrieben? Gibt es Flug-Ausschlußtage? Entscheidend ist das Preis-Leistungs-Verhältnis, das den Unterschied zwischen „billig“ und „preiswert“ ausmacht. Lassen Sie sich also von Fachleuten beraten.

Eine gute Beratung bekommen Sie zum Beispiel in Reisebüros. Oder wenn Sie sich vorab einen Überblick im Tarifdschungel verschaffen möchten: Das Reisemagazin „fliegen & sparen“, das vierteljährlich erscheint und 10 Mark kostet, bietet in seinen aktuellen Ausgaben eine Auswertung von über 800 Billigtickets mit einer Preis-Leistungs-Bewertung.

Wichtig für Ihre Entscheidung, wenn Sie für ein Flugticket möglichst wenig bezahlen möchten: Je mehr Zeit Sie haben, je flexibler Sie sind, was Ihre Terminwünsche angeht – wenn Sie also auf Termine in der Hauptsaison verzichten können –, und je kurzfristiger Sie buchen, desto günstiger fallen die Preise aus. So lautet die Faustregel. Beachten Sie, daß Hochsaison-Termine sich nicht nur auf die Ferienzeiten in Deutschland beziehen, sondern auch auf die günstigste Reisezeit für das jeweilige Reiseziel.

Fragen Sie nach Spezialtarifen, die es für Jugendliche und Studenten, aber auch für Senioren gibt. Passagiere aus diesen Gruppen können in der Regel die eben genannten Bedingungen am ehesten erfüllen.

Im Ausland abheben: Bringt das noch was?

Take-off im Nachbarland, also Tickets im Ausland buchen, lohnt sich eigentlich nur noch in seltenen Fällen. Und zwar immer dann, wenn sich eine bestimmte Airline aus Marketing-Gründen auf eine Urlaubsregion konzentriert und dort mit besonders günstigen Preisen verstärkt Kunden gewinnen möchte. Aktuelles Beispiel: Die Airline „Martinair" will sich mit Flügen in die Karibik und nach Florida etablieren und bietet sehr preisgünstige Flüge ab Amsterdam an.

Der Flug in die Dominikanische Republik ist bei Martinair zur Zeit schon für rund 730 DM zu haben, der günstigste Flug ab einem deutschen Flughafen dagegen kommt auf rund 1.000 DM. Allerdings: Sie müssen nach Amsterdam reisen und unter Umständen dort übernachten, wenn der Flug schon frühmorgens losgehen sollte. Diese Kosten müssen natürlich mit in Ihre Kalkulation eingehen, wenn Sie nach dem preislich günstigsten Flug suchen.

Kommt in nächster Zeit ein neuer Konkurrent auf den Markt, der „Martinair" den Ruf, ein günstiger Anbieter für Flüge in die Karibik und nach Florida zu sein, abspenstig machen und damit Kunden abwerben möchte, kann dieser Tip schon wieder überholt sein. Auf dem Flugsektor ist der internationale Wettbewerb so hart geworden, daß dieser Markt ständig in Bewegung ist.

Zum Beispiel bietet zur Zeit Air France besonders preiswerte Flüge nach Südafrika an: etwa um 1.260 DM. Abflughafen kann jeder beliebige Flughafen in Deutschland sein. Der Flug geht in jedem Fall über Paris. Das System funktioniert genauso bei anderen Airlines mit anderen Zielen: ein beliebiger Abflughafen in Deutschland, und zum Zielflughafen geht es immer über die Hauptstadt des Heimatlandes der jeweiligen Airline. Vorteil dieser Variante: Die Anreise zum Abflughafen im Ausland entfällt.

Vorbei sind auch die Zeiten der guten alten Standby-Tickets, deren Verkauf in den vergangenen Jahren in Deutschland zwar verboten war, die aber besonders günstig in London angeboten wurden, wenn das Ziel USA hieß. Kollege Computer hat den Standby-Tickets weitgehend den Garaus gemacht: Da die Flugticket-Verkaufsstellen online miteinander verbunden sind, versuchen die Airlines relativ lange, ihre Plätze zu ihren üblichen Tarifen zu verkaufen. Wer Glück hat, erwischt einen Restplatz und bekommt dann auf den Preis einen Nachlaß.

Es gibt also weitgehend keine Standby-Tickets mehr, die zu einem bestimmten Preis verkauft werden und den Ticket-Besitzer nur dann an sein Flugziel bringen, wenn ein Platz im Flugzeug leer bleibt.

Nutzen Sie attraktive Stop-Over-Programme!

Wenn es Ihnen nicht allein auf einen niedrigen Preis ankommt, sondern auch darauf, *was* Sie für Ihr Geld bekommen, dann sollten Sie die zunehmend attraktiver gewordenen Stop-Over-Programme der einzelnen Fluglinien nutzen. Beispiel: Um Fluggäste zu gewinnen, bietet die australische Linie Quantas auf Ihren Flügen von Europa nach Australien einen Zwischenaufenthalt in Bangkok an, bei dem die australische Fluglinie nicht nur Hoteltransfer bietet, sondern auch noch indirekt einen Teil der Hotelkosten übernimmt. Unter Umständen zahlen Sie nur halb soviel für ein Zimmer im jeweiligen Hotel wie „normale" Gäste. Andere Airlines locken mit Gratis-Stadtrundfahrten oder sonstigen attraktiven Programmpunkten. Die Stop-Over-Programme werden schwerpunktmäßig bei Flügen nach Fernost angeboten.

WISO rät: Nutzen Sie solche Stop-Over-Programme auf Langstreckenflügen. Nicht nur, daß Sie zum Beispiel Ihr Bangkok-Aufenthalt in diesem Fall billiger als ein Spezialprogramm kommt. Ein weiterer Vorteil liegt darin, daß Sie sich mit einem Zwischenstopp – beispielsweise auf dem Flug von Europa nach Australien – körperlich besser auf die Zeitverschiebung einstellen können.

Ähnlich wie die Stop-Over-Programme können Sie die Gate-Way-Städte der einzelnen Fluglinien nutzen: Fliegen Sie beispielsweise mit der Linie Continental in die USA, dann heißt die Gate-Way-Stadt New York. Das bedeutet: Auch wenn Sie ein anderes Ziel in den USA gebucht haben, landen Sie auf jeden Fall dort und können fast immer ohne zusätzliche Kosten Ihre Reise dort unterbrechen. Andere Fluglinien haben andere Gate-Way-Städte. Die North-West-Airlines landen beispielsweise immer zuerst in Boston.

Berücksichtigen Sie auch das beim Ticketkauf, denn auf diesem Weg können Sie sich unter Umständen den Kauf eines Air-Passes bzw. eines Coupon-Tickets sparen. Günstige Luftsprünge, besonders in Australien, Asien, Süd- und Nordamerika sowie in der Karibik und Südsee, können Sie mit diesen Spezialtickets machen und dabei bis zu 30 Prozent sparen. Zwei Varianten gibt es: Beliebig viele Flüge über einen bestimmten Zeitraum, auch auf Standby-Basis (Air-Paß) oder eine feste Anzahl von Flugstrecken (Coupons). Alle Air-Pässe können nur hier in Deutschland – also nicht im Reiseland – gekauft werden. Manche Airlines erwarten, daß dann auch der Interkontinentalflug direkt bei ihnen gebucht wird.

Sparen Sie Geld mit sogenannten „Gabelflügen". Lange Zeit waren sie ausschließlich Sache der Linienfluggesellschaften. Seit der Liberalisierung des Luftverkehrs in der Europäischen Union mischen auch die Charterfluggesellschaften in diesem Bereich kräftig mit. Die Zeiten sind vorbei, in denen Charterflüge ohne Hotelbuchung als sogenannte Campingflüge getarnt und nur in Verbindung mit einem Voucher für eine nicht existierende Hotel- oder Campingunterkunft verkauft werden durften. Wer Gabelflüge nutzt, spart Geld. Gabelflüge zu Sondertarifen, auch Dreiecks- oder Open-Jaw-Flüge genannt, sind in der Regel zwischen allen Städten möglich, die von derselben Airline angeflogen werden. Wie kommt der günstige Flugpreis zustande?

Die Hälfte des am Hinflugtag gültigen Preises und die Hälfte des am Rückflugtag gültigen Preises werden addiert. Das kann bei Gabelflügen zu einem günstigeren Preis als bei einem normalen Hin- und Rückflugticket führen, und zwar immer dann, wenn der Hinflug in die Hochsaison fällt, der Rückflug jedoch schon in die Zwischen- oder Nachsaison. Weiterer Vorteil von Gabelflügen: Sie können mehrere Urlaubsziele besuchen, zum Beispiel in Griechenland oder auf den Kanaren mit der Fähre von Insel zu Insel springen, ohne wieder an den Ankunftsort zurückkehren zu müssen.

Auch One-Way-Tickets sind bei Charterfluggesellschaften kein Thema mehr. Das ist interessant, wenn Sie zum Beispiel mit anderen zusammen mit dem Auto in den Urlaub fahren, aber früher als die anderen wieder nach Hause zurück wollen. Für One-Way-Charterflüge werden 50 Prozent des höchsten Tarifs berechnet, unabhängig von der Saison.

Für Kurzentschlossene: Last-Minute-Flugangebote

Sparen in letzter Minute – sogenannte Last-Minute-Flugreisen – lohnen sich speziell bei Reisen in die klassischen Mittelmeer-Urlaubsländer. Last-Minute bietet neben dem Flug meist auch eine Unterkunft vor Ort; es handelt sich hier also um Pauschalreisen. Die Charterfluggesellschaften bieten aber auch reine Flugtickets über Last-Minute an. Kurzentschlossene können mit einer Preisreduzierung bis zu 50 Prozent rechnen.

WISO rät: Fallen Sie nicht auf „Etikettenschwindel" herein. Echte Restplätze werden frühestens 14 Tage vor Abflug angeboten. Am wenigsten bezahlen Sie natürlich außerhalb der Hochsaison, wenn Sie mit gepacktem Koffer direkt zum Flughafen fahren, wo Pauschalreiseveranstalter und Chartergesellschaften eigene Last-Minute-Schalter unterhalten. Allerdings sollten Sie sich ausschließlich außerhalb der Ferienzeit auf Last-Minute einlassen; ansonsten riskieren Sie, daß Sie am Boden bleiben müssen. Außerdem fallen die Angebote während der Hauptsaison zwangsläufig weniger günstig aus.

Wichtiger Hinweis: Last-Minute-Flüge dürfen nur von Chartergesellschaften angeboten werden. Das bedeutet, daß Sie mit entsprechenden Restriktionen rechnen müssen: Die Flugtermine sind festgelegt und können meist auch gegen Aufgeld von Ihnen nicht mehr umgebucht werden. Noch dazu dürfen die Chartergesellschaften ihre Abflugzeiten kurzfristig – allerdings nur stundenweise – verschieben.

Ähnlich, aber etwas besser, sieht es bei Discount-Tickets aus: Sie sind teilweise umbuchbar. Die Fluggesellschaften können meist nicht gewechselt werden, und die Gültigkeit der Tickets ist oft zeitlich beschränkt. Es gibt jedoch Airlines, die auch bei Billigflügen ein sehr günstiges Jahresticket anbieten.

Wie bereits gesagt: Die Flugpreise ändern sich ständig, und deshalb besteht eine Preisgarantie erst, nachdem das Ticket ausgestellt und auch bezahlt wurde. Für Sie bedeutet das: Wenn Sie in einem Reisebüro oder bei einer Ticketagentur Preise genannt bekommen, können die sich bei einer konkreten Buchung schon geändert haben. Der Grund: Die Airlines geben Preisänderungen immer mit sofortiger Wirkung an die Reisebüros weiter. Wenn einzelne Agenturen diesen Preis erheblich unterbieten, handelt es sich wahrscheinlich um ein Lockangebot. Man verkauft Ihnen unter Umständen schließlich doch ein Ticket, das sich im Preis von den anderen Angeboten – gleiche Flugbedingungen vorausgesetzt – nicht groß unterscheidet.

Auch wenn der Flugticketmarkt unübersichtlich ist: Es lohnt sich für Sie auf jeden Fall, nach einem Billigticket Ausschau zu halten. Reiseexperten schätzen, daß rund 70 Prozent der Flugsitze ins außereuropäische Ausland mit Passagieren besetzt werden, die nicht den regulären IATA-Tarif bezahlt haben. Geld, das Sie beim Flugticketkauf sparen, kann Ihnen für zusätzliche Annehmlichkeiten während Ihrer Reise zur Verfügung stehen.

Unterkunft: Traumhafte Hotels zu paradiesischen Konditionen?

Bei der Frage der Unterbringung ist die Palette der Möglichkeiten sehr groß. Je nachdem, wie wichtig Ihnen ein gewisser Komfort ist, können Sie zwischen Camping, Jugendherbergen, Wohnungen, Pensionen, Hotels und Wohnen bei Gastfamilien wählen – um nur einige Möglichkeiten zu nennen. Wenn sich einige dieser Möglichkeiten für Sie auch ungewöhnlich anhören mögen – wie die Unterbringung bei Gastfamilien im Ausland –, lohnt es sich dennoch, darüber nachzudenken. Bei einheimischen Familien lernt man oftmals viel mehr über Land und Leute und kann darüber hinaus auch Geld sparen. Gezahlt wird dabei sicher weniger als in Hotels.

Wenn Sie einen Bildungsurlaub planen, versuchen Sie doch, Weiterbildungsinstitute, wie zum Beispiel das Goethe-Institut, in Ihrem Zielort zu kontaktieren. Vielleicht ergeben sich so interessante Möglichkeiten, zum Beispiel ein Urlaubsaustauschbesuch! Kontakte lassen sich möglicherweise auch über Freunde knüpfen, die wiederum Menschen an Ihrem Zielort kennen. Etwas aufwendigere und unkonventionelle Vorüberlegungen können neben bereichernden Erfahrungen auch den Geldbeutel schonen.

Wollen Sie lieber über eine Agentur buchen, vergleichen Sie genau das Preis-Leistungs-Verhältnis einzelner Veranstalter. Ver-suchen Sie, einen günstigen Preis zu bekommen – denn manche Hotels lassen gut mit sich verhandeln. Wenn Sie länger bleiben, können Sie vielleicht eine Ermäßigung aushandeln. Oder einen reduzierten Preis für den Anreisetag, wenn Sie erst spät am Abend das Zimmer beziehen.

Auch teure Hotels gehen mit dem Preis runter, wenn sie nicht ausgebucht sind. Sagen Sie in diesem Fall genau, wieviel Sie bereit sind zu zahlen. Lassen Sie sich im Reisebüro beraten bzw. bitten Sie die am Zielort ansässigen Fremdenverkehrsbüros, Ihnen Preislisten zuzusenden. Manchmal sind die Unterkünfte in benachbarten – vielleicht nicht ganz so bekannten – Orten gleich erheblich billiger als an Ihrem geplanten Ziel.

Fragen Sie im Reisebüro auch, ob es in dem Land Ihrer Wahl Hotelschecks gibt (Beispiel Skandinavien) oder andere Einsparmöglichkeiten. Wenn Sie eine Rundreise planen, erkundigen Sie sich, ob es vielleicht Hotelketten gibt, die „Vielschläfern" in ihren Häusern günstige Angebote machen. Auch ein Angebotsvergleich verschiedener Reiseanbieter und Reisebüros – und nicht zuletzt der Blick in die Tageszeitungen – lohnt sich. Das macht zwar mehr Arbeit, kann aber Ihr Geld sparen. Wenn Sie sich bei der Wahl Ihres Urlaubslandes nicht so richtig entscheiden können, hilft Ihnen vielleicht die Beobachtung der Devisenkurse: Ein Urlaub in den USA zum Beispiel wird bei sinkendem Dollarkurs immer attraktiver.

Eine gute Möglichkeit, preiswert an Hotels zu kommen, besteht in der Buchung über verschiedene Fluggesellschaften. „Zwischenstopp“ heißt dabei das Zauberwort! Viele Airlines bieten sogenannte Stop-Over-Programme an. Das heißt, man übernachtet in einem Vertragshotel der Fluggesellschaft zu günstigen Bedingungen. Wer zum Beispiel mit Singapore Airlines fliegt, kann zwischen 45 Städten wählen, in denen er Zwischenstopp machen möchte. Hotelzimmer bei Stop-Over-Buchungen kann es schon ab 20 DM geben! Bedingung dabei meistens: Sie müssen mit der Airline hin- und zurückfliegen, und die Hotels müssen schon vor Reiseantritt gebucht werden, also noch in Deutschland.

WISO rät: Erkundigen Sie sich nach den Stop-Over-Angeboten. Viele Airlines geben Spezialkataloge heraus. Manche Fluggesellschaften haben günstige Hoteltarife, weil sie Mehrfachabnehmer sind, also große Kontingente haben.

Wollen oder können Sie Ihre Reise nicht selber ausarbeiten, werden Sie sich jedoch besser für Pauschalreisen entscheiden.

Pauschalreisen: Ein Vergleich lohnt immer

Die Zahl der Angebote von Pauschalreisen ist heute fast unübersehbar geworden. Oft werden identische Reiseziele von verschiedenen Veranstaltern gleichzeitig angeboten. Daher die oberste Regel: Vergleichen Sie die Preise genau. Je nach Reiseanbieter lassen sich für identische Reisen oftmals mehrere 100 Mark Unterschied festmachen. Also: Ein Vergleich lohnt sich immer! Schauen Sie nach Sonderangeboten, und vergleichen Sie die Zusatzangebote, zum Beispiel den Zwei-Wochen-Preis für drei Wochen Urlaub und Spartrips für Familien.

Wenn Sie nicht genügend Zeit haben, selbst zu vergleichen, können Sie auf entsprechende Dienstleister zurückgreifen. Seit 1986 gibt es den Service der Duisburger „Markt Control“. Diese bietet einen umfassenden Computerservice an, der die „billigsten Angebote des deutschen Pauschalreisemarktes säuberlich aufgelistet ins Haus bringt“ – wie die Stiftung Warentest lobt. Pro Reiseziel kostet dieser Service 10 DM. Anfordern kann man ihn mit einem frankierten Rückumschlag bei: Markt Control, Postfach 11 04 31, D-47144 Duisburg.

Auch das Reisemagazin „fliegen & sparen“ bietet solch einen Service an. Sie können es am Kiosk für 10 DM kaufen – es erscheint neuerdings viermal im Jahr. In ihm sind preiswerte Flüge aufgelistet, und Sie finden in jeder Ausgabe zwei Gratiscoupons, mit denen Sie kostenfrei billige Pauschalreisen erfragen können.

Pauschalangebote können auch als Last-Minute-Angebote am Flughafen gebucht werden. Sie sind dort an deutlich gekennzeichneten Schaltern einzelner Anbieter zu finden. Wenn Sie zeitlich flexibel sind und genau geprüft haben, was Ihr Flug oder Ihre Reise kosten darf, können Sie hier manchmal noch zu tollen Konditionen sehr kurzfristig traumhafte Ziele buchen.

Last-Minute-Reisen: Keine Angst vor Pleiten!

Überall findet man sie: sogenannte Last-Minute-Reisen. Der Name ist irreführend, weil diese Angebote häufig nicht in letzter Minute reduziert wurden, sondern schon ein paar Wochen vor dem Abreisetermin. Es geht um die Vermarktung von Restplätzen. Die vermeintlichen Schnäppchen differieren bei nahen, gängigen Zielen häufig nur um 100 bis 200 Mark (zum Beispiel bei Reisen auf die Kanaren und in die Türkei). Dafür können Sie dann nicht mehr frei das Reiseziel und das Hotel auswählen. Es lohnt sich also nicht immer, spät zu buchen.

Sparen kann man jedoch oft bei Last-Minute-Fernreisen, da die Reiseanbieter größere Spannen eingerechnet haben und so die Fernreisen auch stärker heruntersetzen können. Vergleichen Sie den Last-Minute-Preis mit dem Originalpreis.

Nach preiswerten Angeboten zu schauen ist zwar gut – dennoch: Beispiele von Billiganbietern in der Vergangenheit haben gezeigt, daß es nicht nur wichtig ist, eine billige Reise zu buchen. Der Reiseveranstalter muß auch solide sein. Billig muß nicht immer wirklich preiswert sein. Seien Sie vorsichtig bei Dumping-Anbietern. Bietet eine Gesellschaft Reisen beispielsweise immer 40 Prozent billiger als die Konkurrenten an, besteht die Gefahr, daß sie nicht kostendeckend arbeitet und eines Tages vielleicht die versprochenen Leistungen nicht mehr erbringen kann. Buchen Sie im Reisebüro (schriflich) und nicht beim Direktvertrieb am Telefon. Achten Sie darauf, daß Sie keinen „No-name"-Flug buchen. Lassen Sie sich verbindlich die Fluggesellschaft bestätigen. Und leisten Sie im Anschluß an Ihre Buchung nur eine Anzahlung. Überweisen Sie das restliche Geld erst, wenn Sie die Tickets in der Hand haben. Geben Sie sich nicht mit Flugberechtigungsscheinen zufrieden!

Verbraucherschutz: Der Sicherungsschein bringt Sicherheit

Ende 1994 ist ein neues Reiserecht in Kraft getreten. Inzwischen liegen erste Erfahrungen vor, die eine Beurteilung zulassen, ob dadurch den Pauschaltouristen tatsächlich eine bessere Absicherung gegenüber dem Veranstalter verschafft wurde.

Auf dem Milliardenmarkt Pauschaltourismus wird mit harten Bandagen gekämpft. Für die kleineren Veranstalter wird es zunehmend eng. Die Verbandssprecher halten in den nächsten Monaten eine Insolvenzwelle für möglich. Letzter spektakulärer Fall: Der Konkurs des alteingesessenen Familienunternehmens Hetzel-Reisen aus Stuttgart im Sommer 1996. Um dem Image der Branche nicht zu sehr zu schaden, verhinderten die großen Konkurrenten das Schlimmste und bewahrten Tausende von Hetzel-Kunden vor einer Urlaubspleite.

Dennoch, die Bilder von deutschen oder ausländischen Flughäfen sind noch nicht vergessen, als Touristen sich hilfesuchend an den Schaltern der Charterflieger drängten. Doch dort verweigerte man ihnen zunächst eine Bordkarte, weil der Veranstalter in die Pleite gerutscht war. „MP Travel" hieß dieser unrühmlich bekanntgewordene Reiseverkäufer, der 1993 die Geschäftspforten schloß und Tausende von Urlaubern in Hotels oder auf Flughäfen ihrem Schicksal überließ. Das soll so nicht mehr vorkommen.

Das neue Reiserecht hat den Begriff „Sicherungsschein" eingeführt. Hinter diesem Wort verbirgt sich die Absicht, die Pauschaltouristen bei einer Pleite ihres Reiseveranstalters zu schützen. Das funktioniert (theoretisch) so:

1. Jeder Reiseveranstalter – egal, ob groß oder klein – muß eine Versicherung für den Fall seiner Zahlungsunfähigkeit abschließen.
2. Kunden eines Reiseveranstalters, die eine sogenannte Pauschalreise buchen, erhalten eine Kopie dieser Versicherungsurkunde; dies ist der „Sicherungsschein". Die Pauschalreise wird definiert als Reise, bei der sowohl die Beförderung (zum Beispiel der Flug hin und zurück) als auch die Unterkunft (zum Beispiel das Hotelzimmer) gebucht werden. Der Sicherungsschein gilt ausschließlich für Pauschalreisen.
3. Im Falle einer Pleite garantiert diese Sicherung, daß eine Bank oder Versicherung entweder gezahltes Geld zurückerstattet, für das keine Reise mehr durchgeführt wurde, oder daß die Kosten für Übernachtung und/oder Rückflug übernommen werden.
4. Darüber hinaus darf der Veranstalter bei Anmeldung einer Pauschalreise höchstens 10 Prozent, maximal 500 Mark, als Anzahlung verlangen. Bei Aushändigung der Reiseunterlagen wird der Rest des Reisepreises vom Veranstalter verlangt und gleichzeitig der Sicherungsschein übergeben.

Dies ist gesetzlich vorgeschrieben, aber – wie sich bisher gezeigt hat – noch keineswegs allgemeine Praxis. So sollen Reisebüros trotz dieser Verpflichtung Reisen ohne Sicherungsschein verkauft haben. Manche sollen sogar gefälschte Sicherungsscheine präsentiert haben, die im Pleitefall keinen Schutz geboten hätten. Die schwarzen Schafe unter den Veranstaltern können nur deshalb so agieren, weil Verbraucher ihre Rechte nicht kennen.

WISO rät: Achten Sie darauf, daß zuerst der Sicherungsschein übergeben und erst dann die Reise voll bezahlt wird. Nicht umgekehrt! Immer wieder haben Reisebüros versucht, zunächst die Bezahlung zu erhalten und auf einen später abzuholenden Sicherungsschein zu vertrösten. Dies ist nicht zulässig. Außerdem sollten Sie den ausgehändigten Sicherungsschein überprüfen, um Fälschungen gleich auf die Schliche zu kommen. Der Sicherungsschein sollte von einer Versicherung oder Bank ausgestellt sein, die mit vollem Namen und voller Adresse für die Sicherheit bürgt. Er sollte außerdem auf den Namen des Reiseveranstalters ausgestellt sein, der in den Reiseunterlagen angegeben ist. Falls nicht, Hände weg von diesem Reisebüro! Verständigen Sie die Gewerbeaufsicht. Dem Unternehmen droht ein Bußgeld oder sogar die Schließung.

Falls der Fall einer Insolvenz eintritt und die Sicherung greift, ist leider auch heute noch nicht das Ende aller Probleme gekommen. Inzwischen beklagen die Verbraucherschützer, daß sich die zur Zahlung verpflichteten Institute mit der Abwicklung und Geldüberweisung zuviel Zeit lassen. Fast ein Jahr kann es dauern, bis die betroffenen Urlauber ihr Geld zurückerhalten. Deshalb fordert zum Beispiel die Verbraucherzentrale Nordrhein-Westfalen eine Verbesserung des Reiserechts, die den Berechtigten die schnelle Zahlung eines Abschlags zugesteht. Immerhin kann es im Falle einer Familie, die sich den Rückflug von einem fernen Urlaubsziel im Zweifelsfall vorfinanzieren muß, schnell um einige tausend Mark gehen.

Auch kann es zum Totalverlust der Anzahlung kommen, wenn ein Veranstalter in Konkurs geht, bevor der Sicherungsschein übereignet wurde und wenn die Konkursmasse nichts mehr hergibt. Zwar sind diese Beträge nicht so hoch, dennoch empfinden Verbraucherschützer dies zu Recht als unbefriedigend. Deswegen sei grundsätzlich gewarnt vor Billiganbietern, deren Preise unglaublich niedrig erscheinen. Das böse Ende ist oft absehbar. So wurde über die Preisgestaltung der Firma MP Travel schon lange gemunkelt. Doch viele Kunden wollten noch schnell günstig ein Urlaubsschnäppchen mitnehmen und hofften ganz einfach, nicht von der Pleite überrascht zu werden. Selbst schuld, könnte man sagen ...!

Mietautos: Vorher buchen, hilft Geld sparen

Wer an seinen Zielort fliegt und seine Reiseroute vor Ort individuell und flexibel gestalten will, braucht meist ein Mietauto. Beim Mieten eines Fahrzeuges gibt es etliche Möglichkeiten. Die meist billigste Variante sind sogenannte kombinierte Fly-and-drive-Angebote. Dabei ist es einem selbst überlassen, ob man auf eigene Faust Hotels sucht, gleich welche fest dazu bucht oder etwa Hotelgutscheine erwirbt. Fly-and-drive-Angebote enthalten meistens, was das Mietauto anbelangt, unbegrenzte Kilometer sowie eine Haftpflicht- und Vollkaskoversicherung. Kosten für Treibstoff trägt der Kunde.

Eine andere Möglichkeit ist es, das Auto separat über ein Reisebüro in Deutschland zu buchen. Die großen Reiseveranstalter bekommen meist Rabatte! Insgesamt gesehen ist es in der Regel am preisgünstigsten, den Mietwagen in Deutschland zu ordern. Am teuersten hingegen ist es, am Flughafen oder Bahnhof zu buchen, denn da werden oft saftige Zusatzgebühren verlangt. Schon wenige Kilometer entfernt lassen sich vergleichbare Autos meist preiswerter mieten.

Möchten Sie trotzdem erst an Ihrem Zielort einen Pkw mieten, empfiehlt es sich, zu handeln: die aufgelisteten Preise sind häufig überteuert, es gibt „versteckte Preise unter dem Ladentisch"! Je länger Sie das Auto mieten, desto besser die Konditionen. Und wenn Sie sehen, daß der Vermieter Ihrer Wahl noch etliche Autos unvermietet auf dem Parkplatz stehen hat, sind Ihre Chancen, einen fairen Preis auszuhandeln, nochmal so gut!

Wenn Sie eine lange Tour vorhaben, zum Beispiel durch die USA, kann es sich vielleicht sogar lohnen, ein Auto zu kaufen. Spielen und rechnen Sie einfach verschiedene Varianten durch und entscheiden Sie erst dann.

Achten Sie auf eine ausreichende Versicherung Ihres Fahrzeuges und denken Sie auch daran, daß andere Verhältnisse im Gastland – zum Beispiel Linksverkehr – das Fahren komplizierter und gefährlicher machen können.

Reklamieren: Die richtige Form ist entscheidend

Bei jedem Urlaub kann es zu Pannen kommen. Und je nach Art und Umfang der Panne, haben Sie die Möglichkeit, von Ihrem Reiseveranstalter, Ihrer Fluggesellschaft usw. Geld zurückzufordern. Beispielsweise wenn die Reisebedingungen schlechter waren als vertraglich vereinbart oder wenn der von Ihnen gebuchte Flieger überbucht war und sie auf dem Flughafen „sitzengeblieben“ sind. Da es sehr viele Möglichkeiten gibt, die Sie berechtigen könnten, einen Teil des Reisepreises zurückzufordern, hier nur ein paar allgemeine Tips zur Reklamation.

Melden Sie den Mangel direkt vor Ort dem zuständigen Reiseleiter oder der betreffenden Agentur. Wenn Sie dann die Reise beendet haben, verbleiben Ihnen maximal vier Wochen, gerechnet vom vertraglich festgelegten Ende der Reise, um schriftlich Schadenersatz zu verlangen. Legen Sie eine Mängelliste bei und – wenn Sie das haben – Beweise, zum Beispiel Fotos und Adressen von Zeugen. Am besten schreiben Sie diesen Brief an den Veranstalter als Einschreiben mit Rückschein. Machen Sie sich eine Kopie des Schreibens für Ihre eigenen Unterlagen. Wollen Sie – zum Beispiel nach einer Rechtsberatung – juristische Schritte einleiten, muß das bis spätestens sechs Monate nach Reiseende geschehen. Lassen Sie sich in Ihrem speziellen Einzelfall durch die Verbraucherzentralen Ihrer Stadt und gegebenenfalls durch versierte Rechtsanwälte beraten.

Das Rezept für Ihre Urlaubskasse: Auf die „richtige Mischung“ kommt es an

Bei der Urlaubsplanung wird meist an alles gedacht – nur nicht an die optimale Zusammenstellung der Urlaubskasse. Wieviel mitgenommen werden soll, darüber besteht zwar in der Regel Klarheit; nicht aber über die Zusammensetzung. Und das bedeutet oft, daß bares Geld verschenkt oder unnötiges Risiko eingegangen wird.

Drei Punkte sind wichtig: Sicherheit, geringe Kosten und Akzeptanz. Im Prinzip stehen sechs Zahlungsmittel für den Urlaub im Ausland zur Verfügung: Bargeld, Euro- und Reiseschecks, Kredit- oder Eurochequekarte sowie, nicht zu vergessen, das gute, alte Postsparbuch. Grundsätzlich sollten solche Zahlungsmittel mitgenommen werden, die überall und in der gewünschten Höhe akzeptiert werden, die bei Beschaffung, Umtausch oder Einlösung keine übermäßigen Kosten verursachen und bei Verlust möglichst rasch ersetzt werden, ohne daß Sie selbst dafür finanziell geradestehen müssen.

Nach wie vor günstig: Reiseschecks. Sie werden weltweit akzeptiert und entweder in D-Mark, in der jeweiligen Landeswährung (nur für Hartwährungsländer empfehlenswert) oder in US-Dollar ausgestellt (in Amerika und Fernost sind US-Dollarschecks üblich).

Erkundigen Sie sich bei Ihrer Bank, welche Währung in Ihrem Reiseland akzeptiert wird, ehe Sie die entsprechenden Reiseschecks bestellen.

An Gebühren fallen beim Kauf Ihrer Reiseschecks ein Prozent der Summe an. Bei

Verlust oder Diebstahl können Sie damit rechnen, daß die Schecks innerhalb kürzester Zeit kostenlos ersetzt werden.

WISO rät: Bewahren Sie Ihre Reiseschecks getrennt von der Liste mit den Reisechecknummern auf. Falls Ihnen Reiseschecks abhanden kommen, dann ist es hilfreich, wenn Sie sagen können, welche Reiseschecks gesperrt werden sollen. Damit Sie möglichst schnell reagieren können, wenn Sie den Verlust bemerken, sollten Sie im Urlaub unbedingt die Notrufkarte zur Hand haben, die Sie beim Kauf der Reiseschecks erhalten. Dort finden Sie die entsprechenden Telefonnummern je Urlaubsland. Wenn Sie Reiseschecks kaufen, sind Sie gegen Verlust oder Diebstahl versichert. Das heißt, wenn Ihre Reiseschecks abhanden kommen, dann erhalten Sie Ersatz – in voller Höhe und kostenlos – meist direkt an Ihrem Urlaubsort.

Falls Sie auf Ihrer Reise nicht alle Reiseschecks aufbrauchen, dann können Sie die restlichen auf Ihrer nächsten Reise einlösen. Wenn Sie unverbrauchte Reiseschecks nicht aufheben wollen, können sie nach dem Urlaub in der Regel gebührenfrei zurückgegeben werden. Allerdings nur bei der gleichen Bank, wo sie die Reiseschecks auch gekauft haben. Bedauerlicherweise greift zunehmend die Praxis um sich, für die Rücknahme doch eine Gebühr zu verlangen. Am sichersten gehen Sie, wenn Sie sich schon *vor* dem Kauf von Reiseschecks deren gebührenfreie Rücknahme von Ihrer Bank bestätigen lassen.

Was außerdem noch für den Reisescheck spricht: Der Umtausch wird zum günstigeren Devisenkurs vorgenommen. Die Abrechnung erfolgt bargeldlos, technisch gesehen also ein reiner Buchungsvorgang. In den meisten europäischen Urlaubsländern können Sie davon ausgehen, daß Sie im Gastland beim Einlösen der Reiseschecks mehr für Ihre D-Mark erhalten als bei einem Bargeldumtausch. Welche Gebühren dabei berechnet werden? Die zu dieser Frage erhältliche Auskunft lautet: „Je nach Bank und Land." Wenig hilfreich, aber keine Institution will sich da mit einer Aussage festlegen. Während beispielsweise in den USA Dollar-Reiseschecks eigentlich von jedem Hotel, Restaurant oder Einkaufsgeschäft, jedoch in der Regel nicht von Banken, ohne eine zusätzliche Gebühr, also wie ein normales Zahlungsmittel akzeptiert werden, fallen in einigen Urlaubsregionen Europas abschreckend hohe Gebühren an: Besonders in Portugal, Spanien und Österreich betragen die Gebühren pro Transaktion zwischen 7 und 20 Mark.

WISO rät: Finger weg von Reiseschecks! Bei diesen gesalzenen Gebühren treten alle anderen Vorteile in den Hintergrund. Die Reisescheck-Emittenten versuchen gegenzusteuern, indem sie mit Kreditinstituten entsprechende Vereinbarungen treffen. Fragen Sie deshalb gleich beim Kauf Ihrer Reiseschecks nach diesen Kreditinstituten, die nur eine geringe Gebühr beim Einlösen berechnen. Fragen Sie aber auch nach Büros des Reisescheck-Emittenten in Ihrem Urlaubsland: Dort ist die Einlösung von Reiseschecks dann auf jeden Fall gebührenfrei.

Daß der Reisescheck ein sicheres und vor allem ein kostengünstiges Zahlungsmittel ist, trifft also auf viele Länder leider nicht mehr zu.

Wägen Sie also die Vor- und Nachteile von Reiseschecks als Zahlungsmittel genau ab, ehe Sie sich für die „richtige" Mischung Ihrer Urlaubskasse entscheiden. Es kommt nicht nur auf das Reiseland an, sondern auch auf Ihre persönlichen Bedürfnisse: Legen Sie mehr Wert auf Sicherheit oder eher mehr auf niedrige Kosten? Wie meist im Leben gibt es nicht immer beides zur gleichen Zeit.

Nutzen Sie den günstigeren Devisenkurs

Der Devisenkurs ist für Bankkunden deswegen günstiger, weil die Abrechnung bargeldlos erfolgt, das heißt technisch gesehen ein reiner Buchungsvorgang durchgeführt wird. Dagegen fällt der Sortenkurs beim Umtausch von Bargeld niedriger aus, weil Bargeld – also Geldscheine und Münzen – von der Bank vorrätig gehalten werden muß. Das Geld bringt während dieses Zeitraums keine Zinsen. Außerdem müssen die ausländischen Währungen, die zum Beispiel die Bank im Urlaubsland von den Feriengästen entgegennimmt, wieder in die eigene Landeswährung umgetauscht werden. Zwischen An- und Verkauf liegt natürlich eine Spanne, die der umtauschenden Bank Verluste einbringen kann.

EC-Karte und Eurocheques

Der günstigere Devisenkurs gilt auch für Eurocheques, doch bleibt es beim Umtausch im Urlaubsland nicht immer bei der üblichen Gebühr von 1,75 Prozent des ausgestellten Betrags bzw. bei mindestens 2,50 DM pro Eurocheque. In Italien zum Beispiel werden pro Scheck noch zusätzlich Steuern erhoben. In Frankreich empfiehlt es sich, Eurocheques nur dort zu Bargeld zu machen, wo das EC-Zeichen als Symbol sichtbar ist, sonst wird es teuer, das heißt, zusätzliche Gebühren fallen an! Fragen Sie lieber vor Ausstellen eines Eurocheques, wie hoch diese sind. Aber vielleicht kommen Sie gar nicht mehr in die Situation, in Frankreich mittels eines Eurocheques an Bargeld zu kommen: Französische Banken haben angekündigt, keine Eurocheques mehr zu akzeptieren. Sie verweisen auf die EC-Geldautomaten.

Beim Einlösen von Eurocheques im Ausland gilt die Vorgabe, sie in der jeweiligen Landeswährung auszustellen (Ausnahme: Albanien, GUS-Staaten, Rumänien und Türkei). In Deutschland werden die in fremder Währung ausgestellten Eurocheques dann zum amtlichen Devisenkurs umgerechnet.

Rechnen Sie also möglichst vor Urlaubsbeginn, falls Sie die entsprechenden Informationen erhalten, in Ruhe durch, was Sie ein eingelöster Eurocheque in Ihrem Reiseland wirklich kostet, und wählen Sie dann gegebenenfalls ein für Sie günstigeres Zahlungsmittel.

Bei Verlust oder Diebstahl tragen Sie bei Eurocheques normalerweise nur ein sehr begrenztes Risiko, wenn Sie die erforderlichen Bedingungen im Umgang mit Eurocheques und Eurochequekarte beachten. Denn sobald Sie Ihre Bank unterrichtet haben, werden Ihre verlorenen oder gestohlenen Eurocheques gesperrt. Je schneller Sie Ihre Bank informieren, desto besser. Notieren Sie also die Telefonnummer, unter der Sie möglichst zu jeder Tages- und Nachtzeit eine Schecksperre bewirken können.

Günstiger, wenn auch nicht gerade billig, ist die Bargeldbeschaffung mit der EC-

Karte im Ausland: 5 DM kostet generell eine Abhebung am Geldautomaten. Am günstigsten kommt es deshalb, wenn Sie möglichst den maximalen Abhebungsbetrag ausnutzen. In Europa finden Sie insgesamt 130.000 EC-Geldautomaten. In typischen Urlaubsregionen sind sie inzwischen bereits weit verbreitet und stehen Ihnen in der Regel 24 Stunden am Tag zur Verfügung. Die Auszahlung erfolgt in der jeweiligen Landeswährung bis zu einer festgelegten Maximalsumme pro Tag.

Außerdem ist eine EC-Karte ein recht sicheres Mittel, um an Bargeld zu kommen. Normalerweise kann damit kein Mißbrauch betrieben werden, wenn Sie Ihre Geheimzahl, die sogenannte PIN (persönliche Identifikationsnummer), auch wirklich geheimhalten.

Schlechte Karten mit der EC-Karte haben Sie allerdings, wenn tatsächlich ohne Ihr Mitwirken über den EC-Geldautomaten Ihr Konto geplündert wird. Wie die Erfahrungen von WISO-Zuschauern gezeigt haben, stellen sich Banken meist auf den Standpunkt, daß der Bankkunde den Nachweis erbringen muß, daß die Auszahlungen am Geldautomaten ohne sein Einverständnis erfolgten!

Doch ehe Sie auf gut Glück mit Ihrer EC-Karte und sonst keinen anderen Zahlungsmitteln losfahren, sollten Sie sich erkundigen, ob Sie an Ihrem Urlaubsort auch wirklich einen EC-Geldautomaten vorfinden, damit nicht etwa mangelndes Bares die ersten Urlaubstage trübt.

EDC-Service: Bargeldlos bezahlen

Der Zahlungskomfort auf Auslandsreisen für die rund 38 Millionen deutschen EC-Karten-Inhaber verbessert sich ständig, und zwar im Bereich des noch jungen EDC-Service. EDC steht für „electronic debit card", und dieser Service ist jetzt in 18 Ländern nutzbar, doppelt so viele also wie noch vor einem Jahr.

Der EDC-Service funktioniert ähnlich wie beim Electronic-cash-Verfahren in Deutschland: Mit der EC-Karte kann der Kunde direkt an elektronischen Kassen von Tankstellen, Geschäften, Warenhäusern, Hotels und Restaurants bargeldlos zahlen, ohne einen Eurocheque auszustellen. Die meisten der rund 450.000 EDC-Terminals finden sich in den südlichen Ferienländern: In Spanien sind es aktuell 275.000, in Italien 47.000 und in Portugal 41.000 – überall, wo EDC auf dem Kassenterminal steht. In Österreich und in der Schweiz haben sich einige Skiregionen verstärkt auf den EDC-Service eingestellt und bieten ihren Urlaubsgästen an, in Hotels, Gaststätten und an Skistationen elektronisch zu bezahlen. Die Urlauber benötigen nur eine gültige EDC-Karte und ihre persönliche Geheimzahl (PIN-Code). Der Rechnungsbetrag wird dann zum günstigen Devisenbriefkurs umgerechnet und direkt vom Konto abgebucht. Im Gegensatz zur inländischen Version werden allerdings für die Inanspruchnahme des EDC-Service im Ausland von deutschen Kreditinstituten einheitliche Gebühren für jede Transaktion erhoben: 1 Prozent des Rechnungsbetrages – mindestens 1,50 DM, maximal 7,50 DM.

WISO rät: Behandeln Sie die EC-Karte mit der gleichen Sorgfalt wie Bargeld. Notieren Sie auf keinen Fall Ihre persönliche Geheimnummer auf der EC-Karte und sorgen Sie dafür, daß Ihnen beim Eintippen des PIN-Codes niemand zuschaut. Und: Bewahren Sie alle Zahlungsbelege zur Kontrolle auf, bis der Rechnungsbetrag von Ihrem Konto abgebucht worden ist.

Teure Kreditkarte, sichere Kreditkarte?

Richtig teurer kann es für Sie werden, wenn Sie mit einer Kreditkarte an Bargeld kommen wollen. Hier werden meist 1 bis 3 Prozent des getauschten Betrages als Gebühr fällig oder ein fester Mindestbetrag. Bei Eurocard zum Beispiel werden mindestens 10 Mark pro Barabhebung berechnet, so daß das Abheben kleinerer Summen recht teuer kommt.

Die Währungsumrechnung kostet in der Regel zusätzlich nochmals 1 bis 2 Prozent des jeweiligen Betrages. Also können insgesamt bis zu 5 Prozent als Gebühren anfallen. Ein unrentables Geschäft, das Sie nur in Notfällen tätigen sollten. Es sei denn, Sie richten vorher ein Guthabenkonto bei Ihrem Kreditkartenunternehmen ein. Es gibt einzelne Kreditkartenunternehmen, die bei einem entsprechend vorhandenen Guthaben auf dem Kartenkonto nur 1 Prozent Gebühren – höchstens jedoch 3 bis 5 Mark – für eine Bargeldabhebung berechnen. Außerdem werden diese Guthabenkonten noch verzinst.

Wer auf Reisen geht, hat in der Regel finanziell vorgesorgt – einschließlich etwa erforderlicher Notgroschen. Das Geld muß dann nicht auf einem gar nicht oder nur lächerlich verzinsten Girokonto liegen. Weiterer Aspekt: Wer in die USA reist und dort unvorhergesehen ärztlicher Versorgung bedarf oder ein Krankenhaus aufsuchen muß, kommt nicht darum herum, seine Kreditwürdigkeit zu belegen. Das wiederum geht natürlich am besten mit einem enstprechenden Guthaben auf einem Kreditkartenkonto.

Zurück zur Bargeldbeschaffung per Kreditkarte: Sie können also auch mit einer Kreditkarte relativ günstig an Bargeld kommen, wenn Sie oben beschriebene Vorsorge treffen. Die Einrichtung eines solchen Guthabenkontos bei einem Kreditkartenunternehmen lohnt sich jedoch nur bei größeren Urlaubsreisen oder für diejenigen, die häufig im Ausland unterwegs sind oder einen großzügigen Lebensstil gewohnt sind, der entsprechende Geldmittel erfordert.

Für den Normalreisenden ist eine Kreditkarte besser geeignet bei der Bezahlung von Rechnungen in Geschäften oder Hotels. Auch in diesen Fällen kassieren Kartenfirmen im Wechselkurs versteckte Umtauschgebühren – für Rechnungen, die im Ausland bezahlt wurden. Bei der Eurocard beträgt dieser sogenannte „Intercharge-Fee“ 1 Prozent der jeweiligen Summe, die mit der Kreditkarte beglichen wurde. Die Umrechnung der sogenannten „Auslandsumsätze“ erfolgt in der Regel zum günstigen Devisenkurs.

Was ebenfalls für den Einsatz einer Kreditkarte spricht: Sie ist ein recht sicheres Zahlungsmittel. Denn an Urlaubsorten sind internationale Kartenbetrüger besonders aktiv. Sie können allerdings den Ganoven das Geschäft verderben, wenn Sie einige Vorsichtsregeln beachten: Geben Sie Ihre Karte nie an andere weiter, und lassen Sie

sie nicht aus den Augen. Das heißt, seien Sie mißtrauisch, wenn in einem Geschäft oder Restaurant jemand mit Ihrer Karte verschwinden will, um die Rechnung auszustellen.

Kommt Ihre Kreditkarte trotz aller Vorsicht abhanden, dann haften Sie entweder gar nicht oder nur mit einem geringen Betrag, meist 100 DM, wenn mit Ihrer Kreditkarte etwas bezahlt wird, bevor Sie deren Verlust bemerken. Informieren Sie möglichst sofort Ihr Kreditkartenunternehmen, um Ihre Karte sperren zu lassen. Notieren Sie sich für diesen Fall die entsprechende Telefonnummer, die Tag und Nacht erreichbar ist.

Damit die Mischung stimmt: Bargeld nicht vergessen

Wie sieht es mit Bargeld aus, wenn die Urlaubsreise beginnen soll? Bargeldtausch hat gravierende Nachteile: Es gibt keinen Ersatz bei Verlust oder Diebstahl, und oft müssen Sie hohe Gebühren beim Umtausch im Gastland in Kauf nehmen. Aber ganz ohne Bargeld sollten Sie nicht losfahren. Decken Sie sich auf jeden Fall mit soviel „Barem" in der jeweiligen Landeswährung ein, daß Sie damit notfalls die ersten zwei Tage über die Runden kommen. Außerdem kann es sein, daß Sie an Tagen anreisen, an denen die Banken geschlossen sind.

WISO rät: Wer nicht nur „Kleingeld" für den ersten Tag im Urlaubsland mitnehmen, sondern seine gesamte Urlaubskasse mit „Barem" bestücken möchte oder aus anderen Gründen auf größere Beträge nicht verzichten will oder kann, sollte schon in Deutschland tauschen, wenn die Reise in ein sogenanntes „Hartwährungsland" geht. Das gilt für einige EU-Staaten – Großbritannien, die Niederlande oder Belgien – und auch für die Schweiz. Dagegen lohnt es sich bei sogenannten „Weichwährungsländern", wenn Sie erst im Urlaubsland tauschen. Das gilt eigentlich für alle osteuropäischen Länder und ganz besonders für die meisten Reiseziele im Süden Europas. Wer zum Beispiel in der Türkei, in Griechenland oder in Portugal zum Wechselschalter geht, bekommt dort einen deutlich günstigeren Kurs als in Deutschland. Reisecheques in D-Mark erzielen in solchen Ländern teilweise einen zusätzlichen Umtauschvorteil. Das müßte in Ihre Rechnung mit eingehen, wenn Gebühren für Reisecheques beim Umtausch anfallen.

WISO rät: Wenn Sie in ein Land außerhalb Europas reisen, tauschen Sie ebenfalls am günstigsten im Reiseland selbst. Doch keine Regel ohne Ausnahme: Wenn Sie in die USA reisen, kann das Wechseln von Mark in US-Dollar Probleme bereiten. Außerdem fällt der Umtauschkurs wesentlich schlechter aus! In den USA werden Dollar-Reisecheques fast ebenso gerne angenommen wie Bargeld.

Hinweis: Wer seinen Bedarf an „Urlaubsgeld" nicht genau kalkuliert und Devisen übrigbehält, muß sich auf herbe Verluste beim Rücktausch gefaßt machen, zum Beispiel bei der französischen, spanischen oder italienischen Währung und ganz besonders bei der griechischen oder türkischen Währung.

WISO rät: Bargeld aus dem Ausland mitzubringen, lohnt sich nicht. Ausländische Münzen werden in Deutschland überhaupt nicht umgetauscht, die Scheine zu ungünstigem Kurs. Oft ist es deshalb besser, wenn Sie sich am Urlaubsort noch „etwas Schönes" gönnen.

Alternative: Das gute alte Postsparbuch

Eine Alternative – oder zumindest eine Ergänzung – zu den vorgenannten Zahlungsmitteln kann auch das Postsparbuch sein. Für das Postsparbuch spricht: Es werden keinerlei Spesen oder Gebühren fällig, wenn Sie im Urlaubsland Geld abheben. Der Nachteil: Die Auszahlung ist begrenzt auf 1.000 DM bzw. auf deren Gegenwert in Landeswährung pro Tag (Ausnahmen: in den Niederlanden 2.000 Mark, in Portugal 500 Mark). Pro Monat können maximal 2.000 DM abgehoben werden. Wer also schon vorab seinen Urlaub bezahlt, weil er oder sie eine Pauschalreise gebucht hat, kann – je nach Urlaubsnebenkosten oder Ansprüchen – auch mit einem Postsparbuch gut und kostengünstig über die Runden kommen.

Allerdings gibt es seit neuestem einen Wermutstropfen: Bislang hat die deutsche Postbank an die ausländischen Postbanken, die das deutsche Postsparbuch akzeptieren, Zuschüsse für die Transaktionskosten gezahlt. Das bedeutete, daß der Wechselkurs zum günstigen Devisenbriefkurs berechnet wurde. Weil die deutsche Postbank diese Transaktionskosten nicht mehr bezuschußt, ist nicht mehr gewährleistet, daß Sie in jedem Land zum günstigen Devisenbriefkurs von Ihrem Postsparbuch abheben können.

Nach wie vor können Sie zum günstigen Devisenbriefkurs in Belgien, Dänemark, Finnland, Irland, Norwegen, Portugal und Schweden abheben. In folgenden europäischen Ländern weicht der Kurs beim Abheben vom Postsparbuch vom günstigen Devisenbriefkurs ab: in Frankreich, in Großbritannien, in Italien, in den Niederlanden, in Österreich, in Spanien und in der Schweiz.

Trotzdem: Urlaubsreisende, die entweder ihr Risiko und/oder die Kosten streuen möchten, können ein Postsparbuch in die „richtige" Mischung ihrer Urlaubskasse mit einbeziehen: einen Teil Bargeld für den Urlaubsanfang, Reisecheques, Postsparbuch und EC-Karte für Bargeldbeschaffung, Eurocheques oder Kreditkarte für Notfälle oder Hotelrechnungen. Aber Achtung: Zwar ist das Postsparbuch in 18 Ländern gültig, aber zum Beispiel nicht in so beliebten Urlaubsländern wie Griechenland oder Türkei.

Hinweis: Da bei Währungen sehr schnell mit Änderungen gerechnet werden muß, kann nur der aktuelle Stand wiedergegeben werden. Dieses Kapitel spiegelt zwar die grundsätzliche Tendenz, kann Ihnen aber nicht die Mühe ersparen, sich vor einer Urlaubsreise selber zu informieren.

Damit Ihr Urlaub unterwegs nicht unfreiwillig endet: Vor Reiseantritt an Impfschutz denken!

Die Deutschen sind Weltmeister im Urlaubmachen: Rund 50 Millionen Menschen reisen hierzulande jährlich in die Ferien. Mehr als 15 Millionen Bundesbürger zieht es jedes Jahr bei ihren Urlaubsreisen in südliche Länder – wobei sie sich nicht auf Österreich oder Italien beschränken: Deutsche Touristen trifft man eigentlich überall auf der Welt. Das Jahr über reisen etwa vier Millionen Deutsche auf andere Kontinente – insbesondere tropische Reiseziele erfreuen sich zunehmender Beliebtheit. Viele Reisende sind sich jedoch der Infektionsrisiken in den jeweiligen Reiseländern nicht bewußt und riskieren, daß Ihre Urlaubsreise vorzeitig endet. Schade um das viele, für eine Fernreise ausgegebene Geld, wenn die Urlaubsfreude dann durch fehlenden Impfschutz verdorben wird.

Sparen Sie also nicht am falschen Fleck. Sonst riskieren Sie, daß Sie Ihren Urlaub vorzeitig abbrechen müssen, was ganz schön ins Geld gehen kann, oder daß Sie ohne den erforderlichen Impfschutznachweis an einer Landesgrenze festsitzen. Bei einer Pauschalreise können die Konsequenzen, die sich daraus ergeben, für Sie richtig teuer werden.

Reisen „ohne" ist nicht ganz ohne

Dabei sollte sich die individuelle reisemedizinische Beratung stets nach der aktuellen Seuchenlage im Reiseland oder nach dem persönlichen Ansteckungsrisiko des Reisenden richten. Das zu beurteilen ist oftmals für den Hausarzt, aber auch für den Experten nicht ganz einfach. Unter Umständen fehlen die persönlichen Erfahrungen, wie sich die Verhältnisse im jeweiligen Reiseland gestalten.

Der sogenannte Ferntourismus ist gesundheitlich nicht ganz „ohne" – zumindest, wenn Gefahren ignoriert werden, eine Prophylaxe unterbleibt und eigene Immunität gegen bestimmte Krankheiten nicht besteht.

WISO rät: Vor allen Dingen sollten Sie sich *rechtzeitig* informieren. Faustregel: sechs Wochen vor Reiseantritt. Der Grund: Manche Impfstoffe vertragen sich nicht miteinander. So muß zum Beispiel die Schluckimpfung gegen Typhus vor Beginn der Malaria-Prophylaxe abgeschlossen sein. Oder der Impfschutz tritt erst eine gewisse Zeit nach der Impfung ein – wie zum Beispiel beim Gelbfieber erst nach zehn Tagen.

Schätzungsweise 5 Prozent der Reisenden müssen im Reiseland medizinische Hilfe in Anspruch nehmen. Deswegen empfiehlt es sich, bei Reisen in tropische oder Entwicklungsländer auch ein sogenanntes „Risiko-Set" mit sterilen Spritzen, Nadeln und Nahtmaterial mitzuführen, das im Notfall eingesetzt werden kann. Entsprechende Risiko-Sets sind als fertige Beutel in Apotheken, in Impfzentren oder über das Centrum für Reisemedizin in Düsseldorf erhältlich.

WISO rät: Wenn Sie wissen wollen, ob eine vorgesehene Impfung notwendig ist, um Sie vor einer Erkrankung zu schützen, oder ob frühere Impfungen erfolgreich waren oder ob Sie eine bestimmte Infektionskrankheit, vielleicht als Kind, unbemerkt durchgemacht haben: Lassen Sie durch eine serologische Blutuntersuchung feststellen, ob Sie Antikörper gegen diese Erkrankung besitzen und in welcher Menge. Manche Impfung läßt sich dadurch vermeiden.

Die Kosten für eine serologische Blutuntersuchung werden von den Krankenkassen häufig, zumindest teilweise, erstattet.

So mancher Urlauber hat von seinen Reisen ein unfreiwilliges „Mitbringsel" nach Hause mitgebracht. Zum Beispiel ist Malaria über den gesamten Tropengürtel der Erde verbreitet. Manche Erreger sind besonders aggressiv und inzwischen gegenüber vielen Medikamenten resistent. Jährlich erkranken mehrere 100 Bundesbürger bei ihrer Reise in südliche Länder an Malaria. Einige sterben sogar daran.

Auch wenn Malaria im Tropengürtel der Erde weitverbreitet ist, kommt es vor allem darauf an, ob, wo und wann welche Art von Malaria vorkommt. Durch die sich ständig ändernde Malaria-Situation sind pauschale Empfehlungen zur Vorbeugung nicht mehr möglich. Eine absolut sichere Prophylaxe gibt es zur Zeit nicht. Unter Beachtung aller Prophylaxe-Maßnahmen ist das Risiko aber gering und kalkulierbar.

Eine weitere Tropenkrankheit, die ebenfalls durch eine Stechfliege übertragen wird, ist das Gelbfieber. Im Rahmen der internationalen Gesundheitsvorschriften der WHO ist heute nur noch die Gelbfieber-Impfung vorgeschrieben. Sie wird von zahlreichen tropischen Ländern verlangt, jedoch meistens nur bei der Einreise aus Infektionsgebieten. In den letzten Jahren ist das Gelbfieber aber wieder auf dem Vormarsch, insbesondere in Westafrika und in den östlichen Andenstaaten. Die Gültigkeit der Impfung ist praktisch identisch mit der Schutzwirkung, die zehn Tage nach der Impfung einsetzt und bis zu zehn Jahre nach einmaliger Impfung anhält.

WISO rät: Es gibt spezielle Impfstellen für Gelbfieber. Nur dort darf der Impfstoff, der tiefgefroren vom Robert-Koch-Institut des Bundesgesundheitsamts geliefert wird, den Reisewilligen injiziert werden. Spezielle Impfstellen für Gelbfieber nennt Ihnen unter anderem das örtliche Gesundheitsamt.

Die meisten Erkrankungen, die während eines Urlaubs „aufgeschnappt“ werden, haben „menschengemachte“ Ursachen. Mit den Abwassereinleitungen ins Meer gelangen auch Fäkalien ins Wasser, worauf sich dann die Krankheitskeime bis in Badebuchten verbreiten. Für Urlaubsreisende sind sie unsichtbar, die Erreger von Cholera, Typhus oder Hepatitis A.

Cholera ist eine durch Bakterien verursachte Erkrankung, die in Südostasien, in mehreren Ländern Afrikas und neuerdings auch in Südamerika vorkommt. Die Cholera wird vorwiegend durch Nahrungsmittel und Trinkwasser übertragen. Deshalb: Essen und trinken Sie keine ungekochten Lebensmittel, etwa Salat oder rohe Muscheln, Wasser oder Eiswürfel, und essen Sie nur Obst, das Sie schälen können. Zur vollständigen Impfung gehören zwei Injektionen im Abstand von ein bis drei Wochen, die Wirkung hält sechs Monate an. Der Impfschutz verhindert aber nicht in jedem Fall eine Erkrankung.

Typhus kommt in allen warmen Ländern – abhängig vom hygienischen Standard – häufiger vor als bei uns. Erreger sind bestimmte Salmonellenarten. Übertragunsweisen sind vorwiegend – wie bei der Cholera – ungekochtes Wasser und Lebensmittel. Die Impfung, die mindestens zehn, besser sogar 14 Tage vor Reiseantritt abgeschlossen sein sollte, ist eine Schluckimpfung mit Lebendimpfstoff.

Die Hepatitis A (Gelbsucht) wird durch das Hepatitis-A-Virus verursacht, das durch orale Aufnahme zur Infektion führt. Es handelt sich also um eine Schmutz- und Schmierinfektion. Durch den häufig schlechten Hygienestandard in tropischen und subtropischen Ländern ist die Hepatitis A eine typische Reisekrankheit.

Die natürliche Immunität gegen Hepatitis A in der deutschen Bevölkerung liegt derzeit unter 10 Prozent. In den Mittelmeerländern besteht eine Durchseuchung von bis zu 40 Prozent. Geht man noch weiter nach Süden, so steigt sie fast auf 100 Prozent. Das bedeutet für den deutschen Reisenden, daß er ohne eine natürliche Immunität einem erhöhten Infektionsrisiko ausgesetzt ist. Eine Impfung erscheint daher sinnvoll.

Bisher war nur eine passive Immunisierung möglich, wobei die Schutzwirkung lediglich vier bis sechs Monate anhält. Sie ist empfehlenswert für Reisende, die nur hin und wieder in Hepatitis-A-Risikoländer reisen. Seit Anfang 1993 ist eine aktive Impfung möglich, die zur Bildung eigener Antikörper führt, und die mindestens zehn Jahre schützt. Reisende, die sich längere Zeit oder in regelmäßigen Abständen in den Tropen aufhalten, sollten sich trotz der Kosten, die bei ca. 250 DM liegen, mit diesem neuen Aktivimpfstoff immunisieren lassen.

Aber nicht nur die Menschen, auch die Meeresorganismen werden von diesen Erregern heimgesucht. Und als sogannte Meeresfrüchte finden sie sich vielleicht dann als Delikatesse auf den Tellern der Urlauber wieder. Auch andere Früchte sind nicht so ganz „ohne", denn das Leitungswasser, das zum Waschen von Salaten und Früchten verwendet wird, ist oftmals kein Trinkwasser nach europäischem Standard. Selbst ein „First-Class-Hotel" schützt nicht vor unliebsamen Überraschungen. Wenn Küchenpersonal etwa schon immun gegen einen Erreger ist, zum Beispiel den der Hepatitis A, so kann dieser Erreger dennoch über die Speisen weiterverbreitet werden.

Wichtige „Reiselektüre": Die Impfvorschriften

WISO rät: Damit es gesundheitlich eine Reise ohne Reue wird, sollten Sie sich informieren, welche Impfungen das Land Ihrer Urlaubsträume vorschreibt bzw. welche aus prophylaktischen Gründen empfohlen werden. Ansonsten helfen nur Zurückhaltung und bestimmte Verhaltensregeln. Vorsicht mit ungekochten Speisen, rohen Salaten und nicht schälbarem Obst. Milch, Fleisch, Fisch und andere Meerestiere nur frisch gekocht oder ganz durchgebraten essen. Im Zweifelsfall vom Verzehr absehen. Wasser abkochen oder entkeimen. Weder Eis noch Eiswürfel zu sich nehmen.

Eine gute Anlaufstelle für Reiselustige in ferne Länder sind neben den Tropeninstituten die Impfstellen in Universitätskliniken oder in den Gesundheitsämtern. Dort werden Sie ausführlich und individuell über die Impfvorschriften der jeweiligen Länder und über besondere Gesundheitsrisiken – wie Cholera, Darminfektionen, Hepatitis oder Typhus – beraten. Für Sie wird ein individueller Impfplan zusammengestellt. Die Kosten für die Beratung richten sich nach der ärztlichen Gebührenordnung. Eine weitere Informationsquelle, auf die Sie zurückgreifen können, ist zum Beispiel der Reisemedizinische Informationsdienst des Centrums für Reisemedizin in Düsseldorf. Dort können das aktuelle Infektionsgeschehen sowie spezielle Gesundheitsrisiken einzelner Länder abgefragt bzw. als Informationsdienst regelmäßig schriftlich bezogen werden. Zusätzlich gibt es Broschüren und Aufklärungsschriften, die dem Reisenden ausgehändigt werden können. Es erfolgt keine telefonische Beratung. Die Informationen werden ausschließlich in schriftlicher Form zugesandt. Nur die Datenaufnahme erfolgt per Telefon. Für 18 DM inkl. Porto erhalten Sie zum Beispiel den „Reise-Gesundheitsbrief“ – eine individuelle Kurzinformation für eine gezielte Gesundheitsvorsorge, die nach den Angaben des Reisenden speziell für ein bestimmtes Urlaubsland oder mehrere Länder einer zusammenhängenden Reise (bis zu sechs Länder einer Rundreise) unter Berücksichtigung der Reisezeit und der Reisebedingungen erstellt wird. Falls es eilig ist und Sie per Fax Informationen wünschen, müssen Sie dafür 20 DM bezahlen.

Anschrift: Centrum für Reisemedizin (CRM), Oberrathner Straße 10, D-40472 Düsseldorf, Telefon 0211/90 42 90 oder Fax 0211/90 42 999

Einhaltung von Impfvorschriften: Wer haftet?

Ein anderer Aspekt für Reiselustige: Eine Urlaubsreise kann schon zu Ende sein, ehe sie richtig begonnen hat; nämlich dann, wenn Sie sich nicht rechtzeitig um die notwendigen Impfungen gekümmert haben. Wichtig: Reisekataloge müssen zwar über Paß-, Visa- und Impfvorschriften informieren, für deren Einhaltung und für die Kosten sind Sie jedoch als Kunde allein verantwortlich.

Bei nachträglichen Änderungen der Impfbestimmungen ist der Reiseveranstalter verpflichtet, seine Kunden darüber zu unterrichten, „sofern es dem Reiseveranstalter möglich ist“ (BGH-Urteil vom 30. November 1972, Aktenzeichen VII ZR 239/71, BGHZ 60/14).

Wenn Sie eine Urlaubsreise durch mehrere Länder planen, dann kann es sein, daß bei der Weiterreise in ein anderes Land erweiterte Impfvorschriften gelten. Beispiel: Von Deutschland nach Ägypten gibt es keine Impfvorschriften. Reisen Sie dagegen aus dem Sudan ein, müssen Sie zeitweise vier verschiedene Impfungen nachweisen.

Die Kostenfrage: Oft wird am falschen Fleck gespart

Was kostet nun die ganze Impferei? Seit das Gesundheitsstrukturgesetz gilt, ist das allein Ihr Privatvergnügen, das heißt, die Krankenkassen dürfen die Kosten dafür nicht mehr übernehmen. Neben den reinen Beratungsgebühren in Höhe von 20 bis 40 Mark, die sowohl beim Hausarzt als auch in den Impfzentren anfallen, müssen Sie für das Verabreichen einer Spritze mit jeweils 10 bis 12 Mark rechnen. Dazu kommen die Kosten für das jeweilige Serum und eventuell für das Ausstellen eines Rezeptes. Als unverbindliche Anhaltspunkte seien genannt: zum Beispiel Cholera ca. 40 DM, neuerdings auch als Schluckimpfung möglich (ca. 60 DM); Typhus, ebenfalls als Schluckimpfung möglich, zwischen 35 bis 55 DM; Hepatitis A, erst seit gut drei Jahren als aktive Impfung möglich, ca. 250 DM.

WISO rät: Damit Ihre Fernreise unterwegs nicht unfreiwillig endet oder ein gesundheitliches Nachspiel hat: Sparen Sie bei Ihrer Urlaubskasse nicht am falschen Fleck. Rechnen Sie für einen umfassenden Impfschutz mit rund 200 bis 250 Mark pro Person. Dennoch eine gute Investition, verglichen mit vielleicht einigen 1.000 Mark, die Sie für Ihre Urlaubsfernreise ausgeben. Denn können Sie bei Ihrer Einreise die vorgeschriebenen Impfungen nicht vorweisen, haben Sie keinerlei Anspruch auf Schadenersatz gegenüber dem Reiseveranstalter.

Mögliche Gesundheitsrisiken werden in den Katalogen allerdings nicht so gern angesprochen, um potentiellen Kunden die Reiselaune nicht zu verderben. Informieren Sie sich also bei „neutralen" Stellen. In diesen Fällen hilft nur die Rückversicherung bei kompetenten Beratungsstellen. Dazu zählen in erster Linie die Tropeninstitute, die Impfzentren an Universitätskliniken, die Impfstellen in den Gesundheitsämtern. Eine Impfung oder eine Prophylaxe gegen mögliche Infektionskrankheiten, die Sie für Ihre Urlaubsreise benötigen, kann natürlich auch Ihr Hausarzt vornehmen. Bei einer umfassenden Beratung ist er jedoch in vielen Fällen überfordert.

WISO rät: Denken Sie an den zeitlichen Vorlauf für eine notwendige Impfung, ganz besonders bei den sogenannten Last-Minute-Reisen. In Afrika und im nördlichen Südamerika niemals im Süßwasser baden – Bilharziosegefahr. Nach einem Tropenaufenthalt von mehr als drei Monaten ist eine tropenärztliche Untersuchung einschließlich Blut, Urin und Stuhl angezeigt.

Vorsicht bei Time-Sharing: Eine teure und finanziell riskante Urlaubsform

Manche Urlaubsreise, gut geplant und ihr Geld wert, ist schließlich doch noch zum teuersten Urlaub des Lebens geworden. Nämlich dann, wenn Sie sich in Ferienstimmung von ausgefuchsten Time-Sharing-Verkäufern haben über den Tisch ziehen lassen. Wer seinen Urlaub im Süden verbringt, sei es in Spanien, auf den Kanarischen Inseln oder den Balearen, sei es in Portugal oder auf Madeira, wird kaum noch den Werbeattacken der unzähligen Time-Sharing-Verkäufer entgehen können.

Aber auch in Deutschland sind Sie in dieser Hinsicht nicht mehr sicher: Genau ausgewählte Personengruppen, die über ein bestimmtes Einkommen verfügen und bestimmte Urlaubsgewohnheiten haben, werden als potentielle Opfer direkt zu Hause angeschrieben. Die freudige Mitteilung: „Sie haben gewonnen!" Zufällig ist das Los auf den Angeschriebenen gefallen, und der hat angeblich eine einwöchige Reise nach New York oder zu einem anderen attraktiven Reiseziel gewonnen. Das ganze hat nur einen Haken: Den Gewinn erhält nur, wer an einer Veranstaltung teilnimmt, in der ihm eine neue Urlaubsform vorgestellt wird. Auch auf Parkplätzen vor deutschen Einkaufszentren bleiben die Besucher von solchen Time-Sharing-Verkäufern nicht mehr unbehelligt. Seien Sie also nicht nur im Urlaub, sondern auch zu Hause auf der Hut, wenn es um Time-Sharing geht: eine teure und finanziell riskante Urlaubsform.

Weil der Begriff Time-Sharing teilweise zu Recht in Verruf geraten ist, sprechen die Anbieter auch gerne von Teilzeiteigentum, Club-Anlage, Ferienclub, Clubferien, Ferien-Wohnrecht. Wie auch immer die Bezeichnung lauten mag: Wenn Sie gegen eine einmalige Zahlung ein meist mehrere Jahrzehnte währendes Wohnrecht für eine oder mehrere Wochen in einer Ferienanlage erwerben, handelt es sich um sogenanntes „Time-Sharing". Vor mehr als zwei Jahrzehnten in den USA entstanden, gibt es mittlerweile auch in Europa viele Menschen, die vom Time-Sharing-Konzept überzeugt und mit dieser Urlaubsform zufrieden sind. Nach vagen Schätzungen dürfte es über eine halbe Million Time-Sharing-Besitzer in Europa geben. Allerdings sind mit dieser Urlaubsform auch gravierende Mängel verbunden, die Sie kennen sollten, bevor Sie sich zu einem Kauf entschließen.

Wer Ihnen Time-Sharing verkaufen möchte, wird sehr wahrscheinlich mit dem Argument werben, daß Sie nur einmal zahlen müßten, um fortan zum Nulltarif Ihren Urlaub zu verbringen, zumindest aber um von der allgemeinen Preissteigerung verschont zu bleiben. Ihre Erben würden sich über Ihre Hinterlassenschaft freuen, und wer nicht jahrzehntelang am selben Platz urlauben möchte, könnte die gekauften Wochen über eine Organisation jederzeit tauschen. Professionelle Verkäufer werden Ihnen vom Wertzuwachs Ihrer Time-Sharing-Immobilie vorschwärmen und von der Möglichkeit, diese jederzeit weiterzuverkaufen.

WISO rät: Lassen Sie sich auf gar keinen Fall zu einer Unterschrift drängen. Nehmen Sie sich genügend Zeit, um die vorgebrachten Argumente zu prüfen. Vor allen Dingen: Rechnen Sie einen Time-Sharing-Kauf genau durch. Scheuen Sie sich nicht, Rat von einem Finanzfachmann einzuholen. Die größten Fehler begehen Sie, wenn Sie sich noch an Ihrem Urlaubsort zu einem Kauf verleiten lassen und in Ferienstimmung größere Summen als Anzahlung leisten oder Zahlungsverpflichtungen (eventuell eine vordatierte Banküberweisung) eingehen. Auch vermeintlich gewährte Rabatte, die „selbstverständlich" nur an diesem Tag gelten, oder Geschenke und angebliche Gewinne sollen nur eines bewirken: Ihre schnelle Unterschrift unter den Kaufvertrag.

Das Kostenargument

Die WISO-Redaktion vertritt die Meinung, daß Time-Sharing eine recht teure Urlaubsform und zudem mit dem Risiko behaftet ist, daß Sie als Käufer skrupellosen Geschäftemachern aufsitzen und um Ihr Geld gebracht werden. Zunächst jedoch sollten Sie sich darüber klar werden, wieviel Sie ein Time-Sharing-Urlaub tatsächlich kostet.

Beispiel: In einer Ferienanlage an der Algarveküste/Portugal wurden für Reihenhaus-Appartements zwischen 18.000 bis 24.000 Mark je Woche als Kaufpreis verlangt. Angenommen, Sie haben für zwei Wochen im August Time-Sharing-Anteile gekauft und dafür insgesamt 40.000 DM bezahlt – dann kommen noch Nebenkosten dazu für Strom, Wasser, Verwaltung, Pflege der Anlage, Steuern, Versicherung und Instandhaltung. Eine realistische Annahme aus dem Mittelfeld sind 300 DM für jede gekaufte Woche, also insgesamt 600 DM jedes Jahr – so lange jedenfalls, bis sich die Nebenkosten erhöhen.

Für Ihre Anreise müssen Sie selber Sorge tragen und natürlich bezahlen, egal, ob Sie per Auto, Flugzeug oder Bahn anreisen. So kostet ein Charterflug von Frankfurt am Main an die Algarve rund 800 DM pro Person, für zwei also insgesamt 1.600 DM. Wenn Sie an Ihrem Urlaubsflughafen gelandet sind, müssen Sie Ihren Transfer selber organisieren. Rechnen Sie mit zweimal 100 DM für An- und Abreise, also insgesamt 200 DM – entweder für Taxi oder Leihwagen. Wenn Sie diese Kosten addieren und für Ihr eingesetztes Kapital von 40.000 DM eine jährliche Verzinsung von 6 Prozent zugrunde legen, also 2.400 DM, dann kommen Sie auf eine Summe von 4.800 DM. Das sind definitiv die Kosten, die Ihnen *jedesmal* entstehen, wenn Sie Ihre zwei gekauften Time-Sharing-Wochen in Anspruch nehmen, für die Sie angeblich nur einmal – nämlich den Kaufpreis – gezahlt haben.

Würden Sie bei einem Reiseveranstalter buchen, zu regulären Konditionen, dann könnten Sie im August zu zweit für die gleiche Summe einen zweiwöchigen Urlaub in einer Vier-Sterne-Ferienanlage an der Algarveküste verbringen, ohne daß Sie Ihr Kapital einsetzen und unter Umständen riskieren müßten. Bedenken Sie auch, daß sich die Nebenkosten erhöhen werden, wenn in diesem Urlaubsland die Preise steigen oder wenn irgendwann größere Reparaturen in der Ferienanlage nötig werden.

Das Tauschargument

Wollen Sie Ihre Time-Sharing-Wochen tauschen, ein häufiges Argument, dann ist das für Sie mit weiteren Kosten verbunden: jährliche Mitgliedsgebühren von 160 DM in einer Tauschorganisation sowie rund 175 DM je getauschter Woche (RCI). Rechnen Sie zu den 4.800 DM noch die Tauschkosten von etwa 510 DM hinzu, liegen Sie spätestens jetzt mit einer Pauschalreise an die Algarve günstiger. Wenn für Sie diese Tauschmöglichkeit ausschlaggebend für einen Time-Sharing-Kauf ist: Für „Ihre Wochen" muß es Interessenten geben, das heißt Urlaubsort, Standard der Anlage sowie die Saison müssen stimmen, haben also einen entsprechenden Kaufpreis.

WISO rät: Wenn Sie aufgrund einer realistischen Berechnung zu dem Schluß kommen, daß Time-Sharing eigentlich gar nicht günstiger als eine Pauschalreise ist, dann sollten Sie ebenso realistisch sein, wenn mit einem künftigen Wertzuwachs Ihrer Ferien-Immobilie geworben wird. Denn erstens wächst das Angebot an „Time-Sharing-Anlagen" anscheinend sprunghaft; das bedeutet, daß ein allzu großes Angebot auf dem Markt den Wert Ihres „Besitzes" wahrscheinlich eher veringern als steigern wird. Zweitens ist zum Beispiel ein Appartement, das als Time-Sharing wochenweise verkauft wird, oft viermal so teuer wie eines, das einem einzigen Eigentümer gehört. Vom Verkaufspreis gehen zwischen 30 bis 60 Prozent in den Vertrieb. Diese Kosten wird Ihnen ein „normaler" Käufer kaum ersetzen.

Gegen einen Time-Sharing-Kauf spricht, daß dieses sogenannte Teilzeiteigentum meist überteuert ist. Wirklich entscheidend für den Wert einer Time-Sharing-Anlage ist die Solidität und die nachhaltige Leistungsbereitschaft der Betreibergesellschaft. Aber dafür gibt es keine Garantie – schon gar nicht auf Jahrzehnte hinaus.

Nur wer die Nachteile kennt, kann objektiv entscheiden

Ein weiterer Nachteil: Bei Problemen – Zusagen werden nicht eingehalten, oder die Ferienanlage wird nicht fertiggestellt – befinden Sie sich in einer juristisch fast aussichtslosen Lage.

Beispiel: Sie erwerben als deutscher Staatsbürger an der Costa del Sol ein Time-Sharing-Appartement von einer multinationalen Gesellschaft mit Sitz auf der Isle of

Man, wobei ein Vertrag geschlossen wird, dessen Klauseln unter das spanische Recht fallen, während jeder Rechtsstreit von einem Gericht in Liechtenstein gemäß dem Zivilprozeßrecht dieser Stadt entschieden wird. Dies ist nicht etwa eine willkürliche Konstruktion, sondern gängige Praxis im Time-Sharing-Bereich. Im Falle eines Rechtsstreits befinden Sie sich zweifellos von vornherein auf der Verliererseite. Was dann, wenn Sie übervorteilt oder sogar betrogen worden sind? Das schnelle Geld, das in dieser Branche verdient wird, lockt auch unseriöse Geschäftemacher. Time-Sharing-Opfer bemerken allerdings erst nach einer gewissen Zeit, daß man sie über den Tisch gezogen hat. Sind Sie trotz der Nachteile – wir haben hier nur die gravierendsten genannt – von dieser Urlaubsform überzeugt, dann sollten Sie bei einem Time-Sharing-Kauf ein paar grundlegende Aspekte beachten, die Sie vor den schlimmsten Reinfällen bewahren.

WISO rät: Kaufen Sie nicht anhand von Plänen, die Ihnen in den schönsten Farben vorgelegt werden. Sicherer ist es für Sie, wenn die Substanz schon erkennbar oder – noch besser – die Ferienanlage bereits in Betrieb ist. Überzeugen Sie sich, ob die Ferienanlage laut Grundbuchauszug schuldenfrei ist. Und nochmals: Lassen Sie sich Zeit bis zu einer Kaufentscheidung. Seien Sie mißtrauisch, wenn man Sie unter Zeitdruck setzt. Seriöse Anbieter haben nichts zu verbergen und geben Ihnen Zeit, um sich zu informieren und eine Kaufentscheidung gründlich zu überlegen. Unseriöses Geschäftsgebahren erkennen Sie unter anderem an versprochenen Geschenken, Freidrinks oder Geldgewinnen, wenn Sie an einer sogenannten Informationsveranstaltung teilnehmen.

Die WISO-Redaktion hat Hinweise von Zuschauern bekommen, daß auf den Kanarischen Inseln für Time-Sharing geworben wurde, indem man in einem redaktionell aufgemachten Zeitungsartikel behauptete, WISO habe über diese spezielle Time-Sharing-Anlage positiv berichtet. Wahr ist, daß WISO immer wieder vor den Nachteilen von Time-Sharing gewarnt hat. Unsere Recherchen haben in diesem Fall ergeben, daß ein entsprechender Artikel in der deutschsprachigen Kanaren-Zeitung nicht erschienen ist. Der Verdacht liegt nahe, daß hier manipuliert wurde. Diejenigen, die unsere WISO-Zuschauer am Urlaubsort auf diesen Zeitungsartikel aufmerksam machten, waren zufälligerweise bereits seit einigen Jahren sehr zufriedene Time-Sharing-Kunden, die über diese Urlaubsform nur das Beste zu berichten wußten. Also Vorsicht vor diesen „plazierten" Lockvögeln im Umfeld von Time-Sharing-Verkaufsveranstaltungen.

Falls Sie sich trotz aller Bedenken für Time-Sharing entscheiden: Lassen Sie sich bei einem Kauf eine angemessene Rücktrittsfrist schriftlich garantieren. Schauen Sie die Verkaufsdokumente genau durch, *bevor* Sie unterschreiben. Sind alle Dinge, die Ihnen der Verkäufer versprochen hat, schriftlich dokumentiert? Lassen Sie sich die Clubdokumentation und den Treuhandvertrag aushändigen. Der Treuhänder ist der Dreh- und Angelpunkt, er muß garantiert neutral sein. Kriminell angelegte Time-Sharing-Geschäfte haben oftmals eine zu große Nähe zwischen Bauträger und Treuhänder. Holen Sie Erkundigungen ein, und seien Sie mißtrauisch, wenn der Treuhänder seinen Sitz in einem sogenannten Steuerparadies hat – Isle of Man, British

Virgin Islands, Guernsey, Sarks, Gibraltar, Liechtenstein zum Beispiel. Vertrauen Sie keiner Gesellschaft, die Ihre Kaufsumme direkt an sich selber zahlen läßt. Ein Treuhänder muß dazwischen sein.

Leisten Sie keine hohen Anzahlungen. Falls Sie von Ihrem Rücktrittsrecht Gebrauch machen: Was geschieht mit der Anzahlung? Laut Vertrag verfällt teilweise Ihre gesamte Anzahlung. Aber selbst wenn es im Vertrag anders steht: Die meisten Time-Sharing-Neukunden haben Ihre Anzahlungen trotzdem nicht zurückbekommen. Eine Klage ist erfahrungsgemäß aussichtslos. Die Probleme haben wir bereits genannt.

Falls Sie sich für eine Ferienanlage interessieren: Fragen Sie, ob Sie nicht dort zuvor eine Zeit verbringen und ein Appartement oder einen Bungalow mieten können. Das wäre der beste Weg, um festzustellen, ob diese Anlage den Versprechungen und Ihren Urlaubsvorstellungen überhaupt entspricht. Vielleicht kommen Sie ja darauf, daß Sie nicht unbedingt kaufen müssen, um dort Ihren Urlaub zu verbringen. Und wenn Sie im nächsten Jahr woanders hinfahren möchten, dann können Sie das einfach tun.

Krank im Urlaub – das kann teuer werden

Wer in Urlaub fährt, rechnet nicht damit, krank zu werden. Aber es kann einen eben überall erwischen – von ganz alltäglichen Krankheiten bis hin zu akut notwendigen Operationen oder Krankenhausaufenthalten nach Unfällen. Rund 5 Prozent aller deutschen Urlauber müssen medizinische Hilfe im Ausland in Anspruch nehmen. Und das kann teuer werden. Nur Privatversicherte müssen sich, was die Kosten angeht, weniger Sorgen machen als gesetzlich Versicherte. In der Regel gilt ein privater Krankenversicherungsschutz weltweit und schließt normalerweise auch einen medizinisch notwendigen Krankenrücktransport mit ein.

WISO rät Privatversicherten: Vergewissern Sie sich *vor* Ihrer Abreise, ob die Kosten für eine akute medizinische Behandlung in Ihrem Urlaubsland und ein eventuell notwendiger Rücktransport von Ihrer privaten Krankenversicherung auch wirklich übernommen werden und das auch vertraglich festgehalten ist.

Gesetzlich Versicherte sollten selbst vorsorgen

Wer einer gesetzlichen Krankenkasse angehört, sollte mit einer privaten Zusatzversicherung – der sogenannten Auslandskrankenversicherung – vorsorgen, wenn er jenseits der deutschen Grenzen seinen Urlaub verbringt. Denn für gesetzlich Versicherte kann Krankheit im Ausland teuer werden. Bei Kassenpatienten ist zwar die medizinische Versorgung in den meisten EU-Ländern durch ein sogenanntes Sozialversicherungsabkommen gesichert. Trotzdem müssen sie teilweise für den Arztbesuch oder Krankenhausaufenthalt kräftig Geld drauflegen. Es ist nämlich nicht in jedem Fall gewährleistet, daß der deutsche Tourist an seinem Urlaubsort tatsächlich einen Vertragsarzt in Anspruch nehmen kann. In vielen Urlaubsregionen übertrifft zum Beispiel die Zahl der ausländischen Touristen während der Hauptsaison bei weitem die Zahl der einheimischen Bevölkerung. Dem gesetzlichen Krankenversicherungsträger des betreffenden Landes ist es teilweise nicht möglich, in entsprechendem Umfang zusätzliche Vertragsärzte zu gewinnen, so daß Touristen, die medizinische Hilfe benötigen, gar keine andere Wahl bleibt, als einen privat praktizierenden Arzt aufzusuchen und die Behandlung aus der eigenen Tasche zu zahlen.

Zwar erstatten die deutschen gesetzlichen Krankenkassen dann nach der Rückkehr gegen Vorlage der quittierten und spezifizierten Rechnung die ärztliche Behandlung während des Urlaubsaufenthalts, aber nur den Betrag, den sie der ausländischen Krankenkasse zu erstatten gehabt hätten. Da aber ein privat praktizierender Arzt in der Regel wesentlich höhere Honorare verrechnet als ein Vertragsarzt, müssen die im Urlaub erkrankten Reisenden den Differenzbetrag selber tragen. Bei einem einmaligen Arztbesuch am Urlaubsort wegen einer Magenverstimmung wird das Ihre Urlaubskasse wahrscheinlich noch verkraften können. Sollten Sie jedoch akut schwer erkranken und sogar ein Aufenthalt in einer Privatklinik oder gar eine Operation unumgänglich werden, kann Sie das finanziell arg in Bedrängnis bringen.

Aber nicht nur die fehlende Zahl von Vertragsärzten in stark besuchten Urlaubsregionen kann Sie zwingen, Privatärzte aufzusuchen: Deutsche Urlauber sind verwöhnt vom hohen medizinischen Standard zu Hause. Mit dem Auslandskrankenschein können sie jedoch nur die medizinische Behandlung erhalten, die im jeweiligen Urlaubsland für gesetzlich versicherte Einheimische obligat ist – und die weicht vom gewohnten deutschen Standard zum Teil erheblich ab.

Wichtig: Eine – teilweise – Kostenerstattung für eine Privatbehandlung am Urlaubsort durch deutsche gesetzliche Krankenkassen gibt es überhaupt nur, wenn die medizinische Behandlung in einem Land erfolgte, mit dem ein Sozialversicherungsabkommen besteht. Richtig teuer kann es für Urlauber werden, die auf andere Kontinente oder in Länder reisen, mit denen Deutschland kein entsprechendes Abkommen getroffen hat. Das beliebte Reiseziel USA gehört zum Beispiel dazu. Wenn Sie dort vielleicht in ein Krankenhaus und sich aus akutem Anlaß einer Operation unterziehen müssen, kann Sie das finanziell in ein Desaster stürzen. Daß pro Aufenthaltstag in einer Klinik mehrere tausend Dollar verlangt werden, sind erfahrungsgemäß keine Seltenheit. Sie müßten diese medizinische Behandlung privat bezahlen, und weil mit den USA kein Sozialversicherungabkommen besteht, bekämen Sie außerdem keinen Pfennig von Ihrer gesetzlichen Krankenkasse in Deutschland erstattet.

Beispielfälle: Krank in den USA

Um welch astronomische Summen es gehen kann, belegt die Geschichte eines ADAC-Mitglieds. Im vergangenen Jahr, während einer USA-Reise, machte eine schwere und sehr spezielle Lungenentzündung einen zwölftägigen Klinikaufenthalt in Arizona notwendig. Anschließend konnte der Patient zum Glück per Linienflug nach Deutschland zurückgeflogen und hier weiterbehandelt werden. Für die entstandenen Gesamtkosten von 184.000 Mark (!) mußte er nicht selber aufkommen, weil er eine

Auslandskrankenversicherung abgeschlossen hatte. An einer solchen Summe tragen die meisten Menschen bis zum Lebensende.

Ein WISO-Zuschauer schrieb uns und schilderte uns seinen Fall. Während eines Urlaubs in Florida erlitt der 50jährige Mann einen Herzinfarkt und kam ins Krankenhaus. Für die notwendige Operation und den zehntägigen Klinikaufenthalt bekam er dann die Rechnung: rund 51.000 Mark. An Ort und Stelle mußte er 3.000 Mark per Kreditkarte hinterlegen, sonst wäre er mit einer Ausreisesperre belegt worden.

Als gesetzlich Versicherter hat er keinen Anspruch auf teilweise Kostenübernahme durch seine Krankenkasse, weil mit den USA kein Sozialversicherungsabkommen besteht. Eine Auslandsreisekrankenversicherung hatte der WISO-Zuschauer nicht abgeschlossen. Er ist inzwischen auch noch arbeitslos geworden und völlig verzweifelt, weil er nicht weiß, wie er die 51.000 Mark für seinen Krankenhausaufenthalt in den USA aufbringen soll.

Meist der größte Kostenblock: ein Krankenrücktransport

Besonders teuer kann es werden, wenn aus medizinischen Gründen ein Rücktransport nach Deutschland, vielleicht sogar ein Ambulanzflug notwendig wird. Diese Kosten übernimmt eine gesetzliche Krankenversicherung auf gar keinen Fall. Vom Gesetzgeber wurde ausdrücklich untersagt, für diese Kosten aufzukommen, auch wenn es um Leben oder Tod gehen sollte. Es ist also nicht so, daß sich die gesetzlichen Krankenkassen um diese Ausgaben drücken wollen. Das Gesetz legt das ausdrücklich fest, und zwar im 5. Sozialgesetzbuch (SGB V), § 60, Abs. 4. Dort heißt es lapidar: „Die Kosten des Rücktransports in das Inland werden nicht übernommen." Diese Regelung ist mit der Gesundheitsreform 1989 neu aufgenommen worden und fußt auf Entscheidungen des Bundessozialgerichts aus dem Ende der siebziger Jahre. Wer es ganz genau wissen möchte: BSG, Urteil vom 10. 10. 1978, AZ 3 RK 75/77 . Die Klage wurde unter anderem mit der Begründung abgewiesen: „Die Klägerin beansprucht mit den Rückflugkosten von Ibiza nach Bremen eine Art grenzüberschreitender Leistung. Hierfür enthält das (Sozialversicherungs-)Abkommen (mit Spanien) keine Regelung." Betroffene Versicherte müssen also einen Rücktransport nach Deutschland in jedem Fall aus ihrer eigenen Tasche zahlen.

Die Auslandskrankenversicherung gehört ins Reisegepäck

WISO rät gesetzlich Versicherten: Sparen Sie auf gar keinen Fall am falschen Fleck, wenn Sie im Ausland Urlaub machen. Versichern Sie sich gegen mögliche Krankheits- und Rücktransportkosten mit einer privaten Zusatzversicherung. Die Auslandskrankenversicherung ist die einzige Reiseversicherung, die Sie unbedingt im Urlaubsgepäck haben sollten.

Außerdem ist sie nicht einmal teuer, so daß sie sich eigentlich jeder leisten kann. Ein Anhaltspunkt: Sie können sich schon für 60 Pfennig pro Tag versichern. Bei einer dreiwöchigen Urlaubsreise würde Sie diese Sicherheit also gerade mal 13 Mark kosten. Einfacher und im Verhältnis auch günstiger kommt eine Jahresversicherung. Die günstigste bekommen Sie schon ab gut 10 Mark pro Person und Jahr. Mitversicherte Kinder zahlen wesentlich weniger. Es gibt aber auch eine Auslandskrankenversicherung für die ganze Familie, die zum Beispiel der ADAC seinen Mitgliedern anbietet: 39 Mark für das ganze Jahr und für die ganze Familie. Aber auch Kreditkartenunternehmen bieten eine zusätzliche Auslandskrankenversicherung an.

Bei einer Jahresversicherung können Sie beliebig oft während eines Jahres ins Ausland reisen, dürfen sich allerdings jeweils nicht länger als für einen bestimmten Zeitraum dort aufhalten. Die meisten Versicherungen begrenzen diesen Zeitraum auf sechs Wochen. Das bekannte „Überwintern auf Mallorca“ dürfte in der Regel nicht abgedeckt sein. In solchen Fällen sollten Sie mit Ihrer Versicherung reden und eine spezielle Lösung vereinbaren.

Was leistet eine Auslandskrankenversicherung?

Eine Auslandkrankenversicherung steht ein für medizinische Behandlungskosten in Ländern, mit denen kein Sozialversicherungsabkommen besteht, wie etwa die USA. Haben Sie jedoch in einem Land, mit dem ein entsprechendes Abkommen geschlossen wurde, aus welchen Gründen auch immer einen Privatarzt aufsuchen müssen, dann müssen Sie zunächst mit Ihrer gesetzlichen Krankenkasse abrechnen. Der Differenzbetrag, der ohne eine private Zusatzversicherung von Ihnen selber zu tragen wäre, wird dann von dieser Versicherung übernommen.

Für welche Art Kosten kommt eine Auslandskrankenversicherung auf? Sie übernimmt Kosten, die im Zusammenhang mit einer Verletzung, einem Unfall oder einer akuten Erkrankung im Ausland entstehen, also für ärztliche Heilbehandlung, Arznei-, Verband- und Heilmittel sowie für schmerzstillende Behandlung beim Zahnarzt, notwendige Füllungen in einfacher Ausführung sowie Reparatur von Prothesen und im Krankenhaus für Behandlung, Unterbringung und Operationen sowie für den medizinisch notwendigen Krankentransport zum nächsten Arzt oder Krankenhaus.

Meistens gehört ein medizinisch notwendiger Krankenrücktransport ebenso zum Leistungskatalog einer privaten Auslandskrankenversicherung wie die Überführung ins Heimatland im Todesfall. Natürlich möchte sich das niemand ausmalen, wenn er in Urlaub fährt. Aber jedes Jahr kommen zahlreiche deutsche Urlauber im Ausland ums Leben, und oft genug werden Angehörige nicht nur durch das persönliche Unglück getroffen, sondern auch mit teilweise erheblichen Kosten belastet. Es dürfte Ihre Urlaubsfreude und Ihren Urlaubsgenuß eigentlich nicht trüben, in dieser Hinsicht vorzusorgen und dann unbeschwert die Ferientage zu genießen.

WISO rät: Vergewissern Sie sich, daß ein Krankenrücktransport auch wirklich in Ihrem Versicherungsvertrag garantiert wird. Im Ernstfall ist es ganz besonders wichtig, daß ein notwendiger Rücktransport von dem Vertragspartner organisiert wird, Sie das also nicht selber in die Wege leiten müssen. Damit wären Sie in dieser Situation wahrscheinlich überfordert. Achten Sie also darauf, daß Ihr Versicherungsunternehmen eine Notrufzentrale nennt, die wirklich jederzeit – also Tag und Nacht, an Sonn- und Feiertagen – erreichbar ist.

Eine der größten Notrufzentralen unterhält der ADAC in München. Während der Hochsaison sitzt hier ein Dutzend Ärzte, die mit den jeweils behandelnden Ärzten im Ausland in Kontakt stehen und mit ihnen abklären, wann ein Krankenrücktransport nach Deutschland angezeigt ist. Insgesamt sieben Ambulanzflugzeuge stehen bereit, die in der Haupturlaubszeit Juli und August pro Tag bis zu 24 kranke Urlauber zurückfliegen, generell mit einem Intensivarzt und einem ausgebildeten Rettungssanitäter an Bord. Im vergangenen Jahr wurde mit den behandelnden ausländischen Ärzten über den Rücktransport von 11.500 Patienten entschieden, von denen dann 8.500 per Wagen und 2.400 per Flugzeug nach Deutschland zurückgeholt wurden.

WISO rät: Wenn Sie sich ausschließlich gegen das Risiko eines Krankenrücktransports versichern wollen, sollten Sie vorsichtig sein. In diesem Bereich gibt es leider auch unseriöse Anbieter. Schließen Sie nur eine Krankenrücktransportversicherung ab, wenn Ihnen der Anbieter bekannt ist – wie die Deutsche Rettungsflugwacht oder der Rettungsdienst „Stiftung Björn Steiger" – oder fragen Sie im Zweifelsfall Ihren Krankenversicherer.

Wer kann eine private Auslandskrankenversicherung abschließen?

Nicht jeder Mann oder jede Frau kann eine private Zusatzversicherung für Auslandsreisen abschließen. Die meisten Versicherungsunternehmen haben Altersgrenzen gezogen und ein unterschiedliches Höchsteintrittsalter festgesetzt. Wurde zum Beispiel das Höchsteintrittsalter bei 70 Jahren gezogen, dann bedeutet das: Wenn Sie älter als 70 Jahre alt sind, können Sie eine Auslandskrankenversicherung bei einem privaten Unternehmen nicht mehr neu abschließen. Unterhalten Sie dagegen bereits seit Jahren eine solche Zusatzversicherung, dann kann das Versicherungsunternehmen Sie nicht wegen Erreichen dieser Altergrenze hinauswerfen. Solange Sie diesen Versicherungsschutz aufrechterhalten wollen, muß er Ihnen weiter gewährt werden.

Aber nicht nur, wer eine bestimmte Altersgrenze überschritten hat, kann von der Auslandskrankenversicherung ausgeschlossen werden. Das gleiche gilt für Menschen, die chronisch krank sind oder bei denen voraussichtlich eine medizinische Behandlung im Ausland notwendig wird. Für diese Kosten kommt keine private Zusatzversicherung auf. Trotzdem muß das nicht bedeuten, daß alte oder chronisch kranke Menschen nicht ins Ausland reisen könnten oder nur dann, wenn Sie das mögliche Risiko, das schon ausführlich beschrieben wurde, in Kauf nehmen würden.

WISO rät: Wenn Sie aufgrund Ihres Alters oder Ihres Gesundheitszustandes nachweislich keine private Zusatzversicherung abschließen können, sollten Sie unbedingt *vor* Ihrer Auslandsreise mit Ihrer gesetzlichen Krankenkasse sprechen. Lassen Sie diese Tatsache, das heißt, daß Sie keinen privaten Versicherer finden, feststellen und schriftlich bestätigen. Unter Umständen erklärt sich daraufhin Ihre gesetzliche Kasse bereit, eine Kostenerstattung in Höhe der deutschen Sätze zu übernehmen. Die Kostenübernahme für einen eventuell notwendig werdenden Rücktransport ist aber auf jeden Fall ausgeschlossen.

Eine Auslandskrankenversicherung ist kein Luxus, auch dann nicht, wenn die Urlaubsreise in ein Land führt, mit dem ein Sozialversicherungsabkommen besteht. WISO hat das in seiner Sendung anhand von zwei Beispielen deutlich gemacht.

Die AOK hilft vor Ort

Beispiel eins: Mallorca, die Lieblingsinsel der deutschen Urlauber. Wer hier medizinische Hilfe in Anspruch nehmen muß, hat eigentlich keine Probleme. Überall bieten in den Touristenzentren deutsche Arztpraxen ihre Dienste an. Doch viele Urlauber sind überrascht, wenn sie die Behandlung dort dann aus eigener Tasche zahlen müssen. Sie sind meist der Annahme, daß sie von einem deutschen Kassenarzt behandelt werden, der den Auslandskrankenschein akzeptiert.

Das ist jedoch nicht der Fall. Ein deutscher Arzt darf in Spanien nicht als Vertragsarzt praktizieren, sondern nur auf privater Basis. Das heißt, daß in den deutschen Arztzentren auf Mallorca Privathonorare verlangt werden, die in der Regel das Zwei- bis Dreifache des normalen Arzthonorars ausmachen. Der deutsche Urlauber muß die Differenz selber tragen. Seine gesetzliche Krankenkasse wird ihm nämlich nur den Betrag ersetzen, den sie dem spanischen Vertragsarzt zu erstatten gehabt hätte.

Auf Mallorca verbringen jedes Jahr allein 1,2 Millionen AOK-Versicherte ihren Urlaub. Grund genug für den Bundesverband, in Palma de Mallorca eine Servicestelle zu eröffnen. Diese Einrichtung ist einmalig und in keiner anderen Urlaubsregion anzutreffen, denn auch andere gesetzliche Krankenkassen haben einen solchen Schritt noch nicht gewagt.

Für die AOK ist das nicht nur Werbung in eigener Sache: Für sie ist es vorteilhafter, wenn sie mit der spanischen gesetzlichen Krankenkasse direkt abrechnen kann und nicht für jedes versicherte AOK-Mitglied, das in Spanien private medizinische Hilfe in Anspruch nehmen mußte, die entsprechenden Beträge ermitteln und ersetzen muß – ein großer Aufwand, der zusätzlich Geld kostet. Außerdem bleiben ihre Versicherten von teilweise erheblichen Mehrkosten verschont, wenn sie nicht bei einem Privatarzt landen.

Wie bei den Ärzten, so läuft es auch bei den Kliniken: Vielen deutschen Patienten ist zunächst nicht klar, daß sie in einer der zahlreichen Privatkliniken Mallorcas gelandet sind. Weil mit diesen Kliniken jedoch keine Vereinbarung im Rahmen des Sozialversicherungsabkommens besteht, bleiben gesetzlich versicherte deutsche Urlauber teilweise auf erheblichen Mehrkosten sitzen.

Rücktransport aus dem Urlaub

Beispiel zwei zeigt, welch finanzielles Risiko Urlauber eingehen, die in Deutschland gesetzlich krankenversichert sind und im Ausland so schwer erkranken, daß ein

Rücktransport mit einem Ambulanzflugzeug notwendig wird. Wie bei Stefanie, die mit ihren Eltern Urlaub auf Fuerteventura machte. Wegen eines Blinddarmdurchbruchs mußte sie ins Krankenhaus und sofort operiert werden. Doch es kam zu Komplikationen, die zu einer Darmlähmung führten. Schließlich spitzte sich der Zustand des kleinen Mädchens so zu, daß Lebensgefahr bestand. Eine weitere Operation schien unumgänglich. Stefanie mußte in eine Spezialklinik, die es auf den Kanarischen Inseln aber nicht gab.

Stefanies Eltern hatten Glück im Unglück: Sie besaßen einen ADAC-Schutzbrief, der den Rücktransport innerhalb Europas und von den Mittelmeerländern nach Deutschland beinhaltet. Stefanie wurde sofort in eine Düsseldorfer Spezialklinik gebracht, wo umgehend mit der Intensivbehandlung des sechsjährigen Mädchens begonnen wurde. Nach ein paar Tagen war sie über den Berg, und ihre Eltern waren heilfroh über den Rücktransport. Ohne Versicherung hätte sie der rund 50.000 Mark gekostet.

WISO rät gesetzlich Krankenversicherten abschließend noch einmal als Zusammenfassung: Vergessen Sie nicht, sich vor Ihrem Urlaubsantritt einen Auslandskrankenschein von Ihrer Krankenkasse samt dem dazugehörigen Merkblatt für das jeweilige Urlaubsland zu besorgen. Darin finden Sie alles Wissenswerte, falls Sie während Ihres Urlaubs medizinische Hilfe in Anspruch nehmen müssen. Schließen Sie eine zusätzliche Auslandskrankenversicherung bei einem privaten Versicherungsunternehmen ab. Sie ist die wichtigste Reiseversicherung, und sie gehört unbedingt in Ihr Reisegepäck.

Die Auslandskrankenversicherung kommt für Mehrkosten auf, die für eine medizinische Behandlung in einem Land entstehen können, mit dem ein Sozialversicherungsabkommen besteht. Sie übernimmt in der Regel die vollen Kosten für die medizinisch notwendige Behandlung in Ländern, mit denen ein solches Abkommen nicht besteht, und üblicherweise die Kosten für einen Krankenrücktransport.

Mit welchen Ländern bestehen Sozialversicherungsabkommen?

Sicher ist es wichtig für Sie zu wissen, mit welchen Ländern ein sogenanntes Sozialversicherungsabkommen besteht: In Belgien, Dänemark, Finnland, Frankreich, Griechenland, Großbritannien, Irland, Island, Italien, Liechtenstein, Luxemburg, den Niederlanden, Norwegen, Österreich, Portugal, Schweden, der Schweiz, Spanien, Tunesien und der Türkei sind Leistungen der gesetzlichen Krankenkassen erhältlich. Ein Sozialversicherungsabkommen bestand auch mit Ex-Jugoslawien. Bis auf weiteres können Sie von der (Weiter-)Geltung des deutsch-jugoslawischen Abkommens über soziale Sicherheit für Bosnien-Herzegowina, Kroatien, Mazedonien, Slowenien und (Rest-)Jugoslawien ausgehen. Sicherheitshalber sollten Sie sich jedoch vor Reiseantritt an Ihre Krankenkasse wenden. Verbringen Sie Ihren Urlaub in einem anderen als den oben genannten Staaten und sollten Sie dort erkranken, dann erhalten Sie keine Leistungen von den ausländischen Krankenkassen; Sie müssen sich also privat behandeln lassen.

Noch eine Besonderheit: Ausländische Arbeitnehmer, die in Deutschland gesetzlich krankenversichert sind, erhalten keinen Auslandskrankenschein, wenn sie in ihr Heimatland reisen. Das bedeutet: Sie können in dem Land, dessen Staatsangehörigkeit sie besitzen, keine medizinischen Leistungen in Anspruch nehmen, auch wenn mit diesem Land ein Sozialversicherungsabkommen besteht. Auch bei einer Reihe von Tarifen wird bei einer privat abgeschlossenen Auslandskrankenversicherung bei in Deutschland lebenden ausländischen Mitbürgern der Versicherungsschutz nicht für einen Aufenthalt im Heimatland gewährt.

Reiseversicherungen: Welche gehören ins Urlaubsgepäck?

Jeder achte deutsche Tourist schließt für seine Reise eine Versicherung ab. Wenn es um die kostbarsten Wochen des Jahres geht, ist der Deutsche vorsichtig – ganz im Sinne von Reiseveranstaltern und Versicherungsunternehmen, die mit dem Slogan „Erst versichern, dann reisen“ werben. Viele Urlauber nehmen dieses Motto aber allzu wörtlich. In Vorfreude auf ihren Urlaub und in Verbindung mit der Buchung ihrer Reise lassen sie sich gleich mehrere Versicherungen andrehen: von der Reiseunfall- über die Reisehaftpflicht- oder Reisegepäckversicherung bis zu sogenannten „Rundum-sorglos-Paketen“. Unter Umständen zahlen die Urlauber dann für Versicherungen, die sie gar nicht brauchen, die sie eigentlich schon haben – oder die ihnen im Zweifelsfall gar nichts bringen. Denn viele der angebotenen Policen sind reine Geldmacherei und dienen vor allem dem Umsatz der Versicherungsunternehmen.

Andererseits gibt es Urlauber, die völlig darauf verzichten, Versicherungen für die Reise abzuschließen. Sie vergessen dabei aber wichtige Versicherungen wie die Auslandskrankenversicherung oder eine Reiserücktrittskosten-Versicherung. Diese Policen können jedoch – im Gegensatz zu vielen anderen – äußerst hilfreich sein. Daher ein paar wichtige Tips, welche Reiseversicherungen Sie im Gepäck haben sollten und welche Sie nicht benötigen. Zunächst die überflüssigen Versicherungen:

Diese Versicherungen können Sie sich sparen

Ein besonders krasses Beispiel für eine überflüssige Versicherung ist die *Reisegepäckversicherung*. Denn vereinfacht gesagt, läuft sie auf das folgende hinaus: Wenn Sie auf Ihr Gepäck aufpassen, kommt es auch nicht abhanden. Passen Sie nicht auf, dann bekommen Sie den Verlust von der Reisegepäckversicherung auch nicht ersetzt. Das heißt: Die Reisegepäckversicherung zahlt nur, wenn Sie den Verlust oder Diebstahl Ihres Gepäcks nicht selbst zu verantworten haben – und das ist nach Ansicht der Versicherungsunternehmen ziemlich selten der Fall. Gerade bei Diebstahl kommen die Versicherungen für den durch den Verlust des Gepäcks entstandenen Schaden nicht auf, weil die Geschädigten „fahrlässig gehandelt haben, da sonst der Schaden ja nicht passiert wäre". Weitere Beispiele: Schmuck dürfen Sie in südlichen Ländern gar nicht erst tragen. Die Kamera dürfen Sie nicht über die Schulter hängen, sondern müssen sie am Körper befestigen. Wertsachen werden nur bis zu 50 Prozent ersetzt. Werden Sie bestohlen, müssen Sie sofort eine polizeiliche Meldung machen, auch wenn Sie dadurch Ihren Rückflug verpassen sollten.

Wenn Sie mit dem Auto unterwegs sind und Ihr Gepäck aus dem Wagen gestohlen wurde, gibt es nur dann vollen Ersatz, wenn der Wagen in einer abgeschlossenen Garage stand oder wenn der Dieb zwischen 6 und 22 Uhr zugegriffen hat. Während der Nacht wird ein Diebstahl nur dann als ein solcher anerkannt, wenn er während einer Pause eintrat, die nicht länger als zwei Stunden dauerte. Wer das alles im Zweifelsfall nicht hieb- und stichfest beweisen kann, bekommt nicht mehr als 500 Mark ersetzt. Ein weiteres Argument gegen den Abschluß einer Reisegepäckversicherung: Bei Einbruch und Beraubung im Hotelzimmer zahlt zum Beispiel Ihre Hausratversicherung, die Sie vielleicht sowieso schon haben. Die Hausratversicherung schließt Gegenstände, die mit auf Reisen gehen, mit 10 Prozent der Hausratsversicherungssumme ein. Dieser Versicherungsschutz gilt drei Monate lang. Die Hausratversicherung zahlt bei Einbruch und Beraubung innerhalb Europas, nach den neuen Versicherungsbedingungen von 1992 sogar weltweit, und macht eine Reisegepäckversicherung sowohl im „Paketangebot" als auch separat abgeschlossen eigentlich weitgehend überflüssig.

Ebenfalls meist überflüssig ist eine *Reisehaftpflichtversicherung*. Wenn Sie sich gegen die finanziellen Folgen eines Schadens, den Sie verursachen, absichern wollen, dann ist es preiswerter und sinnvoller, eine Haftpflichtversicherung nicht nur für die Urlaubsreise, sondern für das ganze Jahr abzuschließen – schließlich kann ja nicht nur im Urlaub etwas passieren.

Der Jahresbeitrag von ca. 150 Mark für die Privathaftpflichtversicherung ist gut angelegt, zumal sogar der Ehepartner und minderjährige Kinder mitversichert sind. Eine Privathaftpflichtversicherung gilt nach neuen Bedingungen meist weltweit und kommt auch für einen Schaden auf, den Sie eventuell fahrlässig im Hotelzimmer oder im Urlaubsbungalow anrichten. Auch wenn Sie Freunde Ihrer Kinder mit in den Urlaub nehmen, die dann einen Schaden anrichten, und Ihnen Verletzung der Aufsichtspflicht vorgeworfen wird, steht Ihre Privathaftpflicht dafür ein.

Doch noch eine weitere Haftpflichtversicherung?

Falls Sie im Urlaub auf die Jagd gehen, vielleicht mit Ihrem Boot oder Surfbrett Ihrem Hobby frönen oder als Privatpilot in die Lüfte steigen, dann benötigen Sie eine besondere Haftpflichtversicherung. Das gilt noch für weitere Sportarten. Erkundigen Sie sich in diesen Fällen lieber vorher bei Ihrer Versicherung.

Wie bei der Reisehaftpflichtversicherung macht es auch wenig Sinn, eine *Unfallversicherung* nur für den Urlaub abzuschließen. Denn ein Unfall kann Ihnen überall und das ganze Jahr über passieren. Eine Unfallversicherung ist sinnvoll für diejenigen Menschen, die noch keinen oder erst einen geringen Anspruch auf eine

Rentenzahlung im Falle der Berufs- oder Erwerbsunfähigkeit erworben haben oder eine Familie mit Kindern absichern wollen – also hauptsächlich in den ersten 20 Jahren des Berufslebens.

Wer auf Nummer Sicher gehen und auf jeden Fall einen zusätzlichen Schutz durch eine Unfallversicherung haben möchte, sollte eine Unfallversicherung für das ganze Jahr abschließen. Sie gilt weltweit „rund um die Uhr“ und erstreckt sich über alle Lebensbereiche – sie gilt also auch im Urlaub. Die Prämien richten sich unter anderem nach der Höhe der Versicherungssumme.

Besondere Sportarten, besondere Versicherungen

Für besonders gefährliche Sportarten besteht kein Unfallversicherungsschutz. In solchen Fällen – wenn Sie im Urlaub zum Beispiel Motorbootrennen fahren oder als Drachenflieger oder Fallschirmspringer durch die Lüfte sausen möchten – sollten Sie mit Ihrem Versicherer eine Sondervereinbarung treffen. Erkundigen Sie sich rechtzeitig vor Reiseantritt.

Skepsis ist auch bei Versicherungspaketen, den sogenannten „Rundum-sorglos-“ oder „Rat-und-Tat-Paketen“, geboten. Sie enthalten einen Mix aus den unterschiedlichsten Versicherungen, die Sie entweder gar nicht brauchen oder die Ihnen im Zweifelsfall nichts bringen, wie beispielsweise Reisegepäck-, Reiseunfall- und Reisehaftpflichtversicherung. Gehen Sie mit solch unnötigem Versicherungsballast auf Reisen, dann sind Sie unter Umständen doppelt versichert, und das kostet Sie vor allem Geld. Auch in den Paketen manchmal enthaltene sogenannte „Schutzbriefe“ bieten nur einen sehr beschränkten Schutz bei Pannen. Nützlicher kann da die Mitgliedschaft in einem Automobilclub sein, denn bei Pannen im Ausland sind Verständigungsschwierigkeiten oft das größte Problem. Und oft schließen die Auslandsschutzbriefe der Automobilclubs die nützliche Auslandskranken- und Rücktransportversicherung mit ein. Sie kosten zwischen 50 bis 80 Mark pro Jahr und gelten meist für die ganze Familie.

An diesen Versicherungen sollten Sie nicht sparen

Die wichtigste Reiseversicherung überhaupt ist eine *Auslandskrankenversicherung*. Auf sie sollten Sie nicht verzichten, wenn Sie in den Urlaub fahren. Krankheit im Ausland kann teuer werden, denn Mitglieder der gesetzlichen Krankenversicherung stehen teilweise ohne Schutz da (siehe „Krank im Urlaub: Das kann teuer werden“, Seite 264).

Die Reiserücktrittskosten-Versicherung zahlt Stornogebühren, wenn Sie aus wichtigen, unvorhersehbaren Gründen eine Reise nicht antreten können, oder übernimmt die Mehrkosten für die Rückreise, wenn Sie Ihren Urlaub vorzeitig abbrechen. Die Versicherung springt aber nur dann ein, wenn gravierende Gründe wie Tod, schwerer Unfall oder unerwartete schwere Krankheit des Reisenden oder eines nahen Verwandten Ihre Urlaubspläne durchkreuzen. Die Staffelung der Stornokosten liegt weitgehend im Ermessen des Reiseveranstalters. Eine verschärfte Rücktrittsregelung gilt für Schiffsreisen und Ferienwohnungen und kommt die Betroffenen entsprechend teuer zu stehen. Der Versicherungstarif ist nach Reisepreisen und den jeweils fälligen Stornogebühren gestaffelt und beträgt zum Beispiel 120 Mark für eine 4.000 Mark teure Pauschalreise.

WISO rät: Reisende, die nicht miteinander verwandt sind, sollten die Namen aller Mitreisenden in der Police eintragen lassen. Nur dann zahlt die Reiserücktrittskosten-Versicherung, wenn zum Beispiel der Vater des einen Partners schwer erkrankt und deshalb die Urlaubsreise abgesagt wird.

Aber auch bevor Sie eine Reiserücktrittskosten-Versicherung abschließen, sollten Sie überlegen, ob sich das lohnt. Denn Sie müssen generell eine Selbstbeteiligung von 50 Mark übernehmen und 20 Prozent der Stornogebühren oder Mehrkosten selber tragen, wenn Sie eine Reise wegen Krankheit absagen oder vorzeitig abbrechen. Richtig lohnend wird eine Reiserücktrittskosten-Versicherung daher eigentlich nur, wenn Sie eine teure Urlaubsreise buchen, wenn die Stornogebühren hoch sind oder wenn Kinder mitreisen.

Überflüssig oder sinnvoll: Auch das Reiseziel entscheidet!

Ihr Reiseziel spielt eine entscheidende Rolle, wenn es darum geht, welche Versicherung für Sie wichtig ist. Denn wie in einer großen Umfrage des englischen Verbraucherverbandes herausgefunden wurde, gibt es ausgesprochen gefährliche Urlaubsländer, in denen die Wahrscheinlichkeit besonders groß ist, daß Urlauber bestohlen oder krank werden oder einen Unfall erleiden.

Gefährliche Urlaubsländer

Der englische Verbraucherverband befragte 26.000 Urlauber nach Krankheit und Unfällen, Diebstahl und Raub auf Urlaubsreisen. Die Ergebnisse dieser Umfrage aus dem Jahr 1994 können sicher auch für deutsche Urlauber von Nutzen sein, gerade im Hinblick auf Versicherungen, die für eine Urlaubsreise sinnvoll erscheinen.

Nach der englischen Umfrage gehört Gambia wohl zum gefährlichsten Pflaster für Reisende: Jeder zweite wurde in diesem westafrikanischen Land krank, jeder zwanzigste erlitt einen Unfall, und acht Prozent der Urlauber wurden bestohlen. Neuseeland hält überraschenderweise den Spitzenplatz bei den Unfällen. Gut elf Prozent der Reisenden erlitten Verletzungen durch Stürze und Tiere. Der Grund liegt im Trekking-Boom, den Neuseeland in den vergangenen fünf Jahren erlebte. Dagegen erhielten zwei klassische Urlaubsländer in Europa schlechte Noten bei der ärztlichen Versorgung: die griechischen Inseln und die Balearen. Unter anderem wurden die hohen Arztrechnungen moniert. Als Spitzenreiter bei den Ländern mit hohem Gesundheitsrisiko löste Indien Ägypten ab. Aber auch in der Türkei, in Tunesien und in Kenia erkrankten viele Urlauber.

Wenn es um Diebstahl geht, liegt Tschechien an erster Stelle: 8,7 Prozent der

Urlauber wurden dort bestohlen. Auch in Ungarn, Polen und Südafrika stieg die Zahl der Überfälle: Jeder zwanzigste Urlauber wurde in diesen Ländern beraubt. Wegen der verstärkten Sicherheitsmaßnahmen für Touristen rangiert dagegen Florida bei den Überfällen weit unter dem Durchschnitt. In diesem US-amerikanischen Urlaubsland liegt die Zahl der Überfälle jetzt bei 0,3 Prozent.

Urlaubsreisen mit dem eigenen Auto: Zusätzliche Versicherung angeraten!

Wer mit dem eigenen PKW reist oder am Urlaubsort ein Auto mietet, sollte sich darüber informieren, wie es in seinem Urlaubsland im Falle eines Autounfalls mit der Schadensregulierung oder den Haftpflichtansprüchen von Unfallopfern aussieht. Laut Auskunft des Gesamtverbandes der Deutschen Versicherungswirtschaft bleiben deutsche Autofahrer in einigen beliebten Urlaubsländern nach einem unverschuldeten Unfall auf einem Großteil des Schadens sitzen. Zum Beispiel in Spanien und Griechenland sind die einheimischen Autofahrer weitaus geringer versichert, als es hierzulande der Fall ist. Informieren Sie sich unbedingt vor Ihrer Urlaubsreise darüber, und schließen Sie gegebenenfalls eine Insassenunfall- und eine Vollkaskoversicherung ab. Wenn Sie zu einer Autotour außerhalb Europas aufbrechen, müssen Sie sogar zuvor Ihren Versicherer unterrichten und Ihre Kfz-Haftpflicht-, Kasko- und Insassenunfallversicherung erweitern lassen.

WISO rät: Reisen Sie mit der Internationalen Versicherungskarte, der sogenannten Grünen Karte. Die Grüne Karte erspart bei einer Unfallaufnahme viel Ärger mit der Polizei – auch in Ländern, in denen sie nicht vorgeschrieben ist. Reisen Sie ins außereuropäische Ausland, dann müssen Sie die Grüne Karte von Ihrer Versicherung ausdrücklich gültig schreiben lassen. Sie wird in Europa nur noch bei Grenzübertritten nach Albanien, Bulgarien, Estland, Polen, Rumänien, in die Türkei sowie nach Kroatien und Slowenien verlangt. Italien verzichtet zwar auf die Kontrolle, aber auch in diesem EU-Land muß die Grüne Karte noch mitgeführt werden.

Schließen Sie nicht unüberlegt – in Vorfreude auf Ihren Traumurlaub – überflüssige Versicherungen ab. Dabei taugen sogenannte Versicherungspakete am wenigsten, bei denen Sie nicht genau wissen, was tatsächlich enthalten ist. Prüfen Sie, welche Versicherungen Sie schon haben, auf welche Sie verzichten können und welche tatsächlich wichtig sind. Meist kommt es Sie billiger, wenn Sie Versicherungen, die Sie wirklich haben sollten, mit einer separaten Police abschließen.

Mit Reiseversicherungen Steuern sparen?

Beiträge für bestimmte Versicherungen, auch wenn sie nur für eine Urlaubsreise abgeschlossen werden, können als Sonderausgaben steuerlich geltend gemacht werden: zum Beispiel für Auslandskrankenversicherungen, Reiseunfallversicherungen, Rücktransportversicherungen, Lebensversicherungen – auch wenn sie nur für einen Teil der Reise, zum Beispiel den Flug, abgeschlossen wurden – und für Haftpflichtversicherungen. Allerdings wirken sich diese Versicherungsbeiträge nur dann steuermindernd aus, wenn Sie die steuerlich anerkennbaren Vorsorgeaufwendungen nicht schon durch Ihre Arbeitnehmeranteile zur Sozialversicherung ausgeschöpft haben. Bei den meisten Arbeitnehmern ist das jedoch der Fall. Lassen Sie sich also nicht einfach eine Versicherung für Ihre Reise mit dem Hinweis aufschwatzen, sie sei steuerlich absetzbar.

Garantie und Reklamation

Es gibt Regeln für erfolgreichen Einspruch

In Ihrer Stammkneipe geschieht dies: Der Gast nebenan zeigt dem Wirt zwei Finger. Der nickt wortlos. Minuten später stehen auf dem Nebentisch zwei frische Bier. Jetzt erst werden Worte gewechselt: „Zum Wohl, der Herr!" – „Danke!"

Ein Jurist sagt dazu: Da ist ein Vertrag zustandegekommen. Ein Vertrag? Es wurde ja nicht einmal geredet, geschweige denn ein Vertragstext geschrieben! Braucht es nicht, sagt der Jurist. Beide Seiten haben schlüssig gehandelt. Der Gast hat eine für den Wirt eindeutige Geste gemacht, das Signal mit den zwei Fingern. Der Wirt hat seine Ware – das Bier – geliefert. Der Gast hat die Ware angenommen und wird später seine Zeche zahlen.

Der Vertragsabschluß

Verträge bedürfen also keineswegs der komplizierten Schriftform. Sie können durchaus mündlich oder auch nur durch eindeutige Gesten abgeschlossen werden. Der Jurist verwendet den Begriff „konkludentes", also schlüssiges Handeln. Meist ist uns dies nicht bewußt. Wir haben auch gar nicht die Zeit, im Alltag über den juristischen Hintergrund jeder täglichen Handlung nachzudenken: beim Kauf einer Busfahrkarte, beim Brötchenkauf, beim Bezahlen des Schornsteinfegers ... Zum Glück funktioniert das Alltagsleben im allgemeinen problemlos.

Verträge kommen zustande, wenn der eine etwas anbietet (der Wirt sein Bier) und der andere annimmt (der Gast das Bier). Übrigens ist der Wirt keineswegs verpflichtet, jedermann zu bedienen. Darüber gibt es manche falsche Vorstellung. Richtig ist: Niemand wird zu einem Vertragsabschluß gezwungen, weder der Anbieter noch der Annehmende. Es gilt Vertragsfreiheit.

Weiter an unserer „Mustertheke": Seit Jahren verkauft der Wirt zur Zufriedenheit des Gastes sein Bier. Bis dann eines Tages etwas passiert. Etwa so: „Herr Wirt, das Bier schmeckt schal!" – „Niemals, das ist ein frisches Faß!" – „Egal, das schmeckt nicht, das zahle ich nicht!" Und so weiter. Jetzt zeigt sich, wer recht behält. Es gibt Regeln für den Streit über Verträge. Es lohnt sich, sie zu kennen.

Die Mängelrüge

Beim Kauf von Waren, beim Abschluß von Verträgen über Dienstleistungen oder bei der Auftragsvergabe an Handwerker – immer haben Sie als Kunde Anspruch auf einwandfreie Ware oder Ausführung der Arbeiten. Auch wenn Ihnen keine „Garantiekarte" überreicht wurde, so gelten doch die Regeln des Bürgerlichen Rechts, das Ihnen ordentliche Vertragserfüllung sichert.

Die Reklamation ist die Ausnahme im Geschäftsverkehr. Ob es um den Kauf einer Ware oder einer Dienstleistung geht: Üblicherweise wickeln sich in unserer Gesellschaft diese geschäftlichen Beziehungen konfliktfrei und zur Zufriedenheit beider Parteien ab. Ein Glück, sonst wäre unser alltägliches Leben schwer gestört. Leider ist es aber doch hin und wieder notwendig, den „Finger zu heben", weil Ware nicht fristgerecht geliefert wurde, weil etwas nicht funktioniert, weil der Handwerker geschludert hat. Für diesen Fall kennen die wenigsten Käufer ihre genauen Rechte (und Pflichten!). Es gilt, einige Bestimmungen und Fristen zu beachten, ohne deren Einhaltung ein unzufriedener Käufer mit seiner Beschwerde erfolglos bleibt. Von diesen Rechten und Pflichten handeln die folgenden Abschnitte.

Zunächst zu den Pflichten. Wenn Sie einen Vertrag abschließen, dann müssen Sie ihn auch einhalten. Der Zuruf „Zwei Bier!" ist verbindlich. Die zwei Bier müssen abgenommen und bezahlt werden. Auf Ihre späte Einsicht: „Ich hätte doch lieber ein Mineralwasser" muß der Wirt nicht eingehen. Ein klarer Fall.

Weniger eindeutig ist die Vertragslage im Falle des Irrtums. Wenn Herr A für Herrn B ein Bier bestellt („Weil der das doch immer macht"), Herr B aber ausnahmsweise kein Bier, sondern Mineralwasser will – was dann? Das wird zum Problem für Herrn A. Er hat eine eindeutige Bestellung aufgegeben. Der Wirt besteht auf Vertragserfüllung.

Anderer Fall: Herr A bestellt beim Elektrogerätehändler einen Camcorder (Videokamera), benötigt aber eine Recorder (Aufnahmegerät). Er irrte sich in den Eigenschaften des Camcorders, weil er glaubte, so heißen Videoaufnahmegeräte. Hier liegt ein Irrtum vor. Herr A kann mit Erfolg den Vertrag anfechten.

Und noch eine Variante: Herr A kauft einen Gebrauchtwagen. Gedacht ist das Vehikel für die Tochter, die kurz vor der Führerscheinprüfung steht. Allerdings: Sie fällt durch. Herr A will das Auto zurückgeben und sein Geld wiederhaben. Das geht natürlich nicht. Der Vertrag ist nicht anfechtbar.

Immer wieder versuchen zwielichtige Verlage, Adreßbücher an den Mann oder die Frau zu bringen, indem sie unaufgefordert Bestellformulare schicken, die aussehen wie Rechnungen. WISO hat darüber mehrfach berichtet und vor den zwielichtigen Gesellen gewarnt. Wer nun dennoch die Rechnung nur flüchtig betrachtet und den geforderten Betrag zahlt, der schließt eigentlich einen Vertrag ab. Dennoch ist das Geschäft nicht rechtswirksam. Denn der Vertrag ist aufgrund einer Täuschung zustandegekommen. Anfechtung ist möglich, und zwar innerhalb eines Jahres.

WISO rät: Wenn es über Vertragsabschluß oder Vertragserfüllung zum Streit kommt, reicht die einfache mündliche Kommunikation nicht mehr aus. Zur Wahrnehmung

Ihrer Rechte ist es meist erforderlich, schriftlich vorzugehen. Hierbei ist folgendes zu beachten: Schreiben Sie Briefe mit eindeutigen Bezugsdaten, Aussagen und Aufforderungen (nennen Sie zum Beispiel immer Auftrags-, Kunden- bzw. Rechnungsnummern, klare Absenderangaben). Vergessen Sie nicht, wegen der oft entscheidenden Fristen, das Datum einzusetzen. Briefe unterschreiben. Und vor allem: Verschicken Sie Reklamationspost als Einschreiben mit Rückschein. Der Kostenaufwand kann sich lohnen!

Was tun bei verzögerter Lieferung

Und nun ein konkretes Beispiel: Sie haben bei dem Einzelhändler einen Videorecorder gekauft. Es wurde kein Liefertermin vereinbart. In diesem Fall hat die Lieferung umgehend nach Vertragsabschluß zu erfolgen. Oder es wurde schriftlich ein Termin vereinbart. Wenn es in beiden Fällen zu Verzögerungen kommt, sollte der Händler mündlich auf die ausbleibende Lieferung angesprochen werden. Falls dessen Antwort unbefriedigend bleibt, sollte schriftlich gemahnt werden (unter Beachtung der oben genannten Kriterien).

Hier ein Mustertext: „Die … (Ware, Produktbezeichnung, Produktnummer) sollte vertragsgemäß bis zum … (Datum) geliefert werden. Dies ist bisher nicht geschehen. Ich fordere Sie hiermit auf, die Ware bis zum … (Frist von ca. acht Tagen setzen) zu liefern. Andernfalls behalte ich mir vor, von dem Vertrag zurückzutreten. …“

Wenn auch nach dieser schriftlichen Mahnung nichts geschieht, müssen Sie größeres Kaliber auffahren. Juristisch heißt dies „Nachfrist unter Androhung der Ablehnung setzen“. Auch hierzu ein Musterbrief, der an den Händler zu richten ist: „Am … (Datum des ersten Briefes) hatte ich Sie aufgefordert, die … (Ware, Produktbezeichnung, Produktnummer) bis zum … (Datum der Frist) zu liefern. Dies ist nicht geschehen. Hiermit setze ich Ihnen eine letzte Frist bis zum … (Fristen von ca. acht bis 14 Tagen setzen), bis zu der Sie zu liefern haben. Wenn Sie bis zu diesem Termin nicht geliefert haben, werde ich vom Vertrag zurücktreten.“

Schadenersatz und Rücktritt vom Vertrag

Auch nach sachgerechter Mahnung und Nachfristsetzung ist keine Lieferung erfolgt. Ihnen enstehen Zusatzkosten – durch den Schriftverkehr und/oder weil Sie einen anderen Lieferanten suchen müssen, der möglicherweise die gleiche Ware nur zu einem höheren Preis liefert. Deswegen können Sie sogar Ansprüche auf Schadenersatz in angemessener Höhe geltend machen. Dies ist der sogenannte Verzögerungsschaden.
WISO rät: Vorausgesetzt, Sie haben dies zuvor deutlich angekündigt, können Sie von dem Vertrag zurücktreten. Verspätete Lieferungen können Sie zurückweisen. Bereits gezahltes Geld muß Ihnen zurückgezahlt werden.

Da fehlt doch was: Die unvollständige Lieferung

Aber auch das kommt leider vor: Sie haben eine komplette Stereoanlage gekauft. Geliefert wird alles – bis auf den CD-Player. Der läßt auf sich warten. Was nun? In diesem Fall sollten Sie wie oben beschrieben Frist und Nachfrist setzen. Bei Ausbleiben der Teillieferung sind Sie berechtigt, den gesamten Vertrag für nichterfüllt zu erklären. Dann müssen die bereits gelieferten Teile der Stereoanlage abgeholt werden. Und auch in diesem Fall können Sie, falls Schaden entstanden ist, Schadenersatz verlangen.

Das Ding läuft nicht: Die Lieferung hat Mängel

Diesen Fall hat jeder von uns schon einmal erlebt: Die bestellten Elektrogeräte sind geliefert worden. Jedoch: Sie funktionieren nicht wie erhofft. Welche Rechte hat in diesem Fall der Käufer? Hier gibt es unterschiedliche Möglichkeiten:

- *Wandlung.* Das Bürgerliche Gesetzbuch (BGB) spricht von „Wandlung", wenn der Vertrag rückgängig gemacht wird. Auch der Verkäufer kann „wandeln", zum Beispiel wenn der Kunde die Lieferung nicht bezahlt. Dann holt er die Ware ab, zugleich kann er geltend machen, daß er für entstandene Kosten entschädigt wird. Der Käufer seinerseits kann die „Wandlung" verlangen, wenn der Verkäufer die vertraglich zugesicherte Leistung nicht erbracht hat. In diesem Fall erhält der Kunde den bereits gezahlten Betrag zurück. Auf die Ausstellung eines Gutscheins (was Verkäufer immer wieder gerne anbieten) braucht er sich nicht einzulassen.
- *Rückgabe.* In unserem Beispiel mit den nicht funktionierenden Elektrogeräten sind Sie sicherlich mit der Rückgabelösung einverstanden: Die Ware wird zurückgegeben oder vom Verkäufer abgeholt und durch einwandfreie ersetzt. Auch in diesem Falle sollten die Umstände schriftlich fixiert werden, um spätere Mißverständnisse, zum Beispiel wenn der Gewährleistungsfall eintreten sollte, auszuschließen.
- *Minderung.* Wenn es sich um einen kleinen Mangel handelt, kann der Käufer „Minderung" geltend machen. In diesem Fall behält er die Ware und zieht einen angemessenen Teilbetrag vom Kaufpreis ab. An der Formulierung „angemessen" entzünden sich oft Meinungsverschiedenheiten zwischen Käufer und Verkäufer. Im allgemeinen wird davon ausgegangen, daß – wenn ein erworbenes Gerät eine Funktion nicht erfüllt – ein Abzug von etwa 10 Prozent des ursprünglich vereinbarten Kaufpreises statthaft ist.
- *Nachbesserung.* Die sogenannte „Nachbesserung" behalten sich manche Verkäufer in ihren Allgemeinen Geschäftsbedingungen vor. Gemeint ist, daß der Verkäufer die mangelhafte Sache reparieren darf – auch wenn dadurch dem Käufer für eine gewisse Zeit sein Kaufgegenstand vorenthalten bleibt. Reparaturen dieser Art haben für den Käufer kostenfrei zu erfolgen. Auch sind Käufer den Nachbesserungsversuchen nicht wehr- und fristlos ausgeliefert: Wenn die Reparaturen erfolglos bleiben, kann der Kunde Rücktritt vom Vertrag einfordern. Auch hierzu ein Textvorschlag für den „Mahnbrief": „Ich nehme keine weiteren Nachbesserungsversuche hin. Hiermit fordere ich Sie auf, den … (Ware) bis zum … (Frist von ca.

acht Tagen) abzuholen. Zugleich fordere ich Sie auf, den Kaufpreis ... (Betrag angeben) zurückzuerstatten. Nach Ablauf der Frist werde ich gerichtlich gegen Sie vorgehen."

Oft gehört, nie gesehen: Allgemeine Geschäftsbedingungen

Viele Dienstleistungs- und Handelsunternehmen arbeiten mit den sogenannten Allgemeinen Geschäftsbedingungen (AGB). Für die Anbieterseite eine schöne Sache: vorformulierte Vertragsbestimmungen, die dem Vertragspartner oft nur die Chance lassen, zu akzeptieren. Der Nachteil für den Käufer: Es werden ihm engere Grenzen gesteckt, als sie das Bürgerliche Gesetzbuch vorsieht. Das gilt für Fristen, aber auch für die Zulässigkeit der Nachbesserung.

Allgemeine Geschäftsbedingungen sind vorformulierte Klauseln, die aus der Sicht des Anbieters von Waren oder Dienstleistungen für alle seine Kunden gelten sollen. Damit sie überhaupt Vertragsgültigkeit erhalten, muß der Verkäufer den Käufer auf die Allgemeinen Geschäftsbedingungen hingewiesen und/oder sie ihm zugänglich gemacht haben. Es ist nicht erforderlich, daß der Kunde die AGB vor Vertragsabschluß wirklich gelesen hat. Es reicht aber auch nicht aus, wenn der Verkäufer die AGB „unterm Ladentisch" vorrätig hat. Sie müssen zum Beispiel sichtbar im Ladengeschäft oder in der Werkstatt aushängen.

Allerdings sind diese Allgemeinen Geschäftsbedingungen immer wieder Anlaß für Rechtsstreit gewesen. Positiv für die Kundenseite: Die Gerichte haben in den vergangenen Jahren oft gegen die AGB und im Sinne der Käufer entschieden. Unzulässige oder einseitig nachteilige Bestimmungen wurden außer Kraft gesetzt. Der Käufer ist also dem „Kleingedruckten" keineswegs machtlos ausgeliefert.

Selbstverständlich kann ein Kunde trotz AGB einen individuellen Vertrag fordern. Wenn es dem Kunden gelingt, den Lieferanten davon zu überzeugen, daß für seine Produkte eine Garantiezeit von 18 Monaten gilt (statt sechs, wie es in den AGB steht), so hat diese Einzelvereinbarung Vorrang vor den Allgemeinen Geschäftsbedingungen.

Die sind zu beachten: Fristen

Ob individueller Vertrag oder AGB, ob Wandlung oder Minderung: Die Käufer haben Fristen einzuhalten. Zunächst einmal die Zahlungsfristen. Den meisten ist nicht bekannt, daß, wenn nichts anderes vereinbart wurde, vom Käufer Barzahlung erwartet wird. Wenn er eine Rechnung erhält und auf dieser Rechnung ein Konto genannt wird, kann er auch bei Einhaltung der vereinbarten Fristen den Rechnungsbetrag überweisen.

Fristen gelten aber auch, falls der Käufer mit der Vertragserfüllung nicht zufrieden ist. Sie müssen eingehalten werden, denn nach Ablauf dieser Zeit gibt es wenig Chancen, noch etwas zu erreichen. Es gilt, wenn nichts anderes vereinbart wurde: Innerhalb von sechs Monaten vom Tage der Lieferung an gerechnet sind Mängel geltend zu machen. Danach tritt Verjährung ein.

Was die meisten nicht wissen: Verjährung kann auch dann eintreten, wenn beim

Verkäufer bereits schriftlich Mängel gerügt wurden. Ein Brief stoppt nicht die Verjährungsfrist. Deswegen kann man den Eintritt der Verjährung nur aufhalten, wenn rechtliche Schritte eingeleitet werden. Die Sechs-Monats-Frist gilt allerdings nicht, wenn Mängel an der gekauften Sache böswillig verschwiegen wurden. „Rechtliche Schritte" – das muß nicht gleich die Klage sein. Es genügt schon, einen sogenannten Beweisantrag zu stellen. Doch auch dies führt schon in den Bereich der juristischen Auseinandersetzung und sollte sicherheitshalber den Händen eines Anwalts anvertraut werden.

Was steckt hinter dem Wort „Garantie"?

Mit dem Begriff der „Garantie" verbinden sich viele Mißverständnisse. Es sei deutlich gesagt: Oft bietet das Garantieversprechen weniger als der gesetzlich verbürgte Gewährleistungsanspruch, der mit der Sechs-Monats-Frist verbunden ist. Deswegen sollten Käufer sich zunächst vor allem an „ihren" Händler halten und die Pflicht zur Gewährleistung geltend machen. Man braucht sich nicht mit einem Garantieversprechen abspeisen zu lassen.

Wenn der Händler selbst haftet: Die Händlergarantie

Im allgemeinen meint der Händler, wenn er von „Garantie" spricht, die Garantie des Herstellers. In seltenen Fällen bieten aber auch Verkäufer (zum Beispiel große Handelsketten) eigene Garantien. Oft aber wird mit sogenannten „Händlergarantien" versucht, die Rechte des Käufers einzuschränken. Derartige Klauseln haben keine Gültigkeit. Die gesetzliche Gewährleistung läßt sich nicht aushebeln – solange das Geschäft in Deutschland und nach deutschem Recht abgeschlossen wird.

Die Herstellergarantie

„Drei Jahre Garantie ohne Kilometerbegrenzung!" Dies ist eine typische Garantie, mit der Autoproduzenten für den Kauf ihres Produkts werben. Eine klassische Herstellergarantie. Sie gilt dann, wenn der gesetzliche Anspruch (nach Ablauf von sechs Monaten) nicht mehr zu realisieren ist. Diese Garantie wird vom Hersteller freiwillig gewährt. Entsprechend unterschiedlich sind die Leistungen. Beim Neuwagenkauf zum Beispiel reicht die Spanne von zeitlicher Begrenzung auf ein Jahr ab Auslieferung und begrenzter Laufleistung bis zur „100.000-Kilometer-Garantie" ohne jede Einschränkung. Der Hersteller haftet in diesem Rahmen auch für Zubehörteile, die er in seinem Erzeugnis verbaut hat. Wenn also beim fast neuen Auto das ab Werk eingebaute Autoradio ausfällt, so ist der Hersteller Ihnen gegenüber im Wort, nicht etwa der Lieferant des Autoradios.

Vom Umgang mit der „Garantiekarte“

Auch Garantiekarten können die gesetzliche Gewährleistungspflicht nicht außer Kraft setzen. Insbesondere darf der Verkäufer nicht unter Verweis auf eine Garantiekarte oder -urkunde seine Pflicht außer acht lassen, die darin besteht, eine mängelfreie Ware zu verkaufen. Zwischen Verkäufer und Käufer besteht der zu erfüllende Vertrag, nicht zwischen Hersteller und Käufer.

Die Garantiekarte kann dem Käufer weitergehende Rechte einräumen. Zum Beispiel die in manchen Garantieurkunden versprochenen Leistungen, die über die gesetzliche Gewährleistung hinausgehen. Garantieleistungen müssen ausgeführt werden, ohne daß dafür Kosten entstehen. Falls Reparatur versprochen wird, so ist sie kostenlos auszuführen.

WISO rät: Wegen der mit der Garantie verbundenen Rechte sollte der Käufer immer genau auf das Ausfüllen der Garantiekarte achten. Sonst kann es geschehen, daß ein Hersteller die Garantie unter Verweis auf das Nichteinhalten der von ihm geforderten Regularien verweigert.

Falls die Allgemeinen Geschäftsbedingungen des Verkäufers feststellen, daß sich der Käufer im Falle einer Mängelrüge an den Hersteller zu halten hat, so ist dies hinzunehmen. Es gelten allerdings die grundsätzlichen Erfordernisse, die an Allgemeine Geschäftsbedingungen zu stellen sind, insbesondere darf der Käufer nicht seine gesetzlichen Rechte einbüßen.

Die Bedeutung der Produzentenhaftung

Zunehmend gewinnt bei uns die Haftung des Produzenten für sein Produkt an Bedeutung. Die Rechtsprechung läßt den Kunden nicht ungeschützt. Nehmen wir den Ausgangsfall: Der Gast reklamiert beim Wirt das Bier. Sein Geschmack sei nicht einwandfrei. Nehmen wir weiterhin an, das Problem sei in der Brauerei entstanden, beim Befüllen der Fässer sind Spülmittelreste in das Bier gelangt. In diesem Fall haftet nicht der Wirt, denn von ihm kann nicht erwartet werden, daß er jede Bierlieferung überprüft. Es haftet der Produzent, zum Beispiel wenn dem Gast durch das verunreinigte Bier schlecht wird. Dies ist ein Folgeschaden, für den der Hersteller haftbar gemacht werden kann.

Das Produkthaftungsgesetz regelt (seit Januar 1990) die Schäden, die als Folge mangelhafter Produkte eintreten können. Fabrikationsfehler, zum Beispiel am Auto, veranlassen die Hersteller immer wieder zu kostspieligen Rückrufaktionen, weil Unfälle als Folge der Mängel noch kostspieliger würden. Konstruktionsfehler werden durch das Gesetz ebenso geahndet – wie auch Informationsfehler, wenn zum Beispiel der Verbraucher nicht sorgfältig über den Gebrauch einer Sache informiert wurde. Das Produkthaftungsgesetz regelt nur den Schaden, der als Folge des Mangels aufgetreten ist, nicht jedoch den Schaden am Produkt selber.

Die Gewährleistung bei Handwerkern

Auch für die Arbeit von Handwerkern oder Kundendiensten gelten die Bestimmungen der gesetzlichen Gewährleistung. Also gelten die Grundzüge des bisher Gesagten auch für das Verhalten gegenüber dem Handwerker, der seinen Vertrag nicht oder nicht ausreichend erfüllt. Mit einigen Besonderheiten:

- *Mißlingen der Arbeiten.* Zum Beispiel wenn der Handwerker an der Aufgabe scheitert – er soll beispielsweise in Ihrem Haus eine feuchte Stelle im Keller sanieren. Wenn dem Auftraggeber diese Arbeit mißlingt, sind Sie nicht verpflichtet, die aufgewendete Arbeitszeit zu bezahlen. Es sei denn (Ausnahme!), Sie haben sich bereit erklärt, auch schon für die reine Untersuchung des Tatbestandes einen Betrag zu zahlen.
- *Die Nachbesserung.* Auch Handwerker können nachbessern. Um bei unserem Beispiel zu bleiben: Erst im zweiten Anlauf gelingt es, Ihren Keller trockenzulegen. Dann ist der Vertrag ordnungsgemäß erfüllt. Der Auftragnehmer ist aber nicht berechtigt, für die Nachbesserung auch bei der Rechnung „nachzubessern". Er darf also keine neue Rechnung stellen.
- *Abbruch der Arbeiten.* Wenn Sie als Kunde erkennen, daß der Handwerker bei der Sanierung Ihres feuchten Kellers unsachgemäß vorgeht, so sind Sie berechtigt, die Arbeiten abzubrechen. Dem Handwerker steht in diesem Fall nur das Geld für bisher erbrachte Leistung zu. Ebenso können Sie den Abbruch der Arbeiten verlangen, wenn der Handwerker seine Termine nicht einhält. Aber eine schriftliche Mahnung und Fristsetzung wie oben beschrieben ist notwendig.
- *Reklamation bei überhöhter Rechnung.* Grundsätzlich gilt: Bei Handwerkerarbeit gibt es keine Vorkasse. Gezahlt wird zum Schluß – wenn Sie mit der geleisteten Arbeit zufrieden sind. Bei größeren Aufträgen kann vom Handwerker zwischendurch ein Abschlag verlangt werden.

  Wenn mit dem Handwerker ein Festpreis vereinbart wurde, gibt es keine Probleme. Ebenfalls unstrittig wird die finanzielle Abwicklung, wenn ein Kostenvoranschlag vorliegt *und* (dies ist wichtig) dieser schriftlich für verbindlich erklärt wurde. Wenn ein Kostenvoranschlag nicht ausdrücklich als verbindlich anerkannt wurde, und wenn es zu Überschreitungen kommt, so gelten diese als tolerabel, wenn sie sich um die 20 Prozent bewegen.

  In der Praxis werden oft Aufträge vergeben, ohne daß die Preisfrage zuvor geklärt ist. Beispiel: Wenn der Keller unter Wasser steht, hat die Ausführung der Arbeiten Vorrang. Deswegen kommt es immer wieder zu Streitigkeiten, wenn die Rechnung eintrifft und der Kunde über die Höhe des Betrags erschrocken ist.

  Auch unter Zeitdruck (Haustür ist zugefallen, Schlüssel steckt innen) müssen Sie sich nicht „erpressen" lassen. Überhöhte Rechnungen können Sie unter Vorbehalt zahlen und nachträglich anfechten. So gilt zum Beispiel für die Handwerkerarbeit an Sonn- und Feiertagen: Nur auf den Anteil der Lohnkosten an der Rechnung darf der Zuschlag für Sonn- bzw. Feiertagsarbeit erhoben werden. Verlangen Sie eine Rechnung, aus der dies deutlich hervorgeht.

Am Bau herrscht die VOB!

VOB heißt in voller Länge „Verdingungsordnung für Bauleistungen". Sie gilt nur dann, wenn dem Kunden vor Auftragserteilung die VOB zur Kenntnis gebracht wurde. In der VOB wird manches anders geregelt als im Bürgerlichen Gesetzbuch, zum Beispiel Zahlungsmodalitäten oder Gewährleistungsfristen. Ein nachträgliches Berufen des Handwerkers auf die VOB ist allerdings nicht statthaft und muß vom Kunden nicht hingenommen werden.

Allgemeine Geschäftsbedingungen für Handwerker

Wie beim Kauf gelten die AGB auch für Handwerker nur dann, wenn der Kunde vor Vertragsabschluß auf sie hingewiesen wurde. Außerdem mußte der Kunde die AGB zur Kenntnis haben nehmen können. Und schließlich: Sie müssen mit den AGB *vor* Vertragsabschluß einverstanden gewesen sein.

Die Reisereklamation

Der Boom in der Ferienbranche hat zugleich zu einer wachsenden Zahl von Reklamationsfällen geführt. Überforderte Veranstalter setzen ihre Kunden unzumutbaren Reise- oder Unterkunftsbedingungen aus, obwohl sie zuvor schriftlich ganz anderes versprochen haben. Sie hoffen auf die Trägheit oder Konfliktscheu ihrer Kunden. Doch lohnt es sich, auf korrekter Abwicklung zu bestehen. Jedoch gelten besondere Bedingungen!

Die Unzufriedenheit mit den Umständen der Urlaubsreise wird noch während der Reise geltend gemacht. Zum Beispiel, wenn im Hotel nicht das geboten wird, was der Reisekatalog versprochen hat. In diesem Fall sollte sofort beim Hotelier Besserung verlangt werden. Zugleich sollte der Reiseveranstalter oder der örtliche Repräsentant des Reiseveranstalters aufgefordert werden, die versprochene Leistung zu erbringen. Diese Aufforderung soll mündlich *und* schriftlich erfolgen. Falls nämlich die direkte Reklamation nicht zum Erfolg führt, kann später Schadenersatz verlangt werden.

Eine weitere Möglichkeit: Die Reklamation wird nachträglich angemeldet – nach Abschluß der Reise. Hier ist eine Frist zur Geltendmachung zu beachten: Innerhalb von vier Wochen nach vertraglichem Reiseende hat dem Veranstalter die Reklamation vorzuliegen. Die Reklamation soll schriftlich erfolgen.

Ansprüche gegenüber Reiseveranstaltern gelten sechs Monate nach dem Ende der Reise. Sobald jedoch schriftlich reklamiert worden ist, ruht die Frist. Wenn der Veranstalter sich mit dem Beschwerdeführer gütlich einigt, ist die Sache erledigt. Wenn er die Reklamation abweist, läuft die Frist wieder. Spätestens jetzt ist zu entscheiden, ob gerichtlich gegen den Veranstalter vorgegangen werden soll.

Reisereklamationen möglichst direkt am Urlaubsort vorbringen. Sie entgehen der Gefahr, daß der Reiseveranstalter gegen Sie vorbringt, er hätte noch am Urlaubsort nachbessern können, wenn er von dem Reklamationsgrund rechtzeitig erfahren hätte.

Reklamationsgründe: Nicht alles darf beanstandet werden

Mißfallen an der gekauften Sache ist kein Grund zur Reklamation. Ein Kauf setzt den mündlichen oder schriftlichen Abschluß eines Vertrages voraus. Ist dieser Vertrag einmal zustandegekommen, kann der Verkäufer auf Einhaltung bestehen. Wenn der Käufer also nichts anderes vorbringen kann als „Ich habe es mir noch einmal überlegt" oder „Ich habe beim anderen Händler eine schönere Ware gesehen", so ist der Verkäufer nicht verpflichtet, den Vertrag rückgängig zu machen. Dies gilt – es sei noch einmal ausdrücklich gesagt – auch für „nur" mündlich geschlossene Verträge. Diese sind vor dem Gesetz so viel wert wie schriftliche.

Stichwortverzeichnis

Die ZDF-Wirtschaftssendung WISO ist nicht nur auf dem Bildschirm „Marktführer". Darüber hinaus bietet die Mainzer Redaktion eine Fülle von sendungsbegleitenden Informationen – zum Lesen, zum Hören, zum Verarbeiten auf dem PC:

WISO-Begleitheft. Erscheint monatlich. Mit vielen zusätzlichen Informationen zu den Beiträgen aus den WISO-Sendungen des Vormonats.
Preis: DM 10,– als Einzelexemplar, DM 7,50 im Abonnement.
Bezugsquelle und Auskunft:
ZDF-Redaktion WISO, 55100 Mainz.

WISO-Diskette. Das monatlich erscheinende Medium für den PC. Ebenfalls mit zahlreichen Zusatzinformationen zu den WISO-Sendungen des Vormonats, darüber hinaus mit dem WISO-Wirtschaftslexikon, mit zusätzlichen „Knüllern". Hypertext ermöglicht einfaches Durchblättern und Zugriff auf Querverweise.
Preis: DM 10,– als Einzelexemplar, DM 7,50 im Abonnement.
Bezugsquelle und Auskunft:
Buhl Data GmbH, Service-Center, Frankfurter Straße 45 a, D-57290 Neunkirchen.

WISO-Monatsdiskette – Spezial Umschulden und Finanzieren (mit Disagio-/Vorfälligkeitsrechner).
Preis: DM 10,–,
Bezugsquelle und Auskunft: Buhl-Data GmbH, Service-Center, Frankfurter Straße 45 a, D-57290 Neunkirchen.

WISO Sparbuch 1996/97. Macht das Ausfüllen der Steuerformulare zum Kinderspiel. Einfach die Fragen nach Ausgaben und Einnahmen beantworten. Das „Sparbuch" druckt sogar die amtlichen Formulare aus. Für DOS und Windows.
Preis: DM 79,–.

WISO Bau und Kauf. Hilft beim Berechnen der Konditionen, wenn Bau oder Kauf einer Immobilie ansteht. Das ideale Planungsinstrument für die eigenen vier Wände. Mit Informationen über Kreditkonditionen, die über die WISO-Monatsdiskette aktualisiert werden können.
Preis: DM 69,–. Auch als CD erhältlich.

WISO Mein Recht I. Berät alle Verbraucher – ein Wegweiser durch den Paragraphendschungel. Mit Musterbriefen für die Korrespondenz im Streitfall. Preis: DM 69,–.

WISO Mein Recht II. Verschafft Durchblick in Fragen des Arbeits- und Berufsrechts. Ebenfalls mit Musterbriefen. Preis: DM 49,–.

WISO Mein Recht III. Zum Thema Mieten und Vermieten – Hausordnung, Modernisierung, Mietvertrag, Wohngeld und vieles mehr.
Preis: DM 49,–.

WISO Reise + Kosten. Spart Geld bei Geschäfts- und Urlaubsreisen. Mit Lufthansa-Flugplan und DB-Fahrplan. Mit Hotelführer und Streckenführer für Fernstraßen. Mit Spesenabrechnungssystem.
Preis: DM 99,–.

Alle Softwareprodukte im Vertrieb von Buhl Data GmbH, Service-Center, Frankfurter Straße 45 a, D-57290 Neunkirchen.

WISO-Steuerbrief. Informiert schnell und aktuell und umfassend über die legalen Steuersparmöglichkeiten. Aktuelle Ergänzung zu den WISO-Tips in der Sendung. Erscheint monatlich in Form eines Newsletter.
Preis: DM 17,– als Einzelexemplar, DM 49,– im Probeabonnement für drei Monate, DM 149,– im Jahresabonnement.
Vertrieb und Auskunft:WISO-Steuer-Brief, Max-Planck-Straße 7, D-97082 Würzburg.

WISO-Buch: Bauen – Kaufen – Wohnen. Richtig geplant – Scharf kalkuliert – Klug verhandelt – Clever finanziert – Beim Staat kassiert – Wert garantiert. 320 Seiten. Preis: DM 26,80. Bezugsquelle: Buchhandel.

WISO-Buch: Internet @ Co. Online-Dienste auf dem Prüfstand. Ein Einsteigerbuch mit vielen Praxistips. Inklusive 2 Gratis-CD-ROMs.
320 Seiten. Preis: DM 26,80. Bezugsquelle: Buchhandel.

160 Seiten, Paperback,
DM 19,80
ISBN 3-7064-0235-1

Michael Jungblut ist Fernsehjournalist und Leiter der ZDF-Wirtschaftsredaktion; Moderator u. a. von WISO und 3sat Börse. Er ist Autor zahlreicher Bücher; für seine Publikationen wurde er mehrmals ausgezeichnet.

Die Währungsunion kommt

Wer zu spät kommt. den bestraft das Leben: Das gilt auch für die Vorbereitungen auf die Europäische Währungsunion. Zwar wird noch immer darüber gestritten, ob der Schritt wirklich gewagt werden soll oder ob nicht zumindest der Termin verschoben werden müßte. Dennoch wäre es fahrlässig, einfach nur abzuwarten. Vor allem Unternehmer könnten dann in arge Verlegenheit kommen. Es könnte ihnen passieren, daß sie keine Rechnungen verschicken und keine Löhne zahlen können. Denn Tausende von Computerprogrammen müssen umgeschrieben, Automaten umgestellt oder Druckaufträge für neue Formulare vergeben werden – um nur einige Beispiele zu nennen.
Aber auch viele Sparer, Verbraucher und Arbeitnehmer machen sich Sorgen. Was wird mit Preisen, Löhnen, Renten, Mieten? Sind möglicherweise die Ersparnisse vieler Jahre bedroht? Soll man auf diejenigen hören, die dazu raten, das Geld erst einmal in Sicherheit zu bringen – oder droht dann erst recht ein herber Verlust?
Michael Jungblut gibt Antwort auf über hundert Fragen rund um den Euro, die aus dem Kreis der Millionen WISO-Zuschauer immer wieder an ihn herangetragen wurden. Denn: Wer kommende Chancen nutzen will, muß Bescheid wissen

Überall im Buchhandel

336 Seiten, Paperback
ISBN 3-7064-0212-2

Der optimale Weg zu den eigenen vier Wänden

Wer ein individuelles, auf seine Bedürfnisse zugeschnittenes Haus bauen will, braucht im allgemeinen gute Nerven und Verhandlungsgeschick, muß sich mit vielen einzelnen Gewerken beschäftigen, mit Verträgen, Baustoffen, Grundrissen, Materialien, Plänen, und, und, und. Ganz zu schweigen von steuerlichen Fragen, Darlehensverträgen, Beleihungswert und Zweckerklärung, Makler- und Notarkosten. Auch will insbesondere der Umgang mit Bauhandwerkern, Architekten und Behörden gelernt sein.
Wer Haus und Wohnung „schlüsselfertig“ kauft, kann sich einerseits denkbarem Ärger althergebrachten Bauens – Stein auf Stein – entziehen; andererseits bringt der Erwerb vom Bauträger eine ganze Reihe finanzieller und rechtlicher Risiken mit sich.
Schließlich geht es auch um steuerliche Möglichkeiten und um die richtige, die optimale Finanzierung. Ein schwieriges Kapitel für jeden, ob Häuslebauer oder Immobilienkäufer.
Das Buch bietet sich als Ratgeber in allen wichtigen Fragen an, mit dessen Hilfe der Leser in der Lage ist, Gefahrenquellen rechtzeitig zu erkennen und teure Fehler zu vermeiden.

Dr. Franz Zink präsentiert die Ratgeber-Tips seit der Erstausstrahlung der WISO-Sendung mit; Autor und Mitautor vieler erfolgreicher Ratgeber-Bücher.

Überall im Buchhandel